全国一级建造师执业资格考试应试辅导(图解版)

公路工程管理与实务

陈传德　主编

人民交通出版社

内 容 提 要

本书是在历年建造师考前辅导讲稿的基础上，结合历年考题、新版《考试大纲》及《考试用书》的精神编写而成。其内容包括：学习导言、知识体系归纳、考点图解/考点分析、典型例题和模拟考题五大部分。对《考试用书》进行了知识体系归纳、提炼，并运用工程插图对相关内容加以演示，直观易懂，便于理解和掌握。通过典型例题的讲解和模拟考题的练习，帮助考生了解题型特点，掌握答题技巧，提高考试成绩。

本书具有对知识体系的系统学习、考点讲解、应试练习等功能，可作为公路专业一级建造师应试辅导材料使用，也可作为培训教师的讲稿使用。

图书在版编目(CIP)数据

公路工程管理与实务/陈传德主编．—北京：人民交通出版社，2008.7

(全国一级建造师执业资格考试应试辅导：图解版)

ISBN 978-7-114-07184-3

Ⅰ.公…　Ⅱ.陈…　Ⅲ.道路工程—工程施工—建筑师—资格考核—自学参考资料　Ⅳ.U415.1

中国版本图书馆 CIP 数据核字(2008)第 074754 号

全国一级建造师执业资格考试应试辅导(图解版)

书　　名：公路工程管理与实务

著 作 者：陈传德

责任编辑：王　霞(wx@ccpress.com.cn)

出版发行：人民交通出版社

地　　址：(100011)北京市朝阳区安定门外外馆斜街 3 号

网　　址：http://www.ccpress.com.cn

销售电话：(010)59757969

总 经 销：北京中交盛世书刊有限公司

印　　刷：北京密东印刷有限公司

开　　本：787×1092　1/16

印　　张：23

字　　数：540 千

版　　次：2008 年 7 月　第 1 版

印　　次：2008 年 7 月　第 1 次印刷

书　　号：ISBN978-7-114-07184-3

定　　价：45.00 元

前言

《公路工程管理与实务》涉及到道路、桥梁、隧道、交通工程、工程管理5个方面的专业知识。考生在复习中碰到的主要问题：一是内容多，并且有些内容在学校没有学过，在工作中也未接触过，有关考试教材没有用插图讲解，因而学习起来比较吃力；二是考生年龄偏大，工作忙，即使看得懂的内容，由于篇幅太大，也记不住；三是多年没有参加过考试，缺乏应试经验，不知道怎样分析试题。因此，对于选择题，不知道如何从几个相似的选项中选择正确答案；对于案例题，不知道如何归纳总结，抓不住要点。针对这些问题，我们组织了多年从事考前培训、考试命题及阅卷的公路工程管理专业教授，以及亲身经历公路专业建造师考试的专家编写了这本应试辅导。

本书内容包括：学习导言、知识体系归纳、考点图解/考点分析、典型例题和模拟考题五大部分。

首先，对《考试用书》进行了“知识体系归纳”，仅用30%左右的篇幅，系统地归纳了90%左右的知识点，使条理更加清晰，便于抓住重点，可节省大量的复习时间。掌握了这部分内容及答题技巧，可以达到事半功倍、举纲张目的效果。

对某一方面专业知识（如道路、桥梁或隧道）不熟悉的考生，如果遇到文字部分看不明白，即可查阅第二部分的“考点图解”，以加深对相关知识的理解。对于管理、法规等没有插图的内容，我们通过“考点分析”，进行考点讲解。

其次，在每一单元的后面，编写了“典型例题”及解析，重在讲解答题技巧，以提高考试成绩。书后附有2004年以来的考试真题，以便帮助您了解本课程的基本题型及其变化趋势。

本书的章节顺序完全与《考试大纲》、《考试用书》对应一致，便于对照查阅。

本书由人民交通出版社策划，长安大学陈传德主编，李江华、邢炜、李涛、王睿参加编写。在编写过程中，参考了《考试用书》及相关的专业教材，在此向各位作者表示衷心的感谢！

由于编写时间仓促，书中难免有不当之处，敬请各位同仁指正，并希望能将建议和意见及时反馈给我们，以便在今后予以改正，更好地为建造师考试服务。有关答疑、辅导事宜，也可与我们联系。电话：13319228915；E-mail：ccd5855@tom.com。

编　者

2008年6月

于长安大学公路学院

学习导言

一、关于考试大纲及题型的说明

考生在准备建造师考试前，应充分解读《考试大纲》的精神，对章、节、目、条下具体掌握、熟悉、了解等不同要求所涉及的内容和知识点作详细的解读。《考试大纲》不仅是对考生的指导，也是对命题的指导，是各方的行为指南，具有法律效力，须共同遵守。

考试采用标准化试卷，专业课试题的题型分为单项选择题、多项选择题和案例分析题。考试题型是：20 个单选题，每题 1 分，共 20 分；10 个多选题，每题 2 分，共 20 分；5 个案例题，每题 20～30 分，共 120 分。考试时间为 4 小时。

我国一级建造师考试已经历 4 次，通过的人数也达到一定的规模，今后会从控制通过率、增加难度、增加综合性、增强分析判断能力上提高试题难度。

考试范围完全限定于建设部组织编写、人事部审定的《考试大纲》范围内。在专业课考试中，综合性和灵活性应是对专业技术、工程管理以及公路法律法规在实践中的综合应用，所考知识点不会超出大纲的范围和深度。因此，应以大纲为依据，以现行法律法规为基础进行复习。对于大纲上没有涉及的、实际工作中有争议的、法律法规中表述不一的，在命题中一般不会出现，考生不必花时间去复习。考生应以重点吃透《考试大纲》中的知识点，灵活掌握和运用这些知识点的概念和内容，结合自身的实践体会，作为复习、应考中重点注意的问题。

考试大纲为纲目式结构，按章、节、目、条的层次编写。“章”反映的是“学科群”，“节”反映的是“学科”，“目”反映的是“知识能力结构”，“条”反映的是“知识点”。并按掌握、熟悉、了解的不同要求来表述，现行《公路工程管理与实务大纲》共 197 条，掌握∶熟悉∶了解＝70∶20∶10；工程技术∶项目管理∶法规＝32∶56∶12。

要求“**掌握**”的是重点内容，也是命题的重要考点，要求考生能灵活应用，复习时对这部分内容要理解透彻；要求“**熟悉**”的内容是重要内容，考生除弄清楚各个知识点的原理、内容、依据、程序及方法外，还要注意与其他易混淆的知识点作对比（本书采用列表对比的方法），在理解的基础上（看本书插图）加强记忆；要求“**了解**”的是相关内容，考题直观、简单。根据以往考题，重点与非重点知识点均会出题，因此，考生应遵循“全面兼顾、突出重点”的复习原则。在此基础上，按照我们的“知识体系归纳”进行重点复习。

在遵循“全面兼顾、突出重点”的前提下，还应进行大量的模拟试题练习，以掌握答题技巧，检验复习效果，提高对考试的适应性。练习时，应注意对正确和错误答案的原因进行分析，而不是只选出正确答案就可以了，要弄清正确或错误的原因。只有这样，在实际考试中才能起到举一反三的作用。

二、历年考题分析

2004年，案例题全部出在第二部分，案例题以补充、简答、改错为主，基本上都是死记硬背的内容。第一、三部分为单选题和多选题。

2005年，案例题大部分出在第二部分，只有收费视频监视系统（2004年考过）的功能、质量事故等级划分、竣工验收的参加单位在第一、三部分。案例题仍以补充、简答、改错为主。

2006年，案例题只有质量事故方面的内容（2005年考过）出在第三部分，其余全在第二部分。选择题以第一、三部分为主，部分涉及第二部分。案例考试有一部分分析题。

2007年的案例题有很大改进，尽管也有问答题、改错题，但出现了两道分析判断题（包括看图分析判断题）、计算题，这将是以后专业课考试的出题方向，应当引起重视。出题范围大部分在第二部分，题目的综合性很强，有的题目涵盖了全部三个部分的知识点。题目所考的知识点偏重于工程管理实践中经常碰到的问题，考生自我发挥的余地较大。有的问题将多个知识点结合在一起，甚至用到《项目管理》课程中计划编制方法等基础知识。

三、选择题的出题方式与答题技巧

1. 单选题

在单选题中，每道试题由题干和备选答案组成，备选答案分别有A、B、C、D四个选项，每道题只有一个答案最符合题意。选对得1分；选错不扣分。因此，考生不管有没有把握，都要作出选择，不要丢失1/4的概率分。

对单选题而言，有时存在两个以上答案都正确的情况，这时，“只选择一个最符合题意的答案”，不能选择两个答案。

例如：由于公路工程项目质量检查不能拆卸或解体，因此监理工程师应当重视（　　）。

A. 施工前期的控制　　B. 施工工艺的控制

C. 材料和设备的控制　　D. 施工准备和施工过程的控制

答案：D

解析：尽管四个选项都是监理工程师应当重视的问题，但D最全面。

对于选择题，如果记住了选项当然最好。即使记不住选项，许多题都可以运用一些技巧来解答。答题技巧有多种，以下介绍3种：

(1)从题干的信息中找答案

如2007年的第1题：下列各类挡土墙，属于柔性结构物的是（　　）。

A. 加筋土挡土墙　　B. 衡重式挡土墙

C. 壁板式锚杆挡土墙　　D. 重力式挡土墙

答案：A

解析：显然只有A项“加筋土”与题干中“柔性”有关。

再如2007年的第2题：可用于各级公路基层和底基层的粒料材料是（　　）。

A. 天然砂砾　　B. 级配碎石

C. 泥结碎石　　D. 填隙碎石

答案：B

解析:各级公路,当然含高速公路,要求最高,即要求最高的材料。B项“级配(好)”+“碎石(表面粗糙,摩擦系数大)”=最好的材料。

(2)排除法

2007年的第3题:使用振动压路机碾压沥青玛蹄脂碎石SMA混合料时,宜采用的振动方法是(　　)。

A. 低频率、低振幅　　B. 高频率、高振幅

C. 低频率、高振幅　　D. 高频率、低振幅

答案:D

解析:A、B不符合物理常识,应排除。只能从C、D中选择。

(3)逻辑推理法

采用逻辑推理法一般用于工艺流程的判别。

例:路基填方施工程序是(　　)。

A. 取土—运输—推土机初平—平地机整平—碾压

B. 取土—运输—平地机初平—推土机整平—碾压

C. 取土—运输—推土机初平—碾压—平地机整平

D. 取土—运输—推土机初平—平地机整平—碾压

答案:根据逻辑关系,选A。

还有其他一些技巧,详见各章的例题解析。掌握了这些技巧,同样也有利于三门基础课的考试。

2. 多选题

在多选题中,备选答案有A、B、C、D、E 5个选项,每道题有2～4个正确答案。在5个选项中,每选择正确一项,得0.5分,全部选择正确得2分。错选、多选、全选均不得分。因此,考生注意:对于没有把握的选项,尽量不要选,尤其是已经选择2～3个选项后,更要慎重。绝对不要选择5个选项,因为4个选项已得满分。

多选题的要求是,选择2个以上“符合题意的选项,而不是最符合题意的选项”。因此,在选项中不应当出现有争议的选项。

例如某考题:在下列各项中,关于施工进度计划的协调工作应包括的内容是(　　)。

A. 进度计划的编制　　B. 进度计划的组织实施

C. 人力资源的调配　　D. 进度计划的检查

E. 质量检查

答案:ABD。

其理由:按照某《考试用书》的原文,施工进度计划的协调工作包括进度计划的编制、进度计划的组织实施、进度计划的检查和计划调整4项,没有包括C项内容。所以不能选C。E项明显无关,可以直接排除。

社会上对此是有不同观点的。第一,强调以某参考书中的文字作为答题依据是不科学的,因为,参考书不是强制性标准,只是一家之言。第二,如果考生是靠死板地背熟了参考书中的句子,考得了较高的分数,但没有学到分析问题解决问题的能力,是无法解决建造师岗位上千变万化的实际问题的。那么可以说,这种考试的命题是有问题的。第三,从实践中看,在施工

进度计划的协调工作中，做一些人力资源的调配，不见得是不对的。

由此可见，尽管多选题比单选题的难度大一些，但出题者要尽量避免设计出有争议的选项（如例题中的C项），那么，就可能设计出有明显“漏洞”的选项（如例题中的E项），考生只要排除这种“漏洞”选项及没有把握的选项，就可以考出较高的分数。

再举一个选项有争议的例子。某参考书规定：“在水泥稳定土路拌法施工中，摊铺土应当在摊铺水泥的前1天进行”，而在考题的答案中认为，“在摊铺水泥的前2天进行，是错误的”。我们不这样认为，理由是：在摊铺水泥的前1天（即至少提前1天）进行，是为了有充分的洒水闷料时间。如果不是遇到雨季，提前2天进行也未尝不可。

总之，只要出题者不是一个书呆子，答题者也不是一个书呆子，复习的任务是：把握工程管理与实务的基本原理和关键问题，将学习和生产实际结合起来，就会考出好的成绩。

3.题型分类

了解题型分类，有利于考生有针对性地复习，甚至可以自己设计复习题进行复习。选择题的题型主要有以下几种：

(1)涵盖型：这类题一般是指一个问题有若干项内容，要求把它们从备选项中选出，一般为多选题。

(2)逆向涵盖型：这种题一般以两种方式出现：A.将某一问题涵盖的小问题提出来，问它是归在哪个问题的大类中，一般为单选题；B.题干中有否定词，不包含……等。

(3)基本观点、规定、条文型：单选、多选题均可出现，要熟悉相关规定。法规问题大多会这样考。

(4)公式辨认型：选项中给出关于某问题的若干个公式，让你选出正确的，一般为单选题。或者给出一个公式，而将公式中某些字母的涵义作为选项。这种题需要记住公式，属于死记硬背型。

(5)简算题：根据书中公式、例题改编而成，一般为单选题。

(6)辨认区别型：将很近似、但有明显区别的有关概念、内容编成试题，考查考生是否了解、能否正确区分。单选、多选题均可出现。

(7)数字记忆型：我们不提倡考死记硬背数字，但特别重要的数字以往也考过，还是要记的。一般为单选题。

(8)工艺流程判别型：一般为单选题，可用逻辑推理法解题。

四、案例题出题方式与答题技巧

从4年来的考试真题来看，前几年的案例题以补充、简答、改错为主。这种题考的是死记硬背，不太科学。2007年的试题有很大改进，问答、补充、改错题的比重有所减少，而增加了一些分析判断题（包括看图分析判断题）、计算题，这将是以后专业课考试的出题方向，应当引起重视。

综上分析，以后案例题的出题方向可归纳为以下三大类：

第一类是技术问题。技术是硬科学，规定得死一些，如路、桥、隧部分的案例题，主要是变相的问答题或改错题，要求熟悉施工工艺。

第二类是管理问题。管理是软科学，软科学主要是考分析问题的思路，要做一些逻辑推理或计算、分析。如施工组织设计、质量控制点的设置、成本管理等。解决这类问题，在掌握基本原理的前提下，思路越开阔越好，回答得越全面越好，不要太教条。试想作为一个未来的项目经理，没有开阔的思路肯定是不会做好的。这类题目应与《项目管理》课程联系起来复习。

第三类是法规问题。法规是严谨的，分析问题必须要有法规依据，如合同管理中的索赔问题，要熟悉合同条款及其运用。

案例题是人工阅卷，卷面整洁的印象分也是很重要的。案例题的正确解答，不仅需要扎实的工程管理理论基础和丰富的工程管理实践经验，还需要较好的归纳能力和文字组织能力，建议考生：

(1)复习中，如果记不住《考试用书》中的内容，可以按照我们整理的知识体系学习，尽管不一定覆盖100%的知识点，但可以把握90%左右的内容，考试过关是没有问题的。关键是抓住了重点，节省了复习时间。

(2)考试中，仔细研究背景材料和问题，根据问题找出背景材料中的关键点。

(3)回答问题，不是写得越多越好，评分规则是按“回答要点”评分。建议考生在回答时，首先要归纳“回答要点”(见本书的“知识体系归纳”)，然后将“回答要点”列成条款。阅卷者看见“回答要点”正确后，即使觉得文字简单，但按评分规则，不会扣很多分。但如果写成一大篇文章，“回答要点”又不太清楚，就有可能扣很多分。

(4)工程中的问题千差万别，各地习惯和处理方式也不相同，不能说谁正确、谁不正确。而考试又要求有标准答案。为了解决这个矛盾，宜用书中的表达方式。

(5)对于基础性、原则性问题，必须掌握，这是通过考试的重要一环。这就要求我们认真掌握教材中的知识点，为通过考试打下良好基础。

(6)加强思考，注重教材中的理论知识与工作实践相结合。案例考试，更加注重考查考生的独立思考与应变能力。一些内容也许在教材中难以找到相应的模板，这就要求考生在复习时，对教材中的内容既要知道是什么，又要知道为什么。对于缺乏实践经验的考生，查看我们的“考点图解”可以帮助您加深对相关知识的理解。

(7)对于案例题的解答，一定要做到有问必答，尽可能使用教材上的语言，如不记得教材上的语言，关键词一定要答出来；实在不会，也要将自己知道的相关知识写上，不要不写，题意相符时，阅卷老师也会酌情给分。

五、时间分配

按照大纲要求，本课程考试时间为4小时。建议考生：

(1)选择题，每题控制在1分钟内完成。即：单选题控制在20分钟之内，多选题控制在20～30分钟之内完成。选择题没有把握的，在旁边用铅笔划个问号，最后有时间再推敲。

(2)案例分析每道题控制在30分钟内完成。

(3)留出20～30分钟进行检查。

(4)遇到难题，留到后面解决。不要在难题上花费太多时间。

(5)平时多做习题，提高做题速度和考试适应能力。考试时间有限，只有保持较快的做题速度，才能在有限的时间内答好试卷，顺利通过考试。

目录

1B410000 公路工程技术

1B420000　公路工程项目管理实务

1B430000 公路工程相关法律法规

历年试题及答案

1B410000

公路工程技术

1B411000 路 基 工 程

一、知识体系归纳

1B411010 路基施工技术

1B411011 掌握路基类型

干湿类型(4 类)	干燥、中湿、潮湿、过湿		记:一干三湿
类型确定	原公路	根据分界相对含水率或分界稠度划分	
	新公路	用路基临界高度判别	
	高速公路	使路基处于干燥或中湿状态	
特殊路基(12 种)	软土;滑坡;岩坍与岩堆;泥石流;岩溶;多年冻土;黄土;膨胀土;盐渍土;沙漠;雪害地段;涎流冰地段		记:用不好的土填筑的路基

1B411012 掌握原地基处理的原则和要求

原则	①按设计要求,确保质量(是基本要求); 因地制宜,合理利用当地原材料和工业废料(可减少运距,保护环境)。 ②遵守法律法规(做任何事都要遵守法规)。 ③保护生态环境,节约用地(公路建设用地多,节约很重要)	案例题。不必死记硬背
要求	①原地基处理(清理根、草)。 ②路堤压实(坑洞植被处理,强度、压实)。 ③强度不符合要求—换填不小于 30cm;填土高度小于路床厚度 80cm 时,基底压实度不宜小于路床的压实标准。 ④基底横坡陡于 1∶5 时,挖 1m 宽台阶	依据工作经验掌握

1B411013 路堤填料的选择与填筑方式

(一)路堤填料

强度	按 CBR 确定
石质土	较好。土石材料,巨粒土,级配砾石混合料,较好
砂土	液限>50、塑性指数>26、含水率超过规定的土,不直接用
黄土、盐渍土、膨胀土等	按特殊要求施工
淤泥、沼泽土、冻土、生活垃圾等腐殖土	不得使用
工业废渣	注意环境污染

(二)路基填筑施工技术

土方路堤	填筑方法:水平分层[1](常用);纵向分层[2];横向填筑;联合填筑
填石路基	①填料:强度≥15MPa;粒径≤2/3层厚。高等级公路,路床顶面下50cm内,粒径≤10cm;其他公路,路床顶面以下30cm范围内,粒径≤15cm。 ②填筑:竖向填筑;分层压实;冲击压实;强力夯实
土石路堤	①填料:强度>20MPa,粒径≤2/3层厚。强度<15MPa,粒径≤压实层厚。 ②填筑:只用分层填筑。石料含量>70%,人工铺填;<70%,推土机铺填,层厚≤40cm
高填方路堤	分层填筑。浸水路段,用水稳性较高及渗水性好的填料,边坡≥1∶2
粉煤灰路堤	可用于高速公路。由路堤主体部分、护坡和封顶层、隔离层、排水系统等组成

注:[1]、[2]表示在后面的“考点图解”中对应的“图解编号”。下文标注含义相同。

1B411014 掌握挖方路基施工技术

(一)土质路堑[3]

横向挖掘	①单层横向全宽挖掘法:适用于挖掘浅且短的路堑。 ②多层横向全宽挖掘法:适用于挖掘深且短的路堑
纵向挖掘	①分层纵挖法:用于较长的路堑。 ②通道纵挖法:用于长、深、两端地面纵坡小的路堑。 ③分段纵挖法:用于过长,弃土过远,一侧堑壁较薄的傍山路堑
混合挖掘	先纵向挖通道,后沿横向坡面挖掘。用于纵向长度和挖深都很大的路堑

(二)石质路堑

要求	质量、安全;工期和强度;岩体完整和边坡稳定;发挥机械效力
开挖方式	钻爆;机械开挖;静态破碎

1B411015 路基雨期施工技术

施工地段	适宜:丘陵和山岭区砂类土、碎砾石及岩石地段和路堑弃方; 不宜:重黏土、膨胀土、盐渍土、平原地区(排水难)	选择题
施工准备	①编施工组织计划;②修便道(保畅通);③生产、生活设施的防洪要求;④建临时排水设施,排水防淹;⑤储足材料和生活物资	案例题。要求:考虑问题周到
填筑路堤	①严控车辆通行;②不积水、渗水;③选透水性好的填料;挖方应随挖随填、及时压;④分层填筑,有2%~4%的排水横坡;⑤借土注意取土坑距离和深度	案例题。做到:排水、不积水、不渗水
开挖路堑	①坡顶2m外挖截水沟。②分层开挖,每层设排水纵横坡。③设计高程以上30~50cm停挖,雨期过后再挖。④土强度不符要求应处理。⑤岩石路堑炮眼水平放置;边坡自上而下刷坡	

1B411016 路基冬期施工技术

定义	反复冻融，平均温度＜－3℃，10天以上；平均温度＞－3℃，冻土未融
施工项目	①挖软土、淤泥层（便于机械进场）；②流动土质、流沙段路堑开挖（便于机械进场）；③河滩段挖基坑，筑防护工程（水位低）；④岩石路段的路堑或半填半挖段（挖）
施工准备	①编施工组织计划；②放样；③冻前挖台阶，清表层；④修机械、储材料；⑤填料要求高
路堤填筑	①松铺厚度减20％～30％，最大层厚≤30 cm，压实；②高于路床1m，压实停填；③填土低于1m处不填；④取土坑远离坡脚；⑤两侧超填压实（防冻坏）
表层开挖	①爆破；②机械破冻；③人工破冻
路堑开挖	①连续作业（防再冻）；②距设计线留30 cm（防冻坏）；③至路床面1m停，挖沟排水（防冻坏）；④从上而下挖（安全）；⑤挖阳坡（易挖）；⑥弃土远离坡顶（安全）

1B411017 路基排水分类

地面排水	边沟、截水沟、排水沟、跌水与急流槽、拦水带、蒸发地
地下排水	排水沟、暗沟（管）、渗沟、渗井、检查井

1B411020 特殊路基施工技术

1B411021 软土路基处理

（一）表层处理

砂垫层		适用：路堤高度小于两倍极限高度，软土层及其硬壳较薄，软土表面渗透性很低的硬壳。软土层稍厚，但具有双面排水条件的地基。 特点：施工简便，不需特殊设备，占地少。 形式：排水砂垫层、换土砂垫层、砂垫层与土工布混合使用
反压护道		适用：路堤高度≤极限高度1.5～2倍，非耕作区和取土不困难地区。 特点：不需特殊设备和材料，施工简便，但占地多，后期沉降、养护量大
土工聚合物	土工布	机理：铺在路堤底部，提高路基稳定性。 作用：排水、隔离、应力分散、加筋补强。 连接：搭接法或缝接法（一般缝法、丁缝法和蝶形法）
	土工格栅	机理：表面与土的摩擦作用；孔眼对土的锁定作用；肋的被动抗阻作用。 优点：提高地基承载力，加快施工进度；控制沉降发展

（二）换填

1. 开挖换填；2. 抛石挤淤；3. 爆破排淤。

（三）重压法

1. 堆载预压；2. 真空预压；3. 真空预压加堆载预压。

（四）垂直排水固结

砂井（套管；水冲成孔；螺旋钻成孔）、袋装砂井、塑料排水板。

1B411022～24　膨胀土、滑坡、湿陷性黄土路基

膨胀土	成分	由亲水性矿物组成，如蒙脱石、伊利石等	均考虑防、排水措施
	路基破坏	①路堤沉陷、边坡溜塌、路肩坍塌和滑坡等变形；②路堑剥落、冲蚀、溜塌和滑坡等	
滑坡	特征	水是滑坡主因；自然因素和人为因素引起的斜坡应力状态改变诱发滑坡	
	防治	①路基稳定措施。②做好水的处理。③不让水流入滑动面内；地下水源截断或排出。④禁止增加荷载。⑤修筑环形截水沟。⑥刷方、打桩、挡墙。⑦路堤，反压土方或修挡墙。⑧沿河，调治构造物及挡墙。⑨表面夯实，填积水坑，堵塞裂隙，绿化	
黄土	路基处理	拦截、排除地表水，沟渠防渗；换填土、夯实、预浸、挤密、化学加固等	
	陷穴处理	灌砂、灌浆、开挖回填	

1B411030　公路路基防护与加固

1B411031　防护工程类型和适用条件

防护工程类型

坡面防护	①植物防护：种草、植树、铺草皮；②工程防护：框格、抹面、捶面、喷浆、护面墙、干砌片石、浆砌片石、浆砌预制块、锚杆钢丝网喷浆、喷射混凝土坡、石笼等
冲刷防护	①直接防护：植物、砌石、石笼、挡土墙；②间接防护：丁坝、顺坝及改河营造护林带

各防护工程的适用条件

植物防护	种草	边坡稳定、冲刷小的路堤和路堑边坡
	铺草皮[4]	需要迅速绿化的土质边坡
	植灌木	1∶1.5 或更缓边坡，河岸和漫滩
工程防护	框格	土质或风化岩石边坡
	抹面	易风化软质岩石挖方边坡
	捶面	易冲刷土质或易风化石质边坡
	喷浆（混凝土）	易风化、表面不平的岩石挖方边坡
	护面墙	易风化软质岩石或破碎岩的挖方边坡，易蚀土质边坡
	干砌片石[5]	易受水流浸蚀边坡、河岸及重剥落软质岩石边坡
	浆砌片石	流速大、水浪撞击的边坡
	浆砌预制块	缺石料地区
	锚杆网喷	直面破碎、不稳的挖方边坡
土工织物	挂网式	风化碎落较严重的岩石边坡
	复合植被	综合了土工织物和植被两类防护的优点，适用于缓边坡
	草坪植生带	破碎或易风化破碎的岩石路堑边坡
冲刷防护	直接防护（抛石、石笼[6]）	浸水路基边坡，挡土墙、护坡的基础防护，用于抢修工程；冲刷严重的路堤坡脚或路基防护
	间接防护	护坝；丁坝；顺坝；改河道

1B411032　加固工程的类型与功能

功能	①保持土体稳定；②防水文变化破坏；③提高强度和稳定性
坡面防护加固	路基防护均有加固作用
边坡支挡	①边坡支撑：护肩墙、护脚墙、挡土墙。②堤岸支挡：驳岸、浸水墙、石笼、抛石、支垛护脚
湿弱地基加固	碾压密实、排水固结、挤密、化学固结、换填土

常用路基加固工程技术

重力式挡墙[7]	依靠圬工墙体的自重抵抗墙后土体的侧向推力。 ①仰斜：墙背所受的土压力较小。用于路堑墙及墙趾处地面平坦的路肩墙或路堤墙。 ②俯斜：墙背所受土压力较大，墙背做成台阶形，以增加墙背与填土间的摩擦力。 ③垂直：介于仰斜和俯斜墙背之间。 ④凸折式：上部俯斜、下部仰斜。 ⑤衡重式：利用衡重台，增加墙身的稳定
加筋土挡墙[8]	利用拉筋与土之间的摩擦作用，达到稳定土体的目的
锚杆挡墙[8]	优点：结构质量轻，节约大量的圬工；利于机械化、装配化施工。 类型：柱板式；壁板式

1B411040　公路工程施工综合排水沟

路基排水的分类及施工要点

地下排水	暗沟	现浇或浆砌片石浇筑，软硬分界处设伸缩缝或沉降缝	设渗水孔、反滤层
	渗沟[9]	填石渗沟（渗流短）、管式渗沟、洞式渗沟（渗流长）	
	渗井	直径 50～60cm；填料要层次分明，不得混填	
	检查井	设于转折处，内径≥1m，渗沟底高于井底 0.3～0.4m，底铺 0.1～0.2m 的混凝土	
地面排水	边沟	设于挖方和低填方地段。平顺衔接，纵坡>3%应加固，不积水	
	截水沟[10]	设于路基上方，拦截山坡水。加固，防渗防冲刷；>500m 设出水口	
	排水沟	用于引水。线形平顺，不宜>500m，距坡脚>3～4m	
	跌水与急流槽[11]	用于陡坡地段。浆砌圬工结构，因地制宜，急流槽纵坡小于 1：1.5，较长分段砌筑	
	拦水带	防边坡冲毁，按设计布置，此段路肩宜加固	
	蒸发池	距坡脚要远，不宜>200～300m^3，不影响周围环境	

1B411050　路基爆破施工技术

常 用 爆 破 方 法[13]

光面爆破	有侧向临空面，用控制抵抗线和药量的方法进行爆破
预裂爆破	没有侧向临空面和最小抵抗线，预先炸出一条裂缝，使拟爆体与山体分开
微差爆破	两相邻药包或前后排药包以若干毫秒的时间间隔依次起爆
定向爆破	利用爆能将大量土石方按照指定的方向搬移
洞室爆破	平坦地形的抛掷爆破；斜坡地形路堑抛掷爆破；斜坡地形半路堑的抛坍爆破

综合爆破施工技术

爆破方法		特点	优点
小炮	钢钎炮：孔径<7cm、深<5m	眼浅、药少、量小，人工清理，功效低	灵活、辅助炮型
	深孔炮：孔径>75mm、深>5m	大型钻孔机钻孔	功效高，进度快，安全
洞室[12]	药壶炮：深 2.5～3.0m	露天爆破；岩石在 XI 级以下，不含水分	省工、省药
	猫洞炮：洞径为 0.2～0.5m	利用岩体崩塌作用，用浅炮眼爆破高岩体，有最佳使用条件	在有裂缝的软石、坚石中，药壶不易形成时采用

二、考点图解

图解 1　填土路堤水平分层填筑示意图

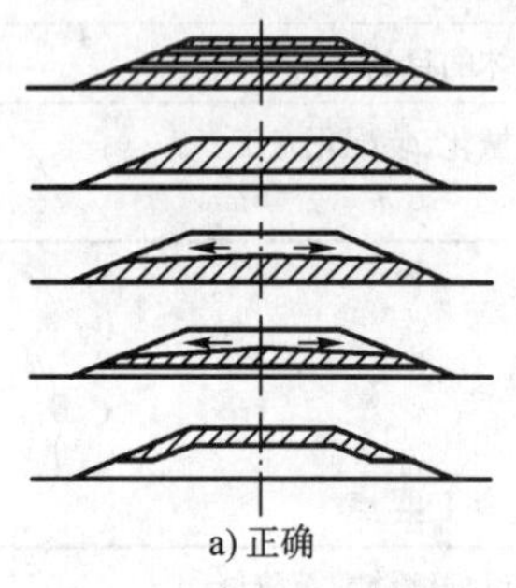

a) 正确

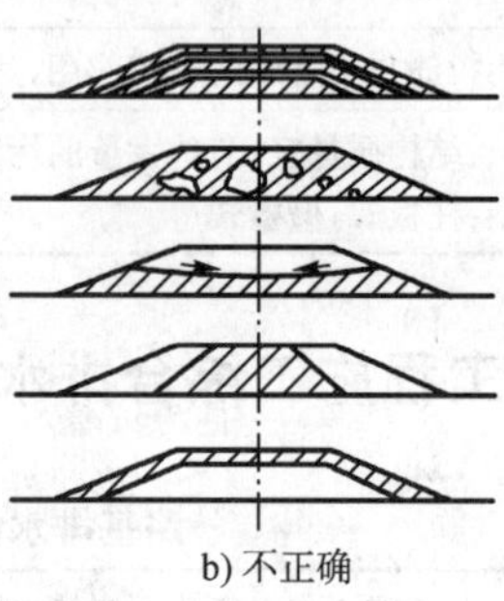

b) 不正确

图解 2　填土路堤竖向填筑示意图

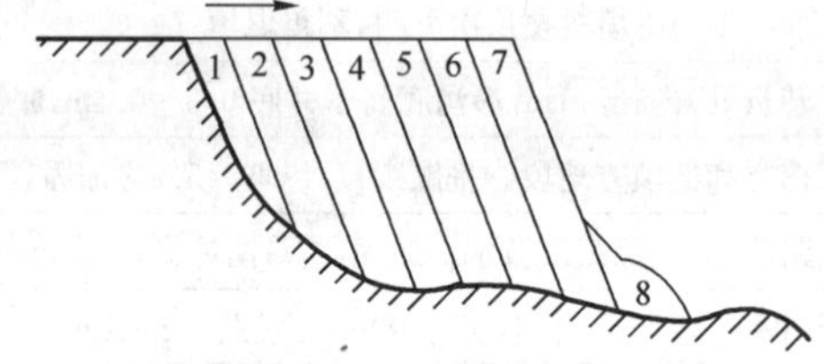

图解 3　挖方路基施工示意图

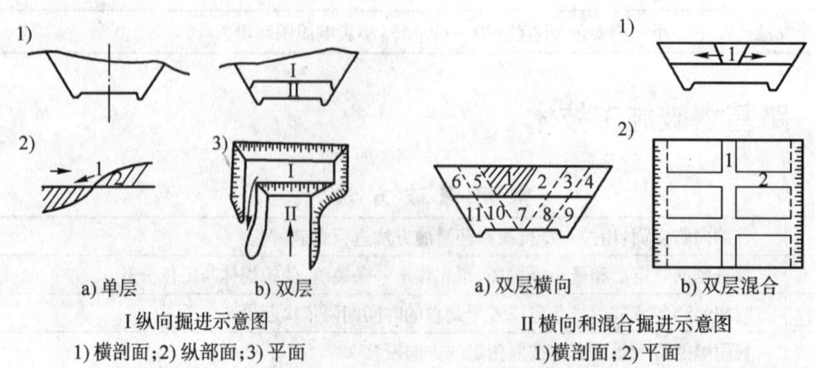

I 纵向掘进示意图
1) 横剖面；2) 纵部面；3) 平面

II 横向和混合掘进示意图
1) 横剖面；2) 平面

图解 4　路基铺草皮防护示意图

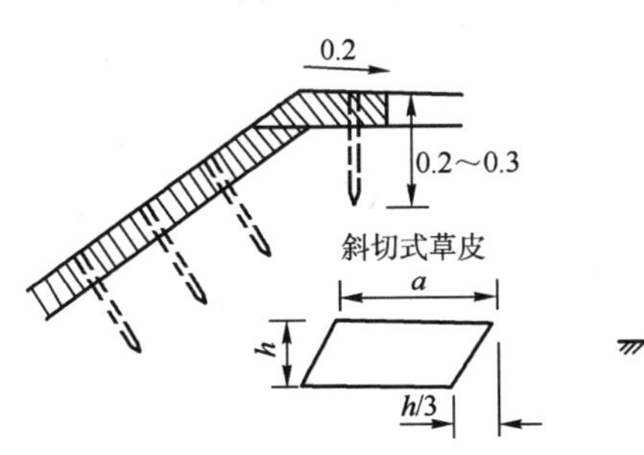

a) 平铺草皮（尺寸单位：m）

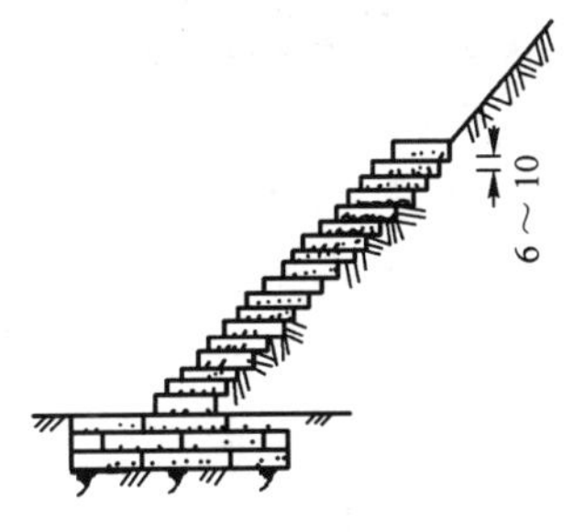

b) 平铺叠置草皮（尺寸单位：cm）

图解 5　路基片石护坡示意图

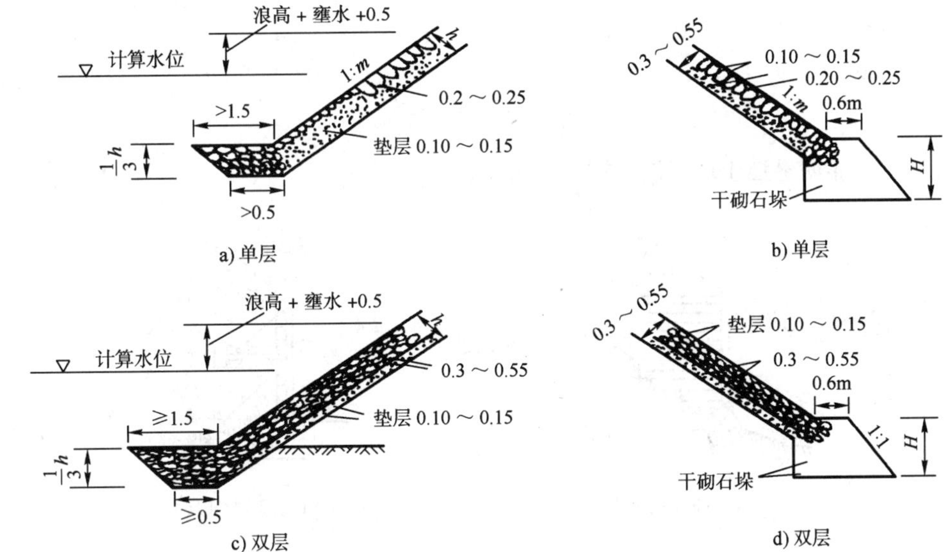

a) 单层　b) 单层

c) 双层　d) 双层

片石护面示意图（尺寸单位：m）

（图中 H 为干砌石垛高度，约 20～30cm；h 为护面厚度，大于 20cm）

图解 6　路基石笼防护示意图

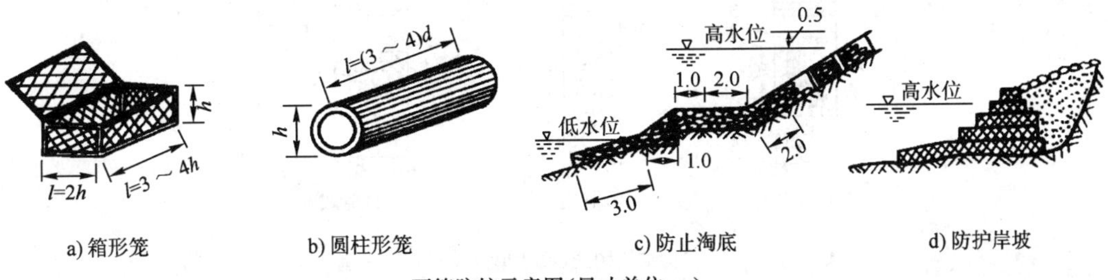

a) 箱形笼　b) 圆柱形笼　c) 防止淘底　d) 防护岸坡

石笼防护示意图（尺寸单位：m）

图解7　路基重力式挡土墙示意图

挡土墙是用来支撑天然边坡或人工填土边坡以保持土体稳定的建筑物。在公路工程中，它广泛应用于支撑路堤或路堑边坡、隧道洞口、桥梁两端及河流岸壁等。按照墙挡土的设置位置，可分为路肩墙、路堤墙、路堑墙和山坡墙等类型（下图）。其中：a)为路肩墙，挡土墙作为路肩的一部分；b)、c)为护脚墙，可收缩填土坡。根据墙背的形式又分为仰斜、俯斜、垂直、凸折、衡重式。

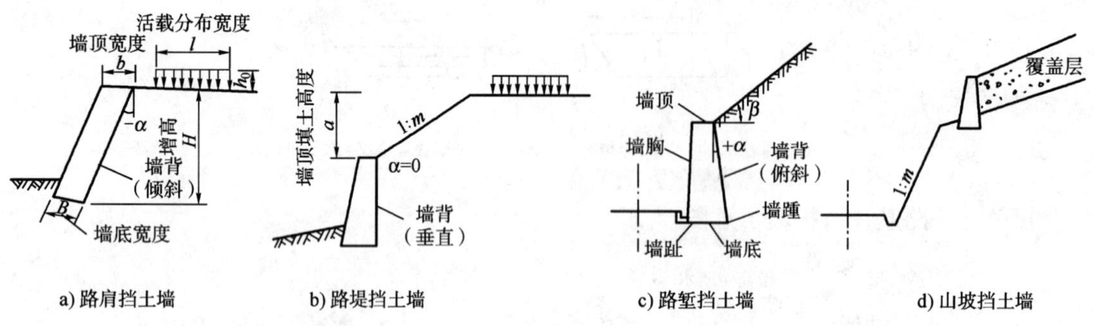

挡土墙的各部分名称

图解8　加筋土挡土墙、柱板式挡土墙示意图

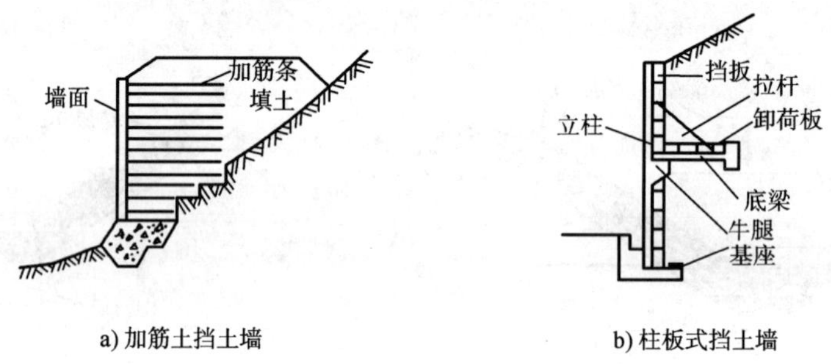

图解9　路基渗沟示意图

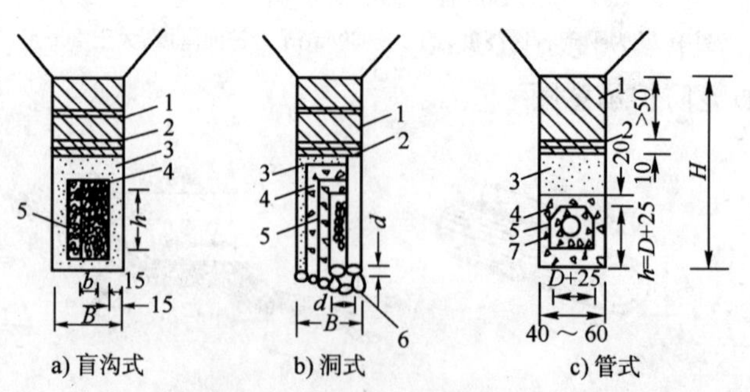

渗沟结构图式（尺寸单位：cm）

1-黏土夯实；2-双层反铺草皮；3-粗砂；4-石屑；5-碎石；6-浆砌片石沟洞；7-预制混凝土管

图解 10　路基截水沟示意图

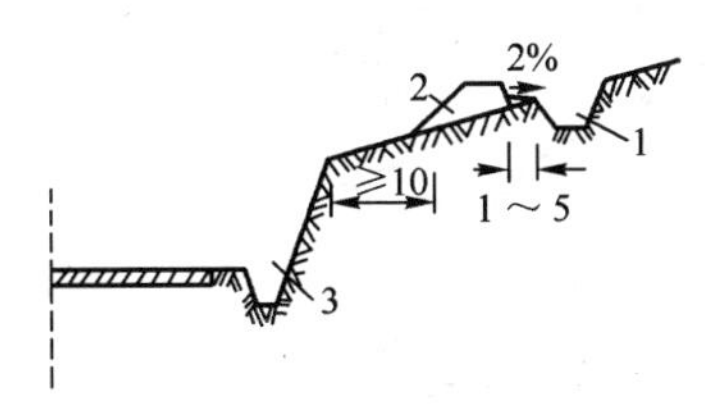

a) 挖方路段弃土堆与截水沟关系图(尺寸单位：m)

1- 截水沟;2- 弃土堆;3- 边沟

b) 填方路段上的截水沟示意图 (尺寸单位：m)

1- 土台；2- 截水沟

图解 11　路基跌水与急流槽示意图

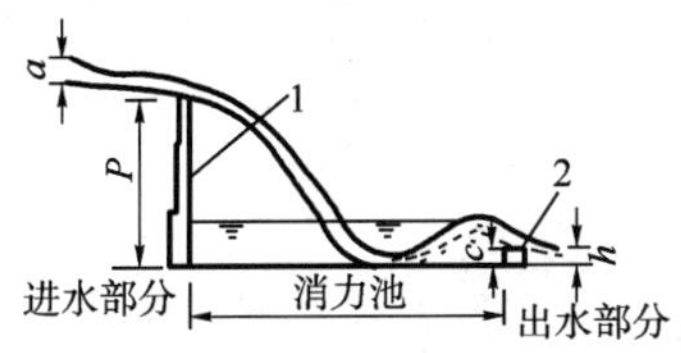

a) 跌水构造示意图

1- 护墙;2- 消力槛

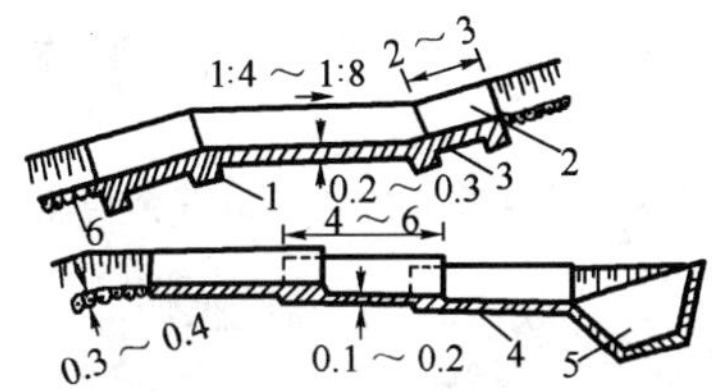

b) 急流槽构造示意图 (尺寸单位 :m)

1- 耳墙;2- 消力池;3- 混凝土槽底;4- 钢筋混凝土槽底;5- 横向沟渠;6- 砌石护底

图解 12　路基洞室爆破示意图

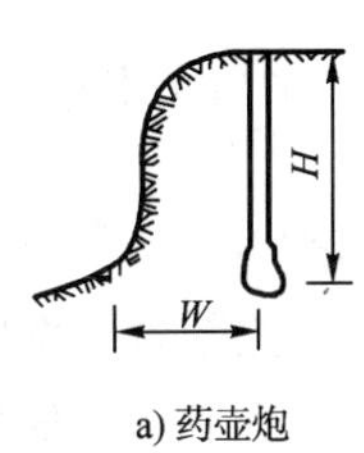

a) 药壶炮

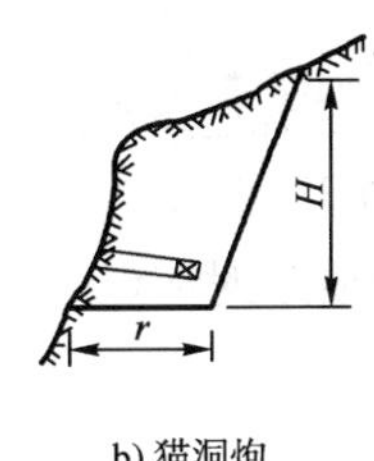

b) 猫洞炮

洞室爆破方案

图解 13　路基微差爆破、光面爆破、预裂爆破

1. 微差爆破

两相邻药包或前后排药包以毫秒的时间间隔(一般为 15～75ms)依次起爆，称为微差爆破，亦称毫秒爆破。多发一次爆破最好采用毫秒雷管。当装药量相等时其优点是：可减震1/3～2/3左右；前发药包为后发药包开创了临空面，从而加强了岩石的破碎效果；降低多排孔一次爆破的堆积高度，有利于挖掘机作业；由于逐发或逐排依次爆破，减少了岩石夹制力，可节省炸药 20%，并可增大孔距，提高每米钻孔的炸落方量。根据断面形状和岩性，炮孔排列和起爆顺序如下图所示。多排孔微差爆破是浅孔深孔爆破发展的方向。

2. 光面爆破

光面爆破是在开挖限界的周边，适当排列一定间隔的炮孔，在有侧向临空面的情况下，用控制抵抗线(炮孔距临空面的距离)和药量的方法进行爆破，使之形成一个光滑平整的边坡。

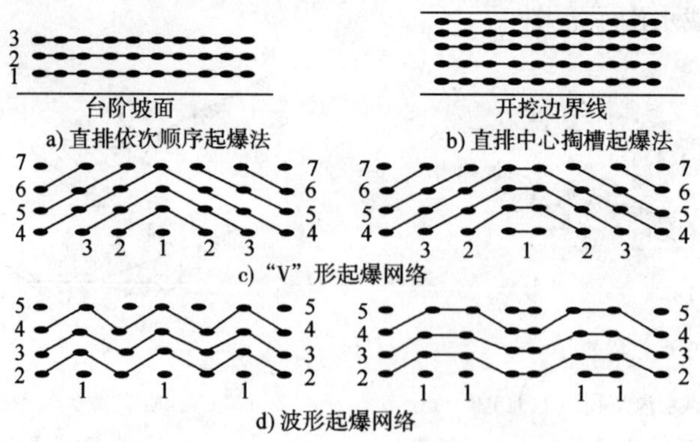

微差爆破各种起爆网路图(图中数字为起爆顺序)

3. 预裂爆破

预裂爆破是在开挖限界处按适当间隔排列炮孔，在没有侧向临空面和最小抵抗线的情况下，用控制药量的方法，预先炸出一条裂缝，使拟爆体与山体分开，作为隔震减震带，起保护和减弱开挖限界以外山体或建筑物的地震破坏作用。

光面爆破与预裂爆破后，在边坡壁上通常均留下半个炮孔的痕迹。

三、典型例题

(一)单项选择题

1. 原有公路路基土的干湿类型，可根据路基土的(　　)划分。

A. 平均含水率　　B. 平均稠度　　C. 最佳含水率　　D. 分界稠度

答案:D

解析:分界稠度，即各种干湿类型分界点的稠度。平均含水率和平均稠度只能反映土的指标状况；最佳含水率是明显的干扰项。

2. 地基原状土强度不符合要求时应(　　)。

A. 翻松整平压实　　B. 控制含水率压实

C. 换填　　D. 控制压实厚度

答案:C

解析:压实度和强度是两个不同概念，两项均应达到要求。强度不符合要求是土本身性质问题，只能换填处理。

3. 路基冬季施工不适宜进行的项目是(　　)。

A. 含水率高的流动土、流沙地段路堑开挖

B. 河滩地段水位低时，防护工程基坑开挖

C. 高速、一级公路土质路堤施工

D. 石方地段路基施工

答案:C

解析:路堤填土容易冻松。对于 AB 是施工的有利季节。

4. 路基冬季施工可进行的项目是(　　)。

A. 填土高不超过 1m 的路堤　　B. 土方填筑

C. 挖去原地面软土、淤泥　　D. 整修边坡

答案:C

解析:利用冬季软土冻结,机械容易进场;其余部位施工路基易被冻坏。

5. 当原地基(　　)时,应挖台阶填筑路堤。

A. 横坡陡于 15°　　B. 横坡陡于 1∶5

C. 横坡陡于 1∶10　　D. 为半填半挖地基

答案:B

解析:记忆。

6. 以下不属于特殊路基的是(　　)。

A. 多年冻土　　B. 黄土　　C. 膨胀土　　D. 填石路基

答案:D

解析:填石路基是正常路基。凡是用不好的土填筑的路基均为特殊路基。

7. 路基填方施工程序是(　　)。

A. 取土—运输—推土机初平—平地机整平—碾压

B. 取土—运输—平地机初平—推土机整平—碾压

C. 取土—运输—推土机初平—碾压—平地机整平

D. 取土—推土机初平—运输—平地机整平—碾压

答案:A

解析:推土机力量大,用于初平;平地机,顾名思义,整平;最后碾压密实。

8. 关于不同性质的土混合填筑路基,正确的做法(　　)。

A. 透水性较小的土填于路堤下层时,做成 4%的双向横坡

B. 透水性较小的土覆盖在由透水性较好的土所填筑的路堤上

C. 不同性质的土拌匀后填筑

D. 河滩路堤与同护坡道分别填筑

答案:A

解析:A、B 意思向反,必定从中选一。C 不易操作。

9. 雨期适宜施工的地段有(　　)。

A. 重黏土　　B. 山岭区砂类土　　C. 膨胀土　　D. 盐渍土

答案:B

解析:唯有山岭区砂类土受水的影响小。

10. 设于路基上方,用于拦截山坡水的排水设施叫(　　)。

A. 边沟　　B. 截水沟　　C. 排水沟　　D. 渗沟

答案:B

解析:从题干中的"截"字可以找到答案。

11. 工程防护不包括的项目是(　　)。

A. 抹面　　B. 喷浆　　C. 干砌片石　　D. 铺草皮

答案:D

解析:工程防护是指利用土木工程措施进行的防护。A、B、C均是。

12. 使用(　　)作路基填料,必须采取满足设计要求的技术措施。

A. 淤泥　　B. 液限大于50　　C. 液限小于50　　D. 冻土

答案:B

解析:淤泥和冻土不得用作填料。BC矛盾,选其一。液限小,较好,不必采取措施。

13. 冬季路基施工不适宜进行的项目是(　　)。

A. 含水率高的流动土质　　B. 河滩地段水位低时

C. 高速公路土质路堤施工　　D. 流沙地段的路堑开挖

答案:C

解析:冬季不做填方施工,尤其是高速公路。

14. 路基土应有一定的强度,是要求其(　　)满足要求。

A. 抗压强度　　B. 抗剪强度　　C. CBR强度　　D. 抗压和抗剪强度

答案:C

解析:CBR为加州承载比。

15. 路基防护工程的重点是(　　)。

A. 边沟　　B. 路基体　　C. 路基边坡　　D. 路肩

答案:C

解析:防护工程不承受土压力,故不选B。A与D明显不对。

16. 风化岩石路堑边坡,且坡面不平整,应采取(　　)防护。

A. 喷浆　　B. 抹面　　C. 植草　　D. 灌浆

答案:A

解析:岩石边坡无法植草;由于坡面不平整,无法抹面;只能选择喷浆。

17. 铺草皮适宜于(　　)边坡的防护。

A. 受到冲刷的　　B. 土质　　C. 石质　　D. 风化岩石

答案:B

解析:铺草皮适宜于迅速绿化的土质边坡。

18. 边坡比较稳定,坡面有轻微冲刷的路堤与路堑边坡适宜采用(　　)防护。

A. 种草　　B. 喷浆　　C. 植树　　D. 植灌木

答案:A

解析:土质边坡(轻微冲刷边坡)一般种草不种树。喷浆用于石质边坡。

19. 为防止路基边坡发生滑塌,可采用(　　)支挡措施。

A. 植树　　B. 设置挡土墙　　C. 浆砌防护　　D. 护面墙

答案:B

解析:滑塌→用挡土墙支挡。植树生长慢;C、D不受力。

20. 路基边坡受水冲刷部分,不宜采用(　　)防护。

A. 抛石　　B. 种草　　C. 浆砌片石　　D. 石笼

答案:B

解析:显而易见。

21. 防止河岸路基在河段宽度变迁较大，受水流冲击造成破坏，可采取(　　)措施。

A. 拦河坝　　B. 丁坝　　C. 顺坝　　D. 直坝

答案:B

解析:丁坝可减小水流对河岸的冲击。

22. 为检查维修渗沟，每隔 30～50m 或在平面转折处宜设置(　　)。

A. 渗井　　B. 跌水井　　C. 检查井　　D. 截水井

答案:C

解析:从题干中的一个“检查”二字可找到答案。

23. 拦水缘石设置在(　　)。

A. 填方边坡坡脚　　B. 高路堤路肩

C. 边沟路肩　　D. 挖方边坡顶

答案:B

解析:缘石→路堤路肩。无边沟路肩的说法。

24. 填石渗沟适宜于(　　)地段。

A. 地下水引水较长　　B. 地下水引水不长

C. 地下水流量较大且渗流长　　D. 地下水集中

答案:B

解析:必从 A、B 中选一个。再由于填石渗沟空隙小，故引水不长。

25. 爆破中可减震 1/3 以上，并可节省炸药，还可加强岩石破碎效果的方法是(　　)。

A. 预裂爆破　　B. 光面爆破　　C. 微差爆破　　D. 定向爆破

答案:C

解析:微差爆破，前发药包为后发药包开创了临空面，可提高爆破效果。

26. 预裂爆破的炮眼布置采用(　　)。

A. 梅花形　　B. 方格形　　C. 一字形　　D. 四边形

答案:C

解析:预裂→一字形。整体爆破的炮眼布置采用梅花形、方格形。

27. 路基石方开挖中，在岩石比较破碎的情况下，采取(　　)较适宜。

A. 定向爆破　　B. 预裂爆破　　C. 抛掷爆破　　D. 光面爆破

答案:B

解析:在岩石整体性较好的情况下，采取光面爆破。

28. 在露天小炮爆破中，省工、省药的一种爆破方法是(　　)。

A. 钢钎炮　　B. 药壶炮　　C. 猫洞炮　　D. 洞室爆破

答案:B

解析:钢钎炮不省药;C、D 是洞室爆破。

(二)多项选择题

1. 路基施工原地基处理的原则是(　　)。

A. 选用最好的筑路材料，采用最先进的施工办法

B. 利用当地天然材料，或当地工业废料

C. 按设计要求，确保工程质量；因地制宜，合理利用当地原材料和工业废料

D. 保护生态环境，节约用地

E. 不惜成本，确保质量

答案：CD

解析：按设计要求，确保工程质量是基本要求；保护生态环境，节约用地很重要，而不顾成本去选用"最好"的材料是不适合的。

2. 属于路基地下排水设施的是（　　）。

A. 渗沟　B. 倒虹吸管　C. 暗沟　D. 暗涵　E. 边沟

答案：AC

解析：倒虹吸管和暗涵虽建筑在路基下面，但属于排除地面水的构筑物。

3. 路基冬季施工应选择的项目是（　　）。

A. 高含水率路堑开挖　B. 岩石地段开挖

C. 整修边坡　D. 挖除树根，铲除草皮

E. 挖除冻土

答案：ABE

解析：路基边坡不应一次挖到设计线，预留 30cm 待正常施工季节整修；也不应挖根铲草，应覆盖防冻。

4. 不得作为路堤填料的有（　　）。

A. 沼泽土　B. 含有硫的矿渣

C. 融化的冻土　D. 生活垃圾

E. 没融化的冻土

答案：ADE

解析：矿渣有害物质不超标可以作为填料；融化的冻土含水率合适也可以用。

5. 用不同的土填筑路堤，应将（　　）填在下面。

A. 粗粒土　B. 塑性指数大的土

C. CBR 较低的土　D. 膨胀性较小的土

E. 膨胀性大的土

答案：BCE

解析：路堤填筑采用不同土时，上部应填筑强度较高、透水性小、干湿变化对土的体积变化影响较小、冻融影响较小的土。透水性好的粗粒土及膨胀性较小的土应填在上面。塑性指数大其透水性差，CBR 值低其强度低，应填在下面。

6. 路基施工不宜在冬季进行的项目有（　　）。

A. 挖除高含水率的冻结流动土　B. 填挖交界处路堤填筑

C. 流沙地段路堑冻结期　D. 填土低于 1m 的路堤填筑

E. 石方开挖

答案：BD

解析：BD 易被冻坏。

7. 路基冬季施工应按(　　)等正确方法进行。

A. 路堤填筑距路床顶面 1m 后,压实后停止填筑

B. 路堑挖至路床顶面 1m 后,停止开挖

C. 应选择透水性良好的填料

D. 挖路堑从上向下开挖

E. 挖路堑从下向上开挖

答案:ABCD

解析:ABC 为防冻措施;DE 只能选一个,显然 E 不安全。

8. 属于地面排水设施的是(　　)。

A. 边沟　　B. 截水沟　　C. 暗沟　　D. 检查井　　E. 排水沟

答案:ABE

解析:属于常识问题。

9. 当用不同的土填筑路堤时,上层应填筑(　　)。

A. 干湿变化对土体积变化影响不大的土　　B. 强度较小的土

C. CBR 较大的土　　D. 粗粒土

E. 膨胀性大的土

答案:ACD

解析:好土填在上部。

10. 膨胀土具有以下特性(　　)。

A. 遇水湿陷　　B. 吸水膨胀　　C. 遇热膨胀　　D. 失水干缩　　E. 遇冷收缩

答案:BD

解析:"膨胀"土,吸水膨胀、失水收缩。但并不指遇热膨胀。

11. 以竖向排水原理处理软土路基的方法有(　　)。

A. 砂桩　　B. 粒料桩

C. 塑料排水板　　D. 碎石桩

E. 石灰桩

答案:ABCD

解析:石灰桩可提高软基承载能力,但不能排水。

12. 为了使路基边坡被河水冲刷时不受破坏,应采用(　　)防护。

A. 砌石　　B. 直接防护或间接防护

C. 石笼　　D. 植草

E. 丁坝

答案:AC

解析:应采取直接防护措施。丁坝属间接防护。植草不适宜。

13. 有裂隙及节理发育且坡面不平整的岩石挖方边坡,宜采用(　　)防护。

A. 锤面　　B. 喷浆　　C. 浆砌片石　　D. 喷射混凝土　　E. 种草

答案:BD

解析:岩石坡面可不做浆砌片石,更不宜锤面和种草。

14. 护面墙适宜于（　　）。

A. 支撑天然土质边坡
B. 支撑天然易风化的岩石边坡
C. 防护易风化的挖方软质岩石边坡
D. 防护较破碎的挖方岩石边坡
E. 防护易受侵蚀的土质挖方边坡

答案:CDE

解析:护面墙不具有“支撑”作用。

15. 锚杆铁丝网喷射混凝土可防护（　　）。

A. 破碎结构的软岩挖方边坡
B. 直面为破碎结构的硬岩挖方边坡
C. 层状结构连续地层边坡
D. 层状结构不连续地层边坡
E. 土方边坡

答案:BD

解析:C 不需要;AE 不适合。

16. 路基边坡支撑的方法有（　　）。

A. 护肩墙　B. 抛石　C. 支垛护脚　D. 护脚墙　E. 挡土墙

答案:ACDE

解析:抛石适用于水深较大的路基坡脚防护。

17. 管式渗沟适于（　　）地段。

A. 地下水渗流不长
B. 地下水流量较小
C. 地下水引水较长
D. 地下水流量较大
E. 地面水较大

答案:CD

解析:AB 与 CD 相反;E 地面排水不用渗沟。

18. 地下水流量较大且埋藏深的地段适于采用（　　）。

A. 填石渗沟　B. 管式渗沟　C. 洞式渗沟　D. 排水沟　E. 暗沟

答案:BC

解析:流量较大→管式、洞式。地下水位高→暗沟。

19. 急流槽较长时,（　　）。

A. 槽底分几个纵坡砌筑
B. 上段较陡,下段较缓
C. 分几个台阶砌筑
D. 整体纵坡保持不变
E. 下段较陡,上段较缓

答案:ABC

解析:急流槽较长→分几个纵坡、几个台阶。BDE 矛盾,只能选一个。

20. 排除路基范围内的水应采用（　　）。

A. 边沟　B. 渗沟　C. 涵洞　D. 倒虹吸管　E. 渗井

答案:ABE

解析:显而易见。

21. 当地下水流落差较大时,适于采用（　　）排水设施。

A. 跌水　B. 急流槽　C. 倒虹吸管　D. 渡槽　E. 涵洞

答案:AB

解析:显而易见。

(三)案例题

案例1

背景:顺通路桥公司中标一段5km的高速公路土方路堤工程,沿线为丘陵地形,有两个土质不同的取土场,施工期间有一个月遇到雨季。施工队向项目部提出了以下施工方案。

(1)纵坡小于20%的路段,严格按设计宽度采用水平分层填筑法施工。施工程序为:取土→运输→平地机初平→推土机整平→压路机碾压。其余路段全部采用纵向分层填筑法施工。

(2)控制每层填料,布料均匀,松铺厚度不超过30cm,在最佳含水率条件下碾压。

(3)地面横坡陡于1∶5时,原地面挖成宽度不小于1m的台阶,并用小型夯实机加以夯实。填筑应由最低一层台阶填起,并分层夯实,然后逐台向上填筑,分层夯实,所有台阶填完之后,即可按一般填土进行施工。其余路段直接逐层向上填筑。

(4)不同土质混合填筑路堤时,以透水性较小的土填筑于路堤上层时,做成4%的双向横坡;如用于填筑上层时,除干旱地区外,覆盖在由透水性较好的土所填筑的路堤边坡上,或者将不同性质的土拌匀后填筑。

(5)凡不因潮湿或冻融影响而变更其体积的优良土应填在上层,强度较小的土应填在下层。

(6)河滩路堤填土,与护坡道分别填筑。可能受水浸淹部分的填料,选用水稳性好的土料。

(7)雨季施工地段,考虑到交通的方便,选择地形平缓地段用重黏土填筑;考虑到便道不畅,利用填好的路基作为运输通道;在路基坡脚处就近取土,以减少运输距离。

问题:请指出上述施工方案存在的问题并加以改进。

答案:

(1)纵坡小于12%的路段,采用水平分层填筑法施工;为保证边缘部分的压实度,每侧填土应宽于设计宽度。施工程序为:取土→运输→推土机初平→平地机整平→压路机碾压。其余路段下部可采用纵向分层填筑法施工,但路床部位应采用水平分层填筑法施工。

(3)地面横坡陡于1∶5时,原地面挖成宽度不小于1m的台阶,并用小型夯实机加以夯实。填筑应由最低一层台阶填起,并分层夯实,然后逐台向上填筑,分层夯实,所有台阶填完之后,即可按一般填土进行施工。高速公路横坡陡峻地段的半填半挖路基,必须在山坡上从填方坡脚向上挖成向内倾斜的台阶,台阶宽度不应小于1m。

(4)不同土质混合填筑路堤时,以透水性较小的土填筑于路堤下层时,做成4%的双向横坡;如用于填筑上层时,除干旱地区外,不应覆盖在由透水性较好的土所填筑的路堤边坡上。不同性质的土应分别填筑,不得混填。每种填料层累计总厚不宜小于0.5m。

(6)河滩路堤填土,应连同护坡道一并分层填筑。可能受水浸淹部分的填料,选用水稳性好的土料。

(7)雨季施工为便于排水，选择丘陵区透水性好的碎石、卵石土、砂砾、石方碎渣和砂类土填筑；应严格控制车辆在施工场地通行；雨期填筑路堤需借土时，取土坑距离填方坡脚不宜小于3m。

案例2

背景：长通路桥公司中标一处软土地基处理工程。施工队向项目部提出了以下施工方案及施工工艺流程。

方案一：塑料排水板方案。施工工艺按以下程序进行：

整平原地面→机具就位→插入塑料排水板→割断塑料排水板→机具移位。

方案二：砂井方案。施工工艺按以下程序进行：

整平原地面→机具定位→桩管沉入→加料压密→机具移位。

方案三：袋装砂井方案。施工工艺按以下程序进行：

整平原地面→摊铺下层砂垫层→机具定位→打入套管→拔出套管→机具移位→摊铺上层砂垫层。

问题：

1. 请对上述施工工艺流程存在的问题加以改进。

2. 对于软土地基处理还有哪些方法？

答案：

1. 对上述施工工艺流程作以下改进：

方案一：塑料排水板方案。施工工艺按以下程序进行：

整平原地面→摊铺下层砂垫层→机具就位→塑料排水板穿靴→插入套管→拔出套管→割断塑料排水板→机具移位→摊铺上层砂垫层。

方案二：砂井方案。施工工艺按以下程序进行：

整平原地面→机具定位→桩管沉入→加料压密→拔管→机具移位。

方案三：袋装砂井方案。施工工艺应按以下程序进行：

整平原地面→摊铺下层砂垫层→机具定位→打入套管→沉入砂袋→拔出套管→机具移位→埋砂袋头→摊铺上层砂垫层。

2. 对于软土地基处理还有以下方法：

(1)换填；(2)抛石挤淤；(3)爆破排淤；(4)超载预压；(5)反压护道；(6)排水砂垫层；(7)土工织物铺垫；(8)粒料桩；(9)旋喷桩；(10)生石灰桩。

四、模拟考题

(一)单项选择题

1. 路基的干湿类型表示路基在(　　)的干湿状态。

A. 春季　B. 夏季　C. 秋季　D. 最不利季节

2. 新建公路路基的干湿类型可用(　　)来判别。

A. 路面临界高度　B. 路基临界高度

C. 路面含水率　　D. 路基含水率

3. 容易产生路堤失稳或沉降过大的路基属于(　　)路基。

A. 软土　B. 泥石流　C. 滑坡　D. 多年冻土

4. 由于山区地形陡峻，松散堆积物丰富，特大暴雨时，突然暴发的包含大量泥沙、石块的洪流，称为(　　)。

A. 软土　B. 泥石流　C. 滑坡　D. 岩坍

5. 冻土状态保持(　　)年以上者，称为多年冻土。

A. 1　B. 2　C. 3　D. 4

6. 土中含有较多的黏粒及其他亲水性较强的蒙脱石或伊利石的土，称为(　　)。

A. 黄土　B. 膨胀土　C. 盐渍土　D. 软土

7. 一种以粉粒为主，多孔隙，天然含水率小，含钙质的黏土，称为(　　)。

A. 黄土　B. 膨胀土　C. 盐渍土　D. 软土

8. 受水浸时易溶解，可形成雨沟、洞穴、湿陷等病害，冬季冻胀、形成鼓包、开裂，夏季溶蚀、翻浆的土，称为(　　)。

A. 黄土　B. 膨胀土　C. 盐渍土　D. 软土

9. 当路堤基底横坡陡于(　　)时，基底坡面应挖成宽度不小于 lm 台阶，并予以夯实。

A. 1∶1　B. 1∶2　C. 1∶5　D. 5∶1

10. 用于公路路基的填料的强度要求是按(　　)确定。

A. 压实度　B. 最佳含水率　C. 最大干密度　D. CBR 值

(二) 多项选择题

1. 路基的干湿类型，划分为(　　)四类。

A. 过湿　B. 干燥　C. 中湿　D. 一般　E. 潮湿

2. 高速公路应使路基处于(　　)状态。

A. 过湿　B. 干燥　C. 中湿　D. 一般　E. 潮湿

3. 以下属于特殊路基的有(　　)。

A. 软土地区路基　　B. 冻土地区路基

C. 滑坡地段路基　　D. 多年冻土地区路基

E. 岩溶地区路基

4. 原地基处理的原则有(　　)。

A. 不能利用工业废料

B. 合理利用当地材料和工业废料

C. 除执行施工技术规范外，还应符合国家有关法规

D. 只要满足施工技术规范就可以了

E. 原地基处理应节约用地，保护耕地和农田水利设施，保护生态环境

5. 原地基处理要求是(　　)。

A. 砍伐的树木应移置于路基用地之外

B. 坑、洞、墓穴等，应用原地土或砂性土回填，压实

C. 原地基为耕地或松土时，直接压实

D. 基底原状土的强度不符合要求时，应进行压实

E. 路堤填土高度小于路床厚度时，基底压实度不宜小于路堤的压实标准

模拟考题答案

(一)单项选择题答案

1. D　2. B　3. A　4. B　5. C　6. B　7. A　8. C　9. C　10. D

(二)多项选择题答案

1. ABCE　2. BC　3. ACDE　4. BCE　5. ABD

1B412000 路 面 工 程

一、知识体系归纳

1B412010 路面基层(底基层)施工技术

1B412011 粒料基层[1](底基层)施工技术

(一)粒料基层(底基层)分类及适用范围

嵌锁型	泥结碎石、泥灰结碎石、填隙碎石	各级公路底基层和三、四级公路基层
级配型	级配碎石	各级公路基层、底基层
	级配砾石、符合级配的天然砂砾轧制掺配而成的级配砾、碎石	二级以下公路基层,各级公路底基层

(二)对原材料的技术要求

	基 层	底 基 层
填隙碎石	最大粒径≤53mm	最大粒径≤63mm
级配碎石	压实度≥98%	压实度≥96%
级配砾石或天然砂砾	压实度≥98%,CBR值≥60%	压实度≥96%,CBR值对轻交通≥40%,中等交通≥60%

1B412012 掌握路面沥青稳定基层施工技术

(一)沥青稳定类基层分类及适用范围

热拌沥青碎石	柔性路面上基层及调平层
沥青贯入碎石	沥青混凝土与粒料基层之间做上基层
乳化沥青碎石	各级公路调平层

(二)热拌沥青碎石配合比设计

目标配合比,生产配合比,生产配合比验证。

1B412013 掌握路面无机结合料稳定基层施工技术

(一)无机结合料稳定类基层分类及适用范围

水泥稳定土	各级公路基层和底基层,稳定细粒土不能做高级路面的基层
石灰稳定土	各级公路的底基层,二级以下公路的基层
灰、渣、土	各级公路的基层和底基层,二灰类不应做二级以上公路的基层

（二）对原材料的技术要求

水泥	各类水泥
石灰	三级以上消石灰或生石灰。检验有效钙和氧化镁含量
粉煤灰	SiO_2、Al_2O_3 和 Fe_2O_3 的总含量＞70%，烧失量≤20%
集料	压碎值符合要求
稳定细粒土	查塑性指数、有机质含量、压实度（重型标准）、抗压强度、水泥剂量

1B412020　沥青路面施工技术

1B412021　掌握沥青路面的结构形式

（一）沥青路面结构组成[2]

面层	1～3层，根据公路等级、沥青层厚度、气候条件等选择适当结构
基层	1～2层，材料强度指标要求高
底基层	起次要承重作用
垫层	起排水、隔水、防冻、防污等作用

（二）路面面层类型及适用范围

沥青混凝土	各级公路
水泥混凝土	各级公路
沥青贯入等	三、四级公路
砂石路面	四级公路

（三）沥青混合料结构类型

按结构分[1]	密实—悬浮结构、骨架—空隙结构、密实—骨架结构
按矿料级配分	密集配、半开级配、开级配、间断级配
按矿料粒径分	砂粒式、细粒式、中粒式、粗粒式、特粗式
按施工温度分	热拌、常温沥青混合料

1B412022　掌握沥青路面透层、粘层、封层的作用及适用条件

	作用	材料		适用条件
透层	使沥青面层与非沥青基层结合好。形成透入基层表面的薄层	乳化沥青、煤沥青或液体沥青		①沥青路面的级配砂砾、级配碎石基层；②无机结合料稳定基层
黏层	加强沥青层与沥青层之间、沥青层与水泥混凝土之间的黏结	沥青材料薄层		①铺筑上层沥青路面前，下面层被污染；②旧沥青、水泥路面上加铺沥青层。③路缘石等的侧面
封层	封闭表面空隙、防止水分浸入 上封层：铺在面层之上 下封层：铺在面层之下	沥青混合料薄层	上封层	①沥青面层的空隙较大，透水严重。②有裂缝或已修补的旧沥青路面。③需铺磨耗层或保护层的新建（旧）沥青路面
			下封层	①多雨区且沥青面层空隙较大，渗水严重。②不能及时铺面层，且须在基层上开放交通

1B412023 掌握路肩及中央分隔带施工技术

(一)路肩施工技术

硬路肩	①同车道高程,要求与路面结构相同;②顶面高程低于车道,先摊铺硬路肩
土路肩	先培路肩,或后培路肩

(二)中央分隔带施工技术

开挖→涂双层沥青防渗层→纵向碎石盲沟的铺设→埋设横向塑料排水管→安装缘石。

1B412030 水泥混凝土路面施工技术

(一)优点

高强;稳定;耐久;利于夜间行车。缺点:接缝;开放交通较迟;修复难。

(二)施工方法

滑模、三辊轴机组、轨道摊铺机、小型机具、碾压混凝土。

1B412040 特殊沥青路面施工技术

1B412041 掌握SMA沥青路面施工技术

(一)SMA

沥青玛蹄脂结合料,抗滑耐磨、密实耐久、抗疲劳、抗车辙、减少低温开裂,用于高等级公路抗滑表层。

(二)SMA沥青路面施工

拌和	①间歇式拌和机拌和。②均匀
温度	温度要求高,气温低于10℃和雨期不得施工
运输	①用大吨位自卸车运输。②连续摊铺。③运输车辆不得撞击摊铺机。④运输盖篷布
摊铺	①铺前将工作面扫净。②洒黏层油
碾压	①确保温度。②紧跟、慢压、高频、低幅
接缝	避免冷接缝
注意	过碾压;碾压不足;油斑

1B412042 了解SAC沥青路面施工技术

SAC	粗集料断级配沥青混凝土
材料	①超载、交通量大的高速路用改性沥青。②粗集料接近立方体,两次破碎。③严控级配
指标	空隙率:3%~4%;沥青饱和度:65%~75%;稳定度>7.5kN;流值:20~40(0.1mm)
施工	①小料堆。②严控填料含量。③干拌≥10s。④装卸料,防离析。⑤连续摊铺。⑥提压实度

1B412043　土工合成材料在沥青路面中的应用

作用	防止反射裂缝，减少车辙，延长寿命
类型	塑料格栅、玻璃纤维格栅和土工织物
施工	张拉；纵、横向搭接；黏层油。面层施工车辆不得转弯、紧急制动

1B412050　各类沥青路面材料

道路石油沥青	①高等级公路、高温、重载、山区、车速慢路段：用稠度大、黏度大的沥青。 ②寒区或交通量小的公路：用稠度小、低温延度大的沥青。 ③温差大地区：用针入度指数大的沥青。 ④高温要求与低温要求发生矛盾：先考虑高温性能要求
乳化石油沥青	①用于表面处治、贯入式、冷拌沥青混合料路面，补裂缝，喷透层、黏层与封层等。 ②阳离子乳化沥青可用于各种集料，阴离子乳化沥青用于碱性集料
液体石油沥青	用于透层、黏层及冷拌沥青混合料
改性沥青	用高分子聚合物、天然沥青及其他改性沥青制作
粗集料	①类型：碎石、破碎砾石、筛选砾石、钢渣、矿渣。②洁净、干燥、粗糙，质量符合要求
细集料	①类型：天然砂、机制砂、石屑。②洁净、干燥、无风化、无杂质，有适当的颗粒级配
填料	矿粉用石灰岩或岩浆岩的强基性岩石等憎水性石料磨细
纤维稳定剂	①类型：木质素纤维、矿物纤维。 ②矿物纤维用玄武岩等矿石制造。掺加比例以质量百分率计

1B412060　水泥混凝土路面材料

水泥	①重交通，用旋窑普通硅酸盐水泥；中、轻交通，用矿渣水泥；低温施工或快通路段用R型水泥。 ②用弯拉强度、耐久性和工作性好的水泥品种、强度等级。 ③机械化铺筑，用散装水泥
粉煤灰	①用电收尘Ⅰ、Ⅱ级干排或磨细、散装灰。 ②路面和桥面混凝土用硅灰或磨细矿渣，确保拉强度、工作性、抗磨性、抗冻性
粗集料	坚硬、耐久、洁净的碎石、碎卵石和卵石
细集料	坚硬、耐久、洁净的天然砂、机制砂或混合砂
外加剂	①有质量检测报告，说明外加剂的主要化学成分，对人员无毒副作用。 ②抗冰(盐)冻地、桥面、路缘石、路肩、基层必须使用引气剂。 ③路面、桥面，用调控凝结时间的复合型减水剂
钢筋	顺直，无裂纹、断伤、刻痕、表面油污和锈蚀。传力杆钢筋应锯断
钢纤维	单丝抗拉强度不宜小于600MPa，长度与混凝土粗集料最大公称粒径相匹配
接缝	适应面板膨胀和收缩、施工不变形、弹性复原率高、耐久性好。高等级公路用塑胶、橡胶泡沫板或沥青纤维板；其他公路用各种胀缝板

二、考点图解

图解 1　路面粒料基层的粒料状态示意图

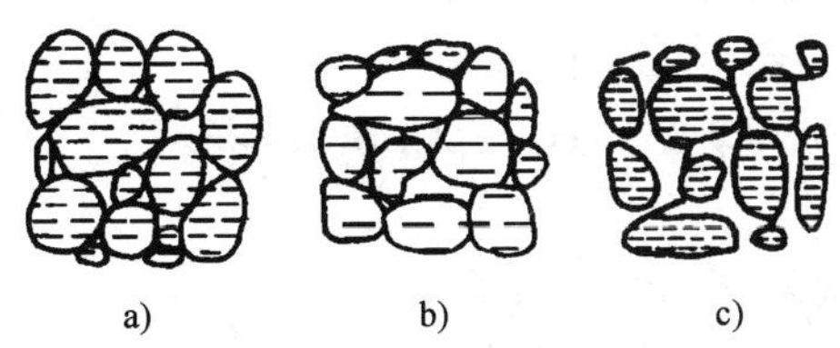

土-碎(砾)石混合料三种物理状态

第一种(图 a):不含或含有很少细料,强度和稳定性依靠颗粒之间摩阻力获得。这类混合料的密实度较低,但透水性好,不易冰冻。由于这种材料没有黏结性,施工时压实困难。

第二种(图 b):含有足够的细料来填充颗粒间的空隙的混合料,它仍然能够从颗粒接触而获得强度,其抗剪强度、密实度有所提高,透水性低,施工时较第一种情况易压实。

第三种(图 c):含有大量细料而没有粗颗粒与粗颗粒的接触,集料仅仅是"浮"在细料之中。这类混合料施工时易压实,但其密实度较低,易冰冻,难于透水,强度和稳定性受含水量影响很大。

上述三种状态,在沥青混合料结构分类中(1B412021)也有类似情况。

图解 2　路面结构层次示意图

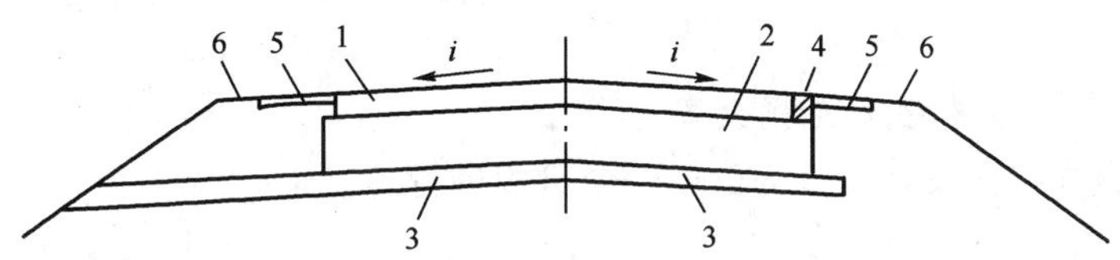

路面结构层次划分示意图

i-路拱横坡度;1-面层;2-基层(有时包括底基层);3-垫层;4-路缘石;5-加固路肩;6-土路肩

三、典型例题

(一)单项选择题

1. 可以用作各级公路基层的材料是(　　)。

A. 填隙碎石　　B. 级配碎石　　C. 级配砾石　　D. 符合级配要求的天然砂砾

答案:B

解析:"级配"和"碎石"是粒料基层中的最高档次,可以用作各级公路的基层。

2. 下列说法正确的是(　　)。

A. 级配砾石可用作一级公路基层

B. 水泥稳定粗粒土用作公路基层时，CBR值不小于160%

C. 水泥稳定粗粒土作为一级公路基层，需测无侧限抗压强度

D. 水泥稳定细粒土作为一级公路基层，需测无侧限抗压强度

答案：C

解析：CB矛盾，CD矛盾，故选C。级配砾石不能用作一级公路基层；水泥稳定基层强度标准采用无侧限抗压强度；水泥稳定细粒土易裂缝，可用作底基层。

3. 下列不属于嵌锁型基层结构的是（　　）。

A. 泥结碎石　　B. 泥灰结碎石　　C. 填隙碎石　　D. 级配碎石

答案：D

解析：不属于嵌锁型，就是级配型。

4. 适合用作高速公路基层的材料有（　　）。

A. 级配碎石　　B. 级配砾石　　C. 天然砂砾　　D. 级配碎砾石

答案：A

解析："级配"和"碎石"是粒料基层中的最高档次。

5. 下列不属于工业废渣稳定类基层的是（　　）。

A. 石灰粉煤灰类　　B. 水泥粉煤灰类　　C. 水泥稳定砂砾　　D. 石灰煤渣类

答案：C

解析：显而易见。

6. 不能用作高速公路基层的是（　　）。

A. 水泥稳定砂砾　　B. 石灰粉煤灰稳定类

C. 石灰粉煤灰砂砾　　D. 石灰稳定细粒土

答案：D

解析：稳定细粒土易裂缝；B范围太宽。

7. 沥青混合料配合比设计可分为（　　）个阶段进行。

A. 1　　B. 2　　C. 3　　D. 4

答案：C

解析：目标配合比、生产配合比、生产配合比验证。

8. 无机结合料稳定材料中的二灰指的是（　　）。

A. 石灰和火山灰　　B. 石灰和粉煤灰

C. 粉煤灰和火山灰　　D. 石灰和水泥

答案：B

解析：记忆。

9. 沥青路面的垫层设在土基之上，其作用主要是（　　）。

A. 排水、承重、传递荷载、扩散应力　　B. 排水、隔水、承重、扩散应力

C. 排水、隔水、保温、扩散应力　　D. 排水、隔水、防冻、防污等作用

答案：D

解析：设置垫层的目的不是承重和扩散应力，而是排除路面下渗水和路基水位高滞留的自由水；防止潮湿路基水上升到路面；防止季节性冻胀；防止软弱路基污染。

(二)多项选择题

1. 粒料类基层按强度构成原理,分为(　　)等类型。

A. 级配型　　B. 嵌锁型　　C. 密级配　　D. 开级配　　E. 混合级配

答案:AB

解析:CDE 范围太小。

2. 沥青路面结构层间应做黏层的是(　　)。

A. 沥青面层与半刚性基层之间　　B. 沥青面层与旧沥青面层之间

C. 双层式沥青路面上下层之间　　D. 新旧沥青路面之间

E. 沥青面层与级配碎石基层之间

答案:BCD

解析:黏层,在结构层间起层间黏结作用。AE 应作透层。

3. 一般来说,沥青路面包括的结构层有(　　)。

A. 面层　　B. 基层　　C. 底基层　　D. 垫层　　E. 路基

答案:ABCD

解析:路基与路面是两个不同概念,排除 E。

4. 下列说法正确的有(　　)。

A. 沥青路面采取层间结合的目的是使各层结合成一个整体结构

B. 透层的作用是使沥青面层与非沥青材料基层结合良好

C. 透层的作用是使底基层与路基结合良好

D. 乳化沥青、煤沥青或液体沥青都可以作透层

E. 透层的作用是使底垫层与路基结合良好

答案:ABD

解析:透层与路基无关。

5. 关于黏层,下列说法正确的有(　　)。

A. 黏层的作用是加强沥青层间结合或沥青层与水泥混凝土路面之间的结合

B. 铺筑上面层前,下面层已被污染,必须浇洒黏层

C. 旧沥青路面上加铺沥青层时,必须浇洒黏层

D. 水泥混凝土路面上铺筑沥青面层时,必须浇洒黏层

E. 旧沥青路面上加铺沥青层时,可不浇洒黏层

答案:ABCD

解析:CE 矛盾,排除 E。

6. 关于封层,下列说法正确的有(　　)。

A. 做封层的目的是封闭表面空隙、防止水分浸入面层或基层

B. 铺筑在面层表面的称为上封层

C. 铺筑在基层表面的称为上封层

D. 铺筑在面层下面的称为下封层

E. 铺筑在底基层表面的称为上封层

答案:ABD

解析:BC矛盾,排除C。BE矛盾,排除E。

7. 对于沥青路面,符合下列条件之一,应做上封层(　　)。

A. 沥青面层的空隙较大,透水严重

B. 有裂缝或已修补的旧沥青路面

C. 需加铺磨耗层的旧沥青路面

D. 在铺筑基层后不能及时铺筑沥青面层

E. 在铺筑底基层后不能及时铺筑沥青面层

答案:ABC

解析:DE应做黏层。

8. 高速公路热拌沥青混合料的配合比设计,分为几个阶段,正确的有(　　)。

A. 目标配合比设计　　B. 生产配合比设计

C. 目标配合比验证　　D. 生产配合比验证

E. 马歇尔试验

答案:ABD

解析:E是配合比设计的总体名称。

9. 沥青路面结构层间应采用黏层的是(　　)。

A. 沥青面层与半刚性基层之间

B. 沥青面层与旧沥青面层之间

C. 双层式沥青路面上下层之间

D. 新旧沥青路面之间

E. 沥青面层与级配碎石基层之间

答案:BCD

解析:沥青面层与半刚性基层、级配碎石基层均应作透层处理。使液体沥青透入基层表面形成薄层,使之结合良好。

10. 高速公路沥青混合料配合比设计应做的试验有(　　)。

A. 击实试验　　B. 马歇尔试验

C. 沥青含量抽提试验　　D. 车辙试验

E. 水稳定性试验

答案:BDE

解析:马歇尔试验是用马歇尔试验机制模、击实、脱模、加荷等包括在内的试验来检测沥青混合料的热稳定性、抗塑性变形能力的方法,不是一般击实试验。沥青含量抽提试验是用来检验工地上拌和物的沥青混合料,而配合比设计是按设计比例制备试样。

(三)案例题

背景:永通路桥公司具有丰富的土方路基施工经验。公司认为,二灰碎石基层施工与土方路基施工工艺类似,都是经过摊铺、整平、碾压工序,所以承接了一段高速公路二灰碎石基层的施工任务,提出的主要施工工艺如下:

(1)混合料拌和：

①二灰碎石在中心站用稳定土拌和机或多铧犁进行集中拌和。

②集中拌和时，应符合下列要求：土块应粉碎，最大尺寸不得大于15mm；配料应准确，拌和应均匀；含水率宜小于最佳值；不同粒级的碎石及细集料(如石屑和砂)集中堆放；集料的最大粒径和级配应符合规范要求。

③正式拌和之前必须先调试设备，使混合料的产量达到规定的要求。

④在雨期施工时，要对粗集料加以覆盖，防止雨淋；根据集料和混合料的含水量大小及时调整加水量。

(2)混合料运输：拌和好的混合料采用大吨位敞篷车运输，以降低运输成本。

(3)混合料摊铺：

①采用沥青混凝土摊铺机或稳定土摊铺机摊铺混合料。如下承层是稳定细粒土，应先将下承层顶面压光，再摊铺混合料。

②拌和机与摊铺机的生产能力应互相匹配。由于高速公路路基较宽，摊铺机可根据供料情况调整行走速度。

③因路幅较宽、一台摊铺机不够宽时，采用两次摊铺、碾压成型。

摊铺机后面应跟人，负责消除粗细集料离析现象，铲除局部粗集料"窝"，并及时用新拌制的混合料填补。

(4)碾压：先用重型振动压路机跟在摊铺机后及时进行碾压，后用轻型两轮压路机、三轮压路机或轮胎压路机继续碾压密实。当碾压后平整度不符合规范要求时，进行找平补压。

问题：

1. 稳定土基层施工与土方路基施工工艺的主要区别是什么？

2. 请画出高速公路二灰碎石基层的施工工艺流程图。

3. 请对上述施工方案存在的问题加以改进。

答案：1. 稳定土基层施工与路基土方施工工艺的主要区别是：

(1)稳定土基层施工要求混合料拌和均匀。

对二级及二级以上公路，应采用稳定土拌和机进行拌和，并设专人跟随拌和机，随时检查拌和深度，配合拌和机操作员调整拌和深度。严禁在拌和层底部留有素土夹层。通常应拌和两遍以上。

对于三、四级公路，在没有专用拌和机械的情况下，可用农用旋转耕作机与多铧犁或平地机相配合进行拌和，但应注意拌和效果，拌和时间不能过长。

对于高速公路和一级公路，应采用专用稳定土集中厂拌机械拌制混合料。

(2)工作效率要求更高。当天拌和的稳定土，要求当天碾压成型。

(3)对压实度、平整度的要求更高。因而要控制好含水量和压实机具的组合。

2. 高速公路二灰碎石基层的施工工艺流程图，参考《考试用书》图1B424021-5(略)。

3. 对上述施工方案存在的问题进行如下改进：

(1)混合料拌和：

①无机结合料稳定土可以在中心站用厂拌设备进行集中拌和，对于高速公路和一级公路，应采用专用稳定土集中厂拌机械拌制混合料。

②……；含水率宜略大于最佳值，使混合料运到现场摊铺后碾压时的含水率不小于最佳值；不同粒级的碎石或砾石以及细集料（如石屑和砂）应隔离，分别堆放；集料的最大粒径和级配应符合规范要求。

③正式拌和之前必须先调试设备，使混合料的颗粒组成和含水率都达到规范规定的要求，当原材料的颗粒组成发生变化时，应重新调整生产配合比。

④在雨期施工时，应采取措施，保护集料，特别是细集料应有覆盖，防止雨淋；应根据集料和混合料的含水率大小及时调整加水量。

(2)混合料运输：拌和好的混合料应采用大吨位的翻斗车运输，运输车应备有覆盖苫布以防止混合料因阳光照射失水或雨淋，降低混合料的质量。

(3)混合料摊铺：

①采用沥青混凝土摊铺机或稳定土摊铺机摊铺混合料。如下承层是稳定细粒土，应先将下承层顶面拉毛，再摊铺混合料。

②……由于高速公路路基较宽，摊铺机连续作业，因此拌和机的生产能力宜大于400t/h。

③路幅较宽、一台摊铺机不够宽时，为了避免形成纵缝，宜采用两台摊铺机一前一后相隔5～10m，同步梯队向前摊铺，并同时碾压。

摊铺机应根据供料情况控制行走速度，做到连续稳步前进，以保证摊铺平整度。

(4)碾压：

先用轻型两轮压路机跟在摊铺机后及时进行碾压，后用重型振动压路机、三轮压路机或轮胎压路机继续碾压密实。

当碾压厚度较厚，压实机具不能有效压实整个结构层厚度时，应分两层进行摊铺，但是最小厚度不宜小于10cm。

四、模拟考题

（一）单项选择题

1. 下列不属于嵌锁型基层结构的是（　　）。

A. 泥结碎石　　B. 泥灰结碎石　　C. 填隙碎石　　D. 级配碎石

2. 适合做高速公路基层的结构是（　　）。

A. 级配碎石　　B. 级配砾石　　C. 天然砂砾　　D. 级配碎砾石

3. 级配碎石基层采用的碎石，其针片状含量（　　）。

A. 不应超过20%　　B. 不应超过15%　　C. 不应小于20%　　D. 不应小于15%

4. 对于高速公路级配碎石基层碎石压碎值的要求，正确的是（　　）。

A. 不应超过20%　　B. 不应超过28%　　C. 不应超过30%　　D. 不应超过35%

5. 对于高速公路级配碎石基层压实度的要求，正确的是（　　）。

A. ≥98%　　B. ≥95%　　C. ≤98%　　D. ≤95%

6. 采用天然砂砾做底基层时，关于细长扁平颗粒含量，说法正确的是（　　）。

A. ≤15%　　B. ≤20%　　C. ≤25%　　D. ≤30%

7. 在潮湿多雨地区采用天然砂砾做底基层时，其塑性指数应(　　)。

A. <6　　B. <4　　C. >6　　D. >4

8. 填隙碎石底基层单层厚度以(　　)为宜。

A. 10～12cm　　B. 12～15cm　　C. 5～10cm　　D. 15～20cm

9. 应采用(　　)方法进行沥青碎石混合料的配合比设计。

A. 车辙试验　　B. 马歇尔试验　　C. 压实度试验　　D. 抗压强度试验

10. 可在下层潮湿的情况下施工的混合料是(　　)。

A. 阳离子乳化沥青碎石　　B. 阴离子乳化沥青碎石

C. SAC　　D. SMA

11. 下列不属于工业废渣稳定类基层的是(　　)。

A. 石灰粉煤灰类　　B. 水泥粉煤灰类

C. 水泥稳定砂砾　　D. 石灰煤渣类

12. 不能用作高速公路基层的是(　　)。

A. 水泥稳定砂砾　　B. 石灰粉煤灰稳定类

C. 石灰粉煤灰砂砾　　D. 石灰稳定细粒土

13. 直接承受车轮荷载反复作用和自然因素影响的结构层是(　　)。

A. 面层　　B. 基层　　C. 底基层　　D. 垫层

14. 设置在面层之下，并与面层一起将车轮荷载的反复作用，起主要承重作用的层次是(　　)。

A. 面层　　B. 基层　　C. 底基层　　D. 垫层

15. 在路面结构中，起排水、隔水、防冻、防污等作用的是(　　)。

A. 面层　　B. 基层　　C. 底基层　　D. 垫层

16. AC-I 型沥青混凝土就是(　　)结构的典型代表。

A. 骨架—空隙结构　　B. 密实—悬浮结构

C. 密实—骨架结构　　D. 悬浮结构

17. 沥青碎石混合料(AN)和排水沥青混合料(OGFC)是典型(　　)。

A. 骨架—空隙结构　　B. 密实—悬浮结构

C. 密实—骨架结构　　D. 悬浮结构

18. 沥青碎石玛蹄脂混合料(SMA)是一种典型的(　　)。

A. 骨架—空隙结构　　B. 密实—悬浮结构

C. 密实—骨架结构　　D. 悬浮结构

19. 沥青混凝土、沥青稳定碎石，属于(　　)。

A. 密集配　　B. 半开级配

C. 开级配　　D. 间断级配

(二)多项选择题

1. 粒料类基层按强度构成原理，分为(　　)等类型。

A. 级配型　　B. 嵌锁型　　C. 密级配　　D. 开级配　　E. 混合级配

2. 关于填隙碎石底基层压实度，说法正确的有（　　）。

A. 以固体体积百分率表示　　B. ≥83%

C. ≤95%　　D. ≥90%

E. 以质量百分率表示

3. 采用填隙碎石作底基层时，其最大粒径（　　）。

A. 宜为厚度的 0.5～0.7 倍　　B. 不应超过 60mm

C. 不应超过 80mm　　D. 不应超过 40mm

E. 不宜超过厚度的 0.5 倍

4. 级配碎石用作基层时，可以选择的拌和设备有（　　）。

A. 强制拌和机　　B. 普通水泥混凝土拌和机

C. 卧式双转轴桨叶式拌和机　　D. 沥青混凝土拌和机

E. 平地机

5. 属于沥青稳定类基层的有（　　）。

A. 热拌沥青碎石　　B. 乳化沥青碎石混合料

C. 沥青贯入式碎石　　D. 沥青混凝土

E. SAC

6. 热拌沥青碎石，适用于（　　）。

A. 面层　　B. 下基层　　C. 上基层　　D. 调平层　　E. 垫层

7. 关于沥青贯入式基层，下列说法正确的有（　　）。

A. 应选择有棱角、坚硬的集料

B. 当采用乳化沥青时，主层集料最大粒径宜为厚度的 0.8～0.85 倍

C. 一般来说，主层集料最大粒径宜与贯入层厚度相同

D. 应选择工作性好的河卵石做集料

E. 不宜选择河卵石做集料

8. 可以选择（　　）作为沥青贯入式基层的结合料。

A. 稀释石油沥青　　B. 粘稠石油沥青

C. 煤沥青　　D. 阳离子乳化石油沥青

E. 阴离子乳化石油沥青

9. 以下情况只宜使用阳离子乳化沥青（　　）。

A. 酸性石料　　B. 碱性石料　　C. 潮湿石料　　D. 干燥石料　　E. 中性石料

10. 宜选择（　　）水泥做半刚性基层。

A. 普通硅酸盐　　B. 矿渣硅酸盐

C. 火山灰质硅酸盐　　D. 硅酸盐

E. 52.5 级硅酸盐

11. 沥青路面结构层可由（　　）组成。

A. 防水层　　B. 面层　　C. 基层　　D. 底基层　　E. 垫层

12. 路面按等级分为（　　）路面。

A. 高级　　B. 次高级　　C. 普通　　D. 中级　　E. 低级

13. 沥青混合料，按矿料级配分为(　　)沥青混合料。

A. 密集配　B. 半开级配　C. 开级配　D. 连续级配　E. 间断级配

(三)案例题

某高速公路，路面为沥青混凝土路面，基层为水泥稳定土基层，施工单位在施工中，采用了水泥稳定细粒土做该路面的基层，并选用了终凝时间较短的水泥。面层施工前在基层上喷洒了透层油。

问题：

1. 该工程采用水泥稳定细粒土做基层是否正确？为什么？
2. 施工单位在选择水泥时是否正确？哪些水泥可做结合料？
3. 该基层上是否必须设置透层？说明理由？

模拟考题答案

(一)单项选择题答案：

1. D　2. A　3. A　4. A　5. A　6. B　7. A　8. A　9. B　10. A
11. C　12. D　13. A　14. B　15. D　16. B　17. A　18. C　19. A

(二)多项选择题答案：

1. AB　2. AB　3. AB　4. ABC　5. ABC
6. CD　7. AB　8. BCDE　9. AC　10. ABC
11. BCDE　12. ABDE　13. ABCE

(三)案例题答案：

1. 不正确。水泥稳定土可适用于各级公路的基层和底基层，但水泥稳定细粒土不能用做二级和二级以上公路高级路面的基层。

2. 不正确。可做结合料的水泥有普通硅酸盐水泥、矿渣硅酸盐水泥和火山灰质硅酸盐水泥，其初凝时间 3h 以上和终凝时间较长(宜在 6h 以上)的水泥。

3. 必须设置透层，水泥、石灰、粉煤灰等无机结合料稳定土基层上必须浇洒透层沥青，以使沥青面层与非沥青材料基层结合良好。

1B413000 桥梁工程

一、知识体系归纳

1B413010 桥梁的组成、分类及施工技术

1B413011 掌握桥梁的组成

组成	五大部件	桥跨结构、支座系统、桥墩、桥台、墩台基础
	五小部件	桥面铺装、排防水系统、栏杆、伸缩缝、灯光照明
术语		净跨径、总跨径、桥梁全长、桥梁高度、桥下净空高度、建筑高度、净矢高、涵洞(图)

1B413012 掌握桥梁的分类

(一)按结构划分

	结构特点	承重	结构体系比较	建造材料
梁桥[1]	无水平反力	梁	梁内弯矩最大	钢、木、钢筋混凝土
拱桥[2]	墩(台)承受水平推力,抵消拱圈弯矩	拱圈拱肋	拱内弯矩和变形小	圬工、钢筋混凝土、钢材
刚构桥[3]	受弯梁(或板)与承压柱(墩)结合	梁、柱	桥下净空大	钢、钢筋混凝土
吊桥	吊杆、缆索承受拉力,有水平反力	缆索	跨径大	巨大锚碇
组合体系	斜拉桥,主梁像多点弹性支承连续梁	斜缆、主梁	结构轻,跨径大	高强材料

(二)其他划分

划分标准	类别
用途	公路、铁路、公铁、农、人行、运水(渡槽)及其他专用桥
桥长、跨径	特大、大、中、小桥
承重结构用材	圬工(砖、石、混凝土桥)、钢筋混凝土、预应力混凝土、钢和木桥等
跨越障碍性质	跨河、跨线(立体交叉)、高架和栈桥
行车道位置	上承式、下承式和中承式桥

1B413013　桥梁基础分类及适用条件

刚性基础[1,2]	各 类 土 层
沉桩	松散、中密砂土、黏土
钻孔桩	黏土、砂土、砾卵石、碎石、岩石
管柱、沉井	各种土质基底，深水、岩面不平、无覆盖层或覆盖层很厚，不宜做其他类型基础
地下连续墙	地下挡墙、挡水围堰、承受竖向和侧向荷载基础、平面尺寸大或形状复杂的地下构造物

1B413014　掌握桥梁下部结构分类及适用条件[6]

重力式墩、台	用于地基良好的大、中型桥梁，或流冰、漂浮物较多的河流中
钢混薄壁墩	用于地基土软弱地区
柱式墩	外形美观，圬工体积少，而且质量较轻
钻孔桩柱式墩	用于更复杂的软弱地质条件以及较大跨径和较高的桥墩
柔性排架墩	用于在低浅宽滩河流、通航要求低和流速不大的水网地区河流
支撑梁轻型桥台	用于单跨桥梁
埋置式桥台	用于桥孔跨径 8～20m，填土高度 3～5m
钢混薄壁桥台	用于软弱地基
加筋土桥台	用于台后路基填土不被冲刷的中、小跨径桥梁，台高 3～5m
三角杆单向推力墩	用于桥不太高的旱地
悬臂单向推力墩	用于两铰双曲拱桥
拱桥轻型桥台	用于 13m 以内的小跨径拱桥和桥台水平位移量很小的情况
八字形桥台	用于桥下需要通车或过水的情况
U 字形桥台	用于较小跨径的桥梁
背撑式桥台	用于较大跨径的高桥和宽桥
靠背式框架桥台	用于在非岩石地基上修建拱桥桥台
组合式桥台	用于各种地质条件
空腹式桥台	用于软土地基、河床无冲刷或冲刷轻微、水位变化小的河道
齿槛式桥台	用于软土地基和路堤较低的中小跨径拱桥

1B413015　掌握桥梁上部结构施工技术

悬臂施工	分为悬臂浇筑法与悬臂拼装法施工
逐孔施工	预制拼装法；现浇法
顶推法	单点顶推法；多点顶推法
转体施工	①竖向转体：在竖直位置浇筑构件，或利用两岸斜坡地形做支架浇筑混凝土。 ②平面转体：用两岸地形支架现浇或预制拱肋(主梁)，借助润滑材料的环形滑道，千斤顶牵引拱肋转体合龙，再进行主拱圈和拱上建筑的施工。 ③平竖结合转体法
缆索吊装	用悬挂在搭桥上缆索吊预制构件，运输到吊装部位拼装

1B413020 常用支架、模板的设计和计算方法

1B413021 掌握常用支架的设计与计算方法

制作安装	采用常备式构件拼装拱架时，应进行强度和稳定性验算
预留拱度	①施工荷载引起的弹性变形；②混凝土收缩、徐变及温度变化而引起的挠度；③水平位移所引起的拱圈挠度；④由结构重力引起的弹性挠度；⑤非弹性变形；⑥基础沉陷
木拱、支架	①少接头；接头设于不同平面。②主要压力杆纵向连接，对接
安装前检查	拱架支承面和顶部高程，同一节点处的高程相一致
稳固要求与防护措施	①立柱安在稳固地基上，底端设垫木；②通船、车处，加设护桩；③夜间灯光标明行驶方向；④河中支架设防护设备
落模设置	木楔、木马、砂筒或千斤顶等
检查	平面位置、顶部高程、节点连接及纵、横向稳定性

1B413022 掌握常用模板的设计与计算方法

(一)模板、支架设计要求

设计原则	使用胶合板和钢模板；算其强度、刚度、稳定性；平整、密缝；方便
荷载组合	底模、支架：强度—全部竖向荷载；刚度—不考虑动荷载 侧模板：强度—侧向荷载；刚度—混凝土侧压力

(二)模板制作、安装、拆除技术

钢模	采用标准化组合模板
木模	平整、光滑，重复使用，内侧钉铁皮。防止接缝漏浆。有足够的强度和刚度
脱模剂	外露面混凝土模板的脱模剂采用同一品种，不得使用废机油等
与钢筋配合	妨碍绑扎钢筋的模板应待钢筋安装完毕后安设
模板与脚手架	模板不应与脚手架连接
侧模板	防止移位和凸出
预埋件等	预埋件或预留需准确固定
预拱度	等于结构自重和 1/2 汽车荷载（不计冲击力）所产生挠度，做成抛物线或圆曲线
模板检查	对其平面位置、顶部高程、节点联系及纵横向稳定性进行检查，签认
充气胶囊	不得漏气，防止上浮和偏位，对称平衡浇筑混凝土
滑升模板	用于高墩、索塔施工；强度、刚度和稳定性，尺寸的精度要求；连续施工
非承重侧模	混凝土抗压强度达到 2.5MPa 时方可拆除
承重模板支架	混凝土结构能够承受自重及其他荷载时，方可拆除
拱架卸落	砂浆强度达到设计要求，护拱砌完后卸架
卸落拱架程序	按设计的顺序进行；卸落量开始宜小，以后逐渐增大；画卸落量标记；观察是否有裂缝

1B413030 桥梁工程结构的构造特点和受力特点

1B413031 掌握桥梁工程基础的构造特点和受力特点

刚性基础	整体性好，埋置深度小。计算基底应力，验算合力偏心距、稳定性以及地基强度、地基变形
桩基础	埋深大。桩群—对称形、梅花形、环形。承台厚度：保证强度、刚度。不验算抗倾覆和抗滑动；特殊情况，验算桩基移动或被剪断的可能性

1B413032 掌握桥梁工程下部结构的构造特点和受力特点

(一)下部结构的构造特点[6]

重力式桥墩	由墩帽、墩身、基础组成。拱桥墩尺寸较厚实
重力式桥台	由台帽、背墙、台身、基础、锥坡组成
梁桥轻型墩台	钢混薄壁墩；柱式墩；排架桩墩；撑梁轻型台；埋置式桥台；钢混薄壁台；加筋土台
拱桥轻型墩台	三角杆单向推力墩；悬臂式单向推力墩；拱桥轻型桥台(八、U、背撑、靠背)

(二)下部结构的受力特点

梁桥重力式桥墩	①按最大竖向力组合。强度和基底最大应力 ②顺桥方向最大偏心和最大弯矩组合。强度、基底应力、偏心及稳定性 ③横桥方向最大偏心和最大弯矩组合。强度、基底应力、偏心及稳定性
拱桥重力式桥墩	①顺桥方向的荷载及其组合。②横桥方向的荷载及其组合
重力式桥台	基本同重力式墩。考虑土侧压力，不计纵、横风力、流水压力等。只验算顺桥方向

1B413033 掌握桥梁工程上部结构的受力特点

斜交板桥	载荷有向两支承边之间最短距离传递的趋势；最大跨内弯矩比正桥小
钢混简支T形梁[7]	既充分利用桥面板的抗压能力，又有效地发挥下部钢筋的抗拉作用
预应力T形梁	纵向预应力筋在梁端弯起或中间截断张拉，弯起可增强支点附近的抗剪能力
连续体系	支点存在负弯矩，使跨中弯矩减少；超静定结构产生附加内力
斜拉桥[4]	相当于增大了偏心距的体外索，发挥抵抗负弯矩的能力；多点弹性支承
悬索桥[5]	主缆为主要承重结构，拉力由地锚承受

1B413040 桥梁工程作用及施工测量控制技术

1B413041 熟悉桥梁工程作用的计算方法及作用效应组合

(一)桥梁施工作用的计算方法

桥涵作用	永久作用—恒载，可变作用—动载，偶然作用—机会少
代表值	①永久作用、偶然作用，采用标准值； ②可变作用根据不同极限状态，分别采用标准值、频遇值、永久值

（二）作用组合效应

取最不利效应组合	①结构上可能同时出现的作用，才进行效应组合。 ②可变作用产生有利影响时，不参与组合。 ③施工阶段，施工人员和设备作为临时荷载考虑。 ④几个偶然作用不同时参与组合
按承载能力极限状态的组合	①本组合。永久作用的设计值效应与可变作用设计值效应相结合。 ②然组合。永久作用与可变作用某种代表值效应、一种偶然作用标准值效应组合
按正常使用极限状态的组合	①作用短期效应组合。 ②永久作用标准值效应与可变作用频遇值效应相组合

1B413042　了解桥梁施工监测和控制

（一）桥梁监测

监测范围	敏感部位：内力、应变、位移变化、裂纹。 总体监测：对特大桥工作参数，用不同方法"识别"异常部位，到异常部位检测
监测方式	人工、自动、联合监测
监测状态	静态几何和力学参数，分析结构工作状态。加载检测，动态监测适于运营检测

（二）桥梁施工控制

1. 施工控制方法：纠偏终点控制法；自适应控制法；误差容许值法。
2. 施工控制特点

斜拉桥、连续梁、刚构	悬梁浇筑或拼装中，以高程控制为主；拉索再次张拉时以索力控制为主；主梁刚度小，斜拉索张拉时以高程测量控制为主；主梁刚度大，以拉索张拉吨位控制
悬索桥	主索无应力长度严格控制，重视基准束的尺寸；吊杆下料长度重点控制
大跨拱桥	按安全、线形、恒载内力的要求控制

1B413050　大跨径桥梁施工特点

1B413051　了解斜拉桥施工特点

索塔	裸塔施工用爬模法，横梁多的高塔用劲性骨架挂模提升法
主梁	支架、托架上浇筑时，消除温度等变形及支承等因素对变形和施工质量的影响
挂篮悬浇	构件合格后再整体组装检验，按设计荷载及技术要求预压，测定悬臂梁和挂篮的弹性挠度、调整高程等技术性能；考虑抗风振的刚度要求；拉索对称同步张拉
合龙梁段	（1）防止裂缝：①在上下底板或两肋端部预埋临时连接钢构件，或设置临时纵向连接预应力索。②两端高程在允许范围，可适当压重。③观测温度场变化，选定合龙时间。 （2）纵向预应力索张拉前，禁止施工荷载超平衡变化。①预制梁段用长线台座。②拼装误差用湿接缝调整。③试拼装
长拉索	抗振阻尼支点尚未装前，用钢索或杆件将一侧拉索联结抑制和减小拉索振动
大跨梁	缩短双向长悬臂持续时间，使一侧固定，减少风振影响，采取临时抗风措施
钢主梁	专业单位制作、试拼，检验；材料符合要求；温度变形观测，确定适宜合龙温度及实施程序，满足高强螺栓定位所需时间

1B413052 了解悬索桥施工特点

锚锭体混凝土	①用低水化热水泥。②降低水泥量。③降低混凝土温度。④布置冷却水管。⑤分层施工
猫道面架设	塔的两侧水平力差异不超过要求。架设中监测塔的偏移量和承重索的垂度
索力调整	以设计提供数据为据,根据测力计读数和锚头移动量双控确定
试拼装	加劲梁厂内试拼装不少于3个节段,按架梁顺序试拼装
吊装	根据设计和实测塔顶位移量分阶段调整索鞍偏移量;对称向进行

1B413053 了解刚构桥施工特点

平衡悬臂施工	悬臂浇筑法,悬臂拼装法施工
悬臂梁起步段施工	施工托架,支承在墩身、承台或加固的地面上
箱梁混凝土	一次或两次浇筑;两侧肋板同时分层进行,顶板及翼板,从外侧向内侧一次完成
悬臂拼装	工序:块件预制、移运、整修、吊装定位、预应力张拉、施工接缝处理
块件拼装接缝	分为:湿接缝与胶接缝,前者用高强细石混凝土,后者用环氧树胶为接缝料

1B413054 了解拱桥施工特点

(一)劲性骨架浇筑拱圈

分环多工作面均衡浇筑法,水箱压载分环浇筑法,斜拉扣挂分环连接浇筑法。

(二)装配式混凝土、钢筋混凝土拱圈

无支架安装拱圈	①构件拼装用吊装机具。 ②拱肋吊装,除拱顶段外,各段设一组扣索悬挂。 ③扣架:设在墩、台顶上,底部固定,架顶设置风缆;扣索位置必须与所吊挂的拱肋在同一竖直面内;扣架上索鞍顶面高程高于拱肋扣环高程;扣架进行强度和稳定性验算
转体施工	平转用于刚构梁式桥、斜拉桥、钢混拱桥及钢管拱桥;竖转用于转体质量轻的部件
缆索吊装	对吊装、搁置、悬挂、安装等状况拱肋进行强度验算
钢管拱肋(桁架)安装	①少支架或无支架吊装、转体施工或斜拉扣索悬拼施工。 ②钢管拱肋成拱过程中,同时安装横向连接系,未安装连接系不得多于一个节段。 ③节段间环焊缝的施焊对称进行。合龙口选择在结构温度稳定的时间内完成

二、考点图解

图解1 梁桥相关术语示意图

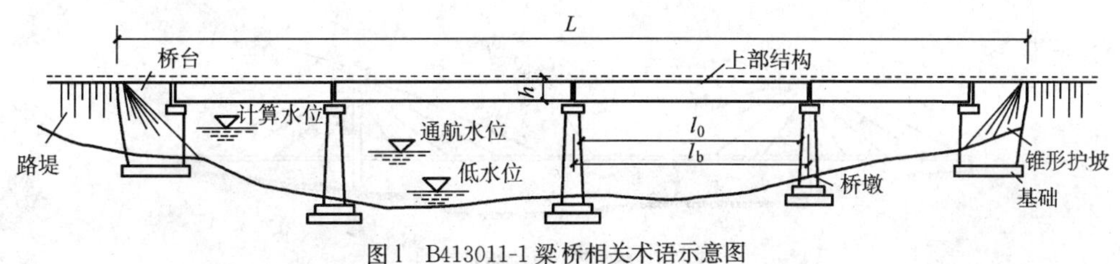

图1 B413011-1 梁桥相关术语示意图

图解 2　拱桥相关术语示意图

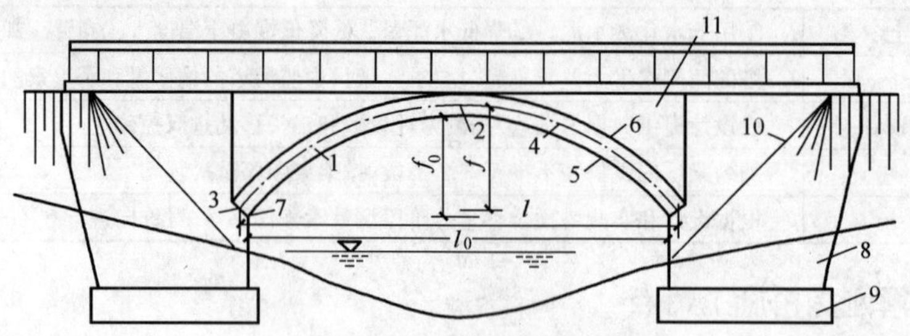

图1　B413011-2 拱桥相关术语示意图

1-主拱圈；2-拱顶；3-拱脚；4-拱轴线；5-拱腹；6-拱背；7-起拱线；8-桥台；9-桥台基础；10-锥坡；11-拱上建筑；l_0-净跨径；l-计算跨径；f_0-净矢高；f-计算矢高；f/l(或 f_0/l_0)-矢跨比

图解 3　刚构桥示意图

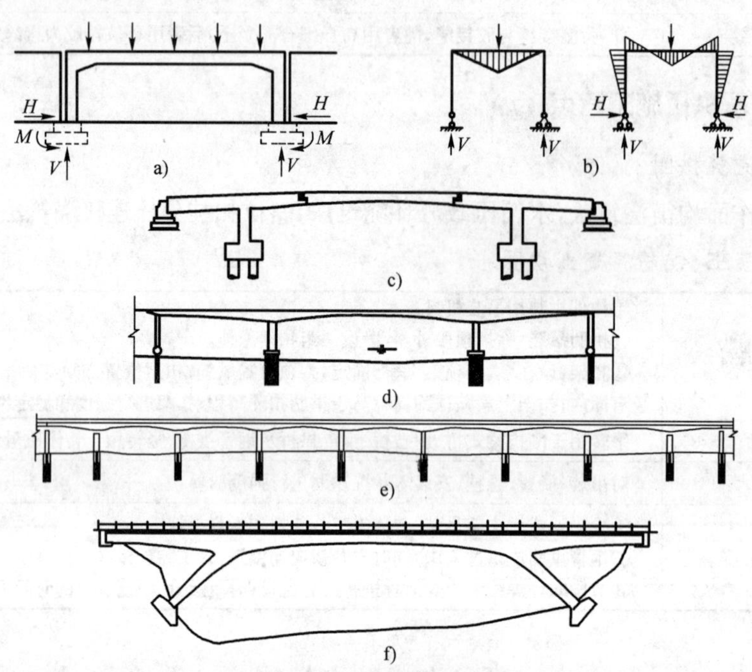

图1　B413012-1 刚构桥示意图

a)门式刚架；b)受力状态；c)T 形刚构；d)连续刚构；e)刚构-连续组合体系；f)斜腿刚构

图解 4　斜拉桥示意图

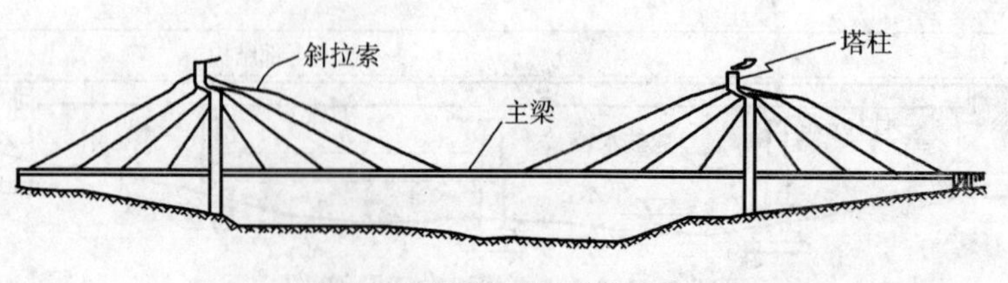

图1　B413012-1 斜拉桥示意图

图解 5　悬索桥示意图

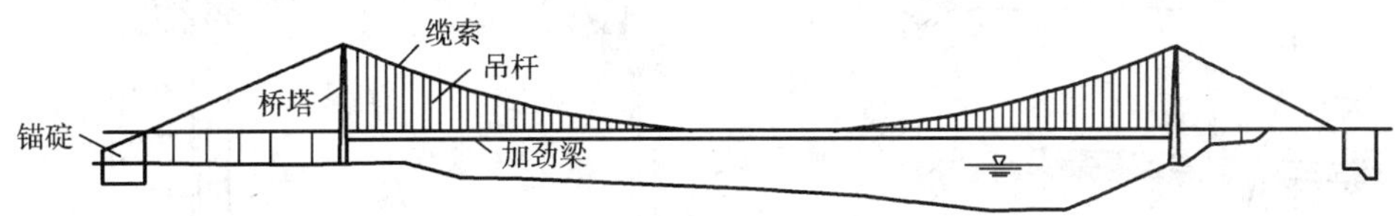

图1　B413012-2 悬索桥示意图

图解 6　桥梁各类墩、台示意图

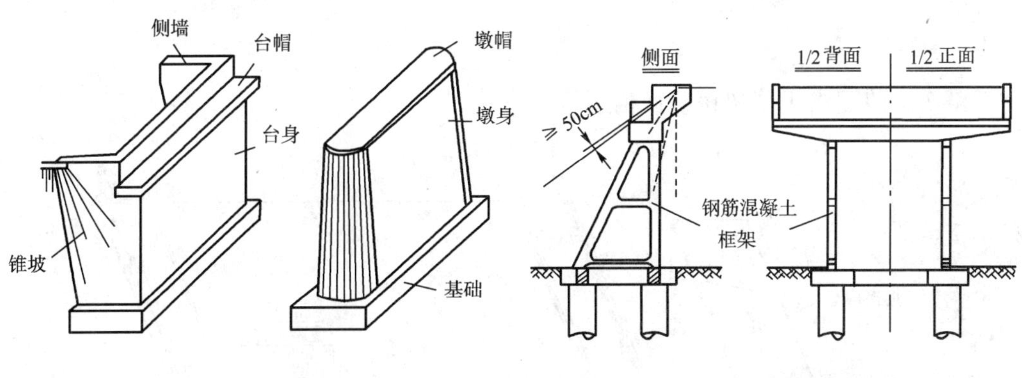

梁桥重力式墩台

埋置式框架式桥台

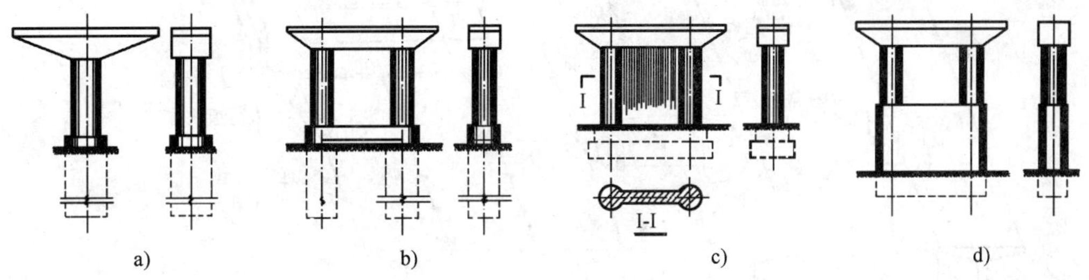

柱式桥墩

a) 单柱式；b)双柱式；c)哑铃式；d) 混合双柱式

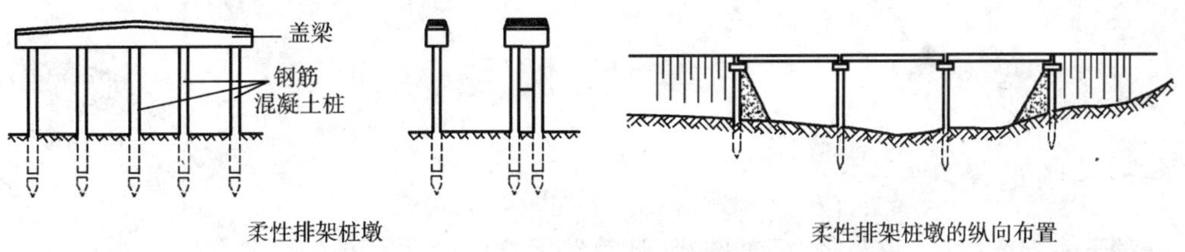

柔性排架桩墩

柔性排架桩墩的纵向布置

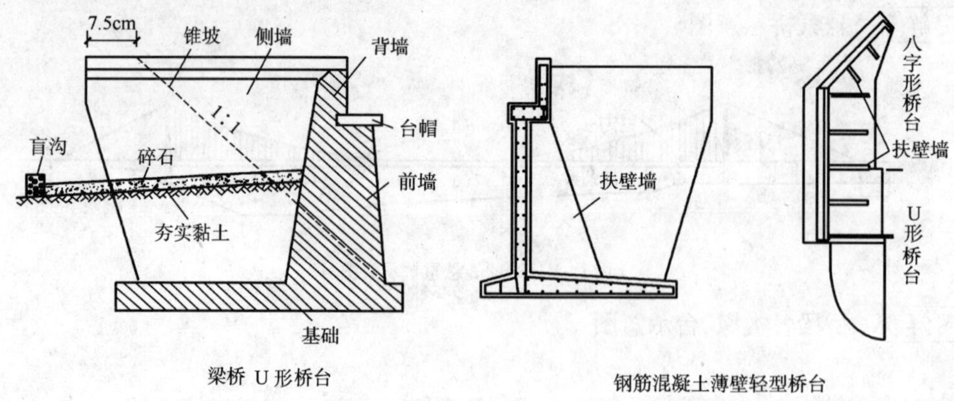

梁桥 U形桥台　　　　钢筋混凝土薄壁轻型桥台

图解 7　装配式 T 形梁桥桥面构造示意图

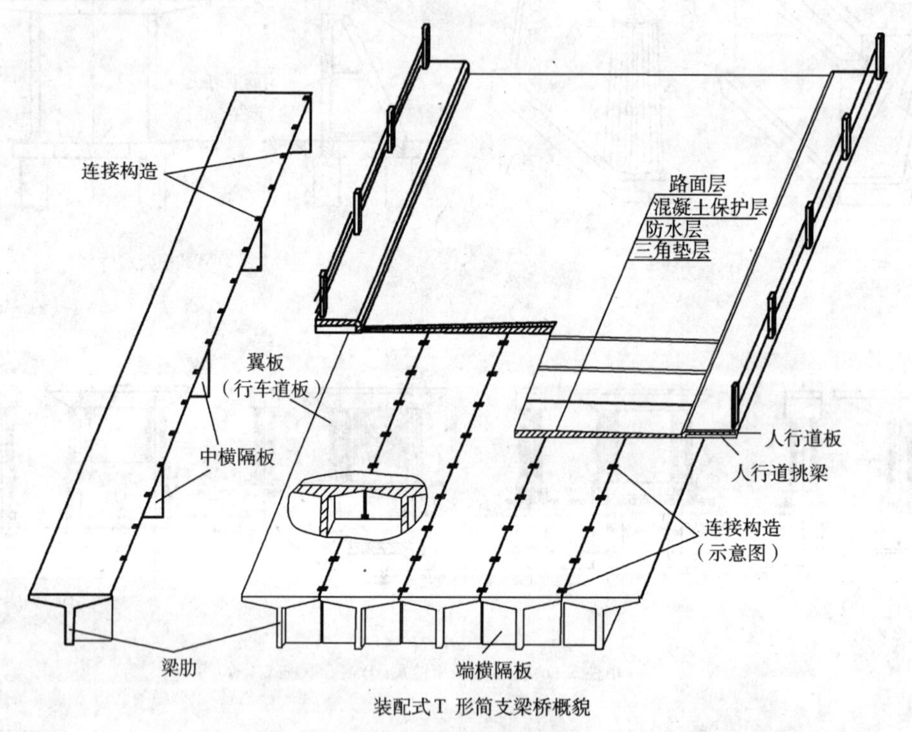

装配式T 形简支梁桥概貌

三、典 型 例题

(一)单项选择题

1. 对于简支梁桥，其净跨径、标准跨径、计算跨径之间的关系是(　　)。

A. 净跨径<标准跨径<计算跨径　　B. 净跨径<计算跨径<标准跨径

C. 计算跨径<标准跨径<净跨径　　D. 标准跨径<净跨径<计算跨径

答案:B

解析:标准跨径是桥墩中心线到相邻桥墩中心线之间的水平距离,或到桥台台背前沿之间的距离,大于简支桥跨结构相邻两个支座中心之间的距离,即计算跨径;而净跨径最小,它是设计洪水位上相邻两个桥墩(或桥台)之间的净距。

2. 涵洞是指多孔跨径的全长和单孔跨径分别均不大于(　　)的结构物。

A. 6m;3m　　B. 7m;4m　　C. 8m;5m　　D. 9m;6m

答案:C

解析:现行《公路工程技术标准》规定,凡是多孔跨径不到8m和单孔跨径不到5m的结构物,称为涵洞。

3. 施工最简便的基础形式是采用(　　)。

A. 刚性基础　　B. 钻孔灌注桩　　C. 沉井　　D. 地下连续墙

答案:A

解析:刚性基础可人工开挖。

4. 挖孔灌注桩适用于(　　)。

A. 各种土质的基底

B. 无地下水或少量地下水,且较密实的土层或风化岩层

C. 黏性土、砂土、砂卵石、碎石、岩石等各类土层

D. 松散、中密砂土,黏性土

答案:B

解析:挖孔灌注桩因为由人工开挖,需要无水的施工环境。

5. 靠自身强度来平衡外力而保持其稳定的墩台形式叫做(　　)。

A. 重力式墩、台　　B. 轻型墩、台

C. 强度墩、台　　D. 自重墩、台

答案:B

解析:轻型墩、台的特点就是靠自身强度来平衡外力而保持其稳定,因而做得比较轻巧。

6. 多跨桥当需要承受主梁较大的水平荷载时,适合的轻型桥墩形式是(　　)。

A. 柔性排架桩墩　　B. 柱式桥墩

C. 钢筋混凝土薄壁桥墩　　D. 钻孔桩柱式桥墩

答案:A

解析:柔性排架桩墩可以通过一些构造措施,将上部结构传来的水平力传递到全桥的各个柔性墩,或相邻的刚性墩、台上。

7. 当桥台侧土压力受限,且靠桥台主跨允许部分跨径被锥形护坡填埋时,适合的桥台形式是(　　)。

A. 钢筋混凝土薄壁桥台　　B. 加筋土桥台

C. 埋置式桥台　　D. 设有支撑梁的轻型桥台

答案:C

解析:填埋—埋置式桥台。

8. 多跨简支梁桥一般采用的施工方法是(　　)。

A. 逐段悬臂平衡施工　　B. 逐孔施工
C. 顶推法施工　　D. 缆索吊装施工

答案:B

解析:逐孔施工是最简单、常见的施工方法。

9. 大跨斜拉桥一般采用的施工方法是(　　)。

A. 逐段悬臂平衡施工　　B. 逐孔施工
C. 顶推法施工　　D. 转体施工

答案:A

解析:大跨斜拉桥难以支撑现浇或吊装,故采用悬臂浇筑法施工。

10. 顶推法施工适用的场合是(　　)。

A. 箱形拱桥　　B. 连续刚构　　C. 连续梁　　D. 吊桥

答案:C

解析:连续梁当单孔跨径不是很大时(40～60m),可以采用多点顶推。

11. 施工预拱度的计算时,考虑(　　)汽车荷载(不计冲击力)引起的梁或拱圈的弹性挠度。

A. 1/4　　B. 2/4　　C. 3/4　　D. 4/4

答案:B

解析:只计汽车静荷载的一半质量。

12. 超静定结构会由于(　　)而产生次内力和相应变形。

A. 墩台水平位移
B. 混凝土收缩、徐变
C. 杆件接头的挤压和卸落设备压缩而产生的非弹性变形
D. 由结构重力引起梁或拱圈的弹性挠度

答案:B

解析:超静定结构会在混凝土收缩、徐变及温度变化、张拉预应力、墩台不均匀沉降的外因下产生次内力和相应变形。

13. 基础、墩台等厚大建筑物的侧模板等验算刚度时,应考虑(　　)。

A. 模板自重
B. 新浇筑混凝土对侧面模板的压力
C. 倾倒混凝土时产生的水平荷载
D. 振捣混凝土产生的荷载

答案:B

解析:基础、墩台等厚大建筑物的侧模板等验算刚度时,只需要考虑一种荷载。

14. 缘石、人行道、栏杆、柱、梁、板、拱等的侧模板在验算刚度时,考虑(　　)。

A. 模板自重
B. 新浇筑混凝土对侧面模板的压力
C. 倾倒混凝土时产生的水平荷载
D. 振捣混凝土产生的荷载

答案:B

解析:侧模板在验算刚度时,只需要考虑一种荷载。

15. 桩基础计算的基本规定是(　　)。

A. 承台底面以上的竖直荷载假定由基桩和周围土承受

B. 桥台土压力按填土后的路面起算

C. 桩基均需进行抗倾覆和抗滑动的验算

D. 考虑地下水位下降所引起的负摩阻力的影响

答案:D

解析:承台底面以上的竖直荷载假定全部由基桩承受;桥台土压力可按填土前的原地面起算;桩基不需进行抗倾覆和抗滑动的验算。

16. 拱桥重力式桥墩分为普通墩与制动墩,区别是(　　)。

A. 普通墩适合于中小跨径,制动墩适合于大跨径

B. 普通墩适合于岸上施工,制动墩适合于水中施工

C. 普通墩不能承受较大的水平推力,而制动墩承受

D. 普通墩不能承受汽车紧急制动时的制动力,而制动墩承受

答案:C

解析:制动墩要能承受单向较大的水平推力,因而尺寸较厚实。

17. 以下关于装配式简支T梁描述正确的是(　　)。

A. 受拉区域的混凝土得到较大挖空,更好地承受正弯矩

B. 受拉区域的混凝土得到较大挖空,但钢筋不好布置

C. 类似于“T”字形,稳定性不好,不利推广

D. 能承受正负弯矩,适合超静定结构

答案:A

解析:装配式简支T梁受拉区域的混凝土得到较大挖空,减轻结构自重。既充分利用扩展的桥面板的抗压能力,又有效地发挥了梁肋下部受力钢筋的抗拉作用。

18. 挂篮制作后进行检验和试拼的主要目的是(　　)。

A. 测定实际刚度,便于施工中调整高程

B. 测定实际承载能力,保证施工安全

C. 用于优化设计,改变挂篮形式

D. 看其是否便于固定和前移

答案:A

解析:挂篮悬臂施工时梁段高程不断变化,需要进行施工控制,挂篮实际刚度是确定立模高程的重要参数。

19. 猫道的作用是(　　)。

A. 游览风景、登高望远　　　　B. 架设主缆,便于施工

C. 起到风缆的作用,保证索塔稳定　　　　D. 分配平衡索塔受力

答案:B

解析:猫道架好后,在其上拽拉牵引主缆索股,成大缆后便于紧缆,测量主缆线形高程、检

查质量等。

20. 刚构桥的主要施工方法是（　　）。

A. 平衡悬臂施工　　B. 顶推施工

C. 平转施工　　D. 支架现浇，逐跨完成

答案：A

解析：刚构桥墩梁固结，因此采用平衡悬臂施工。

（二）多项选择题

1. 桥梁由（　　）等部分组成。

A. 上部结构　B. 中部结构　C. 下部结构　D. 桥面　E. 桥梁基础

答案：ACE

解析：桥跨结构为上部结构，桥墩或桥台为下部结构。桥面则计入上部结构的范畴。

2. 反映拱桥受力特性的主要参数是（　　）。

A. 计算跨径　B. 桥梁高度　C. 矢跨比　D. 桥梁全长　E. 建筑高度

答案：AC

解析：计算跨径越大，拱桥受力越大；矢跨比越小，拱脚水平推力越大。

3. 桥梁工程的受力构件，总离不开（　　）基本的受力方式。

A. 受拉　B. 受扭　C. 受压　D. 受剪　E. 受弯

答案：ACE

解析：BD不是基本的受力方式。

4. 以下基础类型可以采用人工开挖的是（　　）。

A. 刚性基础　B. 灌注桩　C. 管柱　D. 沉井　E. 地下连续墙

答案：AB

解析：CDE一般是水下基础。

5. 当桥跨比较小时，拱桥桥台可以采用的形式是（　　）桥台。

A. 八字形　B. U形　C. 靠背式框架　D. 组合式　E. 背撑式

答案：ABCE

解析：D由台身和后座两部分组成，台身连同基础承受竖向力，后座、基底及台后的土侧压力平衡拱的水平推力，适用于较大跨径的拱桥。

6. 缆索吊装施工适用的场合是（　　）。

A. 钢管混凝土拱桥　　B. 连续梁桥

C. 空腹式拱的拱上建筑　　D. 简支板桥

E. 斜拉桥

答案：AC

解析：缆索吊装的吊装能力有限，不能吊起单片主梁或纵梁。

7. 支承板、支架及拱架等计算强度时，考虑（　　）。

A. 模板、支架和拱架自重

B. 新浇筑混凝土或其他圬工结构物的重力

C. 施工人员和施工材料、机具等行走运输或堆放的荷载

D. 振捣混凝土产生的荷载

E. 混凝土侧压力

答案:ABCDE

解析:支承板、支架及拱架等计算强度时,不考虑侧压力。

8. 支承板、支架及拱架等验算刚度时,考虑(　　)。

A. 模板、支架和拱架自重

B. 新浇筑混凝土或其他圬工结构物的重力

C. 施工人员和施工材料、机具等行走运输或堆放的荷载

D. 振捣混凝土产生的荷载

E. 雪荷载、冬季保温设施荷载等

答案:ABE

解析:支承板、支架及拱架等验算刚度时,需要考虑以上三种荷载。

9. 缘石、人行道、栏杆、柱、梁、板、拱等的侧模板在计算强度时,考虑(　　)。

A. 模板自重

B. 新浇筑混凝土对侧面模板的压力

C. 倾倒混凝土时产生的水平荷载

D. 振捣混凝土产生的荷载

E. 雪荷载、冬季保温设施荷载等

答案:BD

解析:缘石、人行道等的侧模板在计算强度时,需要考虑以上两种荷载。

10. 连续体系桥梁的受力特点是(　　)。

A. 由于支点存在负弯矩,使跨中正弯矩显著减少

B. 加大支点截面附近梁高形成变截面时,会增加跨中弯矩

C. 预应力、混凝土的收缩徐变、墩台不均匀沉降、温度变化产生附加内力

D. 配筋要考虑正负两种弯矩的要求

E. 采用悬臂施工方法时,施工内力与成桥内力相同

答案:ACD

解析:加大支点截面附近梁高形成变截面时,可进一步降低跨中弯矩;悬臂施工力与成桥内力有较大差距。

11. 作用在公路桥梁上的各种荷载和外力归纳成(　　)等几类。

A. 永久作用　　　　B. 可变作用

C. 临时作用　　　　D. 偶然作用

E. 必然作用

答案:ABD

解析:CD 同义,选 D;DE 相反,选 D。

12. 刚构桥施工挂篮由(　　)等部分组成。

A. 主桁架　　　　B. 悬吊系统

C. 锚固系与平衡重　　D. 行走系统

E. 张拉设备

答案:ABCD

解析:张拉设备不属于挂篮的组成部分。

13. 悬臂拼装的主要工序包括(　　)。

A. 块件预制　　B. 吊装定位

C. 预应力张拉　　D. 设平衡重

E. 施工接缝处理

答案:ABCE

解析:设平衡重属于设备问题,不属于主要工序。

四、模拟考题

(一)单项选择题

1. 对于梁式桥,其净跨径是指(　　)。

A. 通航水位上相邻两个桥墩(或桥台)之间的净距

B. 相邻两个桥墩(或桥台)墩帽(或台帽)之间的净距

C. 设计洪水位上相邻两个桥墩(或桥台)之间的净距

D. 桥台之间的长度

2. 对于拱式桥,其净跨径是指(　　)。

A. 通航水位上相邻两个桥墩(或桥台)之间的净距

B. 相邻两个桥墩(或桥台)墩座(或台座)之间的净距

C. 桥台之间的长度

D. 每孔拱跨两个拱脚截面最低点之间的水平距离

3. 桥梁总跨径是指(　　)。

A. 桥梁两端伸缩缝之间的距离

B. 多孔桥梁中各孔净跨径的总和

C. 多孔桥梁中各孔标准跨径的总和

D. 两端桥台的侧墙或八字墙后端点之间的距离

4. 对于有支座梁桥,计算跨径是(　　)。

A. 桥跨结构相邻两个支座中心之间的距离

B. 桥跨结构未间断的梁长

C. 桥跨相邻两个支座最外边缘之间的长度

D. 预应力钢筋或普通钢筋的布置距离

5. 对于拱桥,计算跨径是(　　)。

A. 每跨拱桥的起点到其终点

B. 拱桥的标准跨径

C. 两个拱脚截面最低点之间的水平距离

D. 拱轴线两端点之间的水平距离

6. 桥梁建筑高度是(　　)的距离。

A. 桥上路面高程至桥跨结构最下缘之间

B. 桥上路面高程至墩台基础地面高程

C. 桥跨结构最上缘至桥跨结构最下缘之间

D. 桥跨结构最上缘至墩台基础地面高程

7. 主要承重结构以受压为主的桥梁是(　　)。

A. 梁式桥　　B. 拱式桥　　C. 吊桥　　D. 斜拉桥

8. 主要承重结构以受拉为主的桥梁是(　　)。

A. 梁式桥　　B. 拱式桥　　C. 吊桥　　D. 斜拉桥

9. 主要承重结构以受弯为主的桥梁是(　　)。

A. 梁式桥　　B. 拱式桥　　C. 吊桥　　D. 斜拉桥

10. 主要承重结构以受弯和受拉为主的桥梁是(　　)。

A. 梁式桥　　B. 拱式桥　　C. 吊桥　　D. 斜拉桥

11. 刚性基础的适用条件是(　　)。

A. 作为地下挡土墙、挡水围堰、承受竖向和侧向荷载的桥梁基础

B. 在深水、岩面不平、无覆盖层或覆盖层很厚的自然条件下,不宜修建其他类型基础时

C. 各类土层

D. 砂土、硬塑及软塑的黏性土和中密及较松的碎石土

12. 振动沉桩法的适用条件是(　　)。

A. 作为地下挡土墙、挡水围堰、承受竖向和侧向荷载的桥梁基础

B. 在深水、岩面不平、无覆盖层或覆盖层很厚的自然条件下,不宜修建其他类型基础时

C. 各类土层

D. 砂土、硬塑及软塑的黏性土和中密及较松的碎石土

13. 管柱基础的适用条件是(　　)。

A. 作为地下挡土墙、挡水围堰、承受竖向和侧向荷载的桥梁基础

B. 在深水、岩面不平、无覆盖层或覆盖层很厚的自然条件下,不宜修建其他类型基础时

C. 各类土层

D. 砂土、硬塑及软塑的黏性土和中密及较松的碎石土

14. 地下连续墙的适用条件是(　　)。

A. 作为地下挡土墙、挡水围堰、承受竖向和侧向荷载的桥梁基础

B. 在深水、岩面不平、无覆盖层或覆盖层很厚的自然条件下,不宜修建其他类型基础时

C. 各类土层

D. 砂土、硬塑及软塑的黏性土和中密及较松的碎石土

15. 锤击沉桩法的适用条件是(　　)。

A. 作为地下挡土墙、挡水围堰、承受竖向和侧向荷载的桥梁基础

B. 在深水、岩面不平、无覆盖层或覆盖层很厚的自然条件下,不宜修建其他类型基础时

C. 各类土层

D. 砂土、硬塑及软塑的黏性土和中密及较松的碎石土

16. 钻孔灌注桩的适用条件是（　　）。

A. 黏性土、砂土、砂卵石、碎石、岩石等各类土层

B. 松散、中密砂土、黏性土

C. 各类土层

D. 适用于砂土、硬塑及软塑的黏性土和中密及较松的碎石土

17. 当地基较硬强度很高，但覆盖层很薄、荷载很大时，应采用的基础类型是（　　）。

A. 刚性基础　　B. 灌注桩

C. 管柱　　D. 沉井

E. 地下连续墙

18. 桥墩有防撞要求时应考虑采用（　　）。

A. 重力式桥墩　　B. 钢筋混凝土薄壁桥墩

C. 带三角杆件的单向推力墩　　D. 柔性排架桩墩

19. 适用于更复杂的软弱地质条件以及较大的跨径和较高的桥墩是（　　）。

A. 悬臂式单向推力墩　　B. 柔性排架桩墩

C. 柱式桥墩　　D. 钻孔桩柱式桥墩

20. 过水性良好，适用于地基土软弱的地区的桥墩是（　　）。

A. 钢筋混凝土薄壁桥墩　　B. 柔性排架桩墩

C. 柱式桥墩　　D. 钻孔桩柱式桥墩

21. 适用于单跨桥梁，跨径及台高均较小的桥台是（　　）桥台。

A. 设有支撑梁的轻型　　B. 埋置式

C. 钢筋混凝土薄壁　　D. 加筋土

22. 桥台所受的土压力小的桥台是（　　）桥台。

A. 设有支撑梁的轻型　　B. 埋置式

C. 钢筋混凝土薄壁　　D. 加筋土

23. 台后路基填土不被冲刷的中、小跨径桥梁可以采用（　　）桥台。

A. 设有支撑梁的轻型　　B. 埋置式

C. 钢筋混凝土薄壁　　D. 加筋土

24. 支架计算时，超静定结构产生的影响计入（　　）。

A. 设计荷载　　B. 沉落值　　C. 验算荷载　　D. 预拱度

25. 验算支架（拱架）的刚度时，支架、拱架受载后挠曲的杆件（盖梁、纵梁），其弹性挠度不超过相应结构跨度的（　　）。

A. 1/100　　B. 1/200　　C. 1/300　　D. 1/400

26. 钻孔桩中距不得小于成孔直径的（　　）倍。

A. 1.5　　B. 2.0　　C. 2.5　　D. 3.0

27. 岩石地基上的基础合力偏心距 e_0 最大可为基底核心半径 ρ 的（　　）倍。

A. 0.5～0.75　　B. 0.75～1.0

C. 1.0～1.2　　D. 1.2～1.5

28. 对于(　　)情况，必须验算基础的沉降，使其不大于规定的容许值。

A. 跨线桥要保证桥下净空高度时　　B. 采用轻型墩台基础时

C. 超载车、超重车比较多时　　D. 对旧桥进行加固改造时

29. 重力式桥台(U 形桥台)前墙任意一水平的高度，不宜小于该截面到墙顶高度的(　　)倍。

A. 0.4　　B. 0.5　　C. 0.6　　D. 0.7

30. 钢筋混凝土薄壁桥墩的特点是(　　)。

A. 柔性大，温度产生的次内力小

B. 由分离的两根或多根立柱(或桩柱)组成

C. 圬工体积小，结构轻巧

D. 上部结构的水平力可以传递到全桥的各个墩台

31. 柔性排架桩墩的特点是(　　)。

A. 柔性大，温度产生的次内力小

B. 由分离的两根或多根立柱(或桩柱)组成

C. 圬工体积小，承载能力高

D. 适应各种地基

32. 台后土侧压力最小的桥台形式是(　　)桥台。

A. 设有支撑梁的轻型　　B. 埋置式

C. 钢筋混凝土薄壁　　D. 加筋土

33. 拱桥的悬臂式单向推力轻型墩的原理是(　　)。

A. 一侧桥孔破坏后，拱的水平推力导致的倾覆力矩由悬臂配重平衡

B. 一侧桥孔破坏后，悬臂竖向分力构成的稳定力矩与拱的水平推力导致的倾覆力矩平衡

C. 一侧桥孔破坏后，另一侧拱不会完全倾覆，因为悬臂可以支撑

D. 有效地减少了拱的水平推力

34. 梁桥重力式桥墩第一种组合，按在桥墩各截面上可能产生的最大竖向力的情况进行组合，它是用来验算(　　)。

A. 墩身最大压缩量　　B. 桥墩稳定性

C. 基底最大偏心距　　D. 墩身强度和基底最大应力

35. 重力式桥台计算要考虑(　　)。

A. 车辆荷载引起的土侧压力　　B. 纵、横向风力

C. 流水压力　　D. 冰压力

36. 预应力混凝土空心板桥跨径适用范围是(　　)。

A. 6～13m　　B. 10～20m

C. 13～25m　　D. 16～30m

37. 钢筋混凝土空心板桥跨径适用范围是(　　)。

A. 6～13m　　B. 10～20m　　C. 13～25m　　D. 16～30m

38. 下列悬索桥的受力特点，正确的是(　　)。

A. 主缆受剪，为主要承重结构
B. 吊杆除了受拉，还受弯矩
C. 地锚只需承受拉索的水平力
D. 加劲梁多点弹性支承，自重轻

39. 悬索桥施工控制监测内容包括（　　）。
A. 主塔垂直位移　　B. 主索索股受力
C. 锚碇受力　　D. 吊杆锈蚀

40. 大跨度拱桥的施工观测和控制（　　）。
A. 宜在每日早上或傍晚的时候进行，提高测量精度
B. 宜在每天气温变化不大的时候进行，减少温度变化的影响
C. 宜在每次工序完成前后进行，不耽误进度
D. 宜在典型气象条件下进行，掌握不同温度、气象条件下结构的反应

(二)多项选择题

1. 桥下净空高度是（　　）的距离。
A. 地面至桥跨结构最下缘之间
B. 设计洪水位或计算通航水位至桥跨结构最下缘之间
C. 河床至桥跨结构最下缘之间
D. 跨线桥桥下路面或轨顶高程至桥跨结构最下缘之间
E. 河面至桥跨结构最下缘之间

2. 以下桥涵属于涵洞的是（　　）。
A. 多孔跨径的全长＝12m，单孔跨径＝4m
B. 多孔跨径的全长＝8m，单孔跨径＝4m
C. 多孔跨径的全长＝6m，单孔跨径＝3m
D. 多孔跨径的全长＝15m，单孔跨径＝3m
E. 多孔跨径的全长＝6m，单孔跨径＝6m

3. 当地基软弱，且覆盖层较深、荷载大时，应采用的基础类型是（　　）。
A. 刚性基础　　B. 灌注桩
C. 管柱　　D. 沉井
E. 地下连续墙

4. 桥墩承受的力，包括（　　）。
A. 上下部自重　　B. 水的浮力
C. 土侧压力　　D. 活载
E. 地震力

5. 桥台承受的力，包括（　）。
A. 上下部自重　　B. 土侧压力
C. 汽车在台后引起的土侧压力　　D. 活载
E. 风力

6. 计算支架(拱架)的强度和稳定性时,应考虑(　　)。

A. 风力
B. 流冰压力
C. 水的浮力
D. 水流的压力
E. 船只漂流物等冲击力

7. 刚性基础计算的内容包括(　　)。

A. 基底应力
B. 基础合力偏心距
C. 稳定性
D. 混凝土强度
E. 地基变形

8. 常见的基础倾覆或倾斜的原因是(　　)。

A. 挡土墙或高桥台受侧向土压力作用
B. 大跨径拱桥相邻两跨施工不对称
C. 多孔拱桥中一孔被毁
D. 水流冲击大时
E. 地基软弱发生沉降

9. 重力式桥台(U形桥台)由(　　)等几部分组成。

A. 台帽
B. 背墙
C. 前墙
D. 侧墙
E. 护坡

10. 斜拉桥的受力特点是(　　)。

A. 斜拉索相当于增大了偏心距的体外索
B. 斜拉索的水平分力相当于混凝土的预压力
C. 合龙段会受拉
D. 主塔水平方向需配环向预应力筋
E. 主梁多点弹性支承,自重轻

11. 斜交板桥的受力特点是(　　)。

A. 荷载有向两支承边之间最短距离方向传递的趋势
B. 各角点受力情况可用比拟连续梁的工作来描述
C. 钝角点有向上翘起的趋势
D. 在均布荷载作用下,当桥轴向的跨长相同时,斜板桥的最大跨内弯矩比正桥要小
E. 在均布荷载作用下,当桥轴向的跨长相同时,斜板桥的跨中横向弯矩比正桥要小

12. 桥梁永久作用包括(　　)。

A. 自重
B. 土侧压力
C. 汽车制动力
D. 混凝土收缩和徐变影响力
E. 水浮力

13. 桥梁可变作用包括(　　)。

A. 汽车、平板挂车
B. 预应力筋张拉力
C. 风力
D. 温度影响力
E. 人群

14. 桥梁偶然作用包括(　　)。

A. 地震力
B. 紧急制动的制动力

C. 漂流物的撞击力　　D. 洪水暴发时的水压力
E. 爆炸冲击力

15. 目前桥梁施工控制有(　　)等方法。
A. 纠偏终点控制方法　　B. 神经网络控制方法
C. 自适应控制方法　　D. 模糊理论控制法
E. 最大的宽容度法

16. 斜拉桥施工控制的主要内容是(　　)。
A. 每一施工阶段进行详细的检测分析和验算
B. 确定下一施工阶段拉索张拉量值
C. 确定下一施工阶段混凝土要求的质量
D. 确定下一施工阶段预应筋张拉力
E. 确定下一施工阶段主梁立模高程

模拟考题答案

(一)单项选择题答案：

1. C　2. D　3. B　4. A　5. D　6. A　7. B　8. C　9. A　10. D
11. C　12. D　13. B　14. A　15. B　16. A　17. A　18. A　19. D　20. A
21. A　22. B　23. D　24. D　25. D　26. B　27. D　28. A　29. A　30. C
31. A　32. B　33. B　34. D　35. A　36. B　37. A　38. D　39. B　40. B

(二)多项选择题答案：

1. BD　2. BC　3. BCD　4. ABDE　5. ABCD
6. ABDE　7. ABCE　8. ABC　9. ABCD　10. ABDE
11. ABDE　12. ABDE　13. ACDE　14. AC　15. ACE
16. ABE

1B414000 隧道工程

一、知识体系归纳

1B414010 隧道的组成、围岩分级和施工技术

1B414011 掌握隧道组成

隧道种类		岩石(山岭)隧道,软土隧道
组成	洞门	端墙式、翼墙式、环框式、遮光式
	明洞	拱式(由顶拱和内外边墙组成,整体件较好)、棚式(由梁式顶盖和内外边墙组成)
	洞身	曲墙、直墙、连拱式。构造:一次衬砌,二次衬砌,防排水构造,内装饰,顶棚、路面
	附属设施[7]	通风、照明、安全、应急设施以及公用设施等

1B414012 掌握围岩分级

围岩分级:按围岩由硬→软,分为Ⅰ→Ⅵ级。方法——综合评判法。

1. 初步分级:按坚硬程度和完整程度,基本质量指标分。

2. 详细定级:修正(降级)因素:地下水、受软弱结构面影响、高初始应力。

1B414013 掌握隧道施工技术

(一)隧道施工的主要技术

新奥法[3]	用喷锚技术、监控量测等并与岩石力学理论构成一个体系,而形成的施工方法
传统矿山法	用钻爆法开挖和钢木构件支撑的施工方法
掘进机法	采用机械破碎岩石的方法
盾构法[2]	一种钢制的活动防护装置或活动支撑,可通过软弱含水层
明挖法	挖开地面,由上向下开挖土石方至设计高程,自基底向上施工
盖挖法	地面向下挖至一定深度,顶封闭,下部工程在封顶下施工
浅埋暗挖法	开挖中加固围岩,开挖后即时支护,封闭成环,抑制围岩过大变形
地下连续墙	将分段施工的单元地下墙连成连续地下墙体,起挡土、承重、防水作用

（二）山岭隧道施工技术

洞口	①支挡，结合开挖一并完成。进洞时，用钢支撑紧贴开挖面支护。 ②洞门拱墙与洞内拱墙同时施工。 ③洞门端墙砌筑与墙背回填两侧同时进行。 ④洞门衬砌后，处治上方仰坡脚。边（仰）坡松软、破碎时，采取坡面防护措施
明洞	①边坡暂时稳定时，用先墙后拱法。 ②边坡稳定性差，拱脚承载力好，用先拱后墙法。 ③半路堑式明洞，墙拱交替法。 ④路堑式明洞拱脚不能用先拱后墙法时，拱线上挖成后，用跳槽挖井法先灌筑两侧边墙，做拱圈，后做其余边墙。 ⑤具备机具条件时，拱墙整体灌筑
浅埋段	①优先用单侧壁导坑法、双侧壁导坑法或留核心土开挖法；可用多台阶法开挖。禁用全断面开挖。 ②挖后尽快做锚杆、喷混凝土、敷设钢筋网或钢支撑。 ③锚喷支护或构件支撑，尽量靠近开挖面，其距离应小于1倍洞跨。 ④浅埋段地质差时，用地表锚杆、管棚、超前小导管、注浆加固围岩等辅助施工
洞身开挖	用新奥法或矿山法施工，用光面爆破或预裂爆破，双洞开挖时，选择适宜开挖方法，确定两洞开挖时间差，采取措施防止后行洞开挖对先行洞周壁产生不良影响
衬砌[4]	支护，优先用锚杆、喷射混凝土或锚喷
防排水	①施工防排水：覆盖较薄和渗透性强地层，处理地表积水。洞内反坡排水，用机械抽水。大面积渗漏，钻孔汇流入排水沟。涌水或地下水，用井点、深井降水法。严寒区，防寒保温。 ②结构防排水：施工缝等用止水带防水。复合式衬砌中防水层：在初支变形稳定后，二衬前进行

1B414020 隧道施工测量和监控量测技术

1B414021 掌握隧道施工测量技术

一般规定		①控制测量精度以中误差衡量，最大误差（极限误差）为中误差的两倍。 ②长隧道设置精密三角网或导线网。洞外水准点、中线点，定期复核，洞内控制点依进度定。 ③施工中线在贯通面上极限误差等，符合规定
洞内测量		①洞内导线，根据洞口投点向洞内做引申测量，洞口投点纳入控制网内。 ②长隧道及大型掘进机施工，用激光设备导向。 ③临时点，用串线法标定。 ④开挖前，标出设计断面尺寸线，开挖工作、测绘断面图。 ⑤衬砌，用临时中线点，用经纬仪测定。 ⑥衬砌立模前，复核中线、高程、拱架顶、边墙底和起拱线高程
贯通误差	测定	①精密导线法：在贯通面附近定临时点，由两方向测该点坐标，闭合差投影至贯通面，得出横、纵向贯通误差，再置镜于该临时点，测方位角贯通误差。 ②中线法：由两方向向贯通面延伸，取临时点，测两点横、纵向距离，得出实际贯通误差
	调整	①用折线法调整直隧道中线。②按长度比例调曲隧道。③贯通误差，在未衬砌100m内调整

1B414022 掌握隧道施工监控量测技术

目　　的	掌握动态信息，指导施工
复式衬砌	将监控量测列入施工组织设计
量测内容	地质和支护、位移、下沉、锚杆应力、压力、裂缝等
量测管理	由施工单位或委托其他单位承担

1B414030 特殊地段施工技术

1B414031 熟悉流沙地段施工

调　查	掌握流沙特性、规模，地质构成、贯入度、相对密度、塑性指数、承载力、滞水层分布、水压力
治理	①加强防排水，防止沙层稀释和挟走沙粒。②化学加固。③先护后挖，边挖边封，遇缝必堵。④支撑。⑤干燥处，打锚杆或喷混凝土加固
开挖	开挖边墙马口，防止拱圈不均匀下沉。拱部和边墙衬砌缩短时差

1B414032 熟悉涌水地段施工[5]

调　　查	涌水量大小、补给方式、变化规律及水质成分调查
辅坑道排水	坑道和正洞接近平行；坑道底高程低于正洞底高程；坑道超前正洞 10～20m
超前钻孔排水	钻孔孔位在水流上方；超前开挖面 1～2 个循环进尺，迅速排水出洞外
注浆堵水	由外圈向内圈进行，同一圈钻孔间隔施工；注水泥浆液或水泥—水玻璃浆液
井点降水	抽水作业不间断，观测附近区域是否产生沉降，采取防护措施
深井点降水	隧道两侧地表面布置井点，做好地面的排水工作

1B414033 熟悉塌方地段施工[6]

1. 先加固未塌方地段，防止塌穴扩大。

2. 塌方小时，先加固塌体两端，喷混凝土或锚塑联合支护封闭塌部位，清渣。

3. 塌方大时，采取先护后挖。

4. 冒顶，清渣前支护塌穴口，地层极差时，在穴口附近打地表锚杆，洞内管棚支护和钢架支撑。

5. 塌方处，模筑衬砌背后与塌穴洞孔周壁紧密支撑。

6. 塌方地段防、排水。

7. 岩爆引起塌方：增大锚杆的初锚固力；钢纤维喷混凝土，抑制拱部围岩剥落。

1B414040　隧道工程通风防尘及水电作业[7]

通风	风管式通风；巷道式通风；风墙式通风
防尘	湿式凿岩标准化；机械通风正常化；喷雾洒水正规化；个人防护普遍化
供水	水源，水池容量，抽水机，利用洞内水源
供电	电压，400/230V 三相四线系；动力电，三相 380V；导线截面；变压器容量；安全

二、考点图解

关于隧道工程的考点图解，统一放在 1B424040 中介绍。

三、典型例题

(一)单项选择题

1. 隧道洞身衬砌的主要作用是(　　)。

A. 洞内防水、防潮　　B. 确保行车安全、舒适

C. 形成隧道空间，便于行车　　D. 承受围岩压力，防止风化、崩塌

答案：D

解析：其余不是衬砌的主要作用。

2. 道路隧道围岩分类共有(　　)种。

A. 3　　B. 4　　C. 5　　D. 6

答案：D

解析：解析：分为 I→VI 级。

3. 围岩分类的目的不含(　　)。

A. 满足工程设计、施工等的需要　　B. 制订爆破、支护、挖掘方案

C. 编制排水、供水、通电策略　　D. 编制定额

答案：C

解析：从 C、D 两项考虑。

4. 构筑城市隧道或水下隧道时常用盾构法的原因是(　　)。

A. 盾构法适宜于较短隧道施工

B. 盾构法适宜于在有水环境中构筑隧道

C. 盾构法适宜于在软土地层中构筑隧道

D. 盾构设备比较庞大，运输不便，不适用于偏远山区

答案：B

解析：从盾构法的特点理解。

5. 新奥法施工隧道的特点是(　　)。

A. 两次衬砌都承载　　B. 锚杆对提高原岩体的岩体强度基本没用

C. 支护为联合型复合衬砌　　D. 施工比较快速

答案：C

解析：从新奥法的特点理解。

6. 隧道控制测量的最大误差规定为中误差的(　　)。

A. 1 倍　　B. 1.5 倍　　C. 2 倍　　D. 2.5 倍

答案：C

解析：控制测量的精度应以中误差衡量，最大误差(极限误差)规定为中误差的两倍。

7. 有仰拱的封闭式衬砌的作用是(　　)。

A. 节省材料

B. 形式美观

C. 加强衬砌强度和刚度，抵抗可能出现的塌方现象

D. 地下水不允许经隧道排走，以免流水带走泥砂导致坍塌

答案：D

解析：封闭—地下水。

8. 涌水地段隧道的治水方案应确保(　　)。

A. 围岩稳定　　B. 排水迅速　　C. 便于施工　　D. 有利于跟进施工

答案：A

解析：围岩稳定是最基本的要求。

9. 对于塌方，不正确的预测方式是(　　)。

A. 观察岩粉与尘土飞扬情况　　B. 观察地下水的流量、位置与清浊

C. 观测裸露围岩的含水率　　D. 观察支撑变形情况

答案：C

解析：C 明显无关。

10. 较长隧道宜采用(　　)通风方式。

A. 风管式通风　　B. 封闭式通风

C. 巷道式通风　　D. 风墙式通风

答案：C

解析：较长隧道，要求通风量大—巷道式通风。

11. 对于瓦斯地段，隧道施工供电，下列回答正确的是(　　)。

A. 采用两相交流电源，电压 220V

B. 照明、开关、线路、机电设备等必须有防爆装置

C. 线路不能明线布置，防止老化漏电

D. 电源布置离地面至少 3m 高，以策万全

答案：B

解析：瓦斯地段—防爆。

12. 隧道种类，按大类划分包括（　　）。

A. 岩石隧道　　B. 软土隧道

C. 山岭隧道　　D. 水底隧道

E. 城市道路隧道

答案：AB

解析：岩石隧道修建在山体中的较多，又称山岭隧道；软土隧道含水底隧道和城市道路隧道。

（二）多项选择题

1. 围岩分类主要考虑（　　）等指标。

A. 围岩的结构特征和完整状态，即围岩被各种结构面切割的破碎程度及其组合状态

B. 岩石裂隙度

C. 岩石的物理力学性质

D. 地质地貌情况

E. 地下水的影响

答案：ACE

解析：岩石裂隙度属于物理力学性质。与 D 无关。

2. 隧道竣工后应提交（　　）等测量材料。

A. 计算书　　B. 测量技术成果书

C. 点位的实测成果及示意图　　D. 各部分结构尺寸

E. 贯通误差的实测成果和说明

答案：BCE

解析：隧道竣工后应提交贯通测量技术成果书、贯通误差的实测成果和说明、净空断面测量和永久中线点、水准点的实测成果及示意图。

3. 贯通误差的调整应按（　　）方法进行。

A. 用折线法调整直线隧道中线

B. 曲线隧道，根据实际贯通误差，由曲线的中点向贯通面按长度比例调整中线

C. 采取精密导线法测量时，贯通误差用坐标增量平差来调整

D. 隧道贯通后，贯通误差，应在未衬砌的 100m 地段内（即调线地段）调整

E. 进行高程贯通误差调整时，贯通点附近的水准点高程，采用由进出口分别引测的高程平均值作为调整后的高程

答案：ACDE

解析：曲线隧道，由曲线的两端向贯通面按长度比例调整中线。

4. 避免水夹泥沙涌入坑道的方法有（　　）。

A. 双层插板　　B. 先护后挖
C. 密闭支撑　　D. 压浆固化
E. 边挖边封

答案:ABCE

解析:滤水,而不是堵水。

5. 涌水地段在施工中的处理办法包括(　　)。
A. 超前钻孔或辅助坑道排水　　B. 超前小导管预注浆
C. 井点降水及深井降水　　D. 超前导管引水减压
E. 超前围岩预注浆堵水

答案:ABCE

解析:主要是堵水、降水。

6. 隧道塌方现象包括(　　)。
A. 洞顶围岩垮塌　　B. 侧壁滑动
C. 涌浆　　D. 冒砂
E. 冒顶

答案:ABE

解析:CD与塌方无关。

7. 隧道施工防尘采用(　　)等方法。
A. 湿式凿岩标准化　　B. 机械通风经常化
C. 喷雾洒水正规化　　D. 消尘吸屑定期化
E. 个人防护普遍化

答案:ABCE

解析:无法吸屑。

四、模拟考题

(一)单项选择题

1. 隧道的主体建筑包括(　　)等。
A. 洞门　　B. 通风　　C. 照明　　D. 防排水

2. 隧道洞门的主要作用是(　　)。
A. 是隧道与进出道路连接的部分,起连接作用
B. 防止洞口坍方落石、保持仰坡和边坡的稳定
C. 便于将排水和废气引出隧道
D. 便于车辆进出

3. 下列说法不正确的是(　　)。
A. 道路隧道是道路穿越山岭修建的工程结构物
B. 隧道与周围的岩(土)体有密切关系

C. 隧道与围岩相互影响、相互作用
D. 不同的围岩在修建隧道时会有相同的地质现象

4. 直线上隧道的永久中线点，每（　　）设一个。
A. 50～100m　　B. 100～150m　　C. 150～200m　　D. 200～250m

5. 洞内施工测量时导线边长在直线、曲线地段分别不宜短于（　　）。
A. 150m，50m　　B. 200m，70m　　C. 250m，90m　　D. 300m，100m

6. 贯通误差采用精密导线测量时，在贯通面附近定一临时点，（　　）。
A. 由该点测量进测的两点的坐标，所得的闭合差分别投影至贯通面及其垂直的方向上，得出实际的横向和纵向贯通误差
B. 由进测的两方向分别测量该点的坐标，所得的闭合差分别投影至贯通面及其垂直的方向上，得出实际的横向和纵向贯通误差
C. 由该点测量进测的两点的坐标，所得的闭合差分别投影至贯通面垂直以及水平的方向上，得出实际的纵向和高度方向贯通误差
D. 由进测的两方向分别测量该点的坐标，所得的闭合差分别投影至贯通面垂直以及水平的方向上，得出实际的纵向和高度方向贯通误差

7. 采用仰拱的封闭式衬砌防流沙施工方法应该注意（　　）。
A. 大断面　　B. 支撑需要预留开口
C. 留有足够的预留沉落量　　D. 先要对流沙固化

8. 井点降水及深井降水在隧道施工中的目的是（　　）。
A. 取水用于生产、生活　　B. 增加围岩密实度
C. 探明地质情况，掌握围岩土质　　D. 降低地下水位，克服涌水

9. 以下对塌方的说法中正确的是（　　）。
A. 破坏严重，需要想法避免塌方
B. 尽量预防，及时处理
C. 威胁人身安全，施工人员需要穿戴救生服
D. 对施工影响大，一旦发生，需要调整隧道走向

10. 不良地段进行隧道施工应该（　　）。
A. 后排水　　B. 弱爆破　　C. 长开挖　　D. 先衬砌

11. 当（　　）时，说明围岩压力增大，存在塌方可能。
A. 顶部围岩旁出现裂缝岩粉
B. 围岩裂缝逐渐扩大
C. 围岩中突然出水或水压突然增加
D. 洞顶滴水位置不定来回移动

12. 风管式通风的方式不包括（　　）。
A. 牵引式　　B. 压力式　　C. 抽出式　　D. 混合式

13. 有平行坑道的长隧道适合采用（　　）通风方式。
A. 风管式通风　　B. 封闭式通风　　C. 巷道式通风　　D. 风墙式通风

14. 较长隧道无平行导坑，一般管道式通风难以解决时，宜用(　　)通风方式。

A. 风管式通风　B. 封闭式通风　C. 巷道式通风　D. 风墙式通风

15. 隧道施工供水的基本要求包括(　　)。

A. 离子含量　B. 矿物质纯度　C. 沉淀物含量　D. 水压

(二)多项选择题

1. 为保证行车安全、舒适而设置的隧道附属设施包括(　　)。

A. 通风　B. 照明

C. 防排水　D. 交通标志线

E. 安全设备

2. 隧道控制测量内容包括(　　)。

A. 围岩、初期支护的周边位移量测、拱顶下沉量测

B. 围岩压力量测

C. 锚杆抗拔力试验

D. 围岩体内位移量测

E. 地表沉降量测

3. 遇到特大流沙时，可以采取(　　)。

A. 外加套法　B. 硅化法

C. 冻结法　D. 压气法

E. 降低地下水法

4. 隧道涌水地段在设计时需要对(　　)进行详细调查。

A. 构造裂隙　B. 涌水量大小

C. 补给方式　D. 变化规律

E. 水质成分

5. 治水方案需要满足(　　)等条件。

A. 便于同时施工　B. 经济合理

C. 围岩稳定　D. 保护环境

E. 便于排水

6. 不良地段隧道为预防塌方，应该在施工中(　　)。

A. 先排水　B. 长开挖

C. 弱爆破　D. 强支撑

E. 快衬砌

7. 喷雾洒水的作用是(　　)。

A. 降低因爆破、出渣等所产生的粉尘

B. 溶解少量的有害气体

C. 可以降低温度

D. 使空气清新

E. 降低劳动强度

模拟考题答案

(一)单项选择题答案：

1. A　2. B　3. D　4. D　5. B　6. B　7. C　8. D　9. B　10. D
11. B　12. A　13. C　14. D　15. D

(二)多项选择题答案：

1. ABCE　2. ACDE　3. BCD　4. BCDE　5. BCD
6. ACDE　7. ABCD

1B415000 交 通 工 程

一、知识体系归纳

1B415010 交通工程主要系统的构成与功能

1B415011 掌握交通安全设施的构成与功能

设 施	构 成	分 类		功 能
交通标志	用图形符号、颜色和文字信息，用于管理交通	主标志	警告、禁令、指示、指路、旅游区、道路施工安全标志	提示、诱导、指示
		辅助标志（附设在主标志下）		
标线	线条、箭头、文字、立面标记、突起路标（A、B类）	涂料：常温型、加热型、热熔型划线材料 种类：双组分、水性		管制和引导交通
防撞	护栏防撞筒	按刚度：柔性、半刚性、刚性护栏 按结构：缆索、波形梁、混凝土、梁柱式、组合式		防车辆越过分隔带或冲出路基；吸收能量，诱导视线
隔离栅	编织网、钢板网等	隔离公路用地，人和畜等，保证公路正常运营		
视线诱导	分流标志、合流标志、线形诱导标、轮廓标	轮廓标包括附着式、柱式；逆返材料包括反射器、反光膜		反射车灯，使驾驶员了解前方道路线形及走向
防眩	防眩板、网，绿化	避免对向车灯造成的眩光，保证夜间行车安全		
防抛网	钢板网、焊接网	防止杂物落在桥梁下方行车道上，保证行车安全		
里程标（碑）、公路界碑		标识出道路里程和公路用地界限		

1B415012 掌握监控系统的构成与功能

（一）监控系统的体制结构、构成及功能

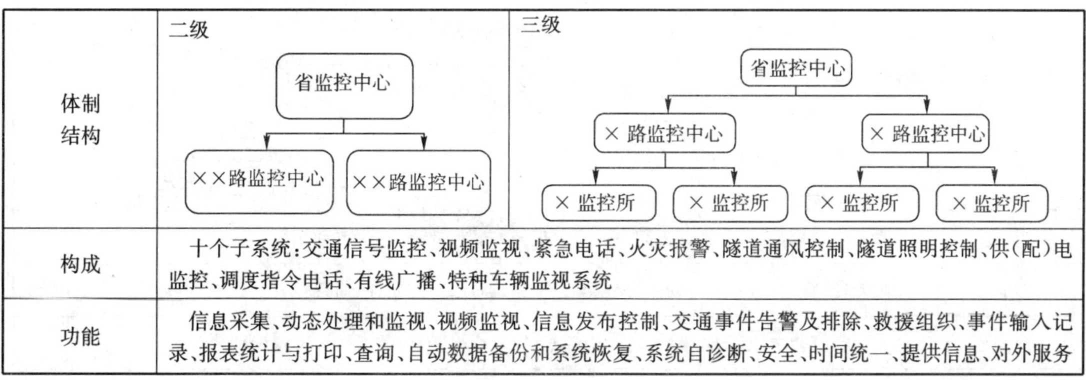

体制结构	二级 省监控中心 → ××路监控中心、××路监控中心	三级 省监控中心 → ×路监控中心、×路监控中心 ×路监控中心 → ×监控所、×监控所 ×路监控中心 → ×监控所、×监控所
构成	十个子系统：交通信号监控、视频监视、紧急电话、火灾报警、隧道通风控制、隧道照明控制、供（配）电监控、调度指令电话、有线广播、特种车辆监视系统	
功能	信息采集、动态处理和监视、视频监视、信息发布控制、交通事件告警及排除、救援组织、事件输入记录、报表统计与打印、查询、自动数据备份和系统恢复、系统自诊断、安全、时间统一、提供信息、对外服务	

（二）监控各子系统的功能与构成

名　称	功　能	构　成
交通信号监控	采集交通流、道路、监控设施状态等信息，判断交通运行状态、确认交通异常事件、预测交通运行、处理异常事件	监控分中心、控制节点计算机系统、外场设备以及传输通道
视频监视	调看、录像、存储现频图像，查看交通状况，视频联网远程监控	摄像机、视频和数据传输设备；视频监视、存储及控制装置等
电话	呼救求援、人员联系	控制台、电话分机、传输电缆
火灾报警	发出紧急信号、阻止车辆进入故障隧道、疏导车辆、通告消防系统启动消防水泵	自动检测设备、手动按钮、报警控制器、传输通道
隧道通风控制	输送新鲜空气、排出污染物质、提高能见度、检测环境数据、控制风机运行、排烟	风机及启动装置、风机供电回路、控制装置及通道
照明控制	避免隧道黑洞效应、调节洞内照明强度	照明控制器、亮度检测器、接口电路
供(配)电监控	信息采集、处理和控制，越限告警、记录、打印制表、系统自检、通道状态的监测	自动检测或监控装置、远程通信装置、计算机系统、传输通道
调度指令	提供语音服务(业务电话、调度指令电话)	程控交换机、话务台、维护终端、计费终端、调电话总机及话机
有线广播	广播信息、交通信息发布	控制台、功放模块、扬声器和传输电缆
特种车辆监视	专用车辆的监视和调度管理、掌握交通运行状况	车载及分中心 GPS、GSM 装置，覆盖本路网的 GPS 及 GSM 移动通信网

1B415013　掌握收费系统的构成与功能

收费制式	均一制、开放式、封闭式
收费方式	人工、半自动、全自动
通行券	非接触式工 IC 卡、纸质磁性券、纸质二维条形码券
管理体制	三级管理结构图：省收费结算中心 → 路段收费分中心（→ 收费站、收费站）；路段收费分中心（→ 收费站、收费站）
构成	计算机、收费视频监视、内部对讲、安全报警、电源、计重、车牌自动识别装置
功能	收费，采集信息，办公自动化，提供交通数据，通信，管理票证、通行券
子系统	车道与收费站计算机、视频监视、内部对讲、安全报警、电源、计重、车牌识别装置

子系统		功能
计算机系统	车道计算机	①按车道操作流程工作，并将收费原始数据实时上传收费站。 ②接收收费站下传的收费运行参数（费率、黑白名单、同步时钟、免费车）。 ③对车道设备的管理与控制。设备状态自检，故障状态信息上传。 ④保存一定时间段的收费原始数据。 ⑤通信中断时，具有后备独立工作能力。 ⑥为车辆提供控制信息。将各种违章报警信号实时上传给收费站
	收费站计算机	①与收费车道控制机通信完成信息采集。与分中心计算机通信、上报信息，接收参数。 ②对各种数据进行查询、检索。打印输出各种报表。 ③对站内的通行券进行管理。对票证（收据、定额票）进行管理。 ④系统自检及状态监视，软件具有容错功能，并能对硬件进行自检，故障显示。 ⑤收费站内的系统维护、数据管理和备份。 ⑥加电自启动，分中心或通信系统故障时，收费站可独立工作
	分中心计算机	①收集本区段内的各收费站计算机上传的收费信息。下发各种命令到各收费站。 ②汇总、整理、统计、存储、打印所辖收费站上传的数据信息。 ③对管辖范围内的通行券进行管理。对票证（收据、定额票）进行管理。 ④收费分中心内的系统维护、数据管理和备份。 ⑤通信线路故障时，收费分中心计算机系统可独立工作
收费视频监视		一般采用收费站和路段收费分中心二级监视方式。 ①收费时的交通管理。监视收费员工作情况、车辆通过收费车道的情况，制止作弊。 ②监视金库情况，保证金库的安全。收到车道报警信号，自动切换图像，重点监控。 ③记录图像资料，为收费工作动态分析、随机管理、善后处理和稽查等提供依据
内部对讲		①为收费站与收费亭间提供直接语音通道，便于业务对话。 ②对讲主机可群呼、单呼等。监控员可对每个收费亭进行监听
安全报警		收费员在遇到紧急情况时向收费站监控室发出报警
电源系统		为收费设备提供电力供应

1B415014 掌握通信系统的构成与功能

各子系统功能	路线	光纤数字传输	为收费站、服务区等站点提供电话；为数据、图像传输提供专用通道，为省内、省际干线联网提供传输通道
		程控交换	为公路运营管理机构办理业务提供语音服务
		紧急电话	呼救，与监控中心的联系。确定交通事件状况，及时救援、抢修、交通控制
		通信电源	保证通信设备不间断地工作
		光电缆工程及通信管道工程	
	桥隧	有线广播	用于交通堵塞、交通事件等紧急情况下，向桥上或隧道内和洞口处人员广播信息，组织疏导车辆、人员，迅速排除故障，恢复正常交通
总体功能			①为公路运营管理、事故处理、救护、养护、收费提供通信手段。 ②为收费、监控、会议电视和管理信息等系统的数据、图像和语音提供传输通道。 ③通过紧急电话、广播等为道路使用者提供紧急呼救求援等服务

1B415015 掌握供(配)电、照明系统的构成与功能

供(配)电系统	主要构成	10kV 电源线路、变(配)电所、供(配)电线路、低压配电箱、接地系统
	主要功能	提供电源、继电保护、自动控制和调节功能
照明系统	主要构成	低压电源线、配电箱、低压配电线、电杆、光源、灯具
	主要功能	保证行车安全、提供工作应急照明、进行分合控制，具有短路、过载等保护

1B415020 交通工程机电系统软件的相关要求

系统软件选择	三高四好：高可靠性、高安全性、高性能；开放性好、软(硬)件相适应好、兼容性好、维护操作性好
软件开发标准	结构化、模块化，模块要高内聚松耦合
软件生存周期	可行性与计划研究阶段，需求分析、设计阶段，实现、测试、运行与维护阶段

二、考点分析

通过历年的考题分析，交通工程部分的考题主要是各类设施(系统)的构成与功能。

三、典型例题

(一)单项选择题

1. 公路交通安全设施主要包括(　　)。

①交通标志；②交通标线；③防撞设施；④视线诱导设施；⑤桥梁防抛网

A. ①②④　　B. ①③④⑤　　C. ①③④　　D. ①②③④⑤

答案：D

解析：规定。

2. 公路交通标志主要包括(　　)。

①禁令标志；②警告标志；③指示标志；④指路标志；⑤交通标线

A. ②③⑤　　B. ①③⑤　　C. ②③④⑤　　D. ①②③④

答案：D

解析：标志不包括标线。

3. 用图形符号、颜色和文字向交通参与者传递特定信息，用于管理公路交通安全的设施是(　　)。

A. 交通标线　　B. 交通标志　　C. 防眩设施　　D. 视线诱导设施

答案：B

解析：符号、颜色→标志。

4. 标画于公路路面的各种线条、箭头、文字等构成的交通安全设施是(　　)。

A. 交通标线　　B. 交通标志　　C. 防眩设施　　D. 视线诱导设施

答案:A

解析:标画于路面的是标线。

5. 下列不是公路防护筒主要作用的是(　　)。

A. 吸收能量　　B. 防止失控车辆越过中央分隔带

C. 减轻事故车辆及人员的损伤程度　　D. 诱导视线

答案:B

解析:公路防护筒作用与 B 无关。

6. 公路护栏形式按(　　)不同可分为柔性护栏、半刚性护栏和刚性护栏。

A. 材料　　B. 强度　　C. 刚度　　D. 结构

答案:C

解析:题干中的"柔性"、"刚性"→刚度。

7. 将公路用地隔离,将可能影响交通安全的人畜与公路分离的交通安全设施是(　　)。

A. 护栏　　B. 隔离栅　　C. 桥梁防抛网　　D. 防撞设施

答案:B

解析:题干中的"分离"→隔离栅

8. 公路特大桥监控系统中的特殊系统是(　　)。

A. 有线广播系统　　B. 桥梁结构安全检测系统

C. 调度指令电话系统　　D. 供(配)电监控系统

答案:B

解析:题干中的"特大桥"→桥梁。

9. 公路收费系统的计算机系统包括(　　)。

①监控系统;②车道计算机系统;③收费站计算机系统;④公路路段收费分中心计算机系统;⑤收费视频监视系统

A. ②④⑤　　B. ②③⑤　　C. ②③④　　D. ①③④

答案:C

解析:与①、⑤无关。

10. 为各数字设备提供时钟源,全面提高专网的时钟质量,大大减少因漂移和精确度不良造成的滑动损伤的系统是(　　)。

A. 光纤数字传输系统　　B. 数字同步时钟系统

C. 数字程控交换系统　　D. 会议电视系统

答案:B

解析:时钟源→时钟系统。

11. 为公路收费站与收费亭提供直接语音通道,便于监控员与收费员间业务对话的系统是(　　)。

A. 光纤数字传输系统　　B. 内部对讲系统

C. 数字程控交换系统　　D. 有线广播系统

答案:B

解析:对话→对讲。

（二）多项选择题

1. 公路交通标志的主要作用是（　　）。

A. 警告　B. 禁令　C. 提示　D. 诱导　E. 指示

答案:CDE

解析:与A、B无关。

2. 公路视线诱导设施包括（　　）。

A. 护栏　B. 合流标志

C. 防护筒　D. 线形诱导标

E. 轮廓标

答案:BDE

解析:与A、C无关。

3. 公路护栏按结构可分为（　　）。

A. 缆索护栏　B. 半刚性护栏

C. 波形梁护栏　D. 柔性护栏

E. 组合式护栏

答案:ACE

解析:如按强度分，则为B、D。

4. 具有诱导功能的公路交通安全设施有（　　）。

A. 交通标志　B. 交通标线

C. 防撞设施　D. 视线诱导设施

E. 隔离栅

答案:ABCD

解析:E排除。

5. 公路交通监控系统的目的有（　　）。

A. 行车安全　B. 信息发布　C. 交通诱导　D. 交通控制　E. 录像图像检索回放

答案:ABCD

解析:E不是主要目的。

6. 公路隧道照明控制系统的功能有（　　）。

A. 避免隧道黑洞效应

B. 使隧道内保持良好的卫生环境，提高能见度

C. 保证行车安全

D. 根据洞外照度和交通量变化对洞内照明强度进行调节

E. 自动发出紧急信号，迅速通告监控室或监控分中心

答案:ACD

解析:与B卫生环境无关，与E紧急信号无关。

7. 关于公路视频监视系统，说法正确的是（　　）。

A. 分中心可任意选择调看所管辖范围内每个外场摄像机的视频图像

B. 可直观地了解摄像机覆盖区的交通运行状况、拥堵情况和交通事件

C. 具有对拥堵、交通事故现场的视频图像进行录像、存储

D. 系统具有多级联网视频监控功能时，上级中心不能任意选择和控制沿线遥控摄像机

E. 分中心可对管辖范围内每个外场摄像机进行水平、垂直方向的旋转、变焦等控制

答案：ABCE

解析：D上级中心可控制。

8. 公路监控系统主要功能有（　　）。

A. 信息收集功能

B. 交通事件的排除、救援组织功能

C. 减轻劳动强度，提高服务水平，减少交通延误

D. 报表统计与打印功能

E. 自动数据备份和系统恢复功能

答案：ABDE

解析：与D无关。

9. 公路收费系统包括（　　）。

A. 车道计算机系统　　B. 收费视频监视系统

C. 交通监控系统　　D. 紧急电话系统

E. 安全报警系统

答案：ABE

解析：与C、D无关。

10. 公路收费制式分为（　　）。

A. 全线均等收费制　　B. 自动收费制

C. 按车型与实际行驶里程收费制　　D. 路段均等收费制

E. 人工收费制

答案：ACD

解析：B、E为收费方式。

11. 公路收费计算机系统包括（　　）。

A. 车道计算机系统　　B. 电源系统

C. 收费视频监视系统　　D. 收费站计算机系统

E. 路段收费分中心计算机系统

答案：ADE

解析：都是与"计算机"有关。

12. 公路通信系统的主要构成是（　　）。

A. 光纤数字传输系统　　B. 数字程控交换系统

C. 内部对讲系统　　D. 通信电源系统

E. 数字同步时钟系统

答案：ABD

解析：与 C、E 无关。

四、模 拟 考 题

（一）单项选择题

1. 长隧道通风控制系统通过检测到的环境数据、交通量信息等，可以起到控制风机运行以保持良好的卫生环境，提高能见度，（　　），保证行车安全等作用。

A. 控制风机的振动　　B. 火灾排烟处理
C. 控制隧道内的环境温度　　D. 保持洞内的湿度

2. 公路电子不停车收费系统（ETC）主要由车载单元、（　　）单元、数据处理单元组成。

A. 路侧广播　　B. 有线通信　　C. 路侧通信　　D. 视频通信

3. 收集道路状况、交通流信息、气象信息的系统属于（　　）系统。

A. 交通安全　　B. 监控　　C. 收费　　D. 通信

4. 视频监视功能属于（　　）系统功能。

A. 交通安全　　B. 监控　　C. 收费　　D. 通信

5. 火灾报警功能属于（　　）系统功能。

A. 交通安全　　B. 监控　　C. 收费　　D. 通信

（二）多项选择题

1. 交通安全设施除包括交通标志、交通标线、隔离栅、视线诱导没施、里程标、公路界碑外，还包括（　　）等。

A. 桥梁防抛网　　B. 遥控摄像机
C. 防眩设施　　D. 隔离墙以及常青绿篱
E. 防撞设施

2. 高速公路通信系统主要由数字程控交换系统、紧急电话系统、（　　）及通信管道工程等组成。

A. 柴油发电机系统　　B. 光纤数字传输系统
C. 全球定位系统（GPS）　　D. 通信电源系统
E. 光电缆工程

3. 交通安全设施主要包括交通标志、隔离栅、视线诱导设施、防眩设施、桥梁防抛网、里程标、（　　）等。

A. 交通标线　　B. 防撞设施　　C. 监控设施　　D. 百米标　　E. 公路界碑

4. 省级收费系统管理体制一般分为三级，包括（　　）。

A. 省收费结算中心　　B. 路段收费分中心
C. 收费站　　D. 收费分站
E. 收费所

5. 一条高速公路收费系统，按其基本功能可分为计算机系统、(　　)系统等。

A. 收费视屏监视　　B. 内部对讲

C. 安全报警　　D. 标志

E. 电源

模拟考题答案

(一)单项选择题答案：

1. B　　2. C　　3. B　　4. B　　5. B

(二)多项选择题答案：

1. ACDE　　2. BDE　　3. ABDE　　4. ABC　　5. ABCE

1B420000

公路工程项目管理实务

1B421000　公路工程施工组织

一、知识体系归纳

1B421010　施工组织设计的编制

1B421011　掌握施工组织设计编制的准备工作和编制要求

准备工作	研究合同	①工程地点及名称；②承包范围；③图纸提供；④物资供应；⑤技术规范和质量标准
	现场调查	①核对设计文件；②自然条件；③既有建筑物；④技术经济条件，包括地方资源供应和当地交通运输条件
编制要求		①贯彻政策；②遵循规律；③统筹安排；④技术先进；⑤机械效率；⑥施工平面图；⑦流水作业

1B421012　掌握施工组织设计编制的内容

基本内容	①总说明；②施工方案；③进度计划；④平面布置；⑤资源量及供应计划。 （2、3 项指导施工过程。4、5 项指导准备工作）
路基工程	①土方调配（挖填平衡，分段施工）；②施工方法（按照土、机械、工期等决定）；③进度（根据土方数、定额、工期和程序制定）；④施工组织（施工段划分、高填深挖平面布置略图、工人机具供应等）
路面工程	①质量检验、材料准备、试验路段；②均衡流水；③路上与基地兼顾；④特殊技术要求；⑤堆料点、运料路线；⑥主机数量和规格；⑦劳动力、其他设备、材料供应
桥涵工程	①依据；②工程概况；③准备工作；④施工方案；⑤进度计划；⑥生产要素配置；⑦平面布置；⑧管理机构及劳动力；⑨技术、质量、安全；⑩文明施工与环保；⑪技术经济指标
隧道	①洞口平面布置；②开挖和出渣方案
交通工程	①土建、管道、房建进度；②顺序及工艺；③机电测试；④系统调试及联动调试；⑤缺陷责任期内的服务
安全环保	①包装、运输、保管方案；②安装方案和方法；③精度和质量控制措施；④对前期工程的防护措施

1B421013　掌握施工组织设计编制的程序和方法

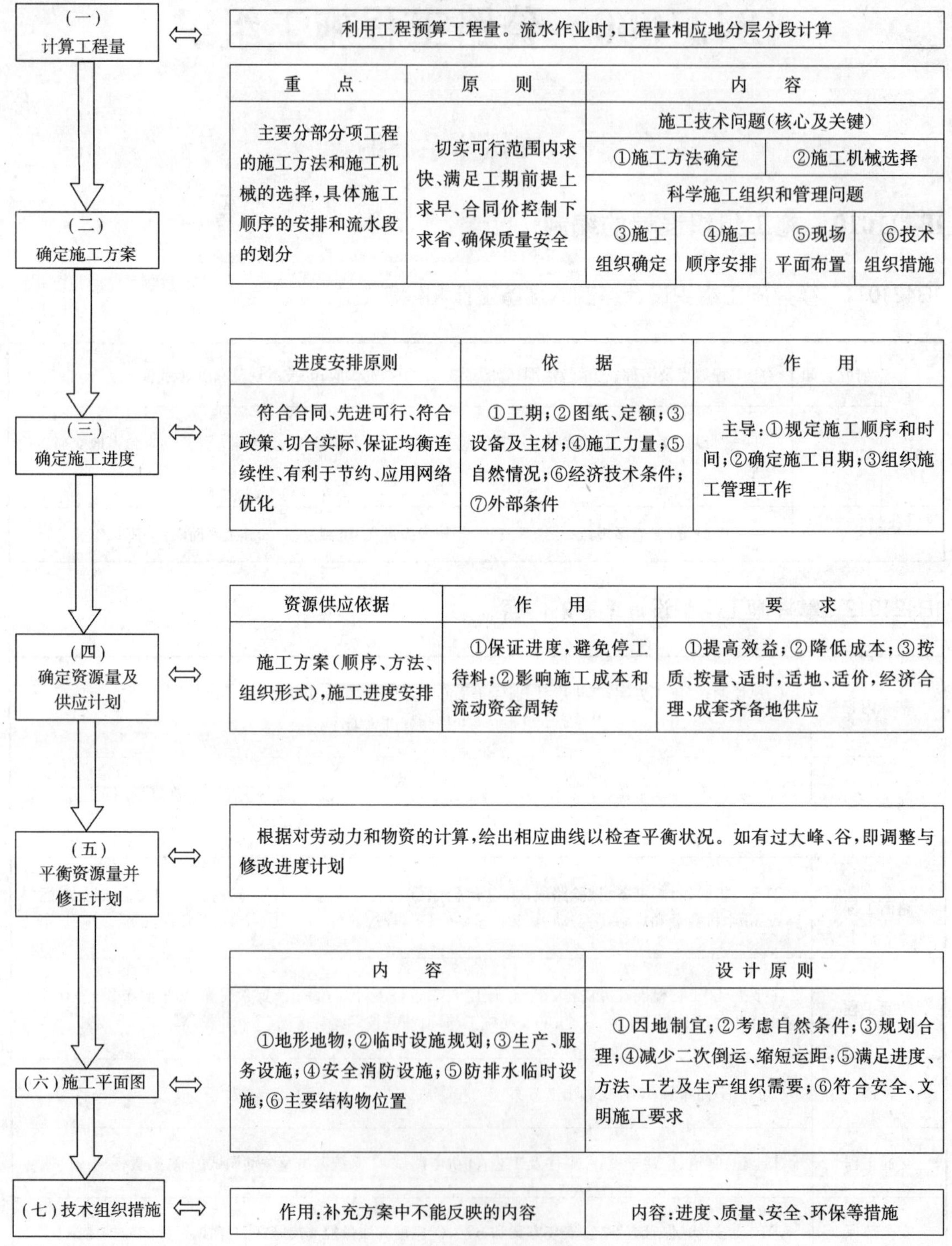

（一）计算工程量 ⟺ 利用工程预算工程量。流水作业时，工程量相应地分层分段计算

（二）确定施工方案 ⟺

重　点	原　则	内　容			
主要分部分项工程的施工方法和施工机械的选择，具体施工顺序的安排和流水段的划分	切实可行范围内求快、满足工期前提上求早、合同价控制下求省、确保质量安全	施工技术问题（核心及关键）			
		①施工方法确定		②施工机械选择	
		科学施工组织和管理问题			
		③施工组织确定	④施工顺序安排	⑤现场平面布置	⑥技术组织措施

（三）确定施工进度 ⟺

进度安排原则	依　据	作　用
符合合同、先进可行、符合政策、切合实际、保证均衡连续性、有利于节约、应用网络优化	①工期；②图纸、定额；③设备及主材；④施工力量；⑤自然情况；⑥经济技术条件；⑦外部条件	主导：①规定施工顺序和时间；②确定施工日期；③组织施工管理工作

（四）确定资源量及供应计划 ⟺

资源供应依据	作　用	要　求
施工方案（顺序、方法、组织形式），施工进度安排	①保证进度，避免停工待料；②影响施工成本和流动资金周转	①提高效益；②降低成本；③按质、按量、适时，适地、适价，经济合理、成套齐备地供应

（五）平衡资源量并修正计划 ⟺ 根据对劳动力和物资的计算，绘出相应曲线以检查平衡状况。如有过大峰、谷，即调整与修改进度计划

（六）施工平面图 ⟺

内　容	设计原则
①地形地物；②临时设施规划；③生产、服务设施；④安全消防设施；⑤防排水临时设施；⑥主要结构物位置	①因地制宜；②考虑自然条件；③规划合理；④减少二次倒运、缩短运距；⑤满足进度、方法、工艺及生产组织需要；⑥符合安全、文明施工要求

（七）技术组织措施 ⟺

作用：补充方案中不能反映的内容	内容：进度、质量、安全、环保等措施

1B421020　施工组织设计的评价与优化

1B421021　熟悉施工组织设计的评价与优化

- 评价方法
  - 劳动力需要量图——劳动力需要量与施工期限的关系
  - 进度曲线(S线)——以累计已完工程费用或工程量的百分比为纵轴，工期为横轴
  - 技术经济指标
    - ①施工周期：从开工到全部投产所用的时间
    - ②全员劳动生产率=完成的建安工作量(元)/全体职工平均人数
    - ③资源不均衡系数=高峰人数/平均人数
    - ④综合机械化程度及工程机械化程度
  - “四新”项次及成果评价——新技术、新工艺、新材料、新设备
- 优化方法
  - 目的——趋于最优化，协调好工期、质量、成本关系，注重环保
  - 施工方案优化
    - 施工方法、施工顺序、施工作业组织形式的优化
    - 施工劳动组织、施工机械组织的优化
  - 资源利用的优化
    - 物资采购与供应计划的优化
    - 机械需要计划的优化

1B421030　公路工程施工平面布置图

见 1B421013。

1B421040　公路工程进度控制

1B421041　掌握公路工程进度计划的编制要求

(一)公路工程进度计划编制的依据、步骤和内容

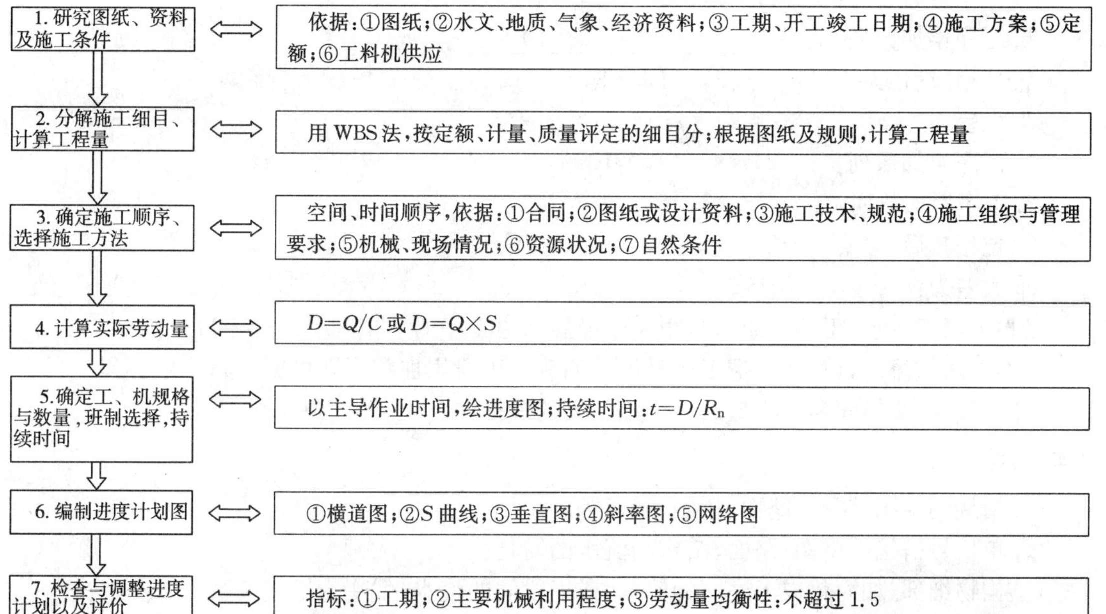

(二)公路施工过程组织方法和特点

顺序作业	①工期长;②有利于资源供应;③组织、管理简单;④不强调分工协作
平行作业	①工期较短;②投入资源量大;③组织管理复杂;④不强调分工协作;⑤适于突击施工
流水作业	①充分利用工作面,工期短;②资源量较为均衡;③专业化生产,效率高,质量好;④专业化、连续、搭接作业;⑤较强的组织管理;⑥用于工序多、工程量大而又集中的大型构筑物

(三)流水施工组织

按节拍分	有节拍(等节拍,异节拍)流水;无节拍流水
按空间分布	流水段法流水(工作面无闲置);流水线法流水(无间窝工)
路面结构	前道工序的速度快于后道工序时,选用开始到开始搭接类型(STS);否则选用完成到完成搭接类型(FTF)。相邻工序搭接时距=最小工作面长度/两者中快的速度
通道、涵洞、桥梁	按无节拍流水组织。流水步距 K,为相邻两工序开始施工的时间间隔(STS)。 用累加数列错位相减取大差法求 K

例:已知如下资料,求不窝工的流水步距 K。

工序＼工段	1	2	3	4
a	2	3	3	2
b	2	2	3	3
c	3	3	3	2

则,开始施工的时间间隔 K_{ab} 为:

a. 工序累加数列:　2,5,8,10,0

b. 工序累加数列:　—2,4,7,10

错位相减后　=2,3,4,3,−10

取大差为:　$K_{ab}=4$

b. 工序累加数列:　2,4,7,10

c. 工序累加数列:　—3,6,9,11

错位相减后　=2,1,1,1,−11

取大差为:　$K_{bc}=2$

(1)无窝工流水:工期=流水步距和+最后一道工序的节拍和=4+2+11=17天。

(2)不间歇流水,计算时,把工序累加数列改成工段累加数列即可。

即:工期=段间间隔和+最后一个施工段的节拍和

(四)网络计划

1. 衔接网络图:路基、路面、桥涵、隧道等。

2. 单代号搭接网络图:路面、结构物流水的简化。

结构物细部,如简化成工序间的流水,或工段间的流水,就变为搭接关系。

简化为不窝工流水时,STS=相邻工作的流水步距;不间歇流水时,STS=段间间隔。

1B421042 掌握公路工程进度计划的控制管理

提交种类	总体性	总体进度计划、关键工程计划、现金流动估算、施工方案总说明
	阶段性	年、月(季)计划、现金流动估算、分项(或分部)工程计划
审查要点	①工期安排的合理性;②准备的可靠性;③目标与能力的适应性	
检查方法	横道图法、斜条图法、网络计划法、S曲线	

双代号网络图主要参数计算要点:

采用图上作业法:$ES_{ij}=\max\{ES_{hi}+D_{ij}\}$(从左到右);$LS_{ij}=\min\{LS_{jk}\}-D_{ij}$(从右到左)

$TF_{ij}=LS_{ij}-ES_{ij}$(不影响总工期);$FF_{ij}=ES_{jk}-ES_{ij}-D_{ij}$(不影响紧后工作)

单代号网络图:把节点看成双代号网络图的箭头,同样计算。

延期索赔:①熟悉合同条件中可索赔内容;

②可索赔的延误工期—正常工期=延期天数。

二、考点分析

1. 这门课的名称叫《公路工程管理与实务》,而施工组织设计就是指导施工管理各方面工作的系统性文件。所以,这部分的内容尽管在《考试用书》中写得比较简练,但建议读者作为重点来学习。

2. 在2003年版的《公路工程国内招标文件范本》中专门规定了"施工组织设计建议书格式",尽管在《考试用书》中没有提到,但这是工程投标中必须遵循的。摘录如下:

(1)施工组织设计建议书共由七张表(图)组成。投标人应按"投标人须知"第10.2款的要求,依照所附的格式认真编制。

(2)由投标人填报的本建议书应控制在30000字以内,并将作为评标的考虑因素之一。

(3)投标人如果中标,将提交详细的施工组织设计、进度计划,但应与本建议书基本上保持一致。

(4)本建议书包含下列内容:

表1 施工组织设计的文字说明;

表2 分项工程进度率计划(斜率图);

表3 工程管理曲线;

表4 施工总平面布置;

表5 主要分项工程施工工艺框图;

表6 分项工程生产率和施工周期表;

表7 施工总体计划表。

其中:表1 施工组织设计的文字说明,投标人应按以下要点进行详细编写;但文字宜精炼、内容应具体。具体包括:

①设备、人员动员周期和设备、人员、材料运到施工现场的方法;

②主要工程项目的施工方案、施工方法；
③各分项工程的施工顺序；
④确保工期质量和工期的措施；
⑤重点(关键)和难点工程的施工方案、方法及其措施；
⑥冬季和雨季的施工安排；
⑦质量、安全保证体系；
⑧其他应说明的事项。

表4　施工总平面布置

投标人应绘制一张施工总平面布置图，给出施工营地、料场、各种临时设施和临时工程相对于拟建公路位置的布置。

表5　施工工艺框图

绘制以下主要分项工程的施工工艺框图，并加以文字说明：
(1)路基填筑施工(包括各类特殊路基处理)；
(2)路面底基层、基层施工；
(3)路面面层施工；
(4)桥梁钻孔桩施工；
(5)先张法预应力梁施工；
(6)后张法预应力梁施工；
(7)空心板梁施工(或连续箱梁，或T形梁，视合同段所含桥梁而定)；
(8)桥梁安装施工；
(9)隧道(如有)施工方案；
(10)沿线设施施工方案。

附注：上述各项，投标人应根据所投合同段的实际工程分项情况填写。

3.这部分的学习内容，要与《建设工程项目管理》课程结合起来学习，尤其是要运用有关“施工资源管理、组织理论、施工进度控制”等方面的理论。还要与本书的公路工程施工技术部分结合起来学习。

三、典型例题

(一)单项选择题

1.在编制施工组织设计前，应调查公路沿线自然条件和经济状况，收集原始资料，在下列资料中，不属于调查、收集范围的资料有(　　)。

A.沿线地形、地貌、土壤、地质、水文和气象条件

B.当地国民经济产值调查

C. 沿线交通运输情况调查

D. 沿线劳动力及生活设施和环境条件调查

答案:B

解析:要对与施工有关的资料进行调查。B与施工没有直接关系。

2. 总体施工组织设计是用以指导全工地各项施工准备和施工活动的技术经济文件，其编制对象是(　　)。

A. 单位工程　　B. 单项工程　　C. 分项工程　　D. 整个建设项目

答案:D

解析:总体→整个。

3. 编制实施性施工组织设计时，应对投标前所做的施工组织设计文件进行分析，收集有关定额资料。下列不属于应收集的定额资料有(　　)。

A. 投资估算指标　　B. 概、预算定额

C. 施工定额　　D. 沿线地区性定额、预算单价

答案:A

解析:显然与投资估算指标无关。

4. 编制实施性施工组织设计前，收集的地面水文资料是用于(　　)。

A. 确定特殊路面处理措施　　B. 确定临时供水措施

C. 选择路基土石方施工方法　　D. 研究降低地下水位的措施

答案:B

解析:排除AD;地面水文资料→供水措施;地面水文—地下水，矛盾。

5. 编制实施性施工组织设计前，收集降雨气象资料是用于(　　)。

A. 确定夏季防暑降温措施　　B. 确定高空作业及吊装的方案与安全措施

C. 确定全年施工作业的有效工作天数　　D. 估计混凝土、水泥砂浆的强度增长情况

答案:C

解析:降雨气象资料与有效工作天数有关。

6. 在编制实施性施工组织设计时，要收集施工时可调用的资源资料，其用途是(　　)。

A. 拟订施工顺序和编制资金供应计划　　B. 拟订施工工艺方案和编制施工进度计划

C. 拟订施工工艺流程和材料供应计划　　D. 拟订施工方案和编制施工组织计划

答案:D

解析:ABC都不全面。

7. 在编制工程进度计划后，要计算和绘制劳动力需要量图，它反映了施工期间劳动力的动态变化，是衡量施工组织设计合理性的重要标志。通常评价时所用的指标是(　　)。

A. 施工期间劳动力均衡系数　　B. 施工期间劳动力需用量高峰值

C. 施工期间劳动力的平均值　　D. 施工期间劳动力不均衡系数

答案:D

解析:劳动力不均衡系数，反映施工的均衡性如何。

8. 小桥涵工程一般应(　　)。

A. 先于路面工程或与路面工程同时施工

B. 后于路基工程或与路面工程同时施工

C. 先于路基工程或与路基工程同时施工

D. 后于路面工程或与路面工程同时施工

答案：C

解析：先于路基工程，作为土方运输通道。

9. 下列流水作业组织中属于单位工程流水作业的有（　　）。

A. 路堤施工中的取土、填筑、碾压之间组织起来的流水作业

B. 路基土方施工中的挖土、运土、卸土、回空之间组织起来的流水作业

C. 砌石挡土墙施工中的挖基、基础、墙身、护栏之间组织起来的流水作业

D. 路基工程中的路堤、路堑、挡土墙、排水工程之间组织起来的流水作业

答案：D

解析：取土、运土、卸土属于操作，而不是工序，无法组织流水作业。

10. 工程项目流水作业是（　　）。

A. 在一个单位工程内部，各分部工程之间组织起来的流水作业

B. 在一个分部工程内部，各分项工程之间组织起来的流水作业

C. 在若干相互关联的单位工程之间组织起来的流水作业

D. 在一个专业工种内部按工序组织起来的流水作业

答案：C

解析：工程项目的结构分解层次是：工程项目→单位工程→分部工程。

（二）多项选择题

1. 在编制施工组织设计之前，要收集气象资料，其中风力及风向资料的作用是（　　）。

A. 决定路基、路面工程及砌筑工程的施工季节

B. 用于估计水泥砂浆和混凝土的强度增长情况

C. 规划工地临时设施的布置

D. 制订高空作业及吊装方案与安全措施

E. 确定全年施工作业的有效工作天数

答案：CD

解析：风力及风向资料与职业健康、安全管理有关。

2. 在编制实施性施工组织设计前，收集的地下水文资料的作用是（　　）。

A. 研究降低地下水位的措施

B. 规划自采加工材料料场

C. 复核地下排水设计、选择基础施工方案

D. 确定路基、路面的施工季节

E. 判定水质及其侵蚀性质和施工注意事项

答案：ACE

解析：AC 都有题干中的“地下水”信息；E 判定水质及其侵蚀性质也与“地下水”有关。

3. 编制实施性施工组织设计前，应对投标前所做的施工组织设计文件进行分析，收集有关

定额资料，包括（　　）。

A. 设计采用的概算和预算定额及施工定额

B. 决策阶段采用的投资估算指标

C. 沿线地区性定额、预算单价

D. 工程概、预算编制的有关依据

E. 预可行研究阶段的初步投资估算指标

答案：ACD

解析：概、预算定额资料比估算指标的准确性高。

4. 编制实施性施工组织设计前，收集的气温资料是用于（　　）。

A. 确定冬季施工及夏季防暑降温措施

B. 估计混凝土、水泥砂浆的强度增长情况

C. 选择施工用地，布置施工平面图

D. 确定路基处理措施

E. 选择水泥混凝土工程、路面工程及砌筑工程的施工季节

答案：ABE

解析：水泥混凝土的施工与气温资料关系较大。

5. 编制实施性施工组织设计时，为制订施工方案和技术保证措施，应收集有关施工技术资料。可以在下列资料中，收集的施工技术资料主要有（　　）。

A. 合同条款中规定的各种施工技术规范、操作规程等

B. 设计说明书、施工图及项目的地质勘测报告等

C. 施工定额、预算单价、工程概（预）算编制的依据等

D. 新工艺、新技术、新材料及新设备的应用等资料

E. 劳动力数量及技术水平、施工机具的类型和数量

答案：ABD

解析：CE 与施工技术资料无关。

6. 在编制实施性施工组织设计时，为制定施工方案和施工组织计划，应收集施工时可调用的资源资料。下列资料中，属于可调用的资源有（　　）。

A. 施工中所需各种资源的供应时间

B. 施工中须外购材料的来源及其数量

C. 劳动力数量及技术水平

D. 施工机具的类型和数量

E. 新工艺、新技术、新材料及新设备的应用等资料

答案：ABCD

解析：E 不属于施工时可调用的“资源”资料。

7. 在路基土石方施工组织中，土石方调配的原则是（　　）。

A. 移挖作填，留有富余

B. 减少废方和借方，充分利用土石方资源

C. 借方与弃方平衡，可降低施工成本

D. 移挖作填,使挖、填平衡

E. 借方大于弃方,可降低施工成本

答案:BD

解析:AB 矛盾,DE 矛盾,BD 更合理;C 没有道理。

8. 在工地施工组织中,对路基土石方专业施工队按土方施工机械所承担的施工地段划分施工分段时,在下列原则中,正确的是(　　)。

A. 将开挖路堑与路堤填筑分别规划,各为一个独立施工分段

B. 将开挖路堑与路堤填筑的地点规划在一个分段内

C. 将路面施工与小桥涵的地点规划在一个分段内

D. 施工分段应形成挖、运、填、平、压的工作循环

E. 将开挖路堑与路面施工规划在一个分段

答案:BD

解析:AB 矛盾,选一,B 有利于土方调配;E 对路基土石方专业施工队按土方施工机械所承担的施工地段划分,不可以将开挖路堑与路面施工规划在一个分段。

9. 在编制路基工程施工进度计划时,要计算完成路基工程劳动力工日数和施工机械台班数。在下列定额中,所依据的定额有(　　)。

A. 劳动定额　　B. 机械台班费定额

C. 材料消耗定额　　D. 机械台班消耗定额

E. 预算定额

答案:AD

解析:AD 均为工作量定额。其余均为费用定额,与施工进度计划无关。

10. 桥梁施工顺序安排原则要做到(　　)。

A. 尽量安排流水或部分流水作业

B. 尽量减少工人和机械的停歇时间

C. 尽量减少或避免各作业之间的相互干扰

D. 尽量防止自然条件对施工的不利影响

E. 尽量做到场内运输的短运距、少搬运

答案:ABCD

解析:E 也有道理,但至少排除一项;桥梁施工范围小,场内运输不是主要问题。

11. 桥梁施工中,有些施工顺序不受固定顺序的限制是指如(　　)。

A. 钻孔灌注桩和桥墩的施工情况

B. 整个施工是从一岸向另一岸推进,还是从两岸向中间推进

C. 先施工水中基础还是先施工岸边基础或两者同时进行

D. 上部结构预制与下部结构施工如何配合

E. 后张法预应力张拉与混凝土浇筑

答案:BCD

解析:A 先有桩基础,才可做桥墩;E 后张法当然是浇筑混凝土之后才张拉。

12. 下列流水作业组织下,对整个施工过程的进度起控制作用的有(　　)。

A. 分项工程流水作业　　B. 分部工程流水作业
C. 单位工程流水作业　　D. 工程项目流水作业
E. 工序流水作业

答案:CD

解析:其余选项划分太细。

13. 下列流水作业组织中,属于工程项目流水作业的有(　　)。

A. 路基工程中的路基土石方、小桥涵、挡土墙、排水工程之间的流水作业
B. 路基、路面、桥梁、隧道、沿线交通工程设施等之间的流水作业
C. 主桥、引桥、引道、互通式立交桥及附属工程之间的流水作业
D. 桥墩、桥台、预制安装、现场浇筑、总体及桥面、防护工程、引道工程之间的流水作业
E. 设钻孔平台、安装钻机、钻孔、下钢筋笼、灌注混凝土等顺序的流水作业

答案:BC

解析:其余选项划分太细。

(三)案例题

案例 1

某路桥公司承接公路项目的路基、路面施工任务,路线全长 12km,按一级公路标准新建。路面结构为:石灰稳定土底基层,二灰砂粒基层,沥青混凝土路面。监理工程师要求项目部在开工前编制该工程的实施性施工组织设计,报监理工程师审批。

问题:

1. 在编制实施性施工组织设计前,应做哪些准备工作?
2. 该工程的施工组织和设计,应当包括的基本内容有哪些?
3. 对于路基、路面工程的施工组织设计,应当重点考虑哪些内容?

答案:

1. 在编制实施性施工组织设计前,应做好如下准备工作:

(1)合同文件的研究,重点弄清以下几方面内容:

①工程地点及工程名称。

②承包范围:弄清各单项工程名称、单位工程名称、专业内容、工程结构、开(竣)工日期等。

③设计图纸提供:明确甲方交付的日期和份数,以及设计变更通知方法。

④物资供应分工:明确各类材料、主要机械设备、安装的设备等的供应分工和供应办法。以便制订需用量计划和节约措施,安排好施工计划。

⑤合同指定的技术规范和质量标准。

(2)施工现场环境调查。其调查的主要内容有:

①核对设计文件,了解拟建构筑物的位置、重点工程的工程量等。

②收集施工地区的自然条件资料,如地形、地质、水文资料。

③了解施工地区既有房屋、通信电力设备、给水排水管道、坟地及其他建筑物情况,以便安排拆迁、改建计划。

④调查施工区域的技术经济条件。其包括:地方资源供应情况和当地条件;交通运输条件。

2. 该工程的施工组织和设计，应当包括的基本内容有：

(1)总说明；

(2)施工方法与相应的技术组织措施，即施工方案；

(3)施工进度计划；

(4)施工现场平面布置；

(5)各种资源需要量及其供应。

3. 对于路基、路面工程的施工组织设计，应当重点考虑以下内容：

(1)路基工程重点考虑：确定施工方法和土方调配；编制施工进度计划；确定工地施工组织；规定各工程队施工所需的机械数量。

(2)路面工程：除了与总体施工组织设计内容基本相同外，还要根据路面工程的自身特点，充分考虑：

①路面各结构层的质量检验和材料准备以及试验路段在施工组织时，要进行各个结构层的质量检验。路面材料选择采购、场外运输、试验路段的铺筑，以便获取数据。

②按均衡流水法组织施工。在编制进度计划时，注意各结构层的施工可以采用搭接流水方式以加快施工进度。前道工序速度快于后道工序时选用 STS 类型，否则用 FTF 类型，计算搭接时距，同时还要考虑到各结构层技术间歇时间的影响。

③路上与基地统筹兼顾。

④路面施工的特殊技术要求。

⑤布置好堆料点、运料线、行车路线。

⑥主要施工机械的数量和规格。

⑦劳动力、其他设备及材料的供应计划。

案例 2

某公路工程项目，网络计划如图所示，由于业主或不可抗力因素及承包人自身各项工作造成了一定影响，其结果如下表。请问：(1)实际工期为多少？(2)关键线路是什么？(3)监理工程师应签证延长合同工期几天合理？

工　作	计划时间	业主造成的拖延	承包商造成的拖延	小　计
A	5	+3	+1	9
B	3	+2	+3	8
C	11	0	0	11
D	2	0	0	2
E	2	+1	+1	4
F	3	+2	0	5
G	5	+1	+1	7
H	3	+2	+1	6
I	4	+2	+3	9
合计	38	13	10	61

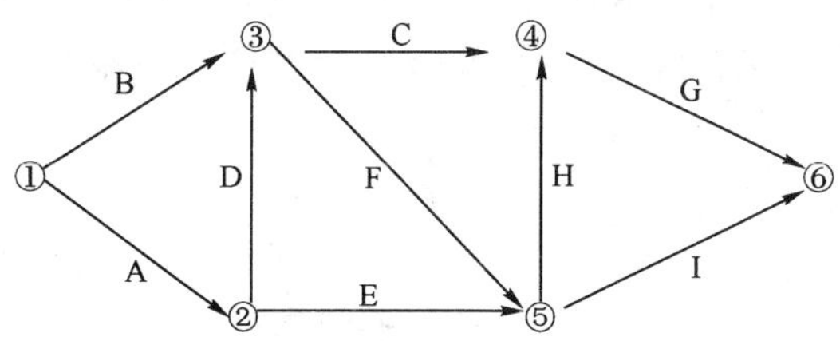

解题思路(过程参阅《建设工程项目管理》):

(1)实际工期:

(2)关键线路:按《建设工程项目管理》课中的网络图计算;

(3)监理工程师应签证延长合同工期天数分别计算:A 业主原因造成的工期增加、B 承包人原因造成的工期增加;

A－B＝延长合同工期天数。

案例 3

某桥梁主体工程,施工合同规定:因业主原因延期一天,业主赔偿 1.5 万元;因承包人原因造成工期延误一天,承包人支付违约金 3 万元。承包人给监理工程师提供的施工网络计划如图(安装与下部施工使用同一种机械)。经监理工程师审核同意承包人组织实施。在实施过程中因拆迁原因导致开挖推迟 6 天,因设备故障下部停工 4 天,因业主未按期供应水泥,大梁预制推迟 2 天,因夯实机械故障基坑回填停工 8 天。

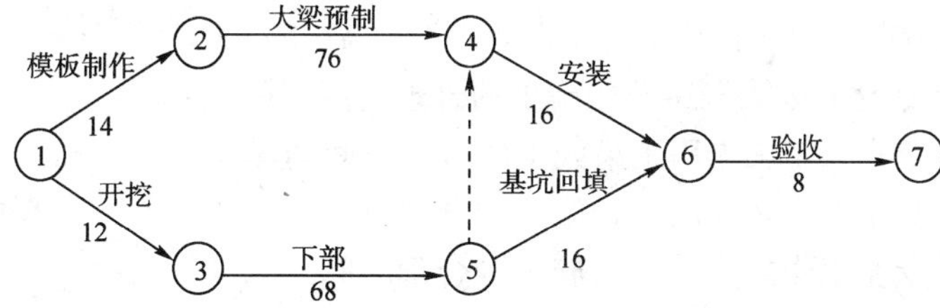

问题:

1. 本工程计划工期为多少天?实际工期为多少天?

2. 监理工程师应如何处理承包人的工期和费用索赔要求?

解题步骤:

(1)计算原网络图的工期为:14＋76＋16＋8＝114 天

(2)因业主拆迁原因导致开挖推迟 6 天,因业主未按期供应水泥,大梁预制推迟 2 天。其网络图为:

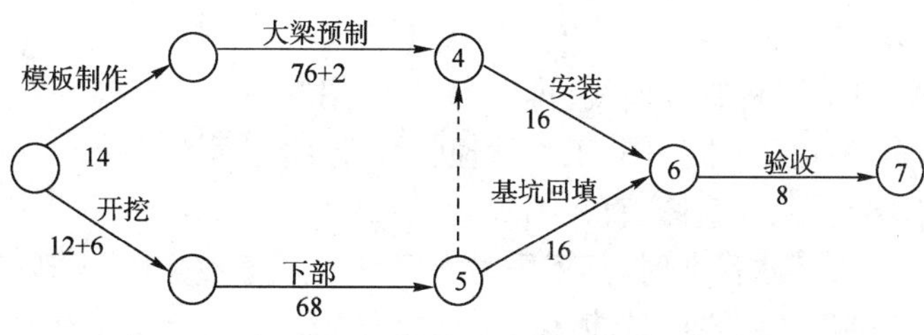

工期为：14＋76＋2＋16＋8＝116 天

因承包人设备故障下部停工 4 天，夯实机械故障基坑回填停工 8 天。其网络图为：

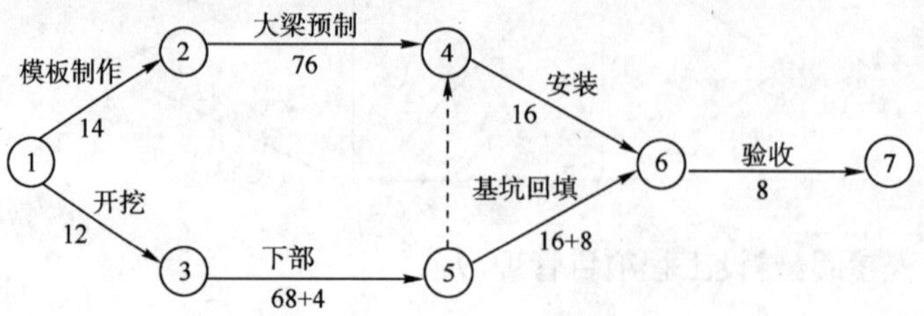

工期为：14＋76＋16＋8＋8＝122 天

答案

1. 本工程计划工期为 114 天。实际工期为 116 天。

2. 由于业主原因造成大梁预制推迟 2 天在前，承包人基坑回填原因造成推迟 2 天在后，所以，可以延期 2 天。由于共同原因造成工期拖延，互不赔偿费用。

四、模拟考题

（一）单项选择题

1. 下面参数中，不属于空间参数的是（　　）。

A. 工作面　　B. 施工过程　　C. 施工段　　D. 施工层

2. 流水步距是指在组织项目流水施工时，（　　）。

A. 任意两个专业工作队先后开始施工的合理时间间隔

B. 任意两个专业工作队先后结束施工的合理时间间隔

C. 相邻两个专业工作队先后开始施工的合理时间间隔

D. 相邻两个专业工作队先后结束施工的合理时间间隔

3. 在桥梁预制工作中，绑扎或焊接钢筋的工序，有时会因模板内空间太小，须在支模工作完成前进行。这种工序进度衔接称为（　　）。

A. 技术间歇　　B. 组织间歇　　C. 平行搭接　　D. 顺序施工

4. 桥梁上部结构的梁体预制与下部结构桩基础施工同时平行进行。因拌和机有限，桩基水下混凝土灌注与梁体混凝土浇筑不能在同时进行，当桩基需要浇筑水下混凝土时，就得中断梁体混凝土浇筑以确保关键工作，并为此作好安排。这种作业进度衔接属于要考虑（　　）。

A. 技术间歇　　B. 组织间歇　　C. 平行搭接　　D. 顺序施工

5. 公路工程表达工程进度计划常用的方式有（　　）。

A. 关键日期表、控制图、横道图、直方图、垂直图等

B. 横道图、垂直图、工程管理曲线、排列图、控制图等

C. 关键日期表、横道图、垂直图、工程管理曲线、网络图等

D. 网络计划、横道图、垂直图、直方图等

6. 组织桥梁大梁预制流水作业时，其工序为支模、扎筋、浇混凝土、拆模、横移堆放。因浇注混凝土后，要等混凝土强度达到要求时，拆移工序才能开始。为此，流水作业中应当考虑（　　）。

A. 技术间歇　　B. 组织间歇　　C. 平行搭接　　D. 顺序施工

7. 下列(　　)内容不是路面施工组织设计的依据。

A. 施工合同

B. 施工单位为贯彻路面工程质量认证的质量手册

C. 投标时现场考察资料

D. 工程量清单中工程数量

8. 对于单独进行招、投标的路面工程，下列(　　)不是路面工程施工准备工作的内容。

A. 路基路床高程的复测以及与业主进行路基移交

B. 签订路面工程施工合同

C. 路面材料调查、选定，材料的定购和储存

D. 路面材料的检验、配合比实验

9. 下列有关描述中(　　)不是路面施工组织设计的特点。

A. 路面工程所需要的材料数量大，应注意工地布置

B. 路上施工与基地密切联系，统筹兼顾

C. 各结构层之间施工的机械设备都可以互相调用

D. 路面工程施工进度计划应考虑其特殊技术的要求(温度)

10. 路面工程施工准备工作不包括(　　)。

A. 路面材料的调查、选定、定购、储存　　B. 路面材料的检验

C. 路面试验段的施工　　D. 路面内部排水系统的安装

(二)多项选择题

1. 编制路面工程施工组织设计的依据，主要有以下方面：(　　)。

A. 施工合同

B. 路面工程技术规范

C. 工程量清单说明和数量

D. 施工单位贯彻路面工程质量认证的质量手册

E. 动员预付款保函

2. 路面工程施工准备工作包括以下内容：(　　)。

A. 路面工程投标和答疑

B. 路基高程复测，并办理路基移交

C. 签订路面工程施工合同

D. 路面材料的定购、储存、检验

E. 阅读工程量清单

3. 路面工程施工组织设计具有以下特点(　　)。

A. 各结构层间无法采用线性流水作业

B. 路面工程所需要的材料数量大，应注意工地布置

C. 编制进度计划表时应该考虑路面施工的特殊技术要求

D. 材料的开采、加工和存储，这些辅助性工作与路面施工密切联系

E. 单独路面施工招标的路基工程的移交应考虑可能会涉及费用的索赔

4. 采用新奥法或矿山法进行隧道施工组织设计，决定开挖施工方法的因素有（　　）。

A. 施工条件　　B. 围岩条件

C. 进度要求　　D. 埋置深度

E. 领导要求

5. 在编制隧道施工组织设计时，对于矿山法或新奥法施工的开挖方法可选择（　　）。

A. 斜井法　　B. 竖井法

C. 全断面法　　D. 台阶法

E. 喷锚法

6. 项目总体施工组织设计的主要内容有（　　）。

A. 工程概况及准备工作计划　　B. 施工方案及总进度计划

C. 施工部署及施工总平面布置图　　D. 各种资源需要量计划及技术经济分析

E. 每日作业计划

7. 施工组织设计中的施工技术组织措施包括（　　）。

A. 保证质量及安全的措施　　B. 材料供应的保证措施

C. 冬、雨季施工及防止污染的措施　　D. 降低成本的措施

E. 设备与资金保证措施

8. 在编制项目总体施工组织设计时，下列应当作为首先安排施工进度的关键工程有（　　）。

A. 高级路面工程　　B. 特殊路基工程

C. 砌筑工程　　D. 重点土石方工程

E. 大、中桥梁工程

9. 公路工程施工组织的基本方法是指（　　）。

A. 混合工作队法、部门控制式、矩阵制施工

B. 顺序作业法、平行作业法、平行顺序作业法

C. 流水作业法、网络计划法、平行流水作业法

D. 人工作业法、机械化施工方法、半机械化施工方法

E. 事业部制、直线职能制、混合工作队式

10. 在施工进度计划的初步方案拟订基础上，通过检查，优化调整，最后得到工程进度图。下列内容中，重点检查的内容有（　　）。

A. 是否满足工期要求和施工的均衡性

B. 资源供应是否均衡

C. 施工顺序，搭接配合关系是否合理

D. 技术问题、组织间歇时间是否合理

E. 施工平面布置是否合理，技术措施是否恰当

（三）案例题

案例 1

某公路路面工程施工，桩号为 K0＋000～K20＋000，总长度为 20km。路面结构层分为

填隙碎石底基层、水泥稳定碎石基层、沥青面层(单层)。建设单位希望施工单位尽可能用最短时间完成该路面工程施工。施工单位根据自己的能力准备组织两个路面施工队平行作业以完成该路面工程。每个路面施工队的施工能力相同,各完成 10km。根据以往类似工程的施工经验,底基层专业队组施工速度为 200m/d(已经包含各种影响,下同);水泥稳定碎石基层专业队组施工速度为 125m/d,养生时间至少 7 天,所需工作面的最小长度为 900m;沥青面层专业队组施工速度为 150m/d,所需最小工作面长度 1 000m。根据上述给定条件,要求施工单位用最快方式,组织路面工程线性流水施工。以下是施工单位所作的计算和施工进度计划横道图:

(1)各结构层工作的持续时间计算为底基层 50 天,基层 80 天,面层 67 天。

(2)底基层与基层之间逻辑关系为 STS(开始到开始)的搭接关系,搭接时距计算结果为 900/200=4.5 天,取 5 天。

(3)基层与面层之间的逻辑关系为 STS 搭接关系,搭接按时距计算结果为 1 000/125=8 天,考虑到基层的养生至少 7 天,所以基层与面层的开始到开始时间间隔为 8+7=15 天。

(4)根据以上计算结果,路面工程施工进度计划横道图表示如下:

施工队	工作内容	时间(天)								
		10	20	30	40	50	60	70	80	85
第一队	底基层	-------	-------	------	-------	------				
	基层	====	=======	======	=======	======	======	=====	=====	=
	面层		***	******	*******	******	******	*****	*****	*
第二队	底基层	-------	-------	------	-------	------				
	基层	====	=======	======	=======	======	======	=====	=====	=
	面层		***	******	*******	******	******	*****	*****	*

问题:

1. 请评价采用两个路面施工队平行作业方式的前提条件和实际效果。

2. 请评价该施工单位所进行的计算正确性,以及进度计划安排的合理与否,为什么?

案例 2

某施工单位承包一桥梁工程,每跨跨径 40m,共 16 跨,0 号和 16 号为桥台,1 号~15 号为桥墩(假定墩、台的施工时间相同)。分基础、墩台和上部安装三种工作。基础到墩台的技术间歇时间为 10 天,墩台到安装的技术间歇时间为 15 天。每个基础的施工时间为 20 天,每个墩台的施工时间为 26 天,每跨的安装时间为 24 天。由于施工单位只有一套施工设备,采用专业流水作业法施工。施工单位在编制进度计划时,计算出的总工期为:

总工期=17×20+10+(26+15)+24=415 天

在用网络图表示流水施工的进度计划时,共有 17×2+16=50 道工序,绘制出来显得太复杂，所以就将每 4 个工序合并，简化为单代号网络图如下：

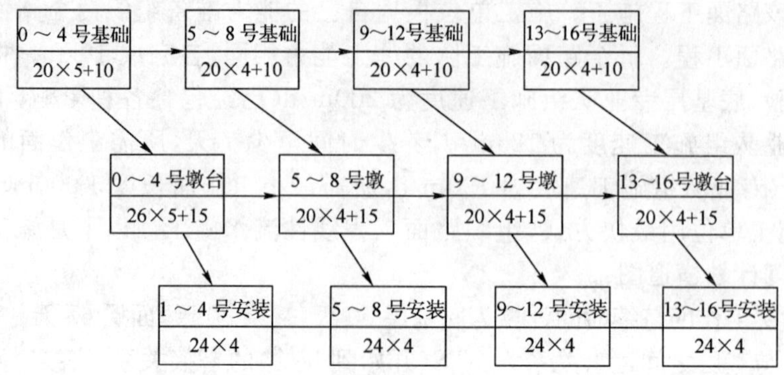

问题：

1. 施工单位的上述工期计算是错误的，请作出工期的正确计算。

2. 施工单位简化的单代号网络图是错误的，请分析错在何处。如果还是按每 4 个工序合并，请画出正确的单代号网络图。

模拟考题答案

（一）单项选择题答案：

1. B　2. C　3. C　4. B　5. C　6. A　7. D　8. B　9. C　10. D

（二）多项选择题答案：

1. ABD　2. BD　3. BCDE　4. ABCD　5. CD

6. ABCD　7. ACD　8. ABDE　9. BC　10. ACD

（三）案例题答案：

案例 1 答案：

1. 平行作业方式的主要特点是进度快，所需的资源量大。采用两个路面施工队的前提条件是该施工单位要有足够的专业设备和人员（即足够资源量）。从背景材料可以看出，该施工单位具备此条件。采用平行作业方式能达到缩短工期的要求，两个路面施工队平行作业的组织方式能达到预期效果。

2. 在工作（工序）持续时间计算和进度计划安排方面：

（1）底基层与基层之间的搭接关系和搭接时距分析与计算方面是正确的。

（2）工序的持续时间的计算是正确的。

（3）基层与面层之间搭接关系的分析和计算是错误的。

（4）因为面层速度快于基层应选择 FTF=（完成到完成）搭接关系。

（5）搭接时距计算应该除以两者中较快的速度=1000/150=6.7 天，应该取 7 天。考虑到养生至少 7 天，所以 FTF=7+7=14 天。工程工期：5+80+14=99 天。

（6）进度计划横道图的正确表示为：

施工队	工作内容	时间(天)								
		10	20	30	40	50	60	70	80	90
第一队	底基层	-------	-------	------	-------	------				
	基层	====	=======	======	=======	======	======	=====	=====	=
	面层		*	******	*******	******	******	*****	*****	**
第二队	底基层	-------	-------	------	-------	------				
	基层	====	=======	======	=======	======	======	=====	=====	=
	面层		*	******	*******	******	******	*****	*****	**

案例 2 答案:

1. 工期的正确计算应该是:20+10+26×17+15+24=511 天

2. 每 4 个工序合并简化后 0~4 号基础和 0~4 号墩台之间就不是衔接关系了(即并不需要等待 100+10 天后才能进行 0 号台的施工),而是搭接关系。同理,所有每 4 个基础和墩台之间,墩台和安装之间都是搭接关系。

基础和墩台之间是 STS=20+10=30 天;

墩台和安装之间是 FTF=24+15=39 天。

正确的单代号网络图为:

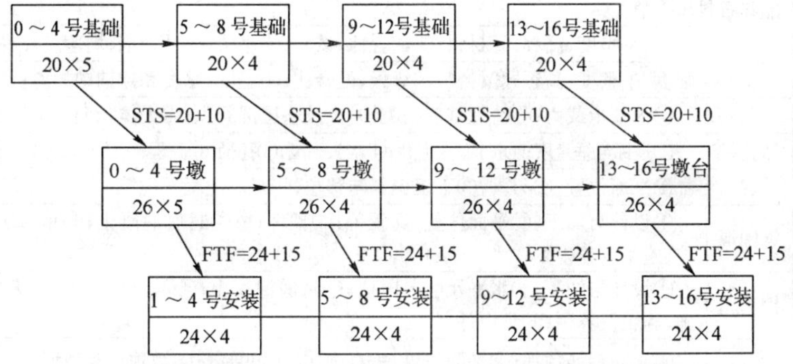

1B422000 公路工程施工质量管理

一、知识体系归纳

1B422010 工程质量控制方法及措施

<table>
<tr><td>控制方法</td><td colspan="3">(1)审核与分析有关技术文件、报告或报表。
(2)质量检查控制:①开工前;②工序交接与工序;③隐蔽工程;④停工后复工前;⑤分项、部完工后;⑥成品、材、机等;⑦巡视</td></tr>
<tr><td rowspan="18">控制关键点的设置</td><td>设置原则</td><td colspan="2">①重要项目、薄弱环节和关键部位;②影响工期、质量、成本、安全、材料消耗等;③四新环节;④反馈缺陷频数较多的项目</td></tr>
<tr><td>土方</td><td colspan="2">①放样与测量;②原地面处理;③最大干密度和最佳含水率;④松铺厚度,横坡;⑤压实</td></tr>
<tr><td>路面基层</td><td colspan="2">①配合比;②设备校验;③料剂量;④含水率、均匀性、配合比;⑤压实度、弯沉、平整度及横坡等;⑥级配和石料压碎值</td></tr>
<tr><td>混凝土路面</td><td colspan="2">①基层强度、平整度、高程;②材料;③配合比、试验;④水灰比、外加剂、坍落度;⑤摊铺、振捣、成型</td></tr>
<tr><td>沥青路面</td><td colspan="2">①基层强度、平整度、高程;②材料;③级配、配合比;④温度、厚度和摊铺中的离析控制;⑤碾压与接缝</td></tr>
<tr><td rowspan="3">桥梁基础工程</td><td>凸</td><td>①地基承载力;②清理基底;③及时浇筑垫层混凝土;④大体积混凝土施工的防裂</td></tr>
<tr><td>钻孔桩</td><td>①坐标与垂直度;②护筒;③泥浆;④水头高度;⑤孔径;⑥高程;⑦清孔;⑧钢筋笼接头;⑨水下灌注</td></tr>
<tr><td>沉井</td><td>①平面位置;②刃脚;③下沉偏斜与移位;④封底混凝土浇筑</td></tr>
<tr><td rowspan="2">水中承台</td><td>钢围堰</td><td>①设计与加工;②平面位置、高程等;③预埋件;④封底混凝土;⑤承台;⑥大体积混凝土温控、施工及养生</td></tr>
<tr><td>钢套箱</td><td>①设计与加工;②水平及竖向限位;③封底混凝土;④承台混凝土;⑤大体积混凝土温控设施、施工及养生;⑥预埋件</td></tr>
<tr><td rowspan="2">下部结构</td><td>实墩</td><td>①锚固钢筋预埋;②平面位置、垂直度;③模板接缝;④墩顶支座预埋件</td></tr>
<tr><td>薄壁墩</td><td>①锚固钢筋预埋;②平面位置、垂直度;③模板接缝;④预埋件;⑤墩身与承台连接;⑥墩顶实心段混凝土裂缝控制</td></tr>
<tr><td rowspan="5">上部结构</td><td>简支梁桥</td><td>①混凝土强度;②预拱度;③支座预埋件;④安装高差;⑤支座安装型号、方向;⑥伸缩缝安装质量</td></tr>
<tr><td>连续梁桥</td><td>①支架沉降量;②先简后连:后浇段、体系转换;③挂篮悬臂:线形、边跨及合龙段混凝土裂缝;④预应力:张拉吨位及钢筋伸长量</td></tr>
<tr><td>拱桥</td><td>①拼装:拱肋拱轴线;②支架基础、沉降、拱架加载、卸架;③钢管拱:混凝土压注</td></tr>
<tr><td>斜拉桥</td><td>①主塔空间位置;②斜拉索锚固管或锚箱定位;③线形;④牵索挂篮:索力控制;⑤悬吊:外形尺寸、斜拉索索力;⑥合龙段</td></tr>
<tr><td>悬索桥</td><td>①猫道线形;②主缆架设线形控制;③索股安装:基准索股的定位、索股锚固力;④设中塔顶位移及索鞍位置;⑤紧缆:空隙率</td></tr>
<tr><td>隧道</td><td colspan="2">①判断围岩级别;②开挖断面;③炮孔布置、装药量、循环进度;④喷锚支护;⑤支座预埋件;⑥支座安装型号、方向;⑦伸缩缝安装</td></tr>
<tr><td colspan="2">控制</td><td colspan="2">管理办法,质量责任,QC小组,抽检,记录,考核</td></tr>
<tr><td colspan="2">文件</td><td colspan="2">作业流程、明细、因素分析、指导书、记录及控制图表,统计分析、措施、质量信息</td></tr>
<tr><td colspan="2" rowspan="2">缺陷处理</td><td>确定方法</td><td>①了解和检查;②检测与试验;③专门调研</td></tr>
<tr><td>处理方法</td><td>①整修与返工;②综合处理办法</td></tr>
</table>

1B422020　工程质量检验

路基检验项目		
土方	压实度（填方 0～0.8m：一级路≥96%，二级路≥95%，三级、四级公路≥94%）、弯沉值	相同项目：高程、中线、宽度、平整度、横坡、边坡坡度
石方	压实度、边坡平顺度	
路面检验项目		
水泥稳定粒料	相同项目：压实度（每 200m 每车道测 2 处）、平整度（200m 测 2 处×10 尺）、高程（每 200m 测 4 个断面）、宽度（每 200m 测 4 处）、厚度（每 200m 每车道测 1 点）、横坡（每 200m 测 4 个断面）、强度	
石灰土基层		
填隙碎石		
水泥路面	弯拉强度、相邻板高差，纵、横缝顺直度、板厚	相同项目：平整度标准偏差、国际平整度指数（低级路用 3m 直尺）、高程、宽度、横坡、中线、抗滑构造深度
沥青路面	弯沉值、压实度、渗水系数、摩擦系数、厚度	
桥梁检验项目		
桥梁总体	净空、中心偏位、桥面宽度、桥长、中心线衔接、桥头高程衔接	
钻孔桩	①群桩、排架桩桩位；②钻孔倾斜度；③混凝土强度；④桩头有无松散混凝土；⑤嵌入承台内的桩头及锚固钢筋长度	
沉井	①混凝土强度；②刃脚底面高程；③最大纵、横向倾斜度和平面扭转	
明挖地基	平面位置、尺寸、高程、地质情况和承载力、所用材料	
钢筋	①受力钢筋同一截面接头数量、搭接长度、接头质量、间距；②冷拉钢筋的机械性能，表面无裂皮和油污；③钢筋骨架尺寸、弯起筋位置和保护层厚度	
预应力张拉	①仪器校正；②预应力管道坐标及间距；③张拉应力值、伸长率、断丝滑丝数	
承台浇筑	①混凝土强度；②承台尺寸、承台顶面、轴线偏位	
墩台浇筑	①混凝土强度；②断面尺寸、顶面高程、轴线偏位；③竖直度或斜度、大面积平整度、预埋件位置	
柱或双壁墩	①混凝土强度；②断面尺寸、顶面高程和轴线偏位；③竖直度和相邻间距	
盖梁浇筑	①混凝土强度；②断面尺寸、支座处顶面高程和轴线偏位；③预埋件位置	
梁板预制	①混凝土强度；②几何尺寸；③平整度及支座预埋件表面的平整度；④预埋件位置	
梁板安装	①支座中心偏位；②竖直度；③纵向高程；④接缝填充材料	
悬臂浇筑 悬臂拼装	①0 号块高程、桥轴线；②对称施工；③无裂缝，接头质量；④合龙段混凝土强度；⑤轴线偏位、顶面高程、同跨对称点高程差	
拱的安装	①拱段接头混凝土须强度≥70%；②轴线横向、拱圈高程；③同跨各拱肋相对高差、间距；④腹拱起拱线高程和相邻块件高差	
斜拉桥索塔施工	①混凝土强度；②倾斜度≤塔高的 1/3 000，且不大于 30mm；③断面尺寸；④锚固点高程、系梁高程和孔道位置	
悬臂梁施工	①混凝土强度；②轴线偏位及锚固点高程、断面尺寸；③斜拉索拉力、锚具轴线与孔道轴线偏位	
悬索桥索塔施工	①混凝土强度；②塔柱底水平偏位、索塔倾斜度、断面尺寸、预埋件位置；③系梁高程和索鞍底板面高程	
索鞍安装	①高程、四角高差、横向偏位和纵向最终偏位；②索鞍纵、横向偏位，高程和角度	
锚碇施工	①混凝土强度；②地基承载力，锚室（无渗水），无积水；③锚碇轴线偏位；④锚碇基础底、顶面高程	
主缆与防护施工	①索股高程；②索股力；③主缆空隙率	
桥面铺装	①铺装层厚度；②平整度；③抗滑构造深度；④桥面横坡	
隧道检验项目		
锚喷支护	①喷射混凝土抗压强度；②喷层厚度；③锚杆抗拔力	
隧道总体	①车行道、净总宽、隧道偏位、隧道净高检测；②中心线衔接；③边坡、仰坡	

1B422030　交通工程系统的检测

(一)交通安全设施的检测

标志	标志板下缘净空高度、标志板内侧距土路肩边线距离，满足公路净空及建筑限界的要求			
交通标线	涂料—普通、反光、突起型	溶剂型	遮盖率、附着性、柔韧性、固体含量等	相同项目：施工性能、加热稳定性、涂膜外观、不粘胎干燥时间、耐磨性、耐水性、耐碱性
		热熔型	涂层低温抗裂、加热稳定性、人工加速耐候性	
		双组分	附着性、柔韧性、玻璃珠含量、人工加速耐候性	
		水性	冻融稳定性、早期耐水性、附着性、固体含量	
	标线	横断位置、线形、长度及宽度、纵向间距、厚度、表面污染、涂层变色、反光效果、缺陷检查等		
	路标	外观、尺寸、色度、逆反射性、抗冲击性、抗压性、密封性、位置、与路面黏结		
护栏	波形梁	金属防腐处理、混凝土强度和外观尺寸、安装情况、高度、横断、线形		
	混凝土	混凝土强度、外观尺寸、安装情况、外观、地基压实度、基础平整度		
隔离栅及桥梁防抛网		网片丝径、网孔尺寸、网片平整度、立柱尺寸、构件尺寸及强度、钢构件防腐处理、隔离栅安装高度、立柱间距、顺直度		
轮廓标		外观、反射器尺寸、金属防腐处理、反射材料色度和逆反射性能、反射器密封性、安装角度和高度、间距、柱式轮廓标柱竖直度、混凝土基础尺寸及强度		
防眩		外观尺寸、材料性能、金属构件防腐、间距和垂直度、安装高度和顺直度		
里程碑、百米桩、公路界碑		外形尺寸、混凝土强度、安装位置、埋设深度		

(二)监控系统的检测

检测项目	①设备及材料的质量、规格、性能功能；②监控子系统；③监控系统的系统检测
监控设施	①车辆检测器；②气象检测器和能见度检测器；③可变信息标志、限速标志；④大屏幕背投；⑤地图板设备；⑥计算机系统；⑦视频监视系统

(三)收费系统的检测

检测项目	①设备及材料的质量、规格、性能、功能；②收费子系统；③收费系统的系统检测
收费设施	①车道设备；②收费站、分中心设备及软件；③对讲及紧急报警系统；④闭路电视监视系统；⑤光、电缆及塑料管道；⑥收费系统计算机网络(均为目测或手动检测)

(四)通信系统的检测

检测项目	光电缆线路；光纤数字传输设备；数字程控交换设备；会议电视；数字同步时钟；紧急电话、有线广播；通信电源
通信设施	①通信管道与光、电缆；②光纤数字传输；③数字程控交换；④紧急电话；⑤通信电源

(五)供(配)电、照明系统的检测

检测项目	①设备及材料的质量、规格、性能、功能；②供(配)电、照明系统
供(配)电设备	①高、低压开关柜；②变压器；③中心(站)内低压配电设备；④外场设备电力电缆线路
照明设备	①照明设施(亮度、照度、眩光限制、诱导性4项指标)；②照明设施(照度及均匀度)

二、考点分析

重点1 各分部分项工程质量控制点的设置。这部分内容本应该按照《考试用书》P137介绍的原则设置：即：

1. 施工过程中的重要项目、薄弱环节和关键部位；
2. 影响工期、质量、成本、安全、材料消耗等重要因素的环节；
3. 新材料、新技术、新工艺的施工环节；
4. 质量信息反馈中缺陷频数较多的项目。

关键点应随着施工进度和影响因素的变化而调整。

由于各施工企业的“重要项目、薄弱环节和关键部位等”有所不同，其质量控制点应当有所差异。

但是，《考试用书》又列举了各类工程的质量控制点，并且历年的考题都是要求死记硬背这些内容。为应付考试，考生可以在理解上述“设置原则”的基础上，熟记各类工程的质量控制点。

重点2 各类工程的质量检验内容和检验项目。这部分内容出题的频率也比较高，考生可以在理解的基础上做一些选择题来加深印象，不必要死记硬背。

三、典型例题

(一)单项选择题

1. 公路工程项目质量检查不能拆卸或解体，因此工程师应重视(　　)。

A. 施工前期的控制　　B. 施工工艺的控制

C. 材料和设备的控制　　D. 施工准备和施工过程的控制

答案:D

解析:D最全面。

2. 沥青混凝土路面施工中常见质量控制关键点不包括(　　)。

A. 锯缝时间和养生的掌握

B. 沥青混凝土的碾压与接缝施工

C. 基层强度、平整度、高程的检查与控制

D. 沥青混凝土摊铺厚度的控制

答案:A

解析:沥青混凝土路面不用锯缝。

3. 预应力边梁发生侧弯的原因可能是(　　)。

A. 边梁端面不对称，预应力过小

B. 边梁断面不对称，预应力过大

C. 吊装时间过早

D. 吊装前存放时间过长

答案:B

解析:不对称→侧弯。

4. 沥青混合料路面的质量控制点不包括(　　)。

A. 配合比　　B. 拌和、摊铺、碾压温度

C. 接缝　　D. 养生

答案:D

解析:沥青混合料路面无须养生。

5. 公路工程项目质量形成的关键阶段是(　　)。

A. 项目决策阶段　　B. 设计阶段

C. 施工阶段　　D. 竣工阶段

答案:C

解析:质量形成→施工阶段。

6. 桥梁扩大基础施工中常见质量控制点不包括(　　)。

A. 基底地基承载力的确认,满足设计要求

B. 及时浇筑垫层混凝土,减少基底暴露时间

C. 桩位坐标控制

D. 基底表面松散层的清理

答案:C

解析:扩大基础,无桩位坐标控制问题。

7. 薄壁墩施工中常见质量控制点不包括(　　)。

A. 墩顶支座预埋件位置、数量控制

B. 模板接缝错台控制

C. 桩位坐标控制

D. 墩身垂直度控制

答案:C

解析:薄壁墩施工,桩位坐标已确定。

8. 下列不属于石方路基实测项目的是(　　)。

A. 压实度　　B. 弯沉值　　C. 中线偏位　　D. 纵断高程

答案:B

解析:B 弯沉值为土方路基的实测项目。

9. 土方路基实测项目中横坡的检查方法为(　　)。

A. 3m 直尺　　B. 经纬仪　　C. 水准仪　　D. 测距仪

答案:C

解析:排除 AB;D 测距离,需要;但 C 测高程,更需要。

10. 桥梁总体实测项目中桥长的检查方法为(　　)。

A. 用钢尺量　　B. 用皮尺量　　C. 用测距仪测　　D. 用水准仪测

答案:C

解析:排除 D;ABC 均为测距仪器,但 C 更准确。

11. 下列关于明挖地基的主要检查内容,说法错误的选项为(　　)。

A. 基底平面位置、尺寸大小和基底高程

B. 基底地质情况是否与实际开挖情况相符

C. 地基所用材料是否达到设计标准

D. 基底承载力是否与设计资料相符

答案:B

解析:选项 B 应为基底地质情况是否与设计资料相符。

12. 下列关于路线中心线与隧道中心线的衔接的检查方法,说法正确的选项为(　　)。

A. 将引道中心线与隧道中心线进行比较

B. 将引道中心线和隧道中心线延长至洞口,比较平面位置

C. 将引道中心线与隧道中心线进行平面位置比较

D. 分别将引道中心线和隧道中心线延长至两侧洞口,比较其平面位置

答案:D

解析:其他各选项表述不完整。

13. 下列不属于沉井实测项目的选项为(　　)。

A. 沉淀厚度　B. 平面尺寸　C. 井壁厚度　D. 平面转角

答案:A

解析:A 为钻孔灌注桩的实测项目。

14. 下列关于悬臂拼装梁实测项目中检查项目,说法不完整的选项为(　　)。

A. 轴线偏位　B. 混凝土强度　C. 顶面高程　D. 同跨对称点高程差

答案:B

解析:B 应为合龙段混凝土强度,单说混凝土强度表述不完整。

15. 下列不属于交通标志各构件的主要检测项目的是(　　)。

A. 标志板安装平整度检验、立柱垂直度检验

B. 标志面反光膜缺陷、反光膜拼接、标志面反光膜等级及逆反射系数

C. 支撑结构及连接件的质量、金属构件的防腐

D. 气泡检查、标志板与铝槽的连接

答案:A

解析:A 为对于施工完毕的标志主要应进行检查的项目。

16. 下列关于隔离栅检测说法错误的选项为(　　)。

A. 所有隔离栅构件均应符合《隔离栅技术条件》的要求

B. 隔离栅的检测项目中包括网片的丝径、网孔尺寸、网片的平整度等

C. 所有形式的隔离栅的检测项目都相同

D. 桥梁防抛网的检测项目与隔离栅检测项目相同

答案:C

解析:C 应为对于不同的隔离栅形式应根据结构特点选取检测项目。

17. 下列为音频电缆外观检测内容的选项为（　　）。

A. 核对电缆盘号和盘长，检查电缆和电缆盘是否完整、无破损、无机械损伤，塑料护套是否有破损开裂、硬化变质现象，芯线不混线、不断线

B. 导体电阻，绝缘电阻，固有衰减，近端串音衰减

C. 标志与包装检查，结构和尺寸检查，导体结构，外护层

D. 包装检查，检查长度，检查双绞线外表面的白色标志，检查线芯有无混线、断线等情况

答案：A

解析：B为音频电缆性能检测的内容，C为同轴电缆外观检测的内容，D为双绞线外观检测的内容。

18. 通信系统单机调试应由（　　）完成并提供测试记录。

A. 生产工厂　B. 承包商　C. 业主　D. 监理

答案：A

解析：通信系统单机调试主要在工厂进行。

(二)多项选择题

1. 沥青混凝土路面的主要检查内容包括（　　）。

A. 沥青混凝土的厚度、平整度及压实度

B. 相邻面板间的高差、纵横缝顺直度

C. 沥青混凝土路面的中线平面偏位、纵断高程、路面宽度及路面横坡

D. 沥青混合料的矿料质量和矿料级配组成

E. 沥青混合料的强度

答案：AC

解析：排除B；DE是对混合料的检查内容。

2. 沥青混凝土面层和沥青碎(砾)石面层质量检验的基本要求包括（　　）。

A. 沥青混合料的生产，每日应做抽提试验

B. 严格控制各种矿料和沥青用量及各种材料和沥青混合料的加热温度

C. 基层必须碾压密实，表面干燥、清洁、无浮土，其平整度和路拱度符合要求

D. 摊铺应连续作业，不能中断

E. 摊铺时应严格掌握摊铺厚度和平整度，避免矿料离析

答案：ABC

解析：DE是摊铺作业要求，但不是检查内容。

3. 桥梁总体的检测内容包括（　　）。

A. 桥梁的净空　B. 上部构造

C. 下部构造　D. 桥面中心偏位、桥面宽度和桥长

E. 引道中心线与桥梁中心线的衔接以及桥头高程衔接

答案：ADE

解析：BC不是具体的检查指标。

4. 钢筋加工及安装施工的主要检验内容有（　　）。

A. 钢筋、焊条的规格和技术性能符合要求
B. 冷拉钢筋的机械性能须符合要求
C. 受力钢筋间距，箍筋、横向水平钢筋、螺旋筋间距
D. 钢筋骨架尺寸、弯拉位置和保护层厚度
E. 受力钢筋必须在同一截面接头。

答案：ABCD

解析：受力钢筋不能在同一截面接头。

5. 墩、台帽或盖梁实测项目有(　　)。
A. 混凝土强度　　B. 断面尺寸
C. 支座处顶面高程　　D. 竖直度
E. 支座位置

答案：ABCE

解析：墩、台帽与盖梁不是太高，不需要测竖直度。

6. 桥面铺装实测项目包括(　　)。
A. 强度或压实度　　B. 纵断高程
C. 厚度和平整度　　D. 弯沉值
E. 抗滑构造深度

答案：ACE

解析：B 纵断高程由梁板安装决定；E 如果铺装沥青面层，不测抗滑构造深度。

7. 隧道工程质量检验的主要内容有(　　)。
A. 隧道的宽度和净高　　B. 隧道的平面位置
C. 洞身开挖时的欠挖情况　　D. 洞身支护和衬砌的混凝土强度及衬砌厚度
E. 拱部超挖

答案：ABCD

解析：E 拱部超挖是施工控制的内容，但不是质量检验的主要内容。

8. 路面基层(底基层)施工中常见的质量控制关键点有(　　)。
A. 基层施工所采用设备组合
B. 混凝土的摊铺、振动、成型及避免离析
C. 路面基层(底基层)所用结合料(如水泥、石灰)剂量
D. 路面基层(底基层)材料的含水率、拌和均匀性、配合比
E. 基底表面松散层的清理

答案：ACD

解析：排除 B；E 不能作为质量控制关键点。

9. 公路施工现场质量检查控制包括(　　)。
A. 开工前的检查　　B. 设计方案检查
C. 分项、分部工程完工后的检查　　D. 竣工后的检查
E. 成品、材料、机械设备等的检查

答案：ACE

解析：排除 BD。

10. 桥梁钻孔桩施工中常见质量控制点有(　　)。

A. 桩位坐标控制

B. 垂直度的控制

C. 及时浇筑垫层混凝土，减少基底暴露时间

D. 基底地基承载力的确认，满足设计要求

E. 孔径的控制，防止缩径

答案：ABE

解析：C 不属于钻孔桩施工的内容；D 不属于施工中的质量控制点。

11. 水泥混凝土路面的质量控制点有(　　)。

A. 配合比和材料级配　　B. 拌和

C. 摊铺温度控制　　D. 接缝、养生

E. 压实度、弯沉值、平整度及横坡

答案：ABD

解析：CE 是沥青路面的检测项目。

12. 拱桥上部结构施工中常见质量控制点有(　　)。

A. 主塔空间位置的控制

B. 支架沉降控制、拱架加载控制、卸架工艺控制

C. 预制拼装：拱肋拱轴线的控制

D. 预应力梁：张拉吨位及预应力钢筋伸长量控制

E. 钢管拱：钢管混凝土压注质量控制

答案：BCE

解析：A 斜拉桥；D 梁桥。

13. 关于公路施工质量控制，下列说法正确的是(　　)。

A. 关键工序、关键环节，应设置质量控制点

B. 隐蔽工程，应重点设置质量控制点

C. 采用新工艺、新材料、新技术的部位或环节，可设也可不设质量控制点

D. 薄弱环节，质量不稳定的工序或部位，应设置质量控制点

E. 是薄弱环节，但不是关键工序或关键环节可不设置质量控制点

答案：ABD

解析：C 因为新，无经验，必须设质量控制点；E 关键工序，主要是针对对工期的影响而言的。

14. 薄壁墩施工中常见质量控制点有(　　)。

A. 钢筋笼接头质量

B. 墩顶实心段混凝土裂缝控制

C. 水下混凝土的灌注质量

D. 墩顶支座预埋件位置、数量控制

E. 墩身平面位置

答案:BDE

解析:A不是主要控制的问题;排除C。

15. 简支梁桥上部结构安装中常见质量控制点有(　　)。

A. 预应力梁、张拉力及预应力钢筋伸长量控制

B. 支座安装型号、方向的控制

C. 主缆架设线形控制

D. 梁板之间现浇带混凝土质量控制

E. 大梁安装梁与梁之间高差控制

答案:BDE

解析:A为预应力张拉的问题;排除C。

16. 工程质量检验的主要方法有(　　)。

A. 量测法　　B. 记录法

C. 目测法　　D. 实验法

E. 分析法

答案:ACD

解析:BE不是质量检验的主要方法。

17. 土方路基工程施工中常见质量控制关键点有(　　)。

A. 施工放样与断面测量

B. 路基原地面处理,按施工技术合同或规范规定要求处理,并认真压实

C. 注意集料的级配和石料的压碎值

D. 平整度及横坡

E. 使用适宜材料,必须采用设计和规范规定的适用材料,保证原材料合格,正确确定土的最大干密度和最佳含水率

答案:ABE

解析:排除C;D不是土方路基质量控制的关键点。

18. 路基工程质量检验的主要内容包括(　　)。

A. 路基的宽度和高程(包括边沟)　　B. 路基的平面位置

C. 边坡坡度及边坡加固　　D. 排水设施的尺寸及底面纵坡

E. 填土的强度

答案:ABCD

解析:E应为填土压实度。

19. 土方路基实测项目包括(　　)。

A. 压实度　　B. 弯沉

C. 边坡平顺度　　D. 中线偏位

E. 强度

答案:ABD

解析:C边坡平顺度为石方路基的检查内容。

20. 路面基层的主要检验内容包括(　　)。

A. 基层的高度、厚度、宽度、横坡度和平整度

B. 边坡坡度

C. 弯沉值

D. 压实度和强度

E. 中线偏位

答案：AD

解析：边坡坡度、弯沉值和中线偏位属于路基实测项目。

21. 水泥混凝土路面的主要检查内容包括（　　）。

A. 水泥混凝土面板的弯拉强度、平整度和厚度

B. 水泥混凝土路面的抗滑构造深度

C. 相邻面板间的高差、纵横缝顺直度

D. 水泥混凝土路面中线平面偏位、路面宽度、纵断高程和路面横坡

E. 抗滑摩擦系数

答案：ABCD

解析：E 抗滑摩擦系数是沥青混凝土和沥青碎(砾)石面层的检查内容。

22. 桥梁总体质量检验的主要内容包括（　　）。

A. 桥梁的净空

B. 桥面中心偏位和桥面宽度和桥长

C. 桥梁基础桩位

D. 引道中心线与桥梁中心线的衔接

E. 桥头高程衔接

答案：ABDE

解析：C 桥梁基础桩位不属于桥梁总体质量检验的主要内容。

23. 桥梁钻孔灌注桩施工的主要检验内容包括（　　）。

A. 在终孔和清孔后对成孔的孔位、孔深、孔形、孔径、倾斜度等的检查

B. 钻孔灌注桩混凝土的强度

C. 凿除桩头混凝土后，有无残缺的松散混凝土

D. 需嵌入承台内的混凝土桩头及锚固钢筋长度应符合要求

E. 平面扭转角

答案：ABCD

解析：平面扭转角是沉井施工的检测内容。

24. 隧道总体的实测项目包括（　　）。

A. 隧道宽度

B. 隧道净高

C. 隧道偏位

D. 边坡、仰坡

E. 路线边线与隧道边线的衔接

答案：ABCD

解析：E 路线中心线与隧道中心线的衔接。

25. 路面基层(底基层)施工中常见的质量控制关键点有（　　）。

A. 基层施工所采用设备组合

B. 混凝土的摊铺、振动、成型

C. 路面基层(底基层)所用结合料(如水泥、石灰)剂量

D. 路面基层(底基层)材料的含水率、拌和均匀性、配合比

E. 基底表面松散层的清理

答案:ACD

解析:B是水泥混凝土路面施工中质量控制关键点;E是桥梁基础施工中质量控制点。

26. 斜拉桥(斜拉索为制索厂制造)上部结构施工中常见质量控制点有(　　)。

A. 主塔空间位置的控制

B. 钢管拱、钢管混凝土压注质量控制

C. 斜拉索锚固管或锚箱空间定位控制

D. 斜拉桥线形控制

E. 支架施工、支架的沉降控制、拱架加载控制、卸架工艺控制

答案:ACD

解析:B、E是拱桥上部结构施工中常见质量控制点。

27. 悬索桥上部结构施工中常见质量控制点有(　　)。

A. 缠丝拉力控制

B. 吊索长度的确定

C. 主塔空间位置的控制

D. 斜拉索锚固管或锚箱空间定位控制

E. 加劲梁的焊接质量控制

答案:ABE

解析:C、D是斜拉桥上部结构施工中常见质量控制点。

28. 路基工程质量检验的主要内容包括(　　)。

A. 路基的宽度和高程(包括边沟)

B. 路基的平面位置

C. 边坡坡度及边坡加固

D. 表面摩擦系数

E. 填土压实度

答案:ABCE

解析:显然路基工程不需要检验表面摩擦系数。

29. 路面基层的主要检验内容包括(　　)。

A. 基层的高度、厚度、宽度、横坡度和平整度

B. 边坡坡度

C. 弯沉值

D. 压实度和强度

E. 中线偏位

答案:AD

解析:边坡坡度、弯沉值和中线偏位属于路基实测项目。

30. 水泥混凝土路面的主要检查内容包括(　　)。

A. 水泥混凝土面板的弯拉强度、平整度和厚度

B. 水泥混凝土路面的抗滑构造深度

C. 相邻面板间的高差、纵横缝顺直度

D. 水泥混凝土路面中线平面偏位、路面宽度、纵断高程和路面横坡

E. 抗滑摩擦系数

答案:ABCD

解析:E 抗滑摩擦系数是沥青面层的检查内容。

31. 桥梁总体质量检验的主要内容包括（　　）。

A. 桥梁的净空

B. 桥面中心偏位和桥面宽度和桥长

C. 桥梁基础桩位

D. 引道中心线与桥梁中心线的衔接

E. 桥头高程衔接

答案:ABDE

解析:桥梁基础桩位不属于桥梁总体质量检验的主要内容。

32. 钻孔灌注桩施工的主要检验内容包括（　　）。

A. 孔位、孔深、孔形、孔径、泥浆相对密度、孔底沉淀厚度

B. 钻孔灌注桩混凝土的强度

C. 凿除桩头混凝土后，有无残缺的松散混凝土

D. 需嵌入承台内的混凝土桩头及锚固钢筋长度应符合要求

E. 平面扭转角

答案:ABCD

解析:E 平面扭转角是沉井施工的检测内容。

33. 隧道总体的实测项目包括（　　）。

A. 隧道宽度与净高

B. 混凝土强度

C. 隧道偏位

D. 边坡、仰坡

E. 路线中心线与隧道中心线的衔接

答案:ACDE

解析:总体实测项目侧重于几何尺寸的检查。

34. 下列关于常温型路面标线材料和热熔型路面标线材料的检测项目，相同的选项有（　　）。

A. 容器的状态、黏度、细度、施工性能、遮盖率、渗色、漆膜柔韧性、固体含量

B. 耐磨性、耐水性、耐碱性、逆反射系数

C. 涂膜外观、不粘胎干燥时间、色品坐标、反射比

D. 密度、软化点、抗压强度、加热残留成分

E. 玻璃珠含量、流动性、耐候性等

答案:BC

解析:A 为常温型路面标线材料的检测项目，D、E 为热熔型路面标线材料检测项目。

35. 下列属于护栏的检测项目的是（　　）。

A. 构件的材料性能和外观尺寸

B. 混凝土的强度和外观尺寸

C. 护栏的安装情况、高度、横断位置、线形

D. 表面污染、涂层变色、缺陷检查

E. 金属构件的防腐处理

答案:ABCE

解析:D为施工完毕的标线的检查项目。

36. 下列属于可变信息、可变限速标志的检测内容的选项有(　　)。

A. 显示功能检测　　B. 手动或自动调光功能检测

C. 叠加信息正确性检测　　D. 搭铁电阻检测

E. 图像质量

答案:ABD

解析:C、E为视频监视系统中数字图像叠加器的检测项目。

37. 通过通电、现场实际操作检测车道控制机对车道外设的功能有(　　)。

A. 控制功能　　B. 抗干扰功能

C. 数据存储功能　　D. 状态显示功能

E. 状态监视功能

答案:AC

解析:B、D为通行卷、读写装置需要检测的功能。

38. 下列关于各种信号灯和声、光报警器说法正确的选项为(　　)。

A. 对于一般的信号灯要检测发光颜色、亮度、信号切换等

B. 雨棚信号灯检测红绿转换是否正确,视认角是否大于22°

C. 车道通行信号灯检测图案红叉绿箭指示是否正确,可视距离是否大于设计要求,在车道的驾驶员是否能清晰可见其信号灯显示状态,不受阳光直射的影响

D. 雾灯检测发光材料、可视距离是否符合设计要求

E. 声、光报警器是否正常

答案:ADE

解析:B雨棚信号灯应检测的是红叉绿箭指示是否正确;C车道通行信号灯应检测的是红绿转换是否正确。

39. 下列关于光、电缆线路的检测的说法正确的选项为(　　)。

A. 光、电缆到货后核对规格、型号、盘长、出厂测试报告和外观检查

B. 单盘测试用时域反射仪(OTDR)测试光纤损耗和长度

C. 用交流电桥、电容测试仪和500V绝缘电阻测试仪测试电缆芯线的直流电阻和不平衡电阻,线间电容和对地电容以及绝缘电阻

D. 光、电缆敷设先核对端别,按设计要求的A、B端敷设光、电缆,检查通信站引入光缆接头处、大桥、隧道等特殊地段光缆的预留长度,检测方法为随工检测

E. 光纤接续损耗检测,可在光纤熔接机上直接显示或用OTDR测试

答案:ABDE

解析:C应改为"用直流电桥、电容测试仪和500V绝缘电阻测试仪测试电缆芯线的直流电阻和不平衡电阻,线间电容和对地电容以及绝缘电阻"。

四、模 拟 考 题

（一）单项选择题

1. 沥青混凝土路面施工中常见质量控制关键点不包括（　　）。
   A. 锯缝时间和养生的掌握
   B. 沥青混凝土的碾压与接缝施工
   C. 基层强度、平整度、高程的检查与控制
   D. 沥青混凝土摊铺厚度的控制
2. 沥青混合料路面的控制点不包括（　　）。
   A. 配合比　　B. 拌和、摊铺、碾压温度
   C. 接缝　　D. 养生
3. 公路工程项目质量控制是指为满足工程项目的质量要求而采取的（　　）。
   A. 措施　　B. 作业技术和活动
   C. 活动　　D. 方法
4. 简支梁桥上部结构施工中常见质量控制点不包括（　　）。
   A. 伸缩缝安装质量控制　　B. 吊索长度的确定
   C. 支座安装型号、方向的控制　　D. 支座预埋件的位置控制
5. 扩大基础施工中常见质量控制点不包括（　　）。
   A. 基底地基承载力的确认，满足设计要求
   B. 及时浇筑垫层混凝土，减少基底暴露时间
   C. 桩位坐标控制
   D. 基底表面松散层的清理
6. 沉井施工中常见质量控制点不包括（　　）。
   A. 初始平面位置的控制
   B. 下沉过程中沉井偏斜与移位的动态控制
   C. 封底混凝土的浇筑工艺确保封底混凝土的质量
   D. 墩身平面位置控制
7. 对车辆检测器进行检测，其检测数据不包括以下哪一项（　　）。
   A. 车流量　　B. 速度　　C. 占有率　　D. 视认角
8. 在变压器的检测中按《电力变压器》的要求进行电气试验，不包括以下哪一项试验（　　）。
   A. 安装　　B. 绝缘　　C. 放电　　D. 耐压
9. 承包商对监控、收费及通信系统进行测试鉴定的程序，应该是（　　）。
   A. 提交各系统测试计划→各系统测试计划的确定→监理检查审核各系统测试计划→各系统测试计划的实施→各系统测试的总结→修改各系统软件→各系统功能的复测→各系统测试后的结论
   B. 提交各系统测试计划→监理检查审核各系统测试计划→各系统测试计划的确定→

各系统测试计划的实施→各系统测试的总结→修改各系统软件→各系统功能的复测→各系统测试后的结论

C. 提交各系统测试计划→各系统测试计划的确定→监理检查审核各系统测试计划→各系统测试计划的实施→修改各系统软件→各系统测试的总结→各系统功能的复测→各系统测试后的结论

D. 提交各系统测试计划→监理检查审核各系统测试计划→各系统测试计划的确定→各系统测试计划的实施→修改各系统软件→各系统测试的总结→各系统功能的复测→各系统测试后的结论

10. 监控、收费及通信系统验收,应由(　　)组织并主持。

A. 交通主管部门　　B. 设计单位
C. 施工单位　　D. 监理单位

(二)多项选择题

1. 现场质量检查控制包括(　　)。

A. 开工前的检查　　B. 设计方案检查
C. 分项、分部工程完工后的检查　　D. 竣工后的检查
E. 成品、材料、机械设备等的检查

2. 现场质量检查控制的方法有(　　)。

A. 测量　　B. 总结提高
C. 计算　　D. 分析
E. 认可

3. 钻孔桩施工中常见质量控制点有(　　)。

A. 桩位坐标控制
B. 垂直度的控制
C. 及时浇筑垫层混凝土,减少基底暴露时间
D. 基底地基承载力的确认,满足设计要求
E. 孔径的控制,防止缩径

4. 水泥混凝土路面的控制点有(　　)。

A. 配合比和材料级配　　B. 拌和
C. 摊铺温度控制　　D. 接缝、养生
E. 压实度、弯沉值、平整度及横坡

5. 拱桥上部结构施工中常见质量控制点有(　　)。

A. 主塔空间位置的控制
B. 支架施工:支架的沉降控制、拱架加载控制、卸架工艺控制
C. 预制拼装:拱肋拱轴线的控制
D. 预应力梁:张拉吨位及预应力钢筋伸长量控制
E. 钢管拱:钢管混凝土压注质量控制

6. 斜拉桥(斜拉索为专业制索厂制造)上部结构施工中常见质量控制点有(　　)。

A. 合龙段的控制
B. 悬背吊装：梁段外形尺寸控制、斜拉索索力控制，索力调整
C. 斜拉索锚固管或锚箱空间定位控制
D. 支架施工：支架沉降量的控制
E. 预拱度的控制

7. 薄壁墩施工中常见质量控制点有（　　）。
A. 钢筋笼接头质量
B. 墩顶实心段混凝土裂缝控制
C. 水下混凝土的灌注质量
D. 墩顶支座预埋件位置、数量控制
E. 墩身与承台联结处混凝土裂缝控制

8. 简支梁桥上部结构施工中常见质量控制点有（　　）。
A. 简支梁混凝土的强度控制
B. 预拱度的控制
C. 支座预埋件的位置控制
D. 斜拉索锚固管或锚箱空间定位控制
E. 合龙段的控制

9. 简支梁桥上部结构施工中常见质量控制点有（　　）。
A. 预应力梁：张拉力及预应力钢筋伸长量控制
B. 支座安装型号、方向的控制
C. 主缆架设线形控制
D. 梁板之间现浇带混凝土质量控制
E. 大梁安装梁与梁之间高差控制

10. 土方路基工程施工中常见质量控制关键点有（　　）。
A. 施工放样与断面测量
B. 路基原地面处理，压实
C. 集料的级配和石料的压碎值
D. 压实度、弯沉值、平整度及横坡
E. 使用适宜材料，土的最大干密度和最佳含水率

11. 薄壁墩施工中常见质量控制点有（　　）。
A. 钢筋笼接头质量
B. 墩身平面位置控制
C. 墩身垂直度控制
D. 墩身锚固钢筋预埋质量控制
E. 下沉过程中沉井偏斜与移位的动态控制

12. 水泥混凝土路面施工中常见质量控制关键点有（　　）。
A. 基层强度、平整度、高程
B. 混凝土配合比设计和试件的试验

C. 摊铺温度控制
D. 锯缝时间和养生的掌握
E. 最大干密度和最佳含水率

13. 沥青混凝土路面施工中常见质量控制关键点有（　　）。
A. 基层强度、平整度、高程的检查与控制
B. 沥青材料的检查与试验
C. 集料的级配、沥青混凝土配合比设计和试验
D. 混凝土的摊铺、振动、成型及避免离析
E. 养生

14. 公路隧道施工中常见质量控制关键点有（　　）。
A. 正确判断围岩类别，及时调整施工方案
B. 认真测量、检查和修正开挖断面，减少超挖
C. 制订切实可行的开挖方案
D. 合龙段的控制
E. 及时浇筑垫层混凝土，减少基底暴露时间

15. 交通标线的基本要求包括：（　　）。
A. 标线材料应符合部标《路面标线涂料》的规定
B. 在路面达到规定强度后方可喷涂或安装标线
C. 标线喷涂或安装前应清洁路面，不得有起灰现象
D. 标线的颜色及形状应符合现行国标《道路交通标志和标线》
E. 标线的长度要求

16. 对于已完工的标线主要的检测项目包括以下哪些项目（　　）。
A. 标线的横断位置、标线线形
B. 色品坐标、逆反射系数
C. 标线的长度及宽度、表面污染
D. 标线反光效果、缺陷检查
E. 标线厚度、涂层变色

17. 对于安装完毕的突起路标，主要检查的项目包括（　　）。
A. 外观尺寸、色度、逆反射性能
B. 抗冲击性能、抗压性能、线形与路面粘结性能
C. 密封性、安装位置
D. 耐磨性、耐水性、耐碱性
E. 涂膜外观、玻璃珠含量

18. 下列关于防眩设施的检测说法，正确的选项为（　　）。
A. 防眩设施构件均应符合《轮廓标技术条件》的要求
B. 防眩设施的主要检测项目包括外形尺寸、混凝土强度、安装位置、埋设深度等
C. 防眩板设置间距的允许偏差为±10mm
D. 防眩设施安装高度的允许偏差为±10mm

E. 钢筋混凝土里程碑、百米桩、公路界碑的检测项目，主要包括外观尺寸、材料性能、金属构件的防腐处理等

19. 钢筋混凝土结构的里程碑、百米桩、公路界碑的检测项目主要包括（　）。
A. 外形尺寸　B. 混凝土强度　C. 材料性能　D. 埋设深度　E. 安装位置

20. 监控系统检测的主要检测项目包括（　）。
A. 设备及材料的质量和规格的检测
B. 设备的性能、功能的检测
C. 监控子系统检测
D. 监控系统的系统检测
E. 监控系统的子系统检测

21. 气象检测器和能见度检测器可通过以下哪几种方法进行检测（　）。
A. 现场操作方式
B. 连续监视的方式
C. 人工检测数据和气象检测器检测数据对比的方式
D. 气象台播报的气象数据与气象检测器检测数据对比的方式
E. 随机检测方式

22. 地图板设备的检测内容包括（　）。
A. 外观检测　B. 适宜性检测
C. 性能检测　D. 准确度检测
E. 功能检测

23. 视频监视系统的主要设备（主要指视频监视的单体设备）包括（　）。
A. 录像机　B. 数字图像叠加器
C. 视频切换控制矩阵　D. 数字录像设备
E. 摄像机

24. 下列属于收费站、路段收费分中心、省收费结算中心计算机系统要检测的主要设备为（　）。
A. 路由器　B. 费额显示器
C. 交换机　D. 收据打印机
E. 服务器和计算机

25. 通信系统设施质量检测主要项目有（　）。
A. 光、电缆线路，光纤数字传输设备
B. 数字程控交换设备，会议电视设备
C. 数字同步时钟设备
D. 费额显示器
E. 通信电源设备

26. 在光中继段测试中用光源和功率计测试光中继段光纤衰减的两种方法为（　）。
A. 光回波损耗测试仪检测法　B. OTDR 测试法
C. 剪断法　D. 介入法

E. 随工检测法

27. 通信设备的检测中机房环境、安全检查的内容包括(　　)。

A. 通信站机房应符合建筑技术施工工艺要求

B. 是否有专用交流电源、电压波动范围

C. 预留沟槽孔洞是否符合设计要求

D. 对接地电阻进行测试

E. 机架设备位置安装正确、牢固

28. 每台高低压开关柜运送到现场后,设备安装就位并与电源、辅助设备、控制、保护和监测系统相连接,进行的试验有(　　)。

A. 一般检查

B. 功能性试验包括模拟操作、程序试验及继电保护试验

C. 各种连锁试验

D. 耐久试验

E. 耐压试验

29. 下列关于不间断电源 UPS 的检测说法,正确的选项为(　　)。

A. UPS 的测试和试验方法按国家标准规定进行

B. 设备运抵现场后,复查和确认制造厂家提供的专业检测部门出具的型式试验报告

C. 视觉检查设备的质量、结构、总装配和面漆

D. 按国标的要求进行电气试验

E. 所有控制、保护和监控设备的电气运行,检测全部功能和性能

30. 道路照明标准通常用路面的哪两项指标来表示(　　)。

A. 水平照度值　　B. 路面亮度值

C. 照明标准值　　D. 均匀度

E. 不均匀度

31. 在低压配电设施的检测中,配电箱的检测内容包括(　　)。

A. 电气线路应符合电气系统图的要求

B. 电气的布设,电气和机械连接,布线、绝缘等应符合相关规范的要求

C. 壳体的机械强度和防护等级的试验

D. 箱体的内、外涂层应符合有关规定的要求

E. 所有电缆应进行现场试验,以保证供应的电缆满足相关规定的性能要求

32. 通信系统的系统调试包括哪些方面(　　)。

A. 单机调试　　B. 数字程控交换系统的调试

C. 紧急电话系统的调试　　D. 通信电源系统的调试

E. 光纤数字传输系统的调试

33. 监控、收费及通信系统验收的内容有(　　)。

A. 施工验收　　B. 竣工验收

C. 技术验收　　D. 中间验收

E. 资料的审查

模拟考题答案

（一）单项选择题答案：

1. A　2. D　3. B　4. B　5. C　6. D　7. D　8. A　9. B　10. A

（二）多项选择题答案：

1. ACE　2. ABD　3. ABE　4. ABD　5. BCE
6. ABC　7. BDE　8. ABC　9. BDE　10. ABE
11. BCD　12. ABD　13. ABC　14. ABC　15. ACD
16. ACDE　17. ABC　18. ACD　19. ABDE　20. ABCD
21. CD　22. ACE　23. BCDE　24. ACE　25. ABCE
26. CD　27. ABCD　28. ABC　29. ABCD　30. AE
31. ABCD　32. BCDE　33. ACE

1B423000 公路工程安全管理

一、知识体系归纳

1B423010 公路工程安全管理的范围

<table>
<tr><td>路基工程</td><td>土方施工、石方施工</td><td rowspan="3">人工、机械、工具、环境管理</td></tr>
<tr><td>路面工程</td><td>沥青路面、水泥混凝土</td></tr>
<tr><td>桥梁工程</td><td>基桩、墩台、墩身、桥面、塔身工程</td></tr>
<tr><td>隧道工程</td><td colspan="2">爆破、运输、支护、初衬、通风、防尘、照明、排水以及防火、防瓦斯等</td></tr>
<tr><td>水上工程</td><td colspan="2">安全培训、技术交底、施工环境、水上交通、浮吊等</td></tr>
<tr><td>陆地工程</td><td colspan="2">安全培训、技术交底、特殊工种持证上岗、机械、机具、安全防护、标识标语</td></tr>
<tr><td>高空工程</td><td colspan="2">培训、技术交底、现场监督检查；临边防护、防坠落、机械、工具、各种用电等</td></tr>
<tr><td>爆破工程</td><td colspan="2">培训、技术交底、考试取证、安全教育；炸药、雷管、导火索；安全距离、防护、警示等</td></tr>
<tr><td>电气作业</td><td colspan="2">配电室、配电线路、配电箱与开关箱设置、发电机组、电动设备、照明电器</td></tr>
<tr><td>安全管理</td><td colspan="2">①管生产者管安全；②谁主管谁负责；③预防为主；④动态管理；⑤计划性、系统性；⑥奖惩结合；⑦以人为本、关爱生命；⑧五同时（计划、布置、检查、总结、评比）；⑨一票否决</td></tr>
</table>

1B423020 公路工程安全管理的要求

（一）公路工程安全技术要求

<table>
<tr><td>高处作业</td><td>①分级：1 级，2～5m；2 级，5～15m；3 级，15～30m；特级，30m 以上。
②安全培训及体检合格者上岗。不宜人员：高血压、心脏病、精神病、恐高、癫痫、严重贫血，严重关节炎等患者。
③戴安全帽、系安全带、穿防滑鞋，不得穿拖鞋、硬底鞋。
④挂设安全网、操作台临设防护栏杆；雨天设防雨棚。
⑤设置安全防护设施、警示标识牌；暂时移位和拆除，报经项目负责人审批。
⑥架空线采用绝缘导线，不用塑胶软线；配电箱箱内安装漏电保护器。
⑦桥墩≥30m 时，在顶端设防撞信号灯，并采取防雷措施。
⑧拆除自上而下进行，先非承重部分，后承重部分，禁立体交叉作业。
⑨遇有六级大风、浓雾、雷雨、冰雪等，不得露天高处作业</td></tr>
<tr><td>水上作业</td><td>①在航道作业前，须取得水上水下施工许可证。
②安全教育和专项技术培训，安全交底；水上作业，穿救生衣，戴安全帽。
③六级风、大浪等恶劣天气，停止作业。
④布置警示标牌，警示过往船舶。临时栈桥设警示防雾灯，通航口设导航灯</td></tr>
</table>

续上表

路基土方	①挖深≥2m，视为高处作业，设警告标志和双道护栏，夜间设红色警示灯。 ②在靠近建筑物、电杆、脚手架挖土时，采取安全防护措施。 ③挖沟槽，按土质放坡或支撑。挖深≥1.5m，且不支撑时，按规定放坡度或围壁。 ④沟槽坑边沿1m内，不堆土或物料；边沿1～3m间堆土高≤1.5m；边沿3～5m间堆土高≤2.5m；边沿停置车辆、机械，距离≥4m。 ⑤人工挖土，人员横间距≥2m，纵向间距≥3m。 ⑥滑坡地段，从两侧向中部自上而下开挖；岩溶地区，处理岩溶水的涌出；在泥沼地段，防止人、机下陷措施，弃土堆在合适地方。 ⑦运土会车，轻车让重车；重车前后间距>5m，下坡间距>10m
路基石方	①专人指挥爆破，危险边界有明显标志，警戒区四周派警戒员，预告、起爆、解除警戒有信号。 ②导火索起爆，一次点火，长度保证人员撤离，≥1.2m，不许同次使用不同燃速的导火索。 ③露天爆破，一人连续点火≤10根，严禁明火点燃；多人点炮，每人点炮数量相同；爆破时，确认炮响完并过5min后，进入作业区。 ④雷雨季、潮湿天气，用非电起爆法；深度≤10m的爆破，用火花起爆；深度>10m，电力起爆
沥青路面	①作业人员应体检，无皮肤病、结膜炎、沥青过敏。 ②换挡在摊铺机停后进行，严禁坡道换挡或空挡滑行。 ③摊铺作业中设施工标志，用柴油清洗时，勿近明火
水泥路面	①运输车辆保持安全距离。 ②轨模摊铺，布料机和振平机有安全距离，勿将刮板置于运行方向垂直位置，勿借助惯性冲击料堆。 ③确保抹平机的叶片光洁平整，并处于同一水平

(二)隧道作业安全技术要求

隧道一般要求	①长度>1 000m，制订地质超前预报方案和实施细则。 ②软弱段施工，短进尺、弱爆破、早喷锚、勤量测、紧封闭。 ③钻孔台车进洞，有专人指挥，行走速度≤25m/min
隧道爆破	①爆破，持证作业；爆破加工房，设在洞口50m以外。 ②爆破安全距离：独头巷道≥200m；相邻上下坑道内≥100m；相邻平行坑道，横通道及横洞间≥50m；全断面开挖深孔爆破≥500m。 ③一爆三检：清点人数；警告5s后引爆，爆后15min排烟；检查"盲炮"及可疑现象。 ④导火索长度(保证人员能撤离)≥1.2m；一个爆破工点燃≤5根
隧道运输	①洞内车速≤10km/h；严禁超车。 ②卸渣场地保持一段上坡，堆渣边缘内0.8m处设置挡木
隧道支护	①洞口支撑，向洞外多架5～8m明厢，顶部压土。 ②支护至开挖面的距离≤4m； ③木支撑选用坚硬且富有弹性木材
隧道衬砌	①洞口尽早施工； ②高于2m工作平台四周设护栏，跳板钉防滑条； ③模板台车全断面衬砌，台车距开挖面距离≥260m； ④严禁洞内熬制沥青
通风	①保证每人每分钟得到1.5～3m³新鲜空气； ②严禁在风管进出口附近停留
照明	①洞内保证亮度充足、均匀、不闪烁；潮湿及渗、漏水，使用防水灯。用防潮绝缘导线。 ②照明电器：开挖、支撑及衬砌地段为12～36V；成洞段110～220V；手提作业灯12～36V
排水	①在有地下水处，挖凿排水沟。下坡开挖，抽水机排水。 ②预计穿过涌水地层时，超前钻孔探水
防火、防瓦斯	①洞内机室、料库、皮带运输机等处，设置消防器材； ②洞口20m范围内杂草清除，火源距洞≥30m，库房20m范围禁烟火，洞内禁明火； ③发现瓦斯时，加强通风，断绝可能引燃瓦斯爆炸的火源

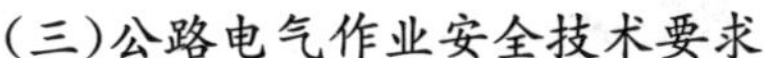

(三)公路电气作业安全技术要求

临时用电	①采用 TN-S 搭接、接零保护系统;②三级配电系统;③两级漏电保护和两道防线
配电室	建筑物耐火等级≥3 级,室内配置绝缘灭火器材;母线涂刷成有色油漆;向外开,配锁
室外线路	架空线路严禁架设在非专用电杆上,禁成束架设;档距 35m,线向距离≥0.3m,架空线最大弧垂处与地面≥4m,与机动车道 6m,与铁路轨道 7m
室内线路	用绝缘导线,距地面高度≥2.5m;接户线在档距内不得有接头,进线处离地高度≥2.5m,过墙穿管保护,防雨措施,室外端用绝缘子固定
配电箱、开关箱	①总配电箱设在靠电源地区;分配电箱装在负荷相对集中地区;分配电箱与开关箱的距离≤30m;开关箱由末级分配电箱配电,与其控制的用电设备的水平距离≤3m。 ②动力配电箱与照明配电箱宜分别设置;如合置在同一配电箱内,动力和照明线应分路设置
箱内电器	①每台用电设备有专用开关箱,一机一闸。 ②开关箱内安装漏电保护器。潮湿、腐蚀场所的漏电保护器采用防溅型产品。总配电箱和开关箱中的漏电保护器,具有分级分段保护功能,漏电保护器每月检查一次
使用与维护	配电箱、开关箱在使用中,须按照总配电箱—分配电箱—开关箱的顺序送电和由开关箱—分配电箱—总配电箱的顺序停电
发电机	发电机组供(配)电系统采用三相四线制中性点直接接地系统,并须独立设置,与外电线路隔离,不得有电气连接;发电机组电源应与外电线路电源联锁,严禁并列运行;发电机组应设置短路保护和过负荷保护
电动设备	塔式起重机、拌和设备、室外电梯,滑升模板、物料提升机等,设置避雷装置的井字架等,除做好保护接零外,还按规定作重复接地,设备的金属结构之间保证电气连接
电动工具	①手持式工具,按其绝缘和防触电性能分为 I、II、III 类。 ②一般选用 I、II 类;潮湿、金属构架上操作,选 II 类或由安全隔离变压器供电的 III 类
照明电器	①一般选用 220V 照明器;特殊场所(隧道、高温、导电灰尘或灯具距地高度<2.4m)用安全电压照明器,电压≤36V;潮湿和易触及带电体场所,电压≤24V;特潮场所,导电良好地面、锅炉或金属容器、管道内工作的照明电压≤12V。 ②正常湿度场所,选用普通开启式照明器;潮湿场所,属于触电危险场所,选用密闭性防水照明器或配有防水灯头的开启式照明器
安全用电档案	①用电组织设计及其修改资料;②用电技术交底资料; ③用电工程检查验收表;④电气设备试、检验凭单和调试记录; ⑤接地电阻,绝缘电阻,漏电保护器漏电动作参数测定记录表; ⑥定期检(复)查表;⑦电工安装、巡检、维修、拆除工作记录

二、考 点 分 析

公路工程安全管理,是 2007 年版新增加的内容,并在当年考试中出了相关题目,应当引起重视。本章内容不多,在知识点归纳的基础上,做一些选择题和改错题就可以了。

三、典 型 例 题

(一)单项选择题

1. 土、石方施工的安全管理属于(　　)安全管理范围。

A. 路基　　B. 交通运输　　C. 桥梁、隧道　　D. 爆破

答案:A

解析:路基土、石方施工是常用的说法。

2. 桥梁工程的安全管理不包括:(　　)的安全管理。

A. 路面工程　　B. 基桩工程

C. 墩台工程　　D. 墩身工程

E. 桥面工程

答案:A

解析:路面工程与桥面工程二选一。

3. 负责生产管理的经理、副经理在抓生产的同时必须将安全管理工作一并考虑进来，体现了(　　)的原则。

A. 管生产必须管安全　　B. 预防为主　　C. 动态管理　　D. 计划性

答案:A

解析:抓生产的同时必须抓安全＝管生产必须管安全。

4. 随着工程的进展，安全管理的内容和重点也在发生着变化，体现了(　　)的原则。

A. 管生产必须管安全　　B. 预防为主　　C. 动态管理　　D. 计划性

答案:C

解析:变化＝动态。

5. 在公路工程安全管理中，要处处做到把人的安全放到首位，体现了(　　)的原则。

A. 管生产必须管安全　　B. 预防为主　　C. 动态管理　　D. 关爱生命

答案:D

解析:人的安全＝关爱生命。

6. 公路工程高处作业分为(　　)个级别。

A. 1　　B. 2　　C. 3　　D. 4

答案:D

解析:高处作业分为 1、2、3、特级。

7. 5～15m 高处作业，属于公路工程高处作业(　　)。

A. 1 级　　B. 2 级　　C. 3 级　　D. 特级

答案:B

解析:记住，5、15、30 作为级别分界点。

8. 15～30m 高处作业，属于公路工程高处作业(　　)。

A. 1 级　　B. 2 级　　C. 3 级　　D. 特级

答案:C

解析:记住,5、15、30 作为级别分界点。

9. 在船舶通航的大江、大河、大海区域进行水上施工作业前,必须在规定的期限内向施工所在地(　　)提出施工作业通航安全审核申请,批准并取得水上水下施工许可证后,方可施工。

A. 公安部门　　B. 交管部门　　C. 路政部门　　D. 海事部门

答案:D

解析:水上施工——海事部门。

10. 石方爆破作业必须严格遵守国家爆破安全规程,接受当地(　　)的监管。

A. 公安部门　　B. 交管部门　　C. 路政部门　　D. 政府部门

答案:A

解析:爆破作业——公安部门。

11. 摊铺机在弯道作业时,熨平装置的端头与路缘石的间距不得少于(　　)。

A. 5cm　　B. 10cm　　C. 50cm　　D. 20cm

答案:B

解析:驾驶摊铺机应平稳,弯道作业时,熨平装置的端头与路缘石的间距不得小于 10cm,以免发生碰撞。

12. 摊铺机换档时,以下操作正确的是(　　)。

A. 在摊铺机完全停止后进行　　B. 强行挂挡

C. 在坡道上换挡　　D. 空挡滑行

答案:A

解析:换挡必须在摊铺机完全停止后进行,严禁强行挂挡和在坡道上换挡或空挡滑行。

13. 隧道施工编制施工组织设计时,长度大于(　　)时,应制订地质超前预报方案。

A. 500m　　B. 800m　　C. 1 000m　　D. 950m

答案:C

解析:长度大于 1 000m 时,应制订地质超前预报方案和实施细则。

14. 实行隧道工程安全目标管理,安全生产第一责任人为(　　)。

A. 项目总工程师　　B. 技术负责人

C. 项目经理　　D. 安全管理人员

答案:C

解析:项目经理为安全生产第一责任人,对安全生产全面负责。

15. 隧道施工中,洞内运输车速不得超过(　　)。

A. 15km/h　　B. 20km/h　　C. 30km/h　　D. 10km/h

答案:D

解析:洞内运输车速不得超过 10km/h。

16. 隧道施工爆破作业时,发现“盲炮”时,必须由(　　)处理。

A. 技术负责人　　B. 项目总工程师　　C. 安全管理人员　　D. 原爆破人员

答案:D

解析:当发现有"盲炮"时,必须由原爆破人员按规定处理。

17. 室外电缆线架空敷设时,电缆的最大弧垂距地面应不小于(　　)。

A. 1.0m　　B. 2.5m　　C. 1.8m　　D. 2.0m

答案:B

解析:室外电缆的最大弧垂距地面不小于2.5m。

18. 存在较强振动的场所,应选用的照明器类型为(　　)。

A. 普通开启式　　B. 密闭性防水式　　C. 防尘式　　D. 防振式

答案:D

解析:存在较强振动的场所,必须选用防振型照明器。

19. 配电箱的导线进线口和出线口应设在箱体的(　　)。

A. 下底面　　B. 上顶面　　C. 侧面　　D. 后面

答案:A

解析:配电箱、开关箱中的导线严禁设在箱体的上顶面,侧面,后面或箱门处。

20. 下列设备或设施中,无需在其顶端设置醒目的红色警戒照明的是(　　)。

A. 塔式起重机　　B. 外用电梯

C. 高于30m的桥梁主塔　　D. 大型轮式起重机

答案:D

解析:对于夜间可能影响飞机及其他飞行器安全通行的主塔及高大机械设备或设施,应在其顶端设置醒目的红色警戒照明。

(二)多项选择题

1. 公路工程安全管理的"五同时"的原则是:安全设施必须与主体工程同时(　　)。

A. 计划　　B. 布置　　C. 施工　　D. 总结　　E. 评比

答案:ABDE

解析:C应为"检查"。由于工作量不同,不一定要同时施工。

2. 对发生重特大事故的项目、部门和单位,将实行安全生产"一票否决",取消(　　)的资格。

A. 评优　　B. 评先　　C. 劳动合同　　D. 领导干部晋职　　E. 领导干部晋级

答案:ABDE

解析:C劳动合同受劳动合同法约束,不能否决。

3. 凡患有以下疾病的人员不得从事高处作业施工(　　)。

A. 心脏病　　B. 皮肤病　　C. 精神病症　　D. 严重贫血病　　E. 严重关节炎

答案:ACDE

解析:显然与皮肤病无关。

4. 从事高处作业的人员不得穿(　　)。

A. 防滑鞋　　B. 拖鞋　　C. 硬底鞋　　D. 软底鞋　　E. 运动鞋

答案:ABC

解析:CD二选一;运动鞋肯定可以。

5. 水上施工,应按以下要求设置警示或导航设施(　　)。

A. 航道水域上下游各布置一警示标牌　　B. 施工栈桥设置警示防雾灯

C. 通航口位置设置导航灯　　D. 通航口设置警示防雾灯

E. 施工栈桥导航灯

答案:ABC

解析:CD、BE 相互矛盾,二选一。

6. 关于路基工程石方爆破作业安全要点,正确的是(　　)。

A. 潮湿场地,应采用非电起爆法

B. 潮湿场地,应采用电力起爆法

C. 深度超过 10m 的爆破采用火花起爆

D. 深度超过 10m 的爆破不得采用火花起爆

E. 深度超过 10m 的必须采用电力起爆

答案:ADE

解析:AB、CD、CE 相互矛盾,二选一。

7. 混凝土摊铺夜间施工时,基准线附近应设置(　　)。

A. 警示灯　　B. 反光标志

C. 警示牌　　D. 栏杆

E. 护栏

答案:AB

解析:夜间施工时,基准线桩附近应设置警示灯或反光标志。

8. 在软弱围岩地段施工的原则有(　　)。

A. 短近尺　　B. 强爆破

C. 早喷锚　　D. 勤量测

E. 紧封闭

答案:ACDE

解析:B 软弱围岩地段施工,不能强爆破。

9. 隧道施工中,应视为危险信号的现象包括(　　)。

A. 量测数据有不正常变化或突变

B. 地表位移大于允许位移值

C. 洞内出现裂缝

D. 喷层出现异常裂缝

E. 围岩超、欠挖

答案:ABCD

解析:E 围岩超、欠挖不属于不正常变化。

10. 进行隧道爆破时,安全的距离描述正确的有(　　)。

A. 独头巷道不少于 200m　　B. 相邻的上下坑道内不少于 50m

C. 相邻的平行坑道不少于 50m　　D. 横通道及横洞间不少于 50m

E. 全断面开挖进行深孔爆破,不少于 500m

答案：ACDE

解析：B 进行爆破时，所有人员应撤离现场，相邻的上下坑道内不少于 100m。

11. 炸药和雷管运送中，下列做法正确的是（　　）。

A. 人力运送时炸药和雷管应由同一人同时运送

B. 汽车运送时，炸药和雷管须分别装在两辆车内运送

C. 炸药和雷管放置在不带盖的容器内分别运送

D. 有轨机动车运送时，炸药和雷管不宜在同一列车上运送

E. 严禁炸药和雷管在同一列车上运送。

答案：BD

解析：A、C、E 在任何情况下，炸药和雷管必须放置在带盖的容器内分别运送。

12. 公路工程施工现场临时用电的三项基本原则是（　　）。

A. 必须采用 TN-S 接地接零保护系统　　B. 必须采用三级配电

C. 必须采用两级漏电保护和两道防线　　D. 必须采用二级配电

E. 必须采用一级配电

答案：ABC

解析：C、D、E 三选一。

13. 施工现场安全用电技术档案的要点有（　　）。

A. 用电技术交底书

B. 定期检(复)查表

C. 电工安装、巡检、维修、拆除工作记录

D. 施工现场用电组织设计资料

E. 每日用电记录

答案：ABCD

解析：E 不需要。

14. 施工现场使用的电动工具按其绝缘和防触电性能可分为哪几类（　　）。

A. I　　B. II　　C. III　　D. IV　　E. V

答案：ABC

解析：记忆。

15. 特殊场合使用安全照明器，其电源电压描述正确的有（　　）。

A. 高度低于 2.4m 的隧道工程场合不大于 36V

B. 特别潮湿场合不得大于 12V

C. 锅炉或金属容器不大于 24V

D. 管道内工作不大于 24V

E. 潮湿和易触电及带电体场所不大于 24V

答案：ABE

解析：D、E 二选一。C 锅炉或金属容器、管道内工作的照明电源电压不得大于 12V。

16. 以下说法正确的是（　　）电动工具。

A. 一般场所可使用 I 类或 II 类手持式

B. 潮湿场所可选用 I 类手持式

C. 在金属架上操作时可选用 II 类手持式

D. 狭窄场所必须选用 III 类手持式

E. 在金属架上操作可选用 I 类手持式

答案:ACD

解析:B、E 潮湿场所或金属构架上操作时,必须选用 II 类或由安全隔离变压器供电的 III 类手持式电动工具。

(三)案例题

某隧道公司针对秦岭隧道群的施工提出了安全施工技术要点。部分内容摘录如下:

1. 隧道施工一般安全技术要点

(1)隧道施工应在施工中随时制定安全技术方案,对危险源和重大危险源进行辨识和全过程地跟踪、监督、检查。隧道长度大于 1500m 时,应制订地质超前预报方案和实施细则。

(2)必要时,制订救援方案,采取救援措施。

(3)实行安全目标管理,班组长为安全生产第一责任人。

(4)进入隧道施工现场的技术工人必须经过专门的安全知识教育。

(5)隧道施工各班组间,夜间施工时应当实行交接班制度。

(6)进入隧道施工现场的技术人员必须佩戴好安全防护用品。

(7)对水、电、路、通风等设施,边掘进边安装。

(8)掘进 50m 后,开始隧道洞口工程的施工。

(9)在软弱围岩地段施工原则是:“短进尺、强爆破、迟喷锚、勤量测、慢封闭”。

(10)人工开挖土质隧道时,开挖人员到达工作地点后,首先要做的工作是抓紧开挖。

2. ……(略)。

问题:

1. 上述隧道施工的安全技术要点有何不妥之处,请加以改正。

2. 隧道施工的安全技术,除上述一般要点外,还包括哪些方面的安全技术要点?

答案:

1. 上述隧道施工的一般安全技术要点,改正如下:

(1)隧道施工应在施工前期制订安全技术方案,对危险源和重大危险源进行辨识和全过程的跟踪、监督、检查。长度大于 1000m 时,应制定地质超前预报方案和实施细则。

(2)必须制订发生紧急情况时的应急救援预案,建立完整的应急救援小组,配备应急救援人员和必要的应急救援器材,并定期进行救援演练。

(3)实行安全目标管理,项目经理为安全生产第一责任人。

(4)进入隧道施工现场的各类人员必须经过专门的安全知识教育。

(5)隧道施工各班组间,应建立完善的交接班制度。

(6)所有进入隧道施工现场人员必须佩戴好安全防护用品,并接受现场管理人员的指挥。

(7)对水、电、路、通风等设施进行统一安排,并在正式掘进前完成。

(8)掘进前应先做好隧道洞口工程。

(9)在软弱围岩地段施工原则是:“短进尺、弱爆破、早喷锚、勤量测、紧封闭”。

(10)人工开挖土质隧道时,开挖人员到达工作地点后,首先检查工作面是否处于安全状态,检查支护是否牢固,顶板和两帮是否稳定,如有松动的石、土块或裂缝应予以清除或支护。

2. 隧道施工的安全技术,除上述一般要点外,还包括以下几个方面:

(1)隧道施工爆破作业安全技术要点;

(2)隧道内运输的安全技术要点;

(3)隧道施工支护的安全技术要点;

(4)隧道施工衬砌的安全技术要点;

(5)隧道施工中的通风、防尘、照明、排水及防火、防瓦斯安全要点。

四、模拟考题

(一)单项选择题

1. 桥梁工程的安全管理不包括(　　)的安全管理。

A. 路面工程　B. 基桩工程　C. 墩台工程　D. 桥面工程

2. 随着工程的进展,安全管理的内容和重点也在发生着变化,体现了(　　)的原则。

A. 管生产必须管安全　B. 预防为主

C. 动态管理　D. 计划性

3. 公路工程高处作业分为(　　)个级别。

A. 1　B. 2　C. 3　D. 4

4. 15～30m 高处作业,属于公路工程高处作业的(　　)。

A. 1 级　B. 2 级　C. 3 级　D. 特级

5. 进行水上夜间施工时,要有充足的灯光照明,特别是电焊作业时,最少安排(　　)人相互监护。

A. 1　B. 2　C. 3　D. 4

6. 水上作业,遇有(　　)级以上大风、大浪等恶劣天气时,应停止水上作业。

A. 3　B. 4　C. 5　D. 6

7. 水上施工,应按以下要求设置警示标牌(　　)。

A. 航道水域上下游各布置一警示标牌

B. 航道水域上游布置一警示标牌

C. 航道水域下游布置一警示标牌

D. 航道水域上下游酌情布置警示标牌

8. 开挖深度超过(　　)时,都应视为高处作业,并设置警告标志和高度不低于 1.2m 的双道防护栏,夜间还要设红色警示灯。

A. 1m　B. 2m　C. 3m　D. 4m

9. 开挖深度超过 2m 时,都应视为高处作业,并设置警告标志和高度不低于(　　)的双道防护栏,夜间还要设红色警示灯。

A. 1m B. 1. 2m C. 1. 5m D. 2m

10. 滑坡地段的开挖,应从( )进行。

A. 滑坡体中部向两侧 B. 滑坡体两侧向中部

C. 滑坡体上部向下部 D. 滑坡体下部向上部

11. 爆破器材库的选址和搭建应请当地( )进行指导和监督。

A. 公安部门 B. 交管部门 C. 路政部门 D. 政府部门

12. 进行露天爆破作业,一人连续点火不得超过( )根。

A. 5 B. 10 C. 15 D. 20

13. 石方地段爆破后,清理石方人员撬动岩石时,撬棍的高度不超过人的( )。

A. 头部 B. 肩部 C. 腹部 D. 腿部

(二)多项选择题

1. 公路工程安全管理的“五同时”的原则是:安全设施必须与主体工程同时( )。

A. 计划 B. 布置

C. 施工 D. 总结

E. 评比

2. 从事高处作业的人员不得穿( )。

A. 防滑鞋 B. 拖鞋

C. 硬底鞋 D. 软底鞋

E. 运动鞋

3. 从事高处作业的人员可以穿( )。

A. 防滑鞋 B. 拖鞋 C. 硬底鞋 D. 软底鞋 E. 运动鞋

4. 水上施工,应按以下要求设置警示或导航设施( )。

A. 航道水域上下游各布置一警示标牌

B. 施工栈桥设置警示防雾灯

C. 通航口位置设置导航灯

D. 通航口设置警示防雾灯

E. 施工栈桥导航灯

5. 关于路基工程石方爆破作业安全要点,正确的是( )。

A. 潮湿场地,应采用非电起爆法

B. 潮湿场地,应采用电力起爆法

C. 深度超过 10m 的爆破采用火花起爆

D. 深度超过 10m 的爆破不得采用火花起爆

E. 深度超过 10m 的必须采用电力起爆

6. 从事沥青作业人员均应进行体检,凡患有( ),不宜从事沥青作业。

A. 心脏病 B. 精神病 C. 严重关节炎 D. 结膜炎 E. 皮肤病

模拟考题答案

(一)单项选择题答案：

1. A　2. C　3. D　4. C　5. B　6. D　7. A　8. B　9. C　10. B
11. A　12. B　13. B

(二)多项选择题答案：

1. ABDE　2. ABC　3. DE　4. ABC　5. ADE
6. DE

1B424000　公路工程施工现场技术管理

1B424010　路基工程施工方法

一、知识体系归纳

1B424011　掌握路基工程施工方法

(一)填土路堤施工工艺流程

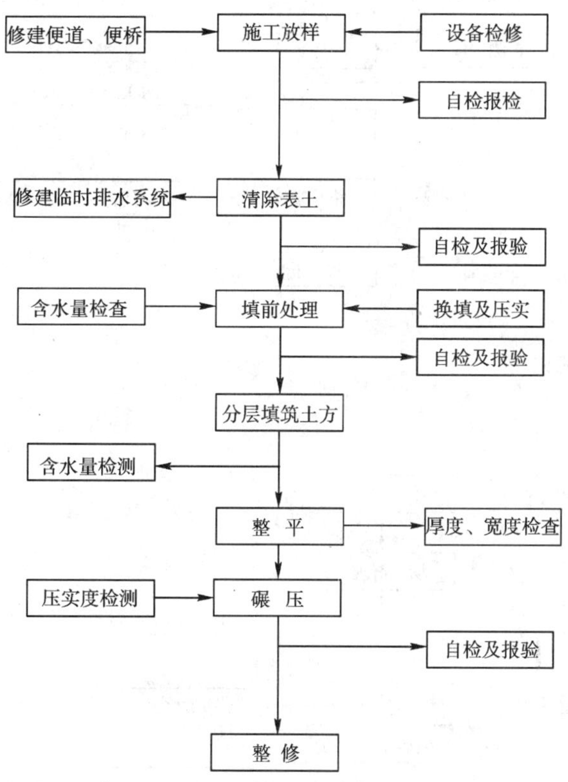

（二）填石路堤施工工艺流程

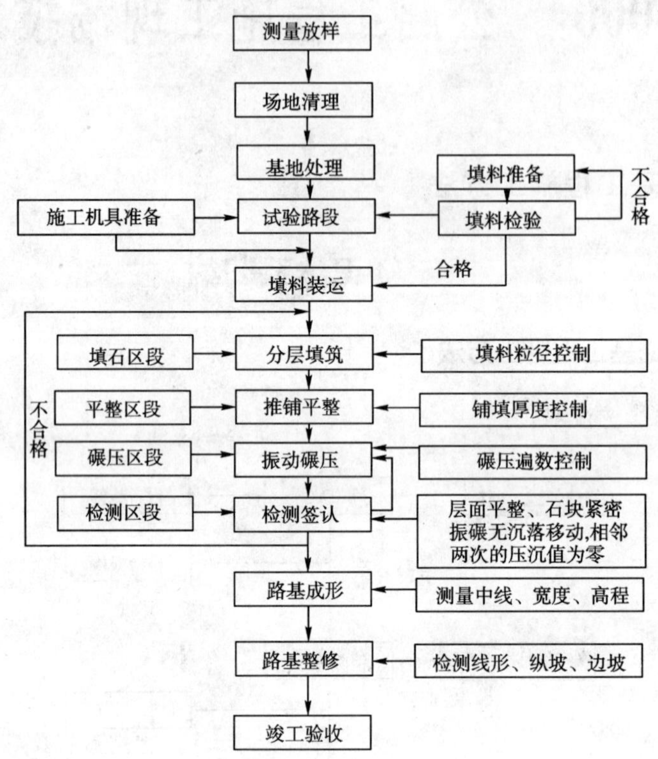

（三）路堑开挖施工工艺流程

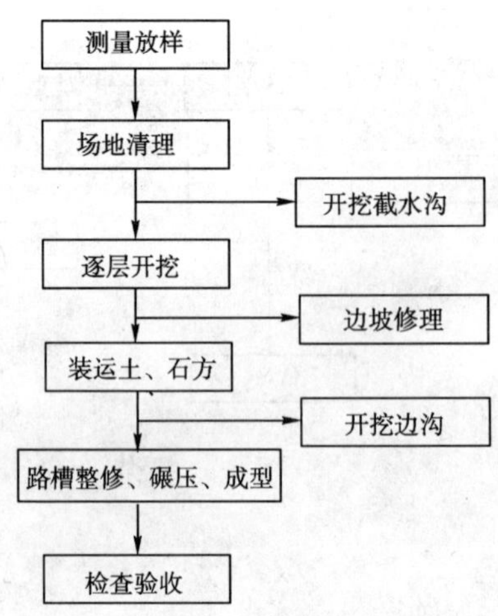

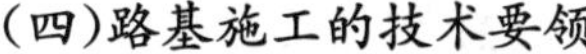

(四)路基施工的技术要领

填土路堤	①水平分层(常规);②纵向分层:纵坡＞12%; ③程序:取→运→推→平→压; ④横坡陡于1:5:挖≥1m台阶,小型机夯实;高速、一级路:横披陡峻的半填半挖地段,均挖≥1m台阶; 混合填筑:透水性较小的土填于下层时,做成4%的双向横坡(排水); 透水性较小的土不应覆盖在由透水性较好的土所填筑的路堤边坡上。不同性质的土不混填。每种填料层厚＞0.5m。好土填上层,差土填下层。 河滩路堤,连同护道一并分层填筑。可能受水浸淹部分,选用水稳性好的土料
机填	推土机主要注意切土和推土环节;挖掘机宜推土机配合施工
压实	①慢速,2～4km/h。②纵向退行压第二遍。 ③全宽压实,宜纵向分行、由低向高进行。④纵向接头重叠1～2m
填石路堤	四台阶:0.5m/1.5/3.0/3.0以下。四区段:填石、平整、碾压、检验。 工序:机械摊铺主集料,平整铺撒嵌缝料,重型振动碾压。 八工艺:准备、填料装运、分层填筑、平整、振压、检测签认、成型、整修。强夯法:分层填筑与强夯交叉进行,堆填法施工,须回填。分层厚度5m。夯点错位布置。夯点距涵背、墙背＞6m
土石路堤	分层填筑,分层压实。含石量＞70%,按填石路堤进行;当含石量＜70%,直接铺筑
路堑开挖	①推土机开挖:切土、运土、卸土、倒退(或折返)、空回。 下坡推土、槽形推土、并列推土、接力推土、波浪式推土、斜铲推土、侧铲推土。 ②挖掘机开挖:常用单斗挖掘机,正铲挖掘机使用最多

1B424012　掌握路基石方工程爆破方法

放线→定方案→报批→清表层→布眼→钻眼→警戒、装药→起爆→开挖成形。

1B424013　掌握特殊路基施工方法

(一)软土地区路基施工技术[1]

开挖换土	开挖方式	深度在2m以内可用推土机、挖掘机或人工直接清除;深度超过2m时,由端部向中央,分层挖除。坡脚范围内软土,全部清除。边部挖成台阶状再回填
	泥沼换填	一类,路堤高度＜3m,部分挖填;路堤高度＞3m,不予挖除;表面干裂时,用齿墙式断面。 二类,泥沼深度＜3m,全部挖除,换填。泥沼深度＞3m,部分换填、反压护道。 三类,路堤均落到实底上,或挖除后,抛填片石
	填筑压实	①开挖时解决渗水或雨水问题。 ②碎石土、工业废渣常作为换填材料,用振动压路机和重型静力压路机碾压。 ③如路基与沼泽隔离,照一般路堤填筑方式,做好排水。 ④路堤与沼泽不能隔离,清除底部软土后,用砂石料设置透水性路堤。 ⑤两侧设立全铺式护坡或护面墙。在路堤压实稳定后砌筑
粉喷桩(图)	①机具:喷粉桩机及储灰罐及喷粉系统、空气压缩机、发电机等。 ②注意事项:a.输灰量、粉灰预搅下沉、提升速度。b.固化材料连续泵送,用量误差＜+1%。 c.垂直度。　d.预搅时将软土完全切碎	
粒料桩	用振冲器、吊机或专用平车和水泵,将砂、碎石、砂砾、废渣等粒料, 整平→振冲器就位→成孔→清孔→加料振密→关机停水→振冲器移位	
反压护道	与路堤本身同时填筑	
土工布	两层以上时,层之间要夹10～20cm砂垫层,搭接长度,平整和张拉程度	

续上表

抛石挤淤	从中部开始向两侧扩展，从高向低扩展，重型压路机反复碾压，铺反滤层，再填土
袋装砂井	导管式振动打桩机，聚丙烯纺织袋，渗水率较高的中、粗砂。 整平地面→铺砂垫层→机具定位→打套管→沉砂袋→拔套管→机具移位→埋砂袋头→铺砂垫层
排水板	整平→铺垫层→机具就位→板穿靴→插套管→拔套管→割排水板→机具移位→铺上层砂垫层
旋喷桩	用水泥、生石灰、粉煤灰等作加固料。 整平地面→钻机定位→钻进→上提喷粉（浆）搅拌→复拌→提杆→钻机移位。 对浆液固化剂：深层搅拌机：双搅拌轴中心管输浆，单搅拌叶片喷浆。 对粉体固化剂：钻机、粉体发送器、空气压缩机、搅拌钻头
石灰桩	整平地面→振冲器就位→成孔→注入生石灰→边振边拔套管→振冲器移位→封紧生石灰桩孔

（二）膨胀土地区路基的施工技术

特性	黏性含量高；吸水膨胀、失水收缩、强度高、压缩性低
路堤	不用强膨胀土；中膨胀土，改良可用；弱膨胀土，及时防护（防渗水）
碾压	质量适宜的碾压机具，保证最佳含水率，松铺厚度≤30cm
开挖	不要一次挖到设计线，挖完立即浆砌护坡封闭；高速、一级公路路床超挖 30～50 cm，立即用粒料或非膨胀料分层回填、压实

（三）滑坡地段路基的施工技术[2]

1. 排水：环形截水沟；枝状排水沟；平整夯实；排地下水（支撑渗沟、边坡渗沟、暗沟、平孔等）图。

2. 减重（牵引式滑坡不用减重法）。

3. 改善土的工程性质：上减、下加重。

4. 旱季施工。

（四）湿陷性黄土路基施工方法

1. 地基处理：换填；强夯；预浸；挤密；化学加固。

2. 陷穴处理：灌砂；灌浆法；开挖回填夯实；导洞和竖井。

3. 处理好的陷穴，表面用 3∶7 灰土填筑夯实或铺填透水材料。

（五）盐渍土路基施工技术

1. 石膏土：先破坏蜂窝状结构。

2. 分层铺填分层压实，严格控制含水率；排水；连续施工。

3. 根据含盐量和含水率处理。

（1）超过规定，挖除。

（2）超过液限的土层厚度＜lm，换填；含水率在塑限以下，直接填筑黏土。

（3）当清除到地下水位以下时，铺填渗水性强的粗粒土，并高出地下水位 30cm。

4. 过盐渍土的细粒土，铲除。

5. 高等级公路路肩及坡面，采用防护措施或加宽路基措施。

6. 地下水位高，夏季施工；砂性盐土，春季和夏初施工；强盐渍土，在春季施工宜。

1B424014　掌握路基工程试验检测方法

(一)土的最佳含水率测定方法[3]

最佳含水率	标准击实条件下,最大干密度对应的含水率
测定方法	轻型、重型击实试验;振动台法(砂土);表面振动击实仪法(砂土)
试验步骤	①制备不同含水率的试样;②击实,测定含水率,测算击实后土样的湿密度。③计算干密度,绘制曲线求最大干密度和最佳含水率。④颗粒>25mm(小筒)或>38mm(大筒)时,需修正

(二)压实度检测方法

压实度 K=工地实测干密度 r/标准击实所得的最大干密度 r_0

其中:干密度=干土质量/土的体积

灌砂法	用标准砂测试洞体积。测粗粒土、沥青表处、贯入式路面压实度	用于测:测干土质量和体积
环刀法	用环刀测试洞体积。测细粒土、无机结合料稳定细粒土的压实度	
核子密度湿度仪	测沥青面层压实度,在表面用散射法; 测土基和基层材料的压实度和含水率,打洞后用直接透射法,厚≤20cm	需用灌沙法标定

(三)弯沉的检测方法

贝克曼法[4]	标准方法。特点:慢、静态测试
自动弯沉仪	连续静测,测总弯沉,需标定换算
落锤弯沉仪法	冲击荷载、动测、快速、需标定换算、可反算回弹模量

二、考点图解

图解1　软土地区路基施工技术

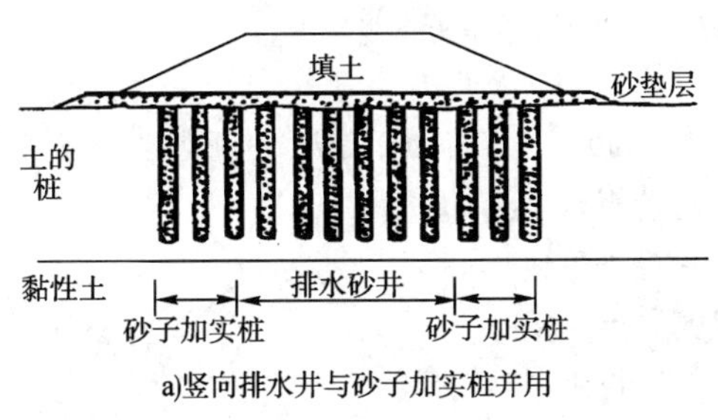

a)竖向排水井与砂子加实桩并用

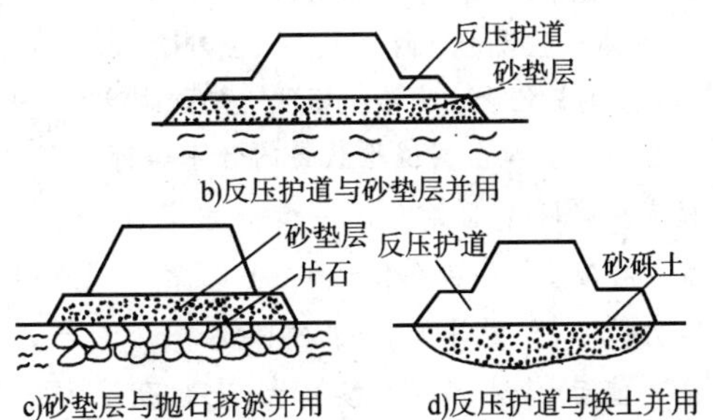

b)反压护道与砂垫层并用

c)砂垫层与抛石挤淤并用

d)反压护道与换土并用

图解2 滑坡地段路基施工技术

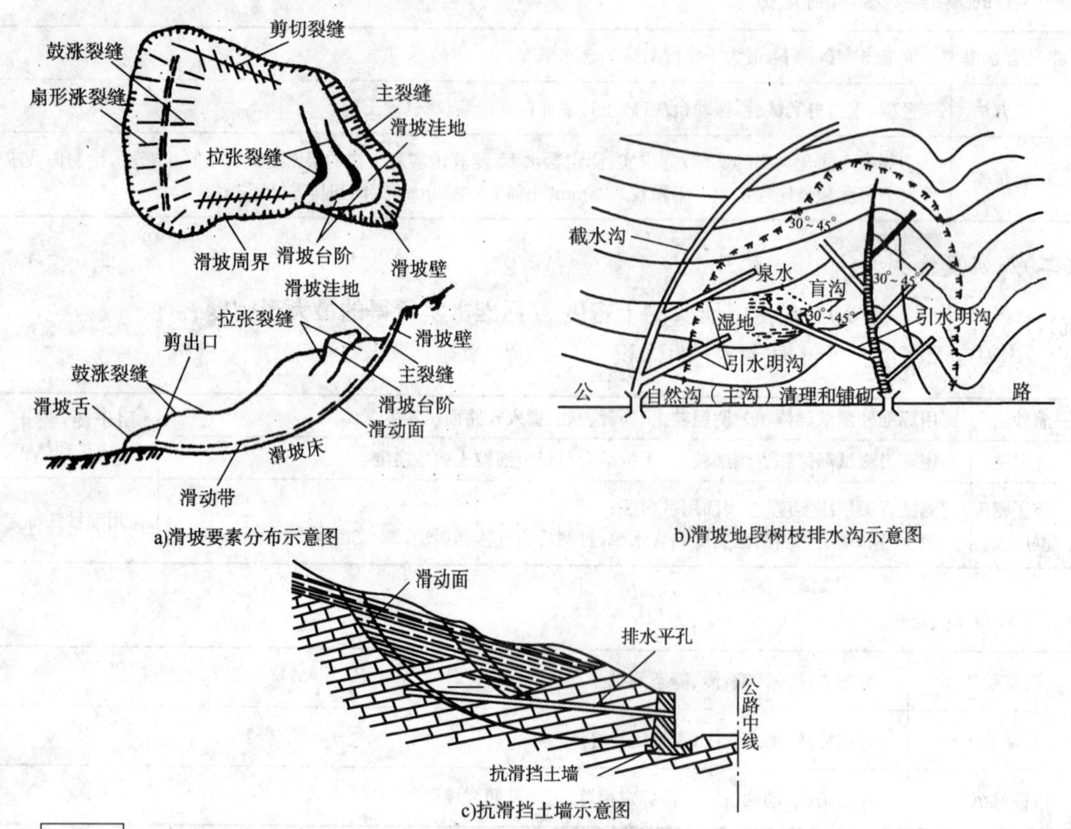

a)滑坡要素分布示意图

b)滑坡地段树枝排水沟示意图

c)抗滑挡土墙示意图

图解3 路基土含水率的试验方法

1.试验步骤

(1)取具有代表性试样，细粒土15～30g，砂类土、有机质土为50g，放入称量盒内，立即盖好盒盖，称其质量m_1。

(2)揭开盒盖，将试样和盒放入烘箱内，在105～110℃恒温下烘干至恒质量。烘干时间对细粒土不得少于8h，对砂类土不得少于6h。对含有机质超过5%的土，应将温度控制在65～70℃的恒温下烘干。

(3)将烘干后的试样和盒取出，放入干燥器内冷却。冷却后盖好盒盖，称其质量m_2，准确至0.01g。

(4)本试验需进行两次平行试验，取其算术平均值。容许平行误差，不得大于规定值。

2.土的最佳含水率与干密度的关系曲线

右图为室内击实试验获得的含水率同干密度的关系曲线，图中纵坐标为干密度，并用其表征土的密实程度。在同等压实功下，一定含水率以前，土的干密度随着含水率增加而提高，这主要是由于水在土颗粒之间起润滑作用，使得土粒间摩阻力减小，外力施加后，孔隙减小，土粒挤紧，干密度提高。干密度至最大值后，含水率再继续增大，土粒孔隙为过多水分占据，而水一般不为外力所压缩，因而土的干密度随含水率增加反而降低。通常在一定击实条件下得到的干密度的最大值，称为最大干密度，与之相对应的含水率称为最佳含水率。因此，在路基压实过程中，如能控制

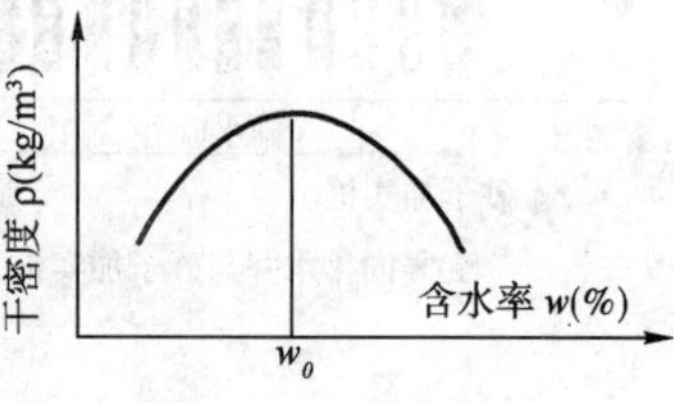

土的含水率与干密度的关系曲线

工地含水率为最佳含水率，就能获得最好的压实效果。

图解 4 贝克曼梁式弯沉仪的弯沉测试原理

贝克曼梁式弯沉仪构造：由贝克曼梁、百分表及表架组成。贝克曼梁由合金铝制成，上有水准泡，其前臂（接触路面）与后臂（装百分表）长度比 2∶1。弯沉仪长度有两种：一种长 3.6m，前后臂分别为 2.4m 和 1.2m；另一种加长的弯沉仪长 5.4m，前后臂分别为 3.6m 和 1.8m。其构造如右图所示。

测试原理：在标准车轴荷载作用下，测头 7 下沉（弯沉），杠杆的另一端 5 通过立杆 3 顶动百分表 4，在百分表上测得弯沉值。

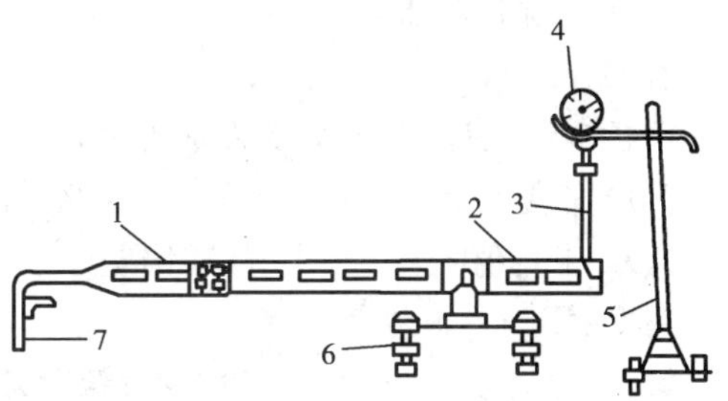

贝克曼梁式弯沉仪构造

1、2-杠杆；3-立杆；4-百分表；5-百分表支架；6-杠杆高度调节螺母；7-测头

三、典 型 例 题

(一)单项选择题

1. 当用不同土质，按水平填筑方法填筑路堤时，符合填筑工艺要求的有（　　）。

A. 将透水性不同的土混杂填筑，以免形成水囊或滑动面

B. 路堤下层用透水性较小的土填筑时，表面应做成 4%的双向横坡，以保证来自上面透水性填土层的水及时排除

C. 路堤上层用透水性较差的土填筑时，应覆盖封闭其下层透水性较大的填料，以保证路堤内的水分不蒸发

D. 根据强度和稳定性要求，凡不因潮湿或冻融影响而改变其体积的优良土应填在下层，强度较小的土应填在上层

答案：B

解析：A 不得混杂填筑；C 路堤内的水分不蒸发是不好的现象；D 好土应填在上层。

2. 公路路基软土地基采用“换填法”处理是指（　　）。

A. 在路堤底部地面上铺设一层较薄砂层

B. 预先把土填得比设计高一些、宽一些，以加速地基固结下沉，以后再挖除超填部分

C. 采用人工或机械挖除公路路堤下软土，填以强度较高的黏性土或渗水性材料

D. 在软土地基表层铺设一层或多层土工织物

答案：C

解析：换填法，既要挖除又要回填。A、D 只铺设，不挖除。B 只挖除超填部分，而不是挖除软土层，属于超载预压法。

3. 重型击实试验，干密度与含水率关系图中，含水率指（　　）。

A. 击实试样测得的含水率

B. 最佳含水率

C. 最大含水率

D. 预加拌和水量

答案:A

解析:在干密度与含水率关系图中，含水率是指横坐标上的系列数值，所以选A。

4. 压实度评定时，用(　　)来反映路段的总体压实质量。

A. 平均值　　B. 标准偏差　　C. 代表值　　D. 合格率

答案:C

解析:这是现行《公路工程质量检验评定标准》的规定。

5. 填石路堤，用人工铺填粒径25cm以上石料时，其工艺顺序应为(　　)。

A. 先铺填小石料，大面向下，小面向上，摆平放稳，再用大石块找平，石屑塞缝，压实

B. 先铺填大石料，大面向上，小面向下，摆平放稳，再用大石块找平，石屑塞缝，压实

C. 先铺填大石料，大面向下，小面向上，摆平放稳，再用小石块找平，石屑塞缝，压实

D. 先铺填小石料，大面向上，小面向下，摆平放稳，再用小石块找平，石屑塞缝，压实

答案:C

解析:先铺填大块石料，大面向下，小面(开口)向上，石屑才容易填塞进去.

(二)多项选择题

1. 在公路施工中，对湿陷性黄土地基常用的处理方法有(　　)。

A. 换填土法、强夯法　　B. 排水砂垫层法、超载预压法

C. 预浸法、石灰桩挤密法、化学加固法　　D. 袋装砂井法、粒料桩法

E. 加固土桩法、塑料排水法

答案:AC

解析:其余是软土的处理方法。

2. 公路路基施工时，判断黏土填料属于膨胀土的条件是(　　)。

A. 黏土液限大于或等于40%　　B. 黏土液限大于或等于30%

C. 黏土自由膨胀率大于或等于30%　　D. 黏土自由膨胀率大于或等于35%

E. 黏土自由膨胀率大于或等于40%

答案:AE

解析:膨胀土，液限大于或等于40%；其自由膨胀率大于或等于40%。

3. 盐土地区路堤施工前测定基底表土的指标有(　　)。

A. 地下水位　　B. 湿密度、饱和密度

C. 天然含水率和含盐量　　D. 天然密度、土粒直径

E. 孔隙率、干密度

答案:AC

解析:盐土地区路基基底的处理，主要与基底的地表土含水率、含盐量和地下水位有关。

4. 滑坡地段路基施工时，对水的处治措施有(　　)。

A. 在滑坡顶面作截水沟

B. 在滑坡体上用预拉应力锚索把滑坡体锚固在稳定完整的岩体上，不让水流入滑动面

C. 在滑动面外修筑1～2条环形截水沟

D. 通过设盲沟、排水管涵、集水井及地下截水墙等，把滑坡体下部的地下水源截断或排出

E. 在滑坡体下部修挡土墙或打桩以截断地下水源

答案：ACD

解析：B、E 不能阻止水进入滑动面或截断地下水源。

5. 路面弯沉检测方法有(　　)。

A. 贝克曼梁法　　B. 自动弯沉仪法

C. 落锤式弯沉仪法　　D. 自然沉降法

E. 击实试验方法

答案：ABC

解析：DE 是明显的干扰题。

(三)案例题

案例 1

运通路桥公司中标一处路堑爆破工程。施工队向项目部提出了以下爆破方案，请项目部审批。

(1)恢复路基中线，放出边线，钉牢边桩。

(2)根据现有钻孔机具和炸药情况，制订爆破方案。

在地形艰险及爆破量较小地段，采用深孔爆破；利用大型的凿岩穿孔机做钢钎炮；在地质不良路段，采用大中型洞室爆破。为确保边坡爆破质量，采用整体爆破技术。

(3)用推土机整修施工便道，清理表层覆盖土及危石。

(4)在地面上准确放出炮眼(井)位置，竖立标牌，标明孔(井)号、深度、装药量。

(5)用推土机配合爆破，创造临空面，使最小抵抗线方向背向回填方向(抵抗线：炮眼距临空面的距离)。

(6)炮眼按其不同深度，采用手风钻或潜孔钻钻孔，炮眼布置在预裂爆破时，采用"梅花形"或"方格形"，整体爆破时采用"一字形"。

(7)爆破施工要严格控制飞石距离，确保人员和建筑物的安全。如采用毫秒微差爆破技术，将一响最大药量控制为最浅单孔药量，当平均梯段为 H_T 时，单孔装药量 Q 按下式计算：

$$Q = q \cdot H_T \cdot W_d$$

式中，q 为梯段爆破单位耗药量；W_d 为最小抵抗线。

(8)控制爆破也可以采用分段毫秒爆破方法，其最大段用药量 Q 按下式计算：

$$R = (K/V) \cdot Q \cdot M$$

式中，K 为与地质条件有关的系数；M 为药量指数；V 为爆破安全振动速度；R 为建筑物距爆破中心距离。

(9)装药前要布好警戒，选择好通行道路，认真检查炮孔、洞室，吹净残渣，排除积水，做好爆破器材的防水保护工作，雨期或有地下水时，可考虑采用乳化防水炸药。

(10)认真设计，严密布设起爆网络，防止发生短路及二响重叠现象。

(11)随时注意控制开挖断面，宁可超爆，切勿欠爆，适时清理整修边坡和暴露的孤石。

问题：请指出上述施工方案存在的问题并加以改进。

答案：

(1)恢复路基中线，放出边线，钉牢边桩。

(2)根据地形、地质及挖深选择适宜的开挖爆破方法，制订爆破方案。

在地形艰险及爆破量较小地段，采用钢钎炮；利用大型的凿岩穿孔机做深孔爆破；在地质不良路段，原则上不采用大中型洞室爆破。为确保边坡爆破质量，采用预裂爆破技术、光面爆破技术和排眼毫秒爆破技术。

(3)用推土机整修施工便道，清理表层覆盖土及危石。

(4)在地面上准确放出炮眼(井)位置，竖立标牌，标明孔(井)号、深度、装药量。

(5)用推土机配合爆破，创造临空面，使最小抵抗线方向面向回填方向。

(6)炮眼按其不同深度，采用手风钻或潜孔钻钻孔。炮眼布置，在预裂爆破时，采用“一字形”，整体爆破时，采用“梅花形”或“方格形”。

(7)……如采用毫秒微差爆破技术，将一响最大药量控制为最深单孔药量，当最深梯段为 H_T 时，单孔装药量 Q 按下式计算：

$$Q = e \cdot q \cdot H_T \cdot W_d$$

式中，e 为炸药换算系数；q 为梯段爆破单位耗药量；W_d 为最小抵抗线。

(8)控制爆破也可以采用分段毫秒爆破方法，其最大段用药量 Q 按下式计算：

$$R = (K/V)^{1/2} \cdot Q \cdot M$$

式中，K 为与地质条件有关的系药；M 为药量指数；V 为爆破安全振动速度；R 为建筑物距爆破中心距离。

(9)装药前要布好警戒，选择好通行道路，认真检查炮孔、洞室，吹净残渣，排除积水，做好爆破器材的防水保护工作，雨期或有地下水时，可考虑采用乳化防水炸药。

(10)认真设计，严密布设起爆网络，防止发生短路及二响重叠现象。

(11)随时注意控制开挖断面，切勿超爆，适时清理整修边坡和暴露的孤石。

案例 2

长通路桥公司中标一处软土地基处理工程。施工队向项目部提出了以下施工方案及施工工艺流程。

方案一：塑料排水板方案。施工工艺按以下程序进行：

整平原地面→机具就位→插入塑料排水板→割断塑料排水板→机具移位。

方案二：砂井方案。施工工艺按以下程序进行：

整平原地面→机具定位→桩管沉入→加料压密→机具移位。

方案三：袋装砂井方案。施工工艺按以下程序进行：

整平原地面→摊铺下层砂垫层→机具定位→打入套管→拔出套管→机具移位→摊铺上层砂垫层。

问题：1. 请对上述施工工艺流程存在的问题加以改进。

2. 对于软土地基处理还有哪些方法?

答案:

1. 对上述施工工艺流程作以下改进:

方案一:塑料排水板方案。施工工艺按以下程序进行:

整平原地面→摊铺下层砂垫层→机具就位→塑料排水板穿靴→插入套管→拔出套管→割断塑料排水板→机具移位→摊铺上层砂垫层。

方案二:砂井方案。施工工艺按以下程序进行:

整平原地面→机具定位→桩管沉入→加料压密→拔管→机具移位。

方案三:袋装砂井方案。施工工艺按以下程序进行:

整平原地面→摊铺下层砂垫层→机具定位→打入套管→沉入砂袋→拔出套管→机具移位→埋砂袋头→摊铺上层砂垫层。

2. 对于软土地基处理还有以下方法:

(1)换填;(2)抛石挤淤;(3)爆破排淤;(4)超载预压;(5)反压护道;(6)排水砂垫层;(7)土工织物铺垫;(8)粒料桩;(9)旋喷桩;(10)生石灰桩。

四、模 拟 考 题

(一)单项选择题

1. 高速公路及一级公路填石路堤填筑时(　　)。

A. 路床顶面以下 60cm 范围内应填筑符合路床要求的土并分层压实

B. 路床底面以上 40cm 范围内应填筑符合路床要求的土并分层压实

C. 路床顶面以下 50cm 范围内应填筑符合路床要求的土并分层压实

D. 路床底面以上 60cm 范围内应填筑符合路床要求的土并分层压实

2. 公路土石路堤,应分层填筑,分层压实(　　)。

A. 其松铺厚度不宜超过 30cm　　B. 其松铺厚度不宜超过 40cm

C. 其松铺厚度不宜超过 50cm　　D. 其松铺厚度不宜超过 60cm

3. 在爆破开挖石方路堑工程中,预裂爆破时,炮眼布置一般采用(　　)。

A. 梅花形　　B. 方格形　　C. 一字形　　D. V 字形

4. 对公路路基软土地基处理时,预先把土填得比设计高程高一些、宽一些以加速地基固结下沉,以后再挖除超填部分。这种方法称为(　　)。

A. 反压护道法　　B. 超载预压法　　C. 抛石挤淤法　　D. 塑料排水板法

5. 公路路基软土地基处理采用砂井法施工,其施工工艺为(　　)。

A. 整平地面→机具定位→桩管沉入→加料压密→拔管→机具移位

B. 整平地面→摊铺下层砂垫层→机具定位→打入套管→沉入砂袋→拔出套管→机具移位→埋砂袋头→摊铺上层砂垫层

C. 整平地面→振冲器就位对中→成孔→清孔→加料振密→关机停水→振冲器移位

D. 整平地面→钻机定位→钻杆下沉钻进→上提喷粉强制搅拌→复拌→提杆出孔→钻机移位

6. 公路路基软土地基处理采用旋喷桩法施工，其施工工艺为（　　）。

A. 整平地面→机具定位→桩管沉入→加料压密→拔管→机具移位

B. 整平地面→摊铺下层砂垫层→机具定位→打入套管→沉入砂袋→拔出套管→机具移位→埋砂袋头→摊铺上层砂垫层

C. 整平地面→振冲器就位对中→成孔→清孔→加料振密→关机停水→振冲器移位

D. 整平地面→钻机定位→钻杆下沉钻进→上提喷粉强制搅拌→复拌→提杆出孔→钻机移位

7. 公路路基软土地基处理采用袋装砂井施工，其施工工艺为（　　）。

A. 整平地面→机具定位→桩管沉入→加料压密→拔管→机具移位

B. 整平地面→摊铺下层砂垫层→机具定位→打入套管→沉入砂袋→拔出套管→机具移位→埋砂袋头→摊铺上层砂垫层

C. 整平地面→振冲器就位对中→成孔→清孔→加料振密→关机停水→振冲器移位

D. 整平地面→钻机定位→钻杆下沉钻进→上提喷粉强制搅拌→复拌→提杆出孔→钻机移位

8. 公路路基软土地基处理采用粒料桩法施工，其施工工艺为（　　）。

A. 整平地面→机具定位→桩管沉入→加料压密→拔管→机具移位

B. 出套管→机具移位→埋砂袋头→摊铺上层砂垫层

C. 整平地面→振冲器就位对中→成孔→清孔→加料振密→关机停水→振冲器移位

D. 整平地面→钻机定位→钻杆下沉钻进→上提喷粉强制搅拌→复拌→提杆出孔→钻机移位

9. 盐土地区路堤施工时，如表土含盐量超过容许含盐量时，其处理的方法有（　　）。

A. 应在填筑路堤前，在表土下设袋装砂井

B. 应在填筑路堤前予以挖除

C. 应在填筑路堤前，在表土下作塑料排水板

D. 应在填筑路堤前，在表土上洒水稀释

10. 盐渍土路基施工，从基底到路床设计高程必须连续施工，分层填土压实，分段一次完成，不可间断。其主要理由是（　　）。

A. 避免遇雨受冲刷

B. 避免下雨影响土体含水率

C. 避免路基不均匀沉降

D. 避免下层盐向上层转移逐层递补，形成上层路基再盐渍化和新盐壳

11. 路基滑坡体形成的主要因素是（　　）。

A. 岩石层结合处有断层　　B. 岩石层面中有不同岩性的夹层

C. 不同地质年代或不同成因的堆积物的接触面　　D. 地面水或地下水的影响

12. 对于沿河路基发生的滑坡，可修建河流调治构造物处理，其构造物的基础位置（　　）。

A. 必须置于河流河底高程以下 2m

B. 必须置于河流冲刷线以上，设计要求的深度或硬岩上

C. 必须置于河流冲刷线以下，设计要求的深度或硬岩上

D. 必须置于河流，河底高程位置

13. 适用于施工质量的快速评定，不宜用作仲裁试验或评定验收依据的试验方法是（　　）。

A. 灌砂法　　B. 环刀法　　C. 核子密度仪法　　D. 灌水法

14. 核子密度湿度仪采用表面散射法可测定(　　)的压实度。

A. 沥青面层　　B. 水泥混凝土面层

C. 土基　　D. 基层材料

15. 规范规定弯沉检测的标准方法是(　　)。

A. 贝克曼梁法　　B. 自动弯沉仪法

C. 落锤式弯沉仪法　　D. 承载板法

16. 属于动态测试弯沉的方法是(　　)。

A. 贝克曼梁法　　B. 自动弯沉仪法

C. 落锤式弯沉仪法　　D. 承载板法

17. 土的击实试验的目的是测定土的(　　)。

A. 最大干密度、含水率　　B. 含水率、密度

C. 最大干密度、最佳含水率　　D. 密度、最大含水率

18. 重型击实试验干密度与含水率关系图中,(　　)对应的横坐标为最佳含水率。

A. 峰值点　　B. 最低点

C. (A+B)/2　　D. 2(A+B)/3

19. 重型击实试验,干密度与含水率关系图中,峰值点对应的纵坐标为(　　)。

A. 最大干密度　　B. 最佳含水率

C. 最大含水率　　D. 最小含水率

20. 环刀法可以测定(　　)的密度。

A. 细粒土　　B. 粗粒土　　C. 坚硬土　　D. 各种土

21. 灌砂法测定密度时适用于(　　)。

A. 细粒土和砂类土　　B. 细粒土和粗粒土

C. 卵石土和细粒土　　D. 砂类土和卵石土

22. 重型击实试验与轻型击实试验的本质区别是(　　)。

A. 击实次数不同　　B. 击实锤自重不同

C. 击实筒大小不同　　D. 击实功不同

23. 土的含水率的定义是(　　)。

A. 水重与干土重之比　　B. 水重与湿土重之比

C. 干土重与湿土重之比　　D. 水重与水所占体积之比

24. 确定室内天然砂砾的最大干密度较适宜方法为(　　)。

A. 重型击实法　　B. 轻型击实法

C. 灌砂法　　D. 表面振动压实仪法

25. 现场压实度测定方法中,(　　)对测定结构层没有破坏。

A. 环刀法　　B. 灌砂法　　C. 核子仪散射法　　D. 钻芯法

26. 压实度测定时,环刀取样应位于压实层的(　　)。

A. 上部　　B. 中部　　C. 下部　　D. 任意位置

(二)多项选择题

1. 当用不同土质,按水平填筑路堤时,下列符合填筑工艺要求的有(　　)。

A. 路堤下层用透水性较小的土填筑时，表面应做成4%的两面向外横坡

B. 路堤上层用透水性较差的土填筑时，应覆盖在由透水性较好的土所填筑的路堤边坡上

C. 不同性质的土应分别填筑，不得混填

D. 凡不因潮湿或冻融影响而变更其体积的优良土应填在下层，强度较小的土应填筑在上层

E. 不同性质的土混合倾倒填筑并分层压实

2. 公路土石路堤，当土石混合填料来自不同路段，其岩性或土石混合比相差较大时，正确的施工方法是（　　）。

A. 采用倾填方法

B. 采用分层或分段填筑

C. 如不能分层或分段填筑，应将含软质石块混合料铺于填筑层的下面，上面再铺含硬质石块的混合料，且石块不得过分集中，然后整平碾压

D. 如不能分层或分段填筑，应将含硬质石块的混合料铺于填筑层的下面，且石块不得过分集中，上面再铺含软质石料混合料，然后整平碾压

E. 集中填筑石块

3. 公路土石路堤，用土石混合填料铺筑，当石料含量超过70%时，正确的施工方法是（　　）。

A. 先铺装小块石料，再铺大块石料，且大面向上，石渣或石屑嵌缝找平，然后碾压

B. 先铺填大块石料，且大面向下，再铺小块石料，石屑或石渣嵌缝找平，然后碾压

C. 土石可混合铺填，分层填筑并压实，但应避免大硬质石块集中

D. 土石可混合铺填，采用倾填方法，先倾填后碾压

E. 不得采用倾填方法，均应分层填筑，分层压实

4. 公路路基石方工程开挖中，为确保边坡爆破质量，减少冲击波影响，降低石料大块率，以减少二次破碎，利于装运和填方，可采用的爆破技术有（　　）。

A. 钢钎炮　　B. 预裂爆破

C. 光面爆破　　D. 深孔爆破

E. 排眼毫秒爆破

5. 在公路施工中，对湿陷性黄土地区地基陷穴的处理方法有（　　）。

A. 反压护道法或超载预压法　　B. 导洞和竖井法或灌浆法

C. 换填法或土工织物铺垫法　　D. 排水砂垫层法或塑料排水板法

E. 灌砂法或开挖回填夯实法

6. 按湿陷性黄土地区地基陷穴处理方法，对处理好的陷穴土层表面可采取的措施有（　　）。

A. 用3∶7的石灰土填筑夯实

B. 预先把土填得比设计高一些、宽一些以加速地基固结下沉，以后再挖除超填部分到顶部设计高程

C. 可铺筑老黄土等不透水材料加以改善

D. 将流向陷穴附近地面水引离，防止形成地表积水或水流集中产生冲刷

E. 可在处理好的陷穴土层表面铺填排水砂垫层透水材料加以改善

7. 公路土质路堤填筑时，应正确地选择填料，下列填料中，可作土质路堤填料的有（　　）。

A. 经过掺石灰处治的中、弱性膨胀土　　B. 强膨胀土

C. 沼泽土或有机土　　　　　　　　　　　　D. 碎石、砾石、卵石、粗砂

E. 钢渣、粉煤灰

8. 作为路堤填料的中性膨胀土，高速公路及一级公路宜进行处治后采用，填筑路堤时的施工方法是(　　)。

A. 用接近最佳含水率的中等膨胀土填筑路堤，两边边坡部分用浆砌片石护坡作为封层

B. 路堤顶面用膨胀土形成包心填方

C. 用接近最大饱和容重的中等膨胀土填筑路堤，两边边坡部分用非膨胀土作为封层

D. 路堤顶面用非膨胀土形成包心填方

E. 要求掺石灰处理的膨胀土，其胀缩总率接近 40%为佳

9. 盐渍土路基施工，原基底土的含水率在下列情况下正确的施工方法有(　　)。

A. 当原基底土的含水率如超过液限的土层厚度在 1m 以内时，可直接填筑黏性土

B. 当原基底土的含水率界于液限和塑限之间时，应全部抽填渗水性土

C. 当原基底土的含水率在塑限以下时，可直接填筑黏土

D. 当原基底土层厚度小于 1m，其含水率超过液限时，必须全部换填渗水性土

E. 当原基底土层含水率界于液限和塑限之间时，应铺 10～30cm 的黏性土后再填渗水性土

F. 盐渍土地区地下排水宜采用大型的渗沟，排除地下水

10. 在地下水位高的黏性土盐土地区，以夏季施工为宜；砂性土盐土地区，以春季和初夏施工为宜。这是考虑(　　)。

A. 盐渍土中的土和盐的状况随着季节不断变化的特点

B. 力求在土含水率接近于最佳含水率时期施工

C. 力求在施工时期易于分段施工

D. 力求在不发生冻洁，也不积水的枯水季节施工

E. 力求避免在风沙大的季节施工

11. 滑坡地段路基施工，当挖方路基上边坡发生的滑坡不大时，如采用打桩或修建挡土墙处理滑坡，其目的是(　　)。

A. 截断地下水源，避免滑动面扩大

B. 使桩或挡土墙能承受滑坡体的土压力

C. 提高路基承载能力，防止路基不均匀沉降

D. 加速滑坡土体的固结速度，有利于提高滑坡体的排水性能

E. 使滑坡体稳定而不滑移

12. 滑坡地段路基施工，当挖方路基上边坡发生的滑坡不大时，如采用打桩或修建挡土墙处理滑坡，处理的关键是(　　)。

A. 桩深必须达到一定深度

B. 挡土墙基础必须置于硬岩上

C. 桩深必须达到滑动面以下设计要求深度

D. 挡土墙基础必须置于滑动面以下硬岩上或设计要求的深度

E. 桩深必须嵌入硬岩石 0.5m

13. 对于填方路堤发生的滑坡，常采用的处理方法有(　　)。

A. 超载预压法或排水砂垫层法
B. 反压土法或修建挡土墙法
C. 旋喷桩法或粒料桩法
D. 钢筋混凝土锚固桩法
E. 预拉应力锚索法

14. 滑坡表面处治的措施有（　　）。
A. 整平夯实山坡
B. 填筑积水坑
C. 堵塞裂隙
D. 山坡绿化固定表土
E. 地表为潮湿土时，必须挖去湿软土层换填碎石、砾石土

15. 最佳含水率的测试方法有（　　）。
A. 烘干法
B. 酒精燃烧法
C. 轻型击实法
D. 重型击实法
E. 砂浴法

16. 测试现场路基土（细粒土）的密度，可选用的方法有（　　）。
A. 灌水法
B. 灌砂法
C. 环刀法
D. 蜡封法
E. 比重法

17. 灌砂法适用于（　　）的压实度检测。
A. 路基土
B. 砂石路面
C. 沥青表面处治路面
D. 沥青贯入式路面
E. 填石路基

18. 对粗粒土宜采用（　　）确定其最大干密度。
A. 灌砂法
B. 击实法
C. 振动台法
D. 表面振动压实仪法
E. 比重法

19. 弯沉测定时须进行标定换算的试验方法有（　　）。
A. 3.6m 贝克曼梁法
B. 自动弯沉仪法
C. 落锤式弯沉仪法
D. 承载板法
E. 5.4m 贝克曼梁法

20. 目前，对于土方路基压实度，最大干密度的确定方法有（　　）。
A. 击实试验法
B. 振动台试验法
C. 马歇尔试验法
D. 理论计算法
E. 表面振动压实仪法

（三）案例题

某施工单位承担了一段路基压实工作。实验路施工中，先用 CA25D 压路机静压 1 遍，再用 ZTl6 振动压路机振压。其振压的遍数及压实效果如下表所示。

路基的压实度标准：根据离路床顶面的不同高度分别为 95%、93%、90%。

问题：1. 请问，影响路基填土压实效果的因素有那些？

2. 根据实验路段的结果选择该路段填土的最佳含水率以及松铺厚度，为什么？

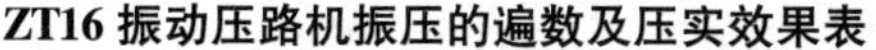

ZT16 振动压路机振压的遍数及压实效果表

松铺厚度(cm)	振压遍数	压 实 结 果								
		点 位	1	2	3	4	5	6	7	8
20	2	含水率(%)	10.7	12.3	13.3	14.7	11.8	14.7	15.3	15.2
		压实厚度(cm)	15.5	15.6	15.2	15.2	15.4	15.4	15.5	15.6
		压实度(%)	90	92	93	91	93	92	92	92
	3	含水率(%)	11.0	12.4	13.4	14.4	11.8	14.7	15.1	15.2
		压实厚度(cm)	15.1	15.5	15.4	15.3	15.4	15.2	15.5	15.4
		压实度(%)	94	93	95	94	93	94	94	93
	4	含水率(%)	11.1	12.5	13.3	14.3	12.9	14.8	15.2	15.1
		压实厚度(cm)	14.9	15.2	15.4	15.2	15.3	15.1	15.1	14.9
		压实度(%)	96	97	97	96	98	96	96	95
	5	含水率(%)	13.4	10.9	14.7	12.6	12.0	14.9	15.1	15.0
		压实厚度(cm)	15.2	15.1	15.2	15.1	14.7	14.8	15.1	15.2
		压实度(%)	99	100	98	99	98	98	99	98
30	2	含水率(%)	12.5	11.8	14.6	13.4	12.0	15.2	14.7	15.2
		压实厚度(cm)	23.7	23.4	23.5	23.8	23.4	23.5	23.4	23.5
		压实度(%)	87	88	90	87	89	89	83	87
	3	含水率(%)	12.4	11.8	13.4	14.5	12.1	14.8	15.2	15.1
		压实厚度(cm)	23.5	23.2	23.5	23.2	23.2	23.2	23.2	23.3
		压实度(%)	90	91	93	92	90	92	91	91
	4	含水率(%)	15.1	15.2	14.7	14.5	13.4	12.3	12.5	11.9
		压实厚度(cm)	23.3	23.3	23.2	23.1	23.1	23.2	23.1	23.2
		压实度(%)	93	93	94	96	92	94	93	93
	5	含水率(%)	12.6	11.8	13.4	14.6	12.4	15.2	15.2	14.8
		压实厚度(cm)	22.9	23.0	23.1	23.0	23.0	23.1	23.0	22.8
		压实度(%)	97	95	98	97	97	96	97	96
40	3	含水率(%)	13.4	12.6	14.3	14.8	15.0	11.9	11.0	11.5
		压实厚度(cm)	32.5	32.5	32.4	32.4	32.5	32.6	32.7	32.3
		压实度(%)	87	85	85	86	86	86	84	85
	4	含水率(%)	11.1	11.4	15.1	11.8	14.7	12.5	13.4	14.4
		压实厚度(cm)	32.2	32.3	32.3	32.1	32.2	32.3	32.4	32.3
		压实度(%)	89	90	89	90	89	88	86	87

续上表

松铺厚度(cm)	振压遍数	压实结果								
		点位	1	2	3	4	5	6	7	8
40	5	含水率(%)	14.5	13.4	14.9	13.4	14.5	11.2	11.5	12.5
		压实厚度(cm)	32.2	32.0	32.1	32.0	32.2	32.3	32.1	32.1
		压实度(%)	90	92	90	90	90	89	87	88
	6	含水率(%)	14.4	14.6	13.4	13.4	14.9	12.1	11.0	11.6
		压实厚度(cm)	32.2	32.2	32.1	32.3	32.1	32.1	32.1	32.1
		压实度(%)	91	93	90	90	90	89	88	90

模拟考题的答案

(一)单项选择题答案：

1.C　2.B　3.C　4.B　5.A　6.D　7.B　8.C　9.B　10.D
11.D　12.C　13.C　14.A　15.A　16.C　17.C　18.A　19.A　20.A
21.B　22.D　23.A　24.D　25.C　26.B

(二)多项选择题答案：

1.AC　2.BD　3.BCE　4.BCE　5.BE
6.ACD　7.ADE　8.AD　9.CD　10.ABD
11.BE　12.CD　13.BDE　14.ABCD　15.CD
16.BCD　17.ABCD　18.BCD　19.BC　20.ABE

(三)案例题答案：

1.影响路基填土压实效果的因素有：土质：……；含水率：……；压实机具：……；压实遍数：……；松铺厚度：……。

2.从表格中的试验数据反映出最佳含水率为13.6%，松铺厚度选用30cm较好。原因：

(1)松铺厚度为20cm时，振压3遍，压实度为95%，压实厚度平均为15cm左右。

(2)松铺厚度30cm时，振压4遍，压实度达到95%，压实平均厚度为23cm。

(3)40cm松铺厚度振压4遍时压实度为90%，第5遍和第6遍与第4遍相比提高甚少，相差无几，所以压实度要达到95%的标准有一定的难度。故40cm的松铺厚度不合理。

结论：40cm的松铺厚度不合理。从施工组织角度分析，每遍压实厚度效率，20cm为15/3=5，而30cm为23/4=5.75；从效率和效果上看：30cm松铺厚度高于20cm松铺厚度，而且还减少了平地机的遍数。所以选用30cm松铺厚度进度快、设备效率高并且更经济。

1B424020　路面工程施工方法

一、知识体系归纳

1B424021　掌握路面基层(底基层)施工方法

(一)路面粒料基层

1.级配碎石路拌法施工的工艺流程

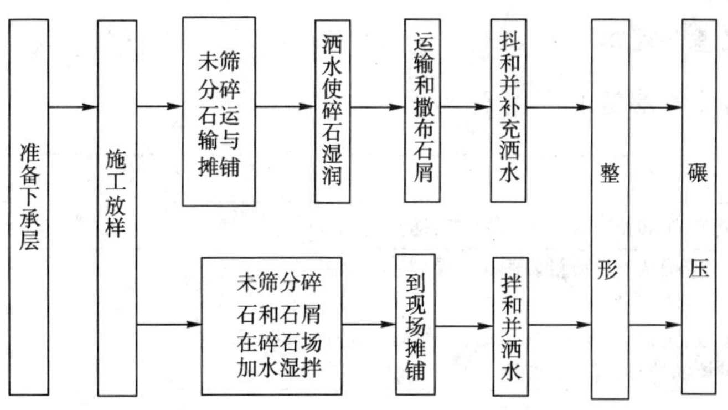

2.级配碎石中心站集中拌和法施工

拌和机	强制式、卧式双转轴桨叶式、普通水泥混凝土拌和机等
配合比	高等公路基层和中间层，用不同粒级的单一尺寸碎石和石屑，按预定配合比拌和
设备调试	正式拌制前，调试厂拌设备
摊铺	高等公路，沥青混凝土摊铺机或其他碎石摊铺机摊铺，机后专人消除离析。 二级以下公路，可用自动平地机摊铺
碾压	振动压路机、三轮压路机碾压
横缝	靠近摊铺机当天未压实的，可与第二天混合料一起碾压，注意含水率
纵缝	避免纵缝，纵缝必须垂直相接

3.填隙碎石施工工艺流程

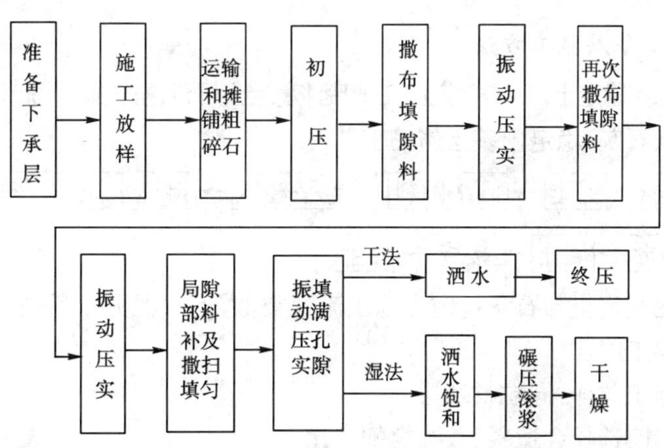

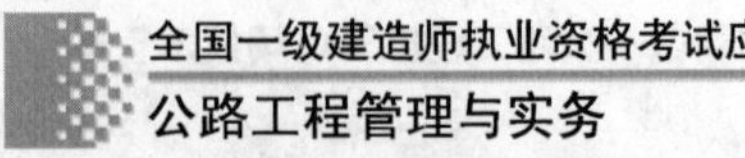

(二)路面沥青稳定基层施工

1. 热拌沥青碎石基层施工

拌制	场拌;均匀;地磅称重
运输	①大吨位车、车厢扫净;防粘。②上料,防离析,盖篷
摊铺	①铺前,检查确认下层质量。洒布透层、粘层、下封层。 ②机铺。温度符合要求。 ③松铺系数:机铺 1.15～1.30;人工工作局部找补 1.20～1.45。 ④用机械摊铺的混合料,不应用人工反复修整
压实	①压实度、平整度符合要求。 ②钢筒式静态压路机与轮胎压路机或振动压路机组合。 ③速度慢而均匀。 初压:双轮双振,静压 1～2 遍,温度≮110℃,紧跟摊铺机。 复压:胶轮和双轮双振,振压等综合碾压 4～6 遍,温度 80～100℃。 终压:双轮双振,静压 1～2 遍,温度≮65℃。边角用小型振动压路机
接缝	①梯队作业,热接缝; ②不能用热接缝时,人工顺直刨缝或切缝,并涂洒少量粘层沥青

2. 沥青贯入碎石基层施工方法

施工步骤:撒布主层集料→碾压→浇洒第一层沥青→撒布第一层嵌缝料→碾压稳定→浇洒第二层沥青→撒布第二层嵌缝料→碾压→浇洒第三层沥青→撒布封层料→碾压。

3. 乳化沥青碎石基层施工方法

拌和	机拌,阳离子乳化沥青拌和前需用湿润集料,拌和时间:机械≤30s,人工≤60s
运输	立即摊铺,废弃已破乳的混合料
摊铺	防止离析
碾压	匀速 6t 初压,破乳后 12～15t 复压 2～3 遍,待水分蒸发后补充复压至密实
注意	推移、松散开裂时,停压;整平稳定后再继续。早期养护,不宜雨天施工

(三)无机结合料稳定基层施工方法

1. 分类(3类):水泥稳定土;石灰稳定土;工业废渣稳定土(石灰粉煤灰、水泥粉煤灰、石灰煤渣)。

2. 路拌法水泥(石灰)稳定土基层施工工艺

下承层→放样→铺土→洒水闷料→整平轻压→摊铺水泥(石灰)→干拌(石灰土无此项)→湿拌→整形→碾压→接缝→养生

注意:尽管水泥稳定土与石灰稳定土施工流程类似,但水泥见水后快速反应,故要求施工紧凑,并多一道干拌工序。

下承层准备、施工放样:同粒料基层。

混合料组成设计:选择合适料源、确定配合比。

3. 中心站集中拌和法施工(见下表)

拌和	①高等级路，厂拌。 ②土块<15mm；配料准，拌和匀；含水率略大于最佳值；粗、细料分别堆放；粒径和级配合格。 ③拌前调试设备。潮湿多雨，防雨，调整加水量
运输	大吨位的翻斗车，覆盖，防止阳光照射失水或雨淋
摊铺	①.沥青混凝土摊铺机或稳定土摊铺机。下承层是稳定细粒土，先拉毛。 ②拌和机与摊铺机的生产能力应互相匹配；连续作业。 ③如两台摊铺机，相隔 5～10m，同步梯队摊铺，同时碾压。 ④根据供料情况控制速度，做到连续稳步前进，保证平整度。机后跟人，消除离析现象。 ⑤2～4 级路，可用摊铺箱摊铺，或用自动找平平地机铺以人工整平
碾压	①先轻，后重型振动、三轮、轮胎压路机。②两层摊铺，最小厚度>10cm。③紧跟摊铺机
横向接缝	①摊料不中断；中断 2h，设横缝，摊铺机驶离混合料末端。 ②人工将末端弄整齐，紧靠混合料放方木，整平靠方木的混合料。 ③方木另侧用砂砾回填 3m，高出方木几厘米；将混合料压实。 ④重铺前，除去方木，清理干净；摊铺机返回已压末端，重新开始摊铺。 ⑤或将未经压实料铲除，并将末端挖成与路中心线垂直向下的断面，再铺
养生	①养生期>7d。二级以下路，如少于 7d 铺面层，限制重车通行。 ②水泥稳定土可用沥青乳液养生。二灰基层，泡水养生 14d。石灰土养生，不过湿或忽干忽湿

1B424022　掌握沥青路面施工方法

(一)热拌沥青混凝土路面施工工艺流程图

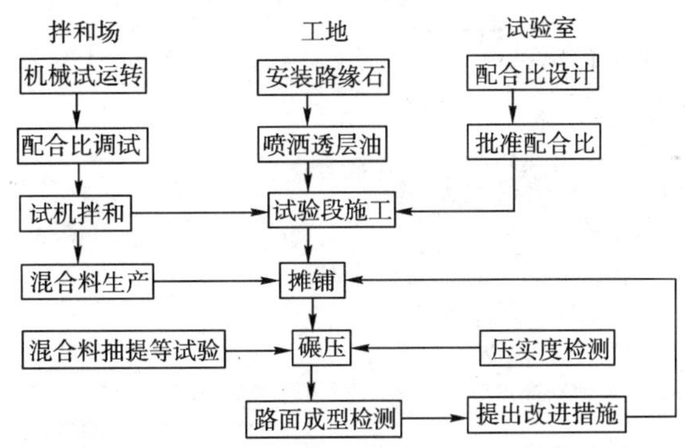

(二)热拌沥青混凝土路面施工工艺流程表

准备	①矿料分类堆放，石灰岩矿粉搭库或储存罐，场地硬化、排水。 ②配合比设计。③放线。清扫下承层，洒透层油或粘层油。 ④试验报批。试验段，定松铺系数、工艺、机械、人员、压实遍数，查压实度、沥青含量、矿料级配、马歇尔指标
拌和	①集料分类堆放，材料试验，配料。②间歇式拌和站，设站内试验室。③控制温度。混合料均匀
运输	①由产量、运距定车。②车内保洁，防粘，盖棚布。③废弃离析、硬化、低温或被雨淋的混合料
摊铺[1]	①1～2 台有自动调节厚度及找平装置，可加热的振动熨平板的摊铺机。 ②下、中面层用走线法找平，上面层用平衡梁法找平[2]。 ③均匀行驶，速度与拌和产量匹配，勿随意变速、停顿。 ④不低于 110～130℃，不超过 165℃。 ⑤开铺前，熨平板加热至不低于 65℃。 ⑥双机或三机梯进施工，邻机间距 10～20m。有 5～10cm 宽度的重叠。 ⑦随时检查摊铺质量。查高程、厚度，通知操作手。 ⑧摊铺机无法作业的地方，监理同意后人工摊铺

续上表

压实	① 2～3 台双轮双振压路机及 2～3 台质量＞16t 胶轮压路机。 ②速度慢而均匀。 初压：双轮双振，静压 1～2 遍，温度≮110℃，紧跟摊铺机。 复压：胶轮和双轮双振，振压等综合碾压 4～6 遍，温度 80～100℃。 终压：双轮双振，静压 1～2 遍，温度≮65℃。边角用小型振动压路机。 ③碾压顺纵向由低边向高边均匀进行。相邻碾压重叠 30cm。 ④雾状喷水，不粘轮；不在新铺的路面上停机；不中途停留、转向或制动
接缝	①梯队作业；热接缝。不能热接缝时，人工顺直刨缝或切缝，并涂洒少量黏层沥青。 ②横接缝：3m 直尺检查平整度，垂直于路中线切齐清除，端部涂黏层沥青接着铺。 ③纵向冷接缝上、下错开 15cm 以上，横缝错开 1m 以上
试验检查	①原材料、温度、矿料级配、马歇尔试验、压实度等。 ②随时查厚度、平整度[2]、宽度、横坡度、高程。资料报监理审批

1B424023 掌握水泥混凝土路面施工方法

模板	刚度足够的槽钢，轨模或钢制侧模；表面涂脱模剂；拆模时混凝土抗压强度不小于 8.0MPa
拌和	根据拌和物的黏聚性、均质性及强度稳定性试拌确定最佳拌和时间；外加剂以稀释溶液加入
运输	按进度、运量、运距，选配车辆；防漏浆、漏料，途中不耽搁。减小颠簸，防离析。平稳起停
准备	①模板加工；②测量放样；③导线架设；④模板支立；⑤铺设轨道；⑥摊铺机就位和调试
摊铺[3][4]	①铺前基层洒水润湿，但不积水。 ②入模前，检查坍落度，制作抗压抗折试件。 ③摊铺中，间断时间＜初凝时间。 ④专人指挥卸料，不亏料。 ⑤摊铺后，整理拉杆，保证平行与水平，初查平整度。 ⑥施工缝设在胀缝或缩缝处，按要求处治。 ⑦胀缝处，安装传力杆。如继续浇筑，摊铺机需跳开一块板的长度。 ⑧摊铺机两侧各设 1 名辅助操作员，保证摊铺机运行安全和摊铺质量
振捣（小型机具）	①每车道用 2 根振动棒，沿横断面连续捣密实。 ②时间，以拌和物振动液化，表面不冒泡、泛水泥浆为限。勿碰模板、钢筋、传力杆。 ③在振实部位，用振动板纵横交错两遍全面提浆振实，每车道路面配振动板 1 块。 ④振动板移位，重叠 100～200mm，振动板在一个位置的持续时间不应少于 15s。 ⑤缺料部位，辅以人工补料找平。 ⑥用振动梁，垂直中线沿纵向拖行，往返 2～3 遍，使表面泛浆均匀
饰面	振实后，拖动滚杠 2～3 遍提浆整平；表面用 3m 刮尺，纵横各 1 遍整平，或用抹面机压实
纵缝	纵缝，避开轮迹，并重合或靠近车道线，用平缝加拉杆型[5]。当板厚＞260mm 时，可用插拉杆的企口型；一次铺筑宽度＞4.5m 时，用假缝拉杆型纵缝
横缝	包括：施工缝、缩缝和胀缝
抗滑	拉毛；人工拉槽；特重和重交通混凝土路面采用硬刻槽
养生	养生时间根据混凝土弯拉强度定，大于设计弯拉强度的 80%
灌缝	清除接缝中砂石等。涂粘结剂后，灌进适宜的填缝料

1B424024 掌握路面工程试验检测方法

(一)无侧限抗压强度试验

1.适用范围:室内配合比设计试验,现场检测。

2.设备:圆孔筛;试模;脱模器;反力框架;千斤顶;夯锤和导管;密封湿气箱;水槽;路面材料强度试验仪;压力机;天平;台秤;量筒、拌和工具、漏斗、铝盒、烘箱等。

(二)热拌沥青混凝土配合比确定方法

<table>
<tr><td colspan="2">配合比设计</td><td>采用马歇尔实验法。按配合比拌制混合料,制成试件。12h 后测:表观密度、空隙率、沥青饱和度、矿料间隙率、稳定度和流值。
确定材料品种及配合比、矿料级配、最佳沥青用量</td></tr>
<tr><td colspan="2">目标配合比</td><td>供拌和机确定各冷料仓的供料比例、进料速度及试拌使用。</td></tr>
<tr><td rowspan="2">生产配合比</td><td>间歇式拌和机</td><td>①取样测试各热料仓的材料级配,确定各热料仓的配合比,供拌和机控制室使用。
②取目标配合比的最佳沥青用量 OAC、OAC+0.3%等 3 个沥青用量进行马歇尔试验和试拌,通过室内试验及从拌和机取样试验综合确定生产配合比的最佳沥青用量</td></tr>
<tr><td>连续式拌和机</td><td>可省略生产配合比设计,步骤为:
①确定级配范围;②材料选择与准备;③矿料配合比设计;④马歇尔试验;
⑤确定 OAC (或油石比);⑥配合比设计检验;⑦配合比设计报告</td></tr>
<tr><td colspan="2">生产配合比验证</td><td>试拌试铺时,报告监理、业主,会同设计、监理、施工同鉴别摊铺、碾压、成型情况。试验室取样做马歇尔试验,确定生产用的标准配合比</td></tr>
</table>

(三)沥青混合料马歇尔稳定度试验

目的	测定沥青混合料的稳定度,流值等。试件:圆柱体
马歇尔稳定度试验	用于配合比设计及沥青路面施工质量检验
浸水马歇尔稳定度试验	检验混合料受水损害时抵抗剥落的能力
仪器设备	马歇尔试验仪、恒温水槽、真空保水容器、烘箱、天平、温度计、卡尺

(四)水泥混凝土配合比确定方法

内容	选料;配料
要求	强度;工作性;耐久性;经济性
表示方法	①单位用量表示方法:以 $1m^3$ 混凝土中各种材料的用量; ②相对用量表示法:水泥质量为 1,水泥∶水∶细集料∶粗集料
设计步骤	①初步配合比:水泥:水:砂:石 ②基准配合比:实际材料,实拌实测,检测初步配合比的坍落度或维勃稠度,调整,提出满足工作性要求的基准配合比 ③实验室配合比:减少或增加水灰比,拟定几组满足工作性要求的配合比,确定符合强度、工作性要求的水灰比,得出试验室配合比。 ④工地配合比:根据现场材料含水率,换算成实际使用配合比

(五)水泥混凝土抗折(抗弯拉)强度试验方法

试件:150mm×150mm×550mm;净跨径 450mm,双支点荷载;计算强度值。

步骤:①试件成型;②养生;③外观检查、修整;④加载试验;⑤报告(5 步骤)。

（六）水泥混凝土抗压强度试验方法

试件：150mm×150mm×150mm，28d强度。

步骤：①试件成型；②养护；③试件修整；④以侧面为受压面试验；⑤报告（5步骤）。

二、考点图解

图解1　沥青混合料的摊铺技术

沥青混合料可用人工或机械摊铺，高等级公路沥青路面应采用机械摊铺。沥青混合料摊铺机有履带式和轮胎式两种。二者的构造和技术性能大致相同。沥青摊铺机的主要组成部分为料斗、链式传送器、螺旋摊铺器、振捣板、摊平板、行驶部分和发动机等。在机械摊铺过程中，自动倾卸汽车将沥青混合料卸到摊铺机料斗后，经链式传送器将混合料往后传到螺旋摊铺器，随着摊铺机向前行驶，螺旋摊铺器即在摊铺带宽度上均匀地摊铺混合料，随后由振捣板捣实，并由摊平板整平。摊铺机的摊铺工艺过程如下图所示。

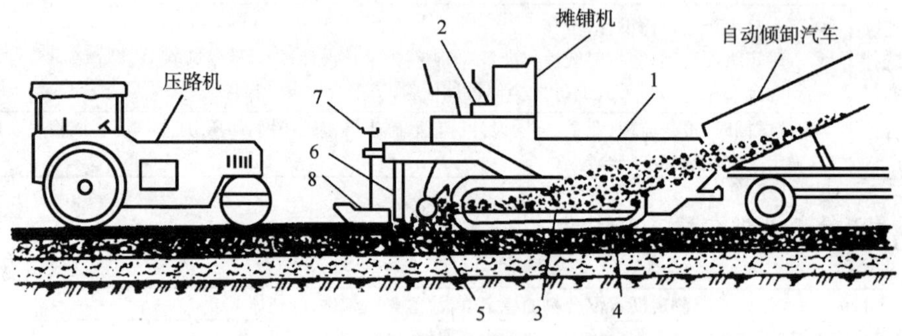

沥青混合料摊铺机操作示意图

1-料斗；2-驾驶台；3-送料器；4-履带；5-螺旋摊铺器；6-振捣器；7-厚度调节螺杆；8-摊平板

图解2　沥青路面平整度控制技术（下、中面层用走线法找平，上面层用平衡梁法找平）

走线法找平：即在摊铺机侧面挂钢丝绳，摊铺机的传感器在钢丝绳上行走，根据钢丝绳的高度调节摊铺厚度。其优点是：如果基层不平整，对钢丝绳的高度（平整度）没有太大的影响。缺点是：由于钢丝绳存在挠度，所以摊铺的路面会呈轻微的波浪形，这对下、中面层的影响是可以接受的，但对上面层的影响是不允许的。

平衡梁法找平：平衡梁是采用杠杆原理，将下承层的起伏不平经多次分解后传至摊铺机传感器时已缩小若干倍，使传感器得到一个相对稳定或波动幅度变小的控制信号，以达到稳定摊铺的目的。

平衡梁由4部分组成：一是前着地部分，二是后着地部分，三是前后连接梁，四是牵引横架。前2个部分中各结点均采用可任意旋转的轴连接。前着地部分位于熨平板前面，由4组轮子组成，长度为2～3m。要求轮组应运转灵活。当其中1个轮子若遇到高程的突变，传递到A点的高程变化仅为1/8，再传递到摊铺机传感器设置点，只有1/16甚至更小，这对于摊铺机的平整度反应装置来说已微乎其微。后着地部分在熨平板之后，为2组滑板。连接梁长度为10～12m，要求刚度大、质量轻。

拖架式平衡梁自动找平梁示意，如下图所示。

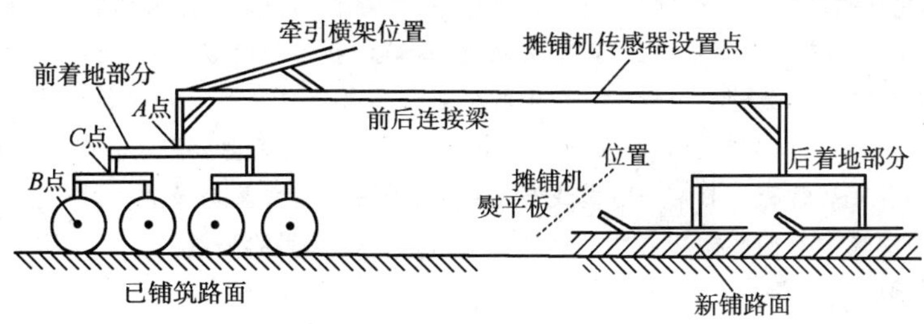

拖架式平衡梁自动找平梁示意

图解 3　轨道式摊铺机摊铺水泥混凝土路面

采用轨道式摊铺机摊铺水泥混凝土路面，是机械化施工最普遍的一种方法。典型的轨道式施工设备的布置和工序，如下图所示。

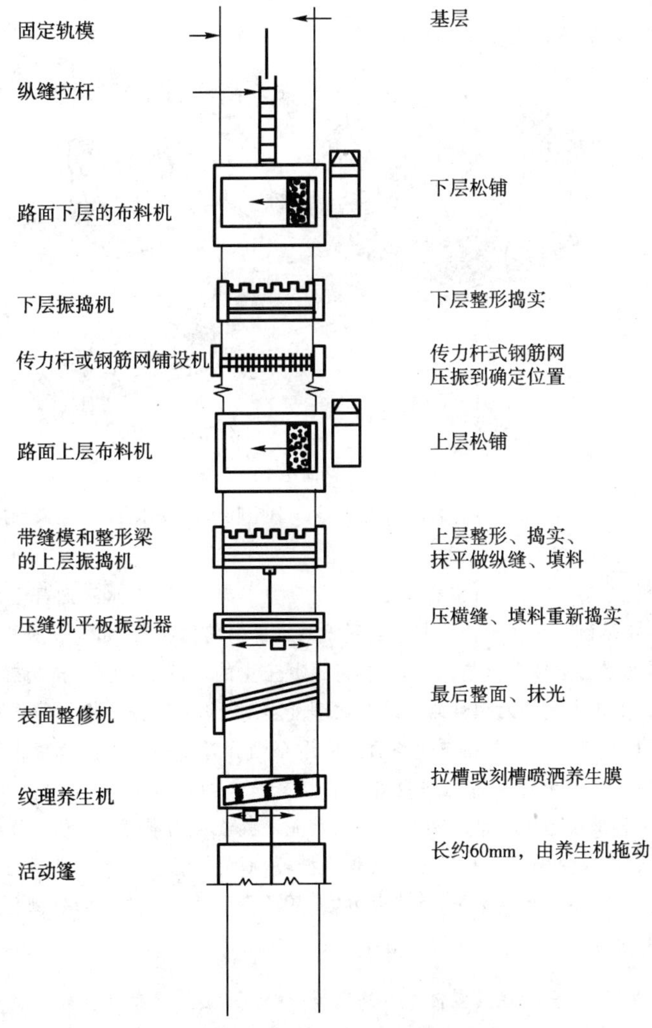

典型的轨道式施工机械设备的布置和工序

轨道间的摊铺作业是由若干台独立机械组成的队列来完成。通常每一台独立机械完成至 多两项主要作业项目。基本的摊铺队列包括一台摊铺机、一台振捣机、一台修整机和一台拉毛养生机。实际上，摊铺队列中还包括一些其他设备来完成一些作业项目，如路面做缝、钢筋网和传力杆以及路面纹理的机械化施工。有时摊铺机、内部振捣机或两者的数量要加倍。机组中的主要设备都是单独驱动和自行式的，一些间歇使用的小设备由人力控制沿着轨模从一个作业点移动到另一个作业点，其他的可由大型设备牵引。因为机械是在钢轨上移动，所以机械上都装有钢轮。通常一边做成双轮缘的，另一边做成无轮缘的。对于在两条临时导模间实施的摊铺施工、已经完成的对接面板间或预先放置的坚固水泥边模间的摊铺施工，可以用弹性的硬质橡胶轮胎和复合轮胎代替钢轮。

施工机械的合理配套主要指拌和机与摊铺机、运输车辆之间的配套情况。当摊铺机选定 后，可根据机械的有关参数和施工中的具体情况计算出摊铺机械的实际生产率。拌和机械与 之配套就是要使摊铺机械生产率和实际拌和机械的生产率得到较好的匹配，并在施工中保持 均衡、协调一致。

图解 4　采用小型机具摊铺水泥混凝土路面

水泥混凝土路面小型配套施工机具包括：水泥混凝土路面振动梁、水泥混凝土提浆辊、水 泥混凝土路面脱水处理设备、真空吸垫、水泥混凝土路面抹光机、水泥混凝土拉毛机、刻槽机等，如下图所示。

水泥混凝土路面小型配套施工机具

1-水泥混凝土路面振动梁；2-水泥混凝土路面真空处理设备；3-真空吸垫；4、5-水泥混凝土路面抹光机；6-水泥混凝土拉毛机；7-水泥混凝土切缝机

振动梁由电动机驱动，带动一组装有偏心块的振动轴转动，从而对水泥混凝土路面表面振实。振动梁在模板上移动时还可将路面刮平抹光。提浆辊使用无缝钢管沿路面推拉，起到表面整平和提浆效果。真空处理设备是在振实刮平的路面上铺上吸垫，利用真空将混凝土中的游离水吸出。抹光机是通过电动抹盘将路面抹平抹光，随后使用拉毛机上毛刷对塑性路面进行纹理处理，或者采用拉毛机上的振动压纹滚筒在塑性路面上压制防滑纹线。硬性刻槽机还可以在硬化路面上使用金刚石刀排切制出防滑槽。切缝机分为软切缝机和硬切缝机，前者在塑性路面上切缝，后者在硬性路面上切缝。

具有振实、整平和提浆功能的单辊轴和三辊轴水泥混凝土振动整平机，为振动梁和提浆辊筒的一个组合变型。三辊轴式通过机架将振动辊和行走驱动辊连接，从而使机器在模板上前后自行作业。辊轴式混凝土路面振动整平机在配套机具中，功能集中，节省劳力，提高了路面模板式施工的机械化程度。

图解 5　水泥混凝土路面传力杆的设置

当两侧模板安装好后，需要在设置传力杆的纵缝、横缝位置上设置传力杆。混凝土板连续浇筑时设置横向胀缝、纵缝传力杆的做法，一般是在嵌缝板上预留圆孔以便传力杆穿过，嵌缝板上面设木制或铁制压缝板条，其旁再放一块胀（纵）缝模板，按传力杆位置和间距，在胀（纵）缝模板下部挖成倒 U 形槽，使传力杆由此通过。传力杆的两端固定在钢筋支架上,支架脚插入基层内。

对于不连续浇筑的混凝土板在施工结束时设置的胀缝,宜用顶头木模固定传力杆的安装方法。即在端模板外侧增设一块定位模板,板上同样按照传力杆间距及杆径钻成孔眼,将传力杆穿过端模板孔眼并直至外侧定位模板孔眼。两模板之间可用按传力杆一半长度的横木固定。继续浇筑邻板时,拆除挡板、横木及定位模板,设置胀缝板、木制压缝板条和传力杆套管。

胀缝传力杆的架设方法,如下图所示。

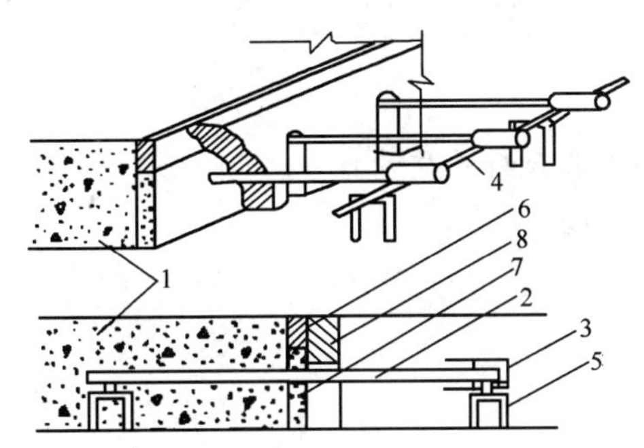

a)胀缝传力杆的架设(钢筋支架法)

1-先浇的混凝土;2-传力杆;3-金属套管;4-钢筋;5-支架;6-压缝板条;7-嵌缝板;8-胀缝模板

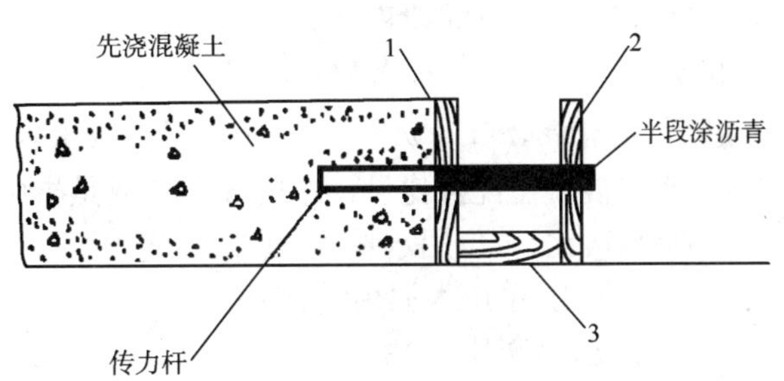

b)胀缝传力杆的架设(顶头模固定法)

1-端头挡板;2-外侧定位模板;3-固定模板

三、典型例题

(一)单项选择题

1. 无侧限抗压试件恒温恒湿养生后第(　　)d,应将试件浸泡于水中养生24h。

A. 1　　B. 3　　C. 5　　D. 7

答案:D

解析:规定。

2. 石灰稳定基层分层施工时,下列描述正确的是(　　)。

A. 下层石灰稳定层碾压完成后,可立即铺筑上一层石灰稳定土,不需专门养生

B. 下层石灰稳定层碾压完成后,要养生7d后才可铺筑上一层石灰稳定土

C. 下层石灰稳定层碾压完成后,要养生14d后才可铺筑上一层石灰稳定土

D. 下层石灰稳定层碾压完成后,要养生21d后才可铺筑上一层石灰稳定土

答案:A

解析:石灰稳定基层分层施工时,下层石灰稳定层碾压完成后,可立即铺筑上一层石灰稳定土,不需专门养生。而水泥稳定土需7d养生后才可以铺筑上一层稳定土。

3. 沥青混合料的油石是指(　　)。

A. 沥青与沥青混合料的质量百分比

B. 沥青与矿料的质量百分比

C. 沥青与沥青混合料的体积百分比

D. 沥青与矿料的体积百分比

答案:B

解析:油石比。油=沥青质量;石=矿料质量。

4. 沥青混合料的沥青含量是指(　　)。

A. 沥青与沥青混合料的质量百分比

B. 沥青与矿料的质量百分比

C. 沥青与沥青混合料的体积百分比

D. 沥青与矿料的体积百分比

答案:A

解析:沥青混合料的沥青含量,当然是指沥青与沥青混合料的质量百分比。

5. 水泥混凝土配合比设计中的3个参数是指(　　)。

A. 水灰比、单位用水量、砂率

B. 水灰比、单位水泥用量、砂率

C. 强度、水灰比、砂率

D. 水灰比、单位水泥用量、单位砂用量

答案:A

解析:规定。

(二)多项选择题

1. 通过配合比设计,可以决定沥青混合料的(　　)。

A. 材料品种　　B 矿料级配　　C. 沥青用量　　D. 摊铺厚度　　E. 碾压温度

答案:ABC

解析:D、E与配合比设计无关。

2. 决定水泥混凝土强度的主要因素是(　　)。

A. 混凝土强度等级　　B. 集料性质　　C. 水灰比　　D. 外加剂　　E. 砂率

答案:ABCD

解析:E砂率,主要对混凝土拌和物的流动性影响较大。

3 采用标准尺寸试件,测定强度等级为C20的普通混凝土抗压强度,应选用(　　)的压力机。

A. 100kN　　B. 300kN　　C. 500kN　　D. 1000kN　　E. 2 000kN

答案:DE

解析:为确保试验数据的准确性和压力机使用的安全性,要求试件的破坏荷载不大于压力机量程的80%,同时不小于压力机量程的20%。该题C20混凝土,估计破坏强度达到20+1.645×4=26.58≈26.6MPa,标准混凝土试件,则破坏荷载为$26.6\times150^2/10^3=598.5\approx600$kN。所以压力机的量程范围为(600/80%~600/20%)kN,即(750~3000)kN。

4. 为了保证运输到工地的沥青混合料的温度满足摊铺和碾压的温度要求,正确的措施是(　　)。

A. 尽量提高混合料出厂时的温度

B. 拌和厂尽量靠近施工现场,以缩短运距,减少温度的下降

C. 在运输混合料的工程中，采用篷布覆盖以防雨和保温

D. 采用高密度的摊铺机，熨平板应加热

E. 摊铺后紧跟着碾压，缩短碾压长度

答案：BCDE

解析：提高混合料的温度要有限度，不能过高，所以“尽量”不对。

5. 稳定土施工时，以下哪几项必须遵守(　　)。

A. 配料必须正确，水泥(石灰)必须摊铺均匀

B. 洒水、拌和必须均匀

C. 严格掌握基层厚度和高程

D. 在稳定土基层施工时，可用薄层贴补法进行找平

E. 注意稳定土的养生

答案：ABCE

解析：不允许采用薄层贴补法进行找平。

(三) 案例题

永通路桥公司具有丰富的土方路基施工经验，公司认为，二灰碎石基层施工与土方路基施工工艺类似，都是经过摊铺、整平、碾压工序，所以承接了一段高速公路二灰碎石基层的施工任务，提出的主要施工工艺如下：

(1)混合料拌和：

①二灰碎石在中心站用稳定土拌和机或多铧犁进行集中拌和。

②集中拌和时，应符合下列要求：土块应粉碎，最大尺寸不得大于 15mm；配料应准确，拌和应均匀；含水率宜小于最佳值；不同粒级的碎石及细集料(如石屑和砂)集中堆放；集料的最大粒径和级配应符合规范要求。

③正式拌和之前必须先调试设备，使混合料的产量达到规定的要求。

④在雨期施工时，要对粗集料加以覆盖，防止雨淋；根据集料和混合料的含水率大小及时调整加水量。

(2)混合料运输：拌和好的混合料采用大吨位敞篷车运输，以降低运输成本。

(3)混合料摊铺：

①采用沥青混凝土摊铺机或稳定土摊铺机摊铺混合料。如下承层是稳定细粒土，应先将下承层顶面压光，再摊铺混合料。

②拌和机与摊铺机的生产能力应互相匹配。由于高速公路路基较宽，摊铺机可根据供料情况调整行走速度。

③因路幅较宽，一台摊铺机不够宽时，采用两次摊铺、碾压成型。

摊铺机后面应跟人，负责消除粗、细集料离析现象，铲除局部粗集料“窝”，并及时用新拌制的混合料填补。

(4)碾压：

先用重型振动压路机跟在摊铺机后及时进行碾压，后用轻型两轮压路机、三轮压路机或轮胎压路机继续碾压密实。当碾压后平整度不符合规范要求时，进行找平补压。

问题：

1. 稳定土基层施工与土方路基施工工艺的主要区别是什么？

2. 请画出高速公路二灰碎石基层的施工工艺流程图。

3. 请对上述施工方案存在的问题加以改进。

答案：

1. 稳定土基层施工与路基土方施工工艺的主要区别是：

(1)稳定土基层施工要求混合料拌和均匀。

对二级及二级以上公路，应采用稳定土拌和机进行拌和，并设专人跟随拌和机，随时检查拌和深度，配合拌和机操作员调整拌和深度。严禁在拌和层底部留有素土夹层。通常应拌和两遍以上。

对于三、四级公路，在没有专用拌和机械的情况下，可用农用旋转耕作机与多铧犁或平地机相配合进行拌和，但应注意拌和效果，拌和时间不能过长。

对于高速公路和一级公路，应采用专用稳定土集中厂拌机械拌制混合料。

(2)工作效率要求更高。当天拌和的稳定土，要求当天碾压成型。

(3)对压实度、平整度的要求更高。因而要控制好含水率和压实机具的组合。

2. 高速公路二灰碎石基层的施工工艺流程图，请参考《考试用书》图 1B424021—5。

3. 答案如下：

(1)混合料拌和：

①无机结合料稳定土可以在中心站用厂拌设备进行集中拌和，对于高速公路和一级公路，应采用专用稳定土集中厂拌机械拌制混合料。

②……；含水率宜略大于最佳值，使混合料运到现场摊铺后碾压时的含水率不小于最佳值；不同粒级的碎石或砾石以及细集料(如石屑和砂)应隔离，分别堆放；集料的最大粒径和级配应符合规范要求。

③正式拌和之前必须先调试设备，使混合料的颗粒组成和含水率都达到规范规定的要求，当原材料的颗粒组成发生变化时，应重新调整生产配合比。

④在雨期施工时，应采取措施，保护集料，特别是细集料应有覆盖，防止雨淋；应根据集料和混合料的含水率大小及时调整加水量。

(2)混合料运输：拌和好的混合料应采用大吨位的翻斗车运输；运输车应备有覆盖苫布以防止混合料因阳光照射失水或雨淋，降低混合料的质量。

(3)混合料摊铺：

①采用沥青混凝土摊铺机或稳定土摊铺机摊铺混合料。如下承层是稳定细粒土，应先将下承层顶面拉毛，再摊铺混合料。

②…… 由于高速公路路基较宽，摊铺机连续作业，因此拌和机的生产能力宜大于 400t/h。

③路幅较宽而一台摊铺机不够宽时，为了避免形成纵缝，宜采用两台摊铺机一前一后相隔 5～10m，同步梯队向前摊铺，并同时碾压。

摊铺机应根据供料情况控制行走速度，做到连续稳步前进，以保证摊铺平整度。

(4)碾压：

先用轻型两轮压路机跟在摊铺机后及时进行碾压，后用重型振动压路机、三轮压路机或轮胎压路机继续碾压密实。

当碾压厚度较厚，压实机具不能有效压实整个结构层厚度时，应分两层进行摊铺，但是最小厚度不宜小于 10cm。

四、模拟考题

(一)单项选择题

1. 若水泥：砂：石：水＝1：2：3：0.5，混凝土实测密度为 2450kg/m³，则水泥用量为(　　)kg。

A. 398　　B. 408　　C. 377　　D. 已知条件不够

2. 水泥混凝土强度等级是根据(　　)来确定的。

A. 立方体抗压强度值　　B. 立方体抗压强度标准值

C. 棱柱体抗压强度值　　D. 水泥强度等级

3. 车辙试验主要是用来评价沥青混合料(　　)的验证性指标。

A. 高温稳定性　　B. 低温抗裂性

C. 耐久性　　D. 抗滑性

4. 残留稳定度是用来评价沥青混合料的(　　)。

A. 高温稳定性　　B. 耐水性

C. 耐久性　　D. 抗滑性

5. 沥青混合料配合比设计可分为(　　)个阶段进行。

A. 1　　B. 2　　C. 3　　D. 4

6. 评价沥青混合料水稳定性的指标是(　　)。

A. 动稳定度　　B. 残留稳定度

C. 马歇尔稳定度　　D. 吸水率

7. 沥青混合料稳定度单位是(　　)。

A. MPa　　B. kN　　C. %　　D. mm

8. 沥青混合料残留稳定度的单位是(　　)。

A. MPa　　B. kN　　C. %　　D. mm

9. 沥青混合料配合比设计及沥青路面施工质量检验通常采用(　　)。

A. 马歇尔稳定度试验　　B. 浸水马歇尔稳定度试验

C. 残留稳定度试验　　D. 车辙试验

10. 水泥混凝土抗压强度以标准尺寸试件，在标准条件下养护(　　)，按标准方法测得的强度为准。

A. 3d　　B. 7d　　C. 28d　　D. 3d、28d

11. 混凝土抗折强度的标准试件尺寸是(　　)。

A. 40mm×40mm×160mm　　B. 100mm×100mm×400mm

C. 150mm×150mm×550mm　　D. 150mm×150mm×300mm

12. 半刚性基层材料无侧限抗压强度，应以（　　）龄期的强度为评定依据。

A. 7d　B. 14d　C. 28d　D. 90d

13. 测定半刚性材料 7d 无侧限抗压强度时，试件应饱水（　　）。

A. 1d　B. 2d　C. 3d　D. 7d

14. 无机结合料稳定类基层质量检验时，需检测（　　）。

A. 立方体抗压强度　B. 无侧限抗压强度

C. 抗折强度　D. 劈裂强度

15. 对沥青混凝土进行马歇尔试验，主要是为了检验其（　　）。

A. 强度　B. 用油量

C. 密实度　D. 稳定度

16. 在进行路面基层混合料配合比试验时，试件 7d 龄期饱水试验应为（　　）。

A. 湿养 5d，浸水 2d　B. 湿养 4d，浸水 3d

C. 湿养 3d，浸水 4d　D. 湿养 6d，浸水 1d

17. 材料的松铺厚度与达到规定压实度的压实厚度之比值称为（　　）。

A. 压实系数　B. 松铺系数

C. 变形系数　D. 预压系数

18. 高速公路和一级公路采用石灰稳定粗粒土做底基层，其碎石或砾石的压碎值应符合（　　）。

A. ≤30%　B. ≤35%　C. ≤40%　D. ≤42%

19. 沥青混合料的粗集料是指粒径大于（　　）的碎石、破碎砾石等。

A. 9. 5mm　B. 4. 75mm　C. 2. 36mm　D. 1. 56mm

20. 沥青混合料的分层压实厚度不得大于（　　）。

A. 12cm　B. 10cm　C. 8cm　D. 6cm

21. 无机结合稳定材料中的二灰指的是（　　）。

A. 石灰和火山灰　B. 石灰和粉煤灰

C. 粉煤灰和火山灰　D. 石灰和水泥

（二）多项选择题

1. 无侧限抗压强度试件是按预定干密度用（　　）成型的。

A. 静压法　B. 自然沉降

C. 锤击法　D. 表面振动击实仪法

E. 振动台法

2. 测定沥青混合料试件密度的方法有（　　）等。

A. 水中重法　B. 表干法　C. 蜡封法　D. 灌砂法　E. 体积法

3. 在设计混凝土配合比时，配制强度要比设计要求的强度等级高，提高幅度的多少，取决于（　　）。

A. 设计要求的强度保证率　B. 对坍落度的要求

C. 施工管理水平的高低　　D. 设计要求的强度等级
E. 水泥的强度等级

4. 为保证混凝土的耐久性，在混凝土配合比设计中要控制（　　）。
A. 最大水灰比　　B. 单位用水量
C. 砂率　　D. 最小水泥量
E. 混凝土配制强度

5. 水灰比主要影响水泥混凝土的（　　）。
A. 流动性　　B. 耐久性　　C. 黏聚性　　D. 强度　　E. 捣实性

6. 表示混凝土强度等级的两项内容分别是（　　）。
A. 抗压强度　　B. 立方体抗压强度标准值
C. 标准立方体抗压强度　　D. 符号“C”
E. 轴心抗压强度

7. 立方体抗压强度的含义包括（　　）。
A. 按标准制作的 150mm 的立方体试件　　B. 标准养护至 28d
C. 按标准方法测得的抗压强度值　　D. 具有 95%保证率
E. 误差不超过规定时求得的平均值

8. 沥青混合料的物理性质指标有（　　）。
A. 稳定度　　B. 沥青饱和度
C. 密度　　D. 空隙率
E. 流值

9. 沥青混合料水稳定性的试验包括（　　）。
A. 沥青与矿料粘附性试验　　B. 马歇尔稳定度试验
C. 浸水马歇尔试验　　D. 吸水率试验
E. 真空饱和马歇尔试验

10. 评价沥青混合料高温稳定性的指标是（　　）。
A. 动稳定度　　B. 残留稳定度
C. 马歇尔稳定度　　D. 流值
E. 马歇尔模数

11. 沥青混凝土混合料的配合比设计包括（　　）阶段。
A. 初步配合比设计　　B. 目标配比合设计
C. 生产配合比设计　　D. 生产配合比验证
E. 目标配合比验证

12. 沥青饱和度是指（　　）。
A. 沥青在矿料间隙中的填充程度
B. 沥青体积占矿料间隙体积的百分数
C. 沥青混凝土混合料吸水饱和时的含水率
D. 沥青质量占沥青混凝土混合料质量的百分数
E. 沥青体积占沥青混凝土混合料体积的百分数

13. 配合比设计时，检验沥青混凝土混合料的试验包括（　　）。

A. 马歇尔试验
B. 浸水马歇尔试验
C. 车辙试验
D. 沥青与矿料黏附性试验
E. 真空饱和马歇尔试验

14. 水泥混凝土配合比设计应满足（　　）的要求。

A. 结构物设计强度
B. 施工工作性
C. 环境耐久性
D. 经济性
E. 施工安全性

15. 混凝土配合比设计包括（　　）几个步骤。

A. 初步配合比设计
B. 基准配合比调整
C. 实验室配合比确定
D. 工地配合比换算
E. 设计配合比确定

16. 检验沥青混合料的拌制质量需做的试验有（　　）。

A. 沥青三大指标试验
B. 马歇尔试验
C. 集料级配试验
D. 抽提试验
E. 抽提后混合料的筛分试验

17. 水泥混凝土路面施工时的振捣工序，正确的有（　　）。

A. 振捣器的移动间距不宜大于其影响半径的 1.5 倍
B. 同一位置的振捣时间不宜少于 20s
C. 振捣棒离模板的距离应小于 1/2 的影响半径
D. 拔出振捣棒时宜迅速
E. 同一位置的振捣时间越长越好

18. 工业废渣基层施工质量的关键有（　　）。

A. 混合料必须按比例配合
B. 尽量提高压路机的压力和振动力
C. 必须压实到规定的密实度
D. 高度重视初期养护工作
E. 含水率必须掌握恰当

19. 沥青混凝土路面采用的石料应为（　　）。

A. 耐磨石料
B. 强度不低于 3 级
C. 酸性石料
D. 方正有棱角
E. 强度不低于 2 级

20. 石灰稳定土层施工对自然气候的基本要求是（　　）。

A. 日最低气温应在 5℃以上
B. 应在第一次重冰冻到来之前，1～1.5 个月完成
C. 稳定土层宜经历半个月以上温暖和热的气候养生
D. 应避免在雨季进行施工
E. 一年中夏季进行施工最好

21. 高速公路、一级公路的热拌沥青混合料的配合比设计应按(　　)步骤进行。

A. 目标配合比设计　　B. 生产配合比设计

C. 生产配合比验证　　D. 生产用标准配合比

E. 施工配合比设计

22. 沥青路面施工厚度控制的方法有(　　)。

A. 高程测量　　B. 在摊铺及压实时量取

C. 测量钻孔试件厚度　　D. 水平测量

E. 校验每一天的沥青混合料总量与实际铺筑的面积计算出的平均厚度

23. 沥青混合料加入抗剥落剂的作用是(　　)。

A. 提高沥青混合料的低温稳定性

B. 提高沥青混合料与矿料的黏结力

C. 提高沥青混合料的抗水损害能力

D. 提高沥青混合料的高温稳定性

E. 减少沥青用量

24. 使用插入式振动器时应注意(　　)。

A. 移动间距不应超过振动器作用半径的 1 倍

B. 与侧模应保持 50～100mm

C. 插入下层混凝土 50～100mm

D. 每一处振动完毕后应立即提出振动棒

E. 应避免振动棒碰撞模板、钢筋及其他预埋件

25. 二灰级配碎石采用双层塑料薄膜覆盖养生的作用是(　　)。

A. 保持二灰碎石的成型含水率，减少洒水养生工作量

B. 提高地温加速二灰碎石的早期强度发展

C. 增强二灰碎石的早期强度发展

D. 提高二灰碎石基层的平整度

E. 减少二灰的用量

26. 减小水泥稳定碎石基层干缩裂缝的措施有(　　)。

A. 改善碎石级配，减少水泥用量

B. 提高粗集料含量，减少细集料含量，降低混合料最佳含水率

C. 添加减水剂，降低混合料最佳含水率

D. 加强洒水养生

E. 减少粗集料含量，提高细集料含量，提高混合料最佳含水率

27. 混凝土路面需设置的横向接缝有(　　)。

A. 缩缝　　B. 胀缝　　C. 施工缝　　D. 沉降缝　　E. 拉杆缝

28. 水泥混凝土路面横向缩缝的施工方法有(　　)。

A. 切缝法　　B. 预留缝法　　C. 锯缝法　　D. 压缝法　　E. 拉缝法

29. 在夏季气温过高时，对水泥混凝土路面施工可采取以下哪些措施(　　)。

A. 加水或集料

B. 对湿混合料，在运输中要加以遮盖

C. 各道工序应紧凑衔接，尽量缩短施工时间

D. 搭设临时性的遮光挡风设备，减少水分蒸发

E. 在水泥拌和时增加水的用量

30. 按施工工艺的不同，沥青路面施工方法可分为（　　）。

A. 层铺法　　B. 路拌法　　C. 厂拌法　　D. 机械施工法　　E. 人工辅助法

模拟考题答案

（一）单项选择题答案：

1. C　2. B　3. A　4. B　5. C　6. B　7. B　8. C　9. A　10. C
11. C　12. A　13. A　14. B　15. D　16. D　17. B　18. B　19. C　20. B
21. B

（二）多项选择题答案：

1. AC　2. ABCE　3. ACD　4. AD　5. BD
6. BD　7. ABCE　8. ABCD　9. ACE　10. ACDE
11. BCD　12. AB　13. BCE　14. ABCD　15. ABCD
16. BDE　17. ABC　18. ABDE　19. ABD　20. ABCD
21. ABC　22. BCE　23. BC　24. BCE　25. AB
26. AB　27. ABC　28. AC　29. BCD　30. ABC

1B424030　桥梁工程施工方法

一、知识体系归纳

1B424031　掌握桥梁基础施工方法

（一）明挖扩大基础施工

内　容		定位放样、基坑开挖、排水、基底处理、砌（浇）筑基础结构物
准备工作		复核中心线、方向和高程，结合现场情况，决定开挖坡度、支护、防水、排水措施
开挖	坑壁不支撑	①干涸无水，能排水，地下水位低于基底，渗透量少，不影响坑壁稳定。 ②基础不深，工期短，不影响邻近建筑物安全的场所。 ③半干硬或硬塑黏土，坑顶无活载，稍松土坑深＜0.5m，中密土坑深＜1.25m，密实土坑深＜2.0m，采用直壁。坑深＜5m，湿度正常，斜坡、阶梯形坑壁
	坑壁有支撑[1]	①坑壁坡不易稳定并有地下水，或放坡受场地限制，或放坡工程量大，采取挡板、钢木支撑、混凝土护壁及锚杆支护等加固措施。 ②喷混凝土护壁：一般不宜超过10m深

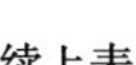

续上表

<table>
<tr><td colspan="2">基坑排水</td><td>①集水坑排水。除严重流沙外，均可适用。
②井点排水[3]。土质差，严重流沙，地下水位高，较深坑壁不易稳定。
③其他。土质渗透性较大、较深基坑，用板桩法或沉井法。
④帷幕法：坑周围用硅化法、水泥灌浆法、沥青溜浆法及冻结法等处理成封闭的不透水帐幕</td></tr>
<tr><td rowspan="2">基底检验</td><td>内容</td><td>平面位置、尺寸，高程；土质均匀性，地基稳定性及承载力等</td></tr>
<tr><td>方法</td><td>①小桥涵，直观或触探方法，必要时进行土质试验；特殊桥涵，进行荷载试验；对加固处理后的特殊地基，采用触探、作密实度检验等。
②大、中桥和填土>12m 地基，一用直观、触探、挖试坑或钻探(深>4m)试验等方法，确定土质容许承载力是否符合要求；二对地质特别复杂，或有特殊要求的，需进行荷载试验</td></tr>
<tr><td colspan="2">基底处理</td><td>换填土法、桩体挤密法、砂井法、袋装砂井法、预压法加固地基、强夯法、电渗法、振动水冲法、深层搅拌桩法、高压喷射注浆法、化学固化剂法等(类似于软土地基加固)</td></tr>
<tr><td colspan="2">施工要点</td><td>①坑顶设截水沟。②坑壁缘留护道，静载距坑边>0.5m，动载距坑边>1.0m。
③观察坑边缘顶面土有无裂缝，坑壁有无松散坍落。④快速、连续施工。
⑤机械开挖，坑底留 30cm 厚用人工挖。⑥少雨季节施工。⑦用原土及时回填、夯实</td></tr>
<tr><td colspan="2">边坡失稳原因</td><td>①深度过大，坑壁较陡。②地下水以下部分开挖，无加固措施。
③无截水沟、排水沟拦截地表径流。④弃土位置太近。
⑤粗、细砂土，水的渗流挟带细砂，破坏土体结构。⑥施工时间过长。
⑦大型设备在坑周重复、振动作业</td></tr>
<tr><td colspan="2">边坡失稳预防及处理</td><td>①开挖前，做好地面排水，坑顶外缘向外设置排水坡、防水梁、截水沟，防止水沟渗水。
②坑顶边缘作护道，堆载距离控制。
③不同土层，边坡分层，留平台。
④施工中观察坑缘顶面有无裂缝、松散塌落现象。
⑤地质情况变化，增设支护；水文地质条件欠佳，提前加固。
⑥连续施工，按规范、图纸施工，在少雨期施工。
⑦出现坍塌时，增设抗滑桩或木、钢板桩、锚桩、锚锭板、喷锚支护等</td></tr>
</table>

(二)桩基础

1.沉入桩(锤击沉桩)

适用要求	适用于中密砂类土、黏土；桩径≤0.6m；沉桩设备要求较高
施工要点	沉桩检查设备；避免超标扭转应力，稳定桩身导向杆设置合理，合理选取桩垫
停锤控制	①桩尖处为硬塑黏土、碎石土、中密以上砂土或风化岩时，根据贯入度变化并对照地质资料，确认桩尖已沉入该土层； ②当贯入度已达到控制度，而桩尖高程未达设计高程时，继续锤入 0.10m 左右； ③桩尖高程为一般黏土或其他松软土层时，以高程控制，贯入度校核； ④各桩沉入深度不宜相差过大

2. 钻孔灌注桩施工[4]

特　点		桩长根据持力土层变化，按最不利内力组合配置钢筋，钢筋少，便利施工
工序	护筒	作用：稳定孔壁、防止坍孔，隔离地表水、保护孔口地面、固定桩位、钻头导向。 要求：坚固，不漏水，比孔径稍大，长 2～3m。深水：打入导向架→锤击、振动加压沉入
	泥浆	由水、黏土（膨润土）和添加剂组成，用 $I_p>25$
	钻孔[5]	①正循环：利用钻具旋转切削土体钻进，泥浆泵将泥浆压进泥浆笼头，通过钻杆中心从钻头喷入孔内，泥浆挟带钻渣上升，排出至沉淀池。钻进与排渣同时连续进行。 ②反循环：泥浆输入钻孔内，从钻头的钻杆下口吸进，通过钻杆中心排出至沉淀池内。钻进与排渣效率较高，但接长钻杆时装卸麻烦，钻渣易堵塞管路。 ③潜水电钻。 ④冲抓锥。 ⑤冲击锥法
	检查	直径、深度和孔形
	清孔	①方法：抽浆法（较彻底）、换浆法、掏渣法、喷射清孔法、砂浆置换钻渣法。 ②质量：摩擦桩，孔底沉淀厚度，中、小桥＜0.4～0.6d。支承桩，抽浆法清孔，吸泥管出清水为止。灌注混凝土前，沉淀厚度＜50mm。若孔壁易坍塌，采用砂浆换钻渣
	灌注	井孔达到设计高程后，将钢筋骨架（笼）吊入井孔中，灌注混凝土
质量检验与标准		每根灌注桩留混凝土试件＞2 组。并应以钻取芯样法或超声波、机械阻抗、水电效应等无破损检测法对桩的匀质性进行检测
水下混凝土		①强度。试块抗压，桩头试块抗压；大桥，钻芯抗压实验，桩尖沉淀土厚度、桩底土层情况。 ②桩身混凝土无断层或夹层，桩底高程，桩底沉淀厚度。灌注记录。 ③桩头凿除后无残余松散层和薄弱混凝土层；嵌入承台内的桩头及锚固钢筋长度符合规范
常见问题及预防	钢筋笼上浮	原因：混凝土在钢筋笼底部浇筑太快；钢筋笼未固定。 防治：混凝土接近钢筋笼下端，放慢速度。减少导管埋入深度，下端高出钢筋笼下端有相当距离时再按正常速度浇筑。钢筋笼固定在护筒上
	蜂窝、空洞、夹泥层、不均	原因：未边灌边振捣。孔壁坍落，造成桩身夹泥。配合比坍落度问题，下料高度大，离析，造成级配、强度不匀。 防治：边灌边振。放钢筋笼勿碰土壁。控制配合比和坍落度，设置串筒下料

1B424032　掌握桥梁下部结构施工方法

（一）承台施工

开挖方式	①干处，明挖基坑，安装模板，浇筑承台混凝土。 ②水中，设围堰将群桩围在堰内，水下混凝土封底，凝结后抽水，安模板，灌混凝土。 ③台底在河床以上水中，用有底吊箱等在水中将模板支撑、固定。安模，抽水，堵漏，灌混凝土。 ④模板支承，根据水深、承台类型、条件等综合考虑。 ⑤围堰：根据地质、水深、流速、设备条件等因素考虑，如钢板桩/吊箱围堰 ⑥基坑：机械开挖，人工清底找平。与明挖扩大基础类似

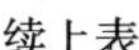

续上表

台底处理		①低桩承台:台底土质有承载力,无水时,与明挖扩大基础类似。如不能排水,用静水挖泥方法换填水稳性材料,立模灌筑水下混凝土封底后,再抽水灌混凝土。 ②高桩承台:河床为松软土,可在板桩围堰内填砂。要能承受灌注封底混凝土的质量。 ③底层承载力小,提请变更设计
模板钢筋		①采用组合钢模,有足够的强度、刚度和稳定性。 ②预埋钢筋位置准确、牢固
大体积混凝土		①低水化热,初凝时间长的矿山水泥,控制用量。 ②用中、粗砂,夏季遮阳棚,喷水降温。 ③复合型外加剂和粉煤灰。 ④敷设冷却水管。 ⑤在设计单位和监理同意后可分层浇筑
施工要点		①温控防裂。 ②掺粉煤灰后其强度龄期可按 60d 或 90d 计。 ③将围堰作为模板时,控制施工偏差。 ④采用水下不离析混凝土。 ⑤封底应全断面一次连续浇筑完成,并在初凝前完成。 ⑥混凝土一次连续完成。二次浇筑处理好施工缝
常见缺陷与防治	原因	①模板安全系数不够,支承系统不能承受质量。 ②底模搁栅未采用纵、横两道与基桩夹紧。 ③吊杆紧固不够或电焊强度不足
	措施	①合理的模板设计。②杆宜与基桩主筋电焊,确保焊接质量。③杆的直径与根数经过计算

(二)墩台施工

1.钢筋混凝土墩台

工　序	要　点
放线	在承台顶放出中线和边线,标出主钢筋位置
钢筋	①现场绑扎,注意同一断面筋接头数量的规定。做好钢筋网片的支撑,系保护层垫块。 ②事先加工钢筋网片或骨架,整体吊装焊接就位
模板	①组合分块模板片,板片高、宽视墩台身尺寸和吊装能力确定。 ②用夹具、销钉将工字钢立柱连成整体,安装就位,支撑牢固,防止跑模、漏浆。 ③模板有足够的强度、刚度和稳定性。 ④直坡式墩台模板,有 0.5%～1%的锥度;空心墩台,制作收坡式模板。 ⑤圆形、方形墩,视吊装能力,分节组拼成整体模板。 ⑥浇筑前,将模板清理干净;钢筋检查合格后,方可浇筑。 ⑦高墩拼装模板:分层支撑、分层浇筑;浇第一层时,墩身预埋支承螺栓,支承第二层模板
脚手架	①脚手架用螺栓连接在立柱上,立柱下设可调斜撑,确保模板位置正确。 ②墩台:搭普通外脚手;高墩:搭设简易活动脚手或滑动脚手。空心高墩:搭设内脚手,兼提升吊架
拌和	拌和站的位置,拌和能力满足施工需要,质量、配合比、坍落度达到要求

续上表

工 序	要 点
运输	水平：各种车；垂直：各种吊机。墩身低：搭木板坡道，手推车运输；墩身高：用漏斗、串筒
浇筑混凝土	①分层、整体、连续浇筑，逐层振实；沉降缝内填塞弹性防水材料，沉降缝顺直贯通。 ②浇筑时，随时检查模板、支撑是否松动变形，预留孔、预埋支座钢板是否移位。 ③浇筑完后，适时覆盖洒水养生。 ④浇筑轻型薄壁墩，防裂缝：按配合比计量投料，精心施工，重视养生。抓紧支撑梁施工及上部吊装。 ⑤高大的后仰桥台：在浇筑台身后，及时填台后路堤土方

2.石砌墩台施工

①准确放样、挂线砌浇。

②砌底层前，对岩石或混凝土基底清洗，坐浆砌筑；对土质基底，不坐浆，夯实。

③分段分层砌筑，分段设在沉降缝或伸缩缝处。

④大石料用于下部；砌上层时，不得振动下层。

⑤砌斜面墩台，逐层收坡，保证坡度。

⑥预制块砌筑：从角石开始，竖缝铁片控制，砌后扁铲捣实。

⑦砌块用砂浆黏结，缝均匀整齐。

⑧适时搭脚手架。材料提升：砌体不高，马凳、跳板运送；砌体高，吊机、扒杆运送。

⑨及时勾缝。

1B424033 掌握桥梁上部结构装配式施工方法

(一)先张法预制梁板

场地	平整场地，完善排水系统，规划混凝土供应、水电管路
台座[6]	①坚固平整、不沉陷，表面压光；承力台座：强度、刚度和稳定性，钢横梁受力后挠度≤2mm； ②注明：每片梁具体位置、方向和编号
张拉	①预应力筋：按计算长度切割；失效段套塑料管，先张拉中间束，再两边对称张拉； ②多筋：初应力保持一致；0→初应力→105δ_k(%)(持荷 2min)→δ_k(锚固)； ③断丝不超过规定，否则更换处理；张拉后 8h，绑扎(除面板)普通钢筋
模板	钢模吊装，分节拼装紧固，接缝紧密，防漏浆、移位
浇筑混凝土	①先浇底板，振捣不触钢绞线，浇至设计高程，安装气囊(防上浮)；绑扎面板筋，对称均匀浇气囊两侧，振平后，表面拉毛处理。 ②适时养生；浇筑完成 6～8h，胶囊放气抽走，洗净备用。 ③达强度后，对称、同步放张(砂箱法或千斤顶法，分数次完成)；梁(板)松张后出槽

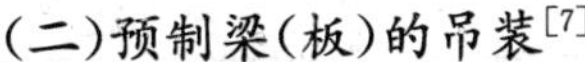

(二)预制梁(板)的吊装[7]

<table>
<tr><td>吊装准备</td><td colspan="3">①构件达强度,移运堆放,吊点下垫枕木,放置稳固,标志向外,不超三层,逐层支撑牢固。
②平板车或大型拖车运输,防倾覆,防产生负弯矩断裂。
③吊装前,检查质量及尺寸,修补缺陷;梁板、墩台面标出中心线,支座、梁板位置</td></tr>
<tr><td rowspan="10">吊装方法</td><td>自行式吊机架设</td><td colspan="2">①直接用吊车吊放安装:分一台吊机、两台吊机2种架设法。
②适用条件:平坦无水桥孔的中小跨径预制梁板</td></tr>
<tr><td>简易型钢导梁架设</td><td colspan="2">①型钢组拼的导梁上铺轻轨,梁用轨道平车运到桥孔,吊机将梁横移就位。
②适用条件:地面有水,孔数较多中小跨径预制梁板</td></tr>
<tr><td>联合架桥机架设</td><td colspan="2">①钢导梁配合墩顶龙门、托架等完成预制梁安装
②适用条件:孔数较多的中型梁板吊装</td></tr>
<tr><td>双导梁架桥机</td><td colspan="2">适用条件:孔数较多的重型梁吊装</td></tr>
<tr><td>跨墩龙门架架设</td><td colspan="2">①轨道平车把梁运至桥孔一侧,两台同步龙门吊将梁吊起横移就位。
②适用条件:无水或浅水河滩,孔数较多的中型梁板</td></tr>
<tr><td rowspan="6">浮运、浮吊架梁</td><td rowspan="2">浮运架设</td><td>预制大梁装船浮运至架设孔,起吊就位安装。预制大梁装在1、2艘浮船中的支架枕木梁上,浮船拖运至架设孔,充水使浮船入水加深,降低梁底高度使大梁安装就位</td></tr>
<tr><td>浮船支架托拉架设法</td></tr>
<tr><td rowspan="4">预制梁装船</td><td>大吨位、大伸幅的吊车将梁从岸上吊装至浮船上</td></tr>
<tr><td>大吨位、大伸幅的浮式吊机将梁从岸上吊至浮船上</td></tr>
<tr><td>栈桥码头将预制梁纵向拖拉上船</td></tr>
<tr><td>栈桥码头横移大梁上船</td></tr>
</table>

(三)后张法预制梁板

1. 后张法预制梁板工序

场地	平整场地,完善排水系统,规划混凝土供应、水电管路
台座	坚固不沉陷,底模沉降≯2mm;铺钢板或角钢镶边作底模;梁跨>20m时,设置反拱
运输	选塔吊或跨梁龙门吊,铺设轨道
模板	由钢板型钢组焊,有强度、刚度和稳定性,接缝紧密、不漏浆
钢筋	绑扎、焊接钢筋骨架,制孔管定位固定;吊装入模,埋设预埋件,孔道两端及最低处设压浆孔,最高处设排气孔;安锚垫板后,先装端模,再安侧模;统一紧固调整和必要支撑
浇筑	①水平分层捣实,先下部,后腹、翼板;浇至接近另一端时改从另一端反向下料,距梁端3~4m处浇筑合龙,一次整体浇筑成型。数量较大,斜向分段,水平分层法连续浇筑。 ②侧模附着式振捣为主,插入式为辅;达到最佳密实度,不伤制孔管道
养生	表面抹平拉毛,覆盖湿养≮7d;汽养恒温不超80℃,也可用喷养生剂养生
拆模	拆除模板,顺序摆放,养护备用;构件脱模后,标明型号,预制日期及使用方向

续上表

张拉	①预应力钢丝或钢绞线顺直编匝成束，穿入孔道；梁（板）达强度，张拉； ②张拉机具符合要求，定期校验（准确标定张拉力与压力表读数间关系曲线）； ③两端同时对称张拉，千斤顶作用线与预应力轴线重合，两端操作一致； ④应力控制，伸长值校核，实际与理论伸长值差满足规范； ⑤断丝、滑丝数量不超过设计规定，否则更换或补救； ⑥在张拉应力处于稳定状态下，锚固预应力筋，钢筋内缩量不超过设计规定； ⑦张拉后，孔道清净，压注水泥浆（强度、稠度、水灰比、泌水率、膨胀剂掺量符合设计或规范）
压浆	从梁最低点始，两端压浆孔各压浆一次，至规定稠度水泥浆充满整个孔道为止
移梁	梁适用移运至存放场

2. 后张法张拉时的施工要点

拉前	检查构件外观尺寸、混凝土强度＞设计强度的 75%。拼装构件砂浆强度＞15MPa
检查	压气、压水检查预留孔道。清除端部焊渣、毛刺、混凝土残渣
穿束	①钢筋穿束前，螺丝端杆的丝扣包缠、扎牢； ②钢丝束等穿束前，一端应齐平，顺序编号。较长束，套上穿束器，由引线及牵引设备拉出
锚具	夹片式锚具：上好的夹片应齐平，在张拉前用钢管捣实
张拉	①张拉顺序符合要求；分批、分段对称张拉。 ②同时对每一钢束中的全部力筋施加应力。扁平管道除外。 ③曲线或长度≥25m 的直线预应力筋，两端张拉。 ④直线配筋的精轧螺纹钢可一端张拉；多束一端张拉时，张拉端分别设置于两端。 ⑤两端张拉时，一端张拉锚固后，再在另一端补足预应力。 ⑥段丝及滑丝不得超过规定
锚固	①张拉控制应力稳定后方可锚固。锚固后外露长度≥300mm，锚具用封端混凝土保护，或砂浆封堵防锈。锚后用砂轮机切割。 ②张拉时，注意夹片回缩量，并做好记录予以减除

1B424034　掌握桥梁上部结构支架施工方法[8]

（一）支架、拱架、模板的类型

支架	①立柱式。构造简单，用于陆地或不通航河道以及桥墩不高的小跨径桥。 ②梁式。用工字钢、钢钣梁或钢桁梁。 ③梁柱式。桥梁高、跨径大、通航或排洪时使用
拱架	支柱式、撑架式、扇形、桁式、组合式拱架
模板	组合钢模板、木模板、木胶合板、竹胶合板、硬铝模板、塑料、各类纤维板
注意	①连接紧密，沉降量符合预计数值。②稳定，与脚手架和便桥接触。 ③模板接缝密合。④外露面模板涂石灰乳浆、肥皂水等润滑剂。 ⑤尽量做成装配式组件或块件。⑥钢制支架宜制成装配式常备构件。 ⑦模板用内撑支撑，对拉螺栓销紧

(二)预拱度的确定

<table>
<tr><td>因素</td><td>竖向挠度</td><td>弹性或非弹性压缩挠度</td><td>非弹性沉陷</td><td rowspan="2">混凝土收缩及温度变化引起的挠度</td></tr>
<tr><td>活载</td><td>上部构造及活载一半</td><td>支架在荷载作用下</td><td>支架基底在荷载作用下</td></tr>
</table>

(三)施工工序(以现浇箱梁为例)

1.地基处理

<table>
<tr><td>决定因素</td><td colspan="2">断面尺寸、支架形式对地基要求(支架跨径大,要求高,处理加强,反之相对减弱)</td></tr>
<tr><td rowspan="3">处理形式</td><td>地基换填压实</td><td rowspan="3">做好排水,防雨水或混凝土浇筑和养生中滴水对地基影响</td></tr>
<tr><td>混凝土条形基础</td></tr>
<tr><td>桩基础加混凝土横梁</td></tr>
</table>

2.支架

支架布置	梁截面大小、计算考虑梁体自重、模板支架质量、施工荷载、风力及偶然荷载(雪载),确保强度、刚度、稳定性
设预拱度	预压,收集变形数据,考虑张拉上拱影响,设预拱度。一般按二次抛物线设置
卸落设备	由支架形式选用木楔、砂筒、千斤顶、U 形托等。有足够的强度

3.模板

<table>
<tr><td>组成</td><td colspan="3">底模、侧模、内模</td></tr>
<tr><td>形式</td><td colspan="3">钢模(主要)、木模(用于齿板、堵头或棱角处)</td></tr>
<tr><td>楞木</td><td colspan="3">方钢、槽钢或方木。间距 75cm 左右,由梁截面尺寸确定,验算模板强度、刚度</td></tr>
<tr><td rowspan="3">支撑</td><td rowspan="3">牢固</td><td>翼板或顶板</td><td>框架式木支撑</td></tr>
<tr><td>一次性浇筑</td><td>内模框架由设置在底模板上的预制块(强度同梁体)支撑</td></tr>
<tr><td>腹板模板</td><td>根据高度设对拉性杆(加塑料套管)。不得用气割割断拉杆</td></tr>
<tr><td>外观</td><td colspan="3">接缝紧密、不漏浆,接缝间加密缝条</td></tr>
<tr><td>脱模剂</td><td colspan="3">清洁的机油、肥皂水或质量可靠的脱模剂,不用废机油</td></tr>
<tr><td>清模</td><td colspan="3">空压机清理模板内杂物</td></tr>
</table>

4.普通钢筋、预应力筋、混凝土浇筑

混凝土浇筑	①一次浇筑:底、腹板钢筋及预应力管道完成后,安装内模,再绑扎顶板钢筋及预应力管道。 ②二次浇筑:底、腹板钢筋及预应力管道完成后,浇第一次混凝土;终凝后,支内模顶板,扎顶板钢筋及预应力管道,二次浇筑。 ③速度:确保下层初凝前覆盖上层混凝土。自跨中向墩台连续浇筑。二次浇筑时,第一层凿毛,清浮浆。 ④插入式振捣器振捣,密实但不超振。避免碰撞模板、钢筋,尤其是波纹管,不得用振捣器运送混凝土
钢筋	①各种钢筋试验;按图布筋。腹板筋根据起吊能力,预先焊成钢筋骨架,吊装后或绑或焊。 ②预应力管道用镀锌钢带制作,准确布设,用定位筋固定,接头平顺,胶布缠牢,在高点设排气孔。 ③计算预应力筋的下料长度。编束时,梳理顺直,绑扎牢固,防止相互缠绞。成束后,统一编号。 ④穿束前清孔。短钢束:人工从一端送入。长钢束:用金属网套法

续上表

锚垫板	安装前，检查尺寸；牢固安在模板上。垫板与孔道严格对中，并与孔道端部垂直。锚下螺旋筋及加强钢筋按图设置，喇叭口与波纹管道连接平顺、密封。压浆孔妥善封堵
拌和	拌和站或拌和机组拌和；罐车运输，泵送入模。对拌和站、泵车的检修，备应急设备，防浇筑中断
张拉	①张拉前，千斤顶、油泵配套标定，间隔校验。几套时，编组不混用。 ②应力控制为主，伸长量校核，实测与理论伸长值误差不超规范。 ③程序：0→初应力→103δ_k（持荷 5min）→δ_k；张拉顺序：按图，分段、分批、对称张拉。 ④断丝、滑丝不超过规范或设计规定
压浆	灰浆强度、稠度、水灰比、泌水率、膨胀剂剂量按要求控制。 活塞式压浆泵缓慢均匀压浆，另一端饱满和出浆，排气孔排出与规定稠度相同水泥浆止
封锚	锚具冲洗凿毛，设置钢筋网，浇筑封锚混凝土

1B424035　掌握桥梁上部结构逐孔施工方法

（一）用临时支承组拼预制节段逐孔施工

节段划分	根据起重能力沿纵向划分节段。桥宽＜12m，单箱截面桥，横向不分隔。节段 4～6m。 ①墩顶节段：满足负弯矩要求。 ②标准节段：前跨墩顶节段与安装跨第一节段间，就地浇筑混凝土封闭接缝。拼装时出混凝土垫块调整误差
支承梁	①钢桁架导梁：设置预拱度，上弦符合桥梁纵断面高程要求。用垫片调整高程。 ②下挂式高架钢桁架：桥跨第一块中间节段的挠度倾角调整是关键。如吊装中心出现节段横向偏移，在节段下方利用手拉葫芦调整；竖直方向，用架桥机下方的钢缆吊索油缸调整

（二）移动支架逐孔现浇施工（移动模架法）[9]

定义	在可移动的支架、模板上完成一孔桥梁的全部工序。免去大型运输、吊装设备，整体性好；具有预制厂施工的优点。用于桥墩高，桥跨长或桥下净空受到约束的情况		
工序	类似预制厂施工。此外注意： ①模板不应与脚手架连接。 ②挠度超过跨径的 1/600 时，底模设预拱度＝结构自重和 1/2 汽车荷载（不计冲击力）所产生的挠度。 ③后张法，设置适当的反拱或预拱		
常见问题	挂篮与底模配置不当，接缝、线形不顺	原因	①平面尺寸不满足模板施工要求。②底模架未按箱梁断面渐变的特点采取措施。 ③侧模接缝不密贴。④挂篮模板定位时，抛高值考虑不够，前后吊带受力不均。 ⑤挂篮的模板未按桥梁纵轴线定位。⑥挂篮底模架的纵横梁连接失稳几何变形
		防治措施	①底模架平面尺寸满足操作宽度。 ②底模架断面渐变和施工预拱度，纵、横梁连接处设置活动钢绞。 ③底模架下的平行纵、横梁之间，用钢筋剪刀形布置，牢固连接。 ④校正挂篮底模架时，预留抛高量。 ⑤挂篮就位后垫稳支点，收紧后吊带、固定后锚，测量梁端高程。吊带收放均匀同步

(三)整孔吊装或分段吊装逐孔施工

吊装机具	桁式吊、浮吊、龙门起重机,汽车吊等
注意问题	①接头位置设在桥墩处(简支梁),l/5 附近(悬臂转换连续梁),接缝混凝土达到强度后张拉。 ②横向是否分隔,根据起重能力和截面确定。为加强横向刚度,梁间翼缘板有 0.5m 现浇接头。 ③先简后连,在简支梁架设时用临时支座。橡胶支座与混凝土垫块间设置硫磺砂浆,便于卸落。 ④在反弯点附近、临时支架上进行接头

1B424036 掌握桥梁上部结构悬臂施工方法[10]

(一)悬臂拼装施工

工序	预制、运输、拼装、合龙
优点	①梁体预制可与桥梁下部施工平行作业,缩短周期; ②混凝土龄期长,减少混凝土的收缩和徐变。③工厂化生产,利于质量控制
施工方法	①长线法:梁段在固定台座上浇筑,相邻段的拼合面贴合浇筑,缝面浇筑前涂隔离剂。 缺点:占地多,地基要坚实。 工序:预制场、存梁区布置→台座准备→浇筑→吊运存放、修整→外运→吊拼 ②短线法:梁段在固定台位能纵移的模内浇筑。缺点:因精度高而施工严,故周期长
梁段拼接	① 0 号块:与悬浇法相同,将 T 构支座临时固结,墩侧加设临时支架。 ②1 号块:湿接缝连接。程序:吊机就位→起吊→安铁皮管→中线测量→丈量宽度→调整铁皮管→高程测量→检查中线→固定→安模→浇混凝土→养护、拆模→张拉→下一梁段拼装 ③其他梁段拼装:胶接缝。程序:吊机就位→起吊→初步定位→检查管道接头→移开梁段→穿临时预应力筋→涂胶接材料→正式定位、贴紧梁段→张拉临时预应力筋→放松起吊索→穿永久预应力筋→张拉后移挂篮→下一梁段拼装
悬臂拼装注意要点	①拼装可依据设备和现场条件选用。用自行式、门式、水上浮吊等吊机施工。 ②墩顶梁段及桥墩顶附近梁段,用托架或膺架为支架就地浇筑。 ③保证第一个梁块的预制精度,对纵、横轴线、高程进行精确定位测量。 ④预应力悬臂梁桥,先将梁、墩临时锚固或在墩顶两侧设立临时支承,安装完毕后撤除临时支承。 ⑤悬臂吊机、缆索、浮吊悬拼安装,进行强度、刚度、稳定性验算,使安全系数大于 2.0。 ⑥对于非 0 号、1 号块件的拼装,在接缝上设置定位榫齿或钢定位器

(二)悬臂浇筑施工法

适用	大跨预应力混凝土悬臂梁桥、连续梁桥、T 型钢构桥、连续刚构桥
施工准备	①挂篮:桁架、三角斜拉带、预应力束斜拉、斜拉自锚式;行走、锚固方便可靠,质量≤规定。 ② 0、1 号块施工:扇形托架浇筑,刚度,连接紧密,螺栓旋紧,减少变形,防止下沉和裂缝。 ③临时固结:在支座两侧临时加预应力筋,梁和墩顶间浇临时混凝土垫块
注意要点	①浇筑前全面检查;②挂篮安装稳定可靠;③施工对称、平衡。 ④高程进行监测;安模后,严格核准中心位置及高程、校正中线。⑤预应力管道联结紧密、定位准确。 ⑥挂篮行走前测定已完节段梁端高程,定出中轴线。 ⑦混凝土一次或二次浇筑,自重误差均±3%;浇筑顺序按设计要求。 ⑧混凝土加入早强剂或减水剂。⑨拆模后表面凿毛。⑩大风停工。 ⑪达到设计强度 75%,穿束、张拉、压浆和封锚等工作

（三）悬臂浇筑施工流程图

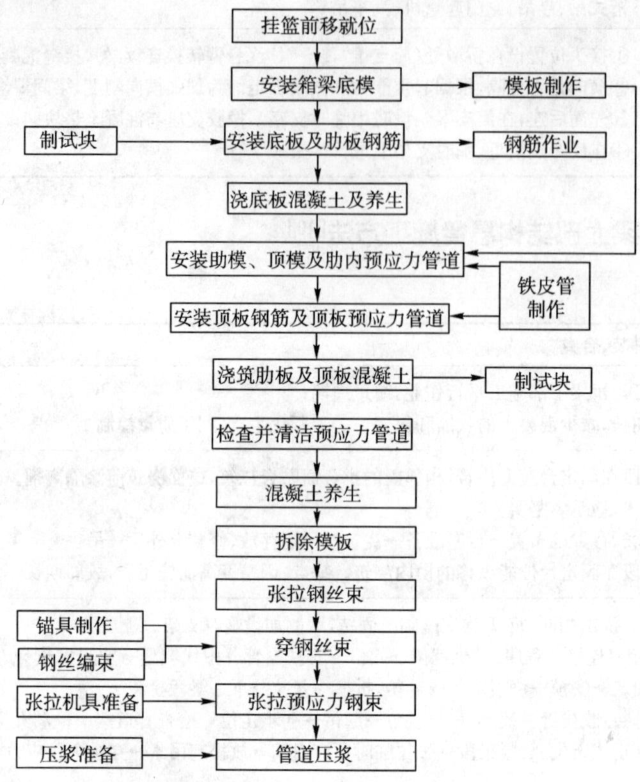

1B424037 熟悉桥梁上部结构顶推施工方法[11]

（一）顶推法施工工序

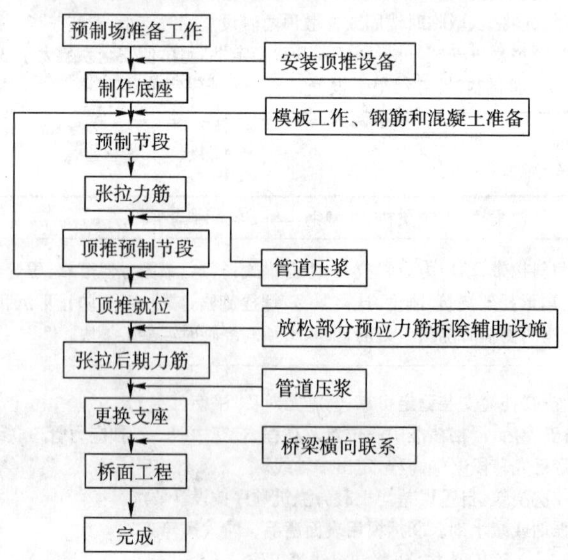

(二)顶推法施工要点

适用	中等跨径、等截面的直线或曲线桥梁
临时墩	跨径＞50m 时，设临时支墩，顶推不得发生偏斜；主航道临时墩，考虑拆除、清理航道的方案
梁段顶推	①单点顶推和多点顶推。多点间断顶推和多点自动连续顶推。 ②顶推前检验设备，各墩支承处，按要求设立滑动装置。 ③顶推前进时，按要求纠偏；顶推一个行程后用竖向千斤顶将梁顶高。 ④单点水平竖直方式顶推时，不能前进时，将顶推装置移到主梁连接段中间反力最大的临时墩上，加强该墩抗水平推力的能力

1B424038 熟悉桥梁上部结构缆索吊装施工方法[12]

适用	峡谷，水深流急河段
工序	预制拱肋(箱)和拱上结构→移运→临时固定分段拱肋→吊装合龙段拱肋→轴线调整→主拱圈合龙→拱上结构安装； 大跨径拱桥：采用正吊、正落位、正扣，索塔宽度与桥宽适应；拱肋跨度＞80m 或横向稳定安全系数＜4 时，采用双基肋合龙松索成拱的方式
注意	①对缆索设备严格检查。 ②缆风绳：a. 布置在岸上、水中或桥墩上。b. 对称布置，与拱肋轴线夹角＞45°；与地平面夹角 30°；距离＜100m。c. 测量观测，统一指挥收紧、放松。d. 每孔拱肋全部合龙、横系梁或横隔板达到强度后，方可拆除。 ③松索：按边扣索、次边扣索、起重索的顺序对称均匀进行。松索量以控制各接头高程变化＜1cm 为限。拱轴线精度：每个接头点与设计高程之差＜±1.5cm，两对称接头点相对高差＜2cm，中线偏差＜0.5～1.0cm；电焊各接头部件，全部松索成拱；大跨径分 5 段或 7 段吊装的拱肋，可留索，待拱肋接头的连接基本完成后再完成松索

附：转体施工示意图[13]。

二、考点图解

图解 1　明挖基础的施工技术

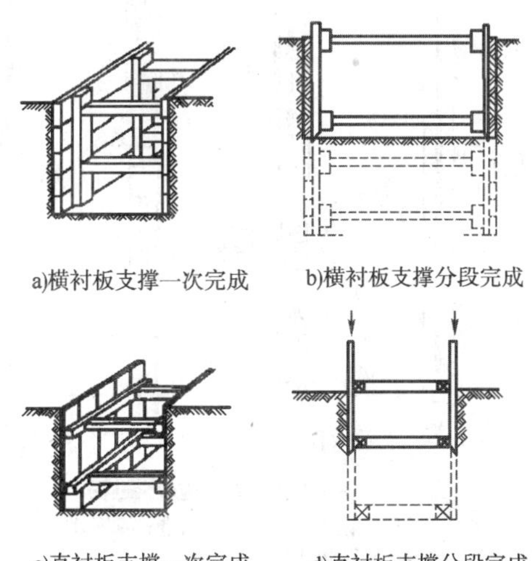

a)横衬板支撑一次完成　b)横衬板支撑分段完成

c)直衬板支撑一次完成　d)直衬板支撑分段完成

图解 2　土、石围堰施工技术(尺寸单位:m)

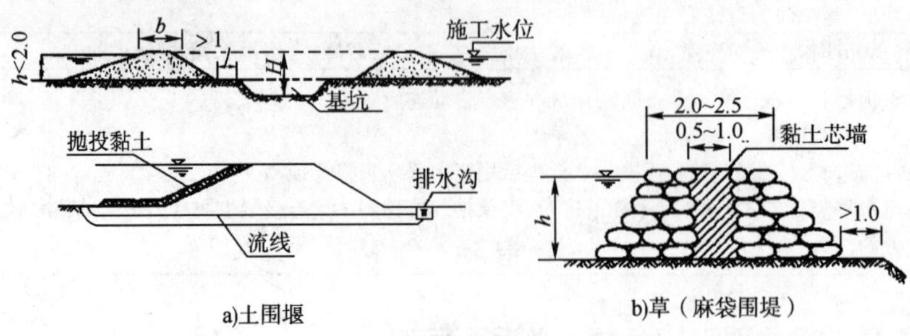

a)土围堰　b)草（麻袋围堤）

图解 3　井点排水技术

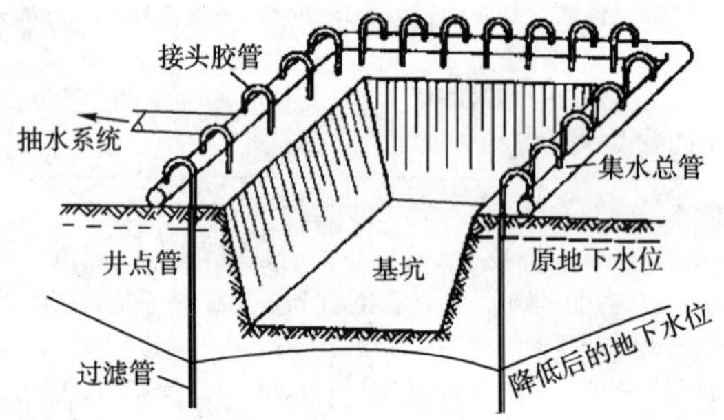

图解 4　钻孔灌注桩的施工全过程

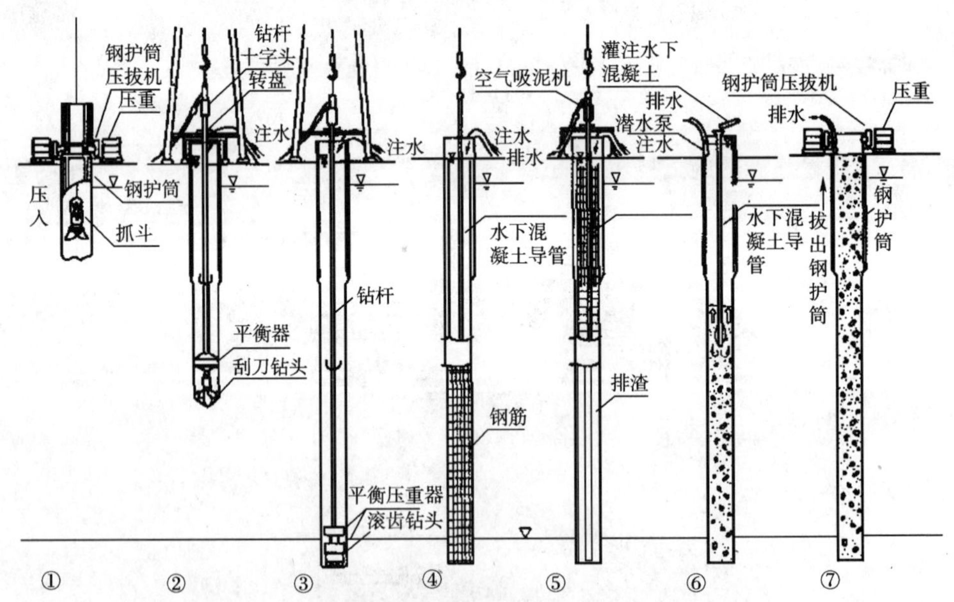

旋转式钻机钻孔灌注桩的施工全过程

①埋入钢护筒；②在覆盖层中钻进；③在岩中钻进；④安装钢筋及水下混凝土导管；⑤清孔；⑥灌注水下混凝土；⑦拔出钢护筒

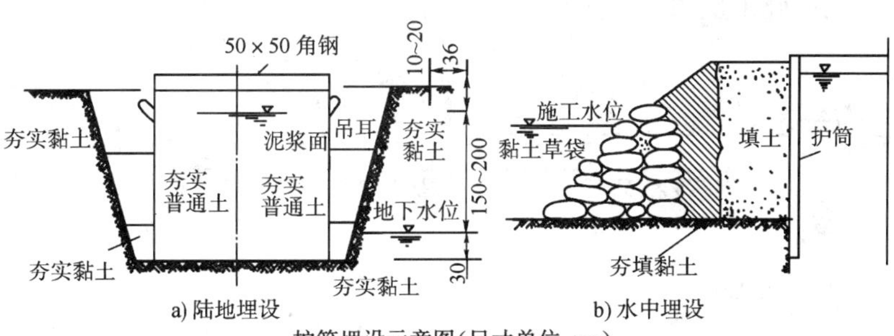

a) 陆地埋设　　b) 水中埋设

护筒埋设示意图(尺寸单位:cm)

图解 5　几种常用的钻头形式及钻孔灌注桩的几种钻孔方法

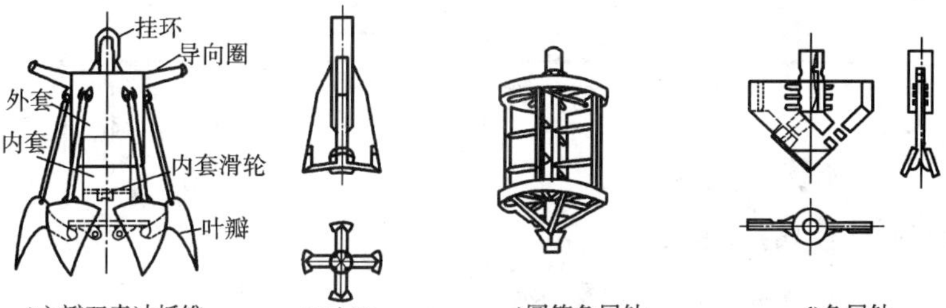

a)六瓣双索冲抓锥　b)冲锥　c)圆笼鱼尾钻　d)鱼尾钻

常用的钻头形式

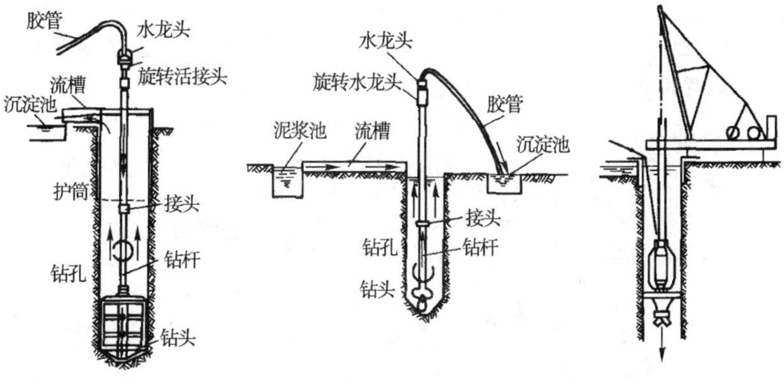

a) 正循环旋转钻施工　b) 反循环旋转钻施工　c) 潜水工程钻施工

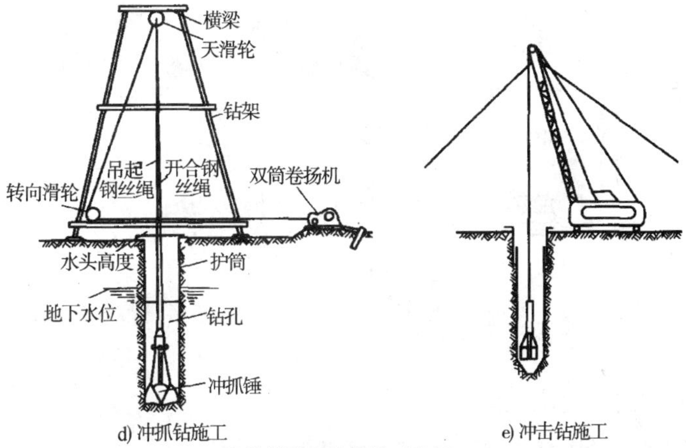

d) 冲抓钻施工　e) 冲击钻施工

几种钻孔方法的施工布置

图解 6　先张法施工重力式台座

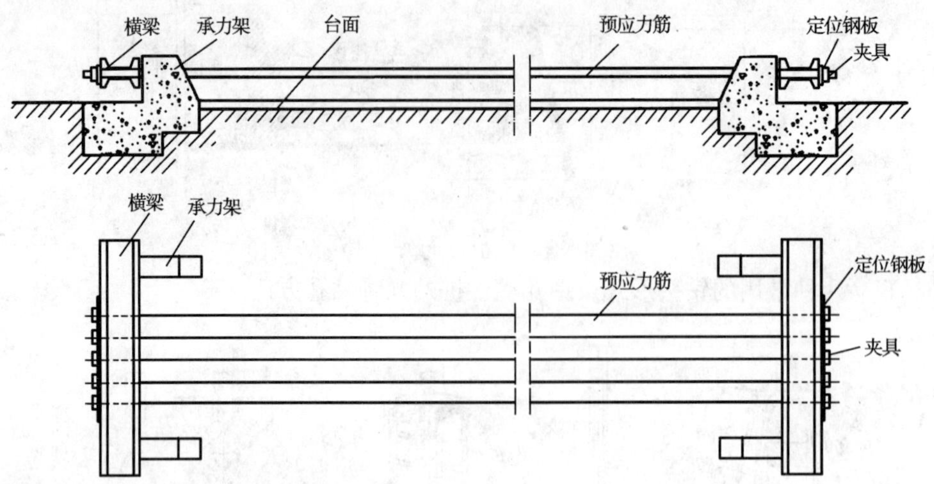

图解 7　预制梁(板)的吊装方法

桥梁预制梁(板)的吊装,大体上分为陆地吊装、水上吊装、桥上吊装三种。

(1)陆地吊装法:在地面比较平坦或在可以铺设轨道的情况下,可以采用陆地吊装方法。如自行吊机架设法(见下图)、跨墩龙门架架设法。

(2)水上吊装法:在具备通航条件的情况下,可以采用水上吊装方法。如浮运、浮吊架设法(见下图)。水上吊装法不需要铺设轨道,浮吊船运行自如,是一种比较经济的吊装方法。

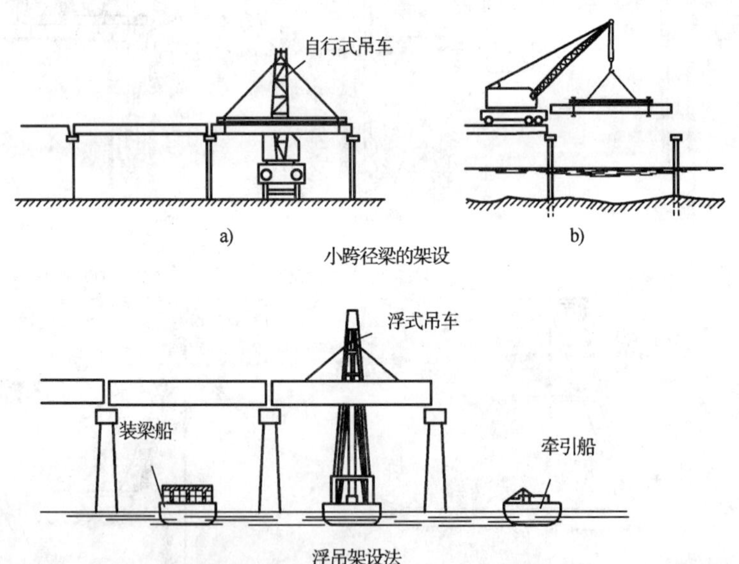

小跨径梁的架设

浮吊架设法

(3)桥上吊装法:在不具备以上两种吊装条件的情况下,只好采用桥上吊装法。如联合架桥机架设法、双导梁架桥机架设法。

图解 8　上部结构支架施工法

对于弯、坡、斜等公路异形桥,不具备预制吊装的条件,可以采用现浇梁(板)支架施工法。

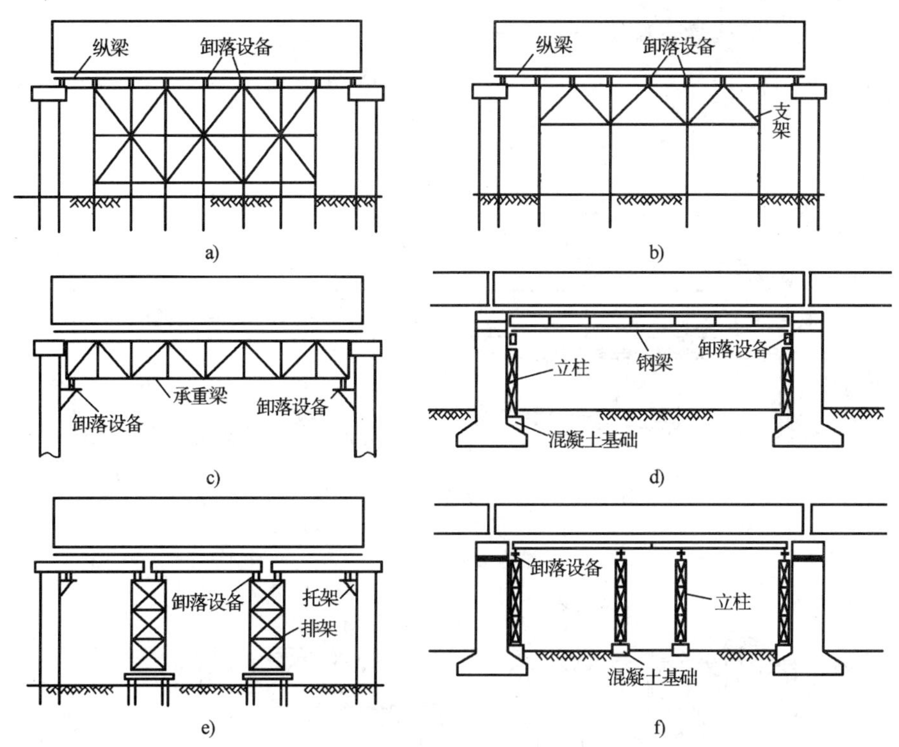

常用支架的主要构造

图解 9 移动支架逐孔施工法

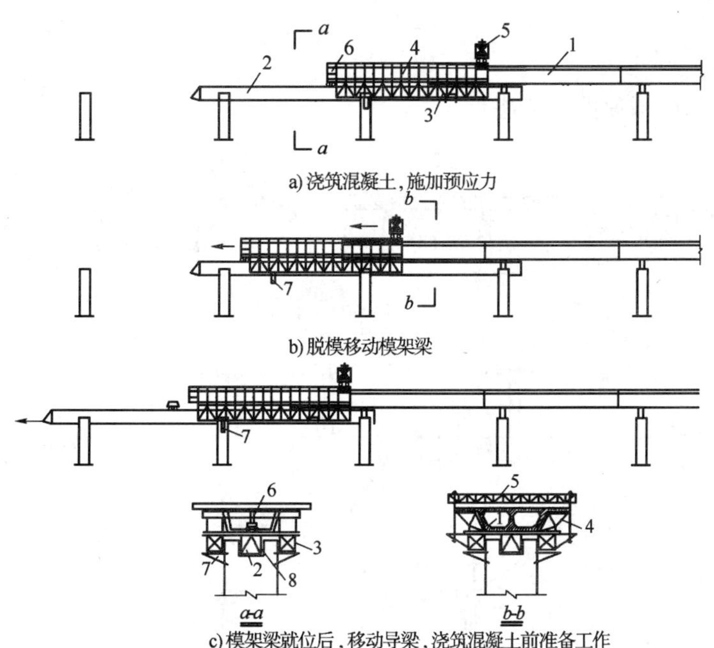

移动式模架逐孔施工法

1-已完成的梁；2-导梁；3-承重梁；4-模架；5-后端横梁和悬吊台车；6-前端横梁和支承台车；7-桥墩支承托架；8-墩台留槽

图解10　上部结构悬臂施工法

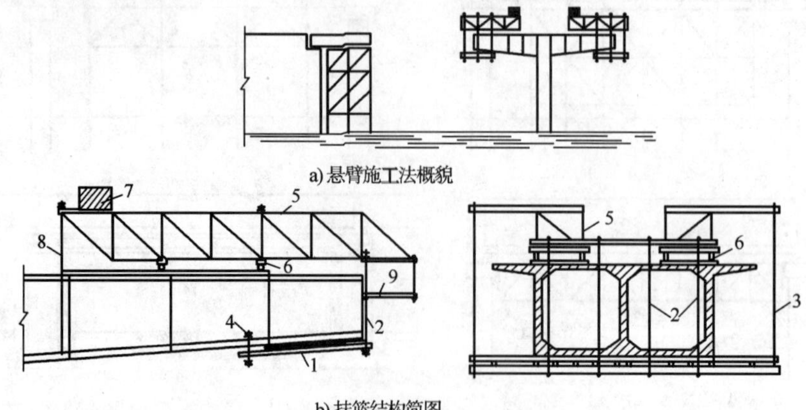

a) 悬臂施工法概貌

b) 挂篮结构简图

悬臂浇筑法施工

1-底模架；2、3、4-悬吊系统；5-承重结构；6-行走系统；7-平衡重；8-锚固系统；9-工作平台

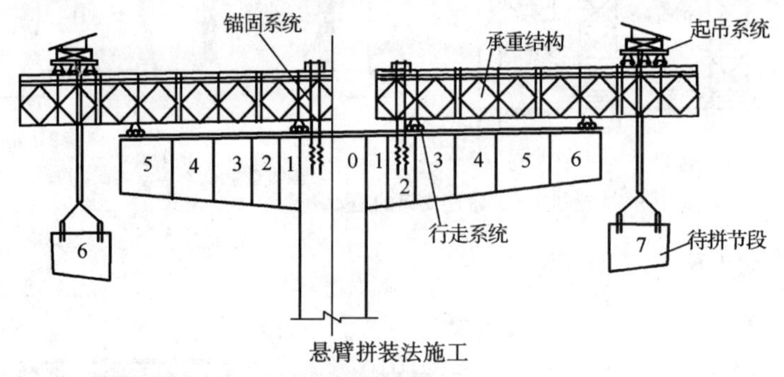

悬臂拼装法施工

图解11　上部结构顶推施工法

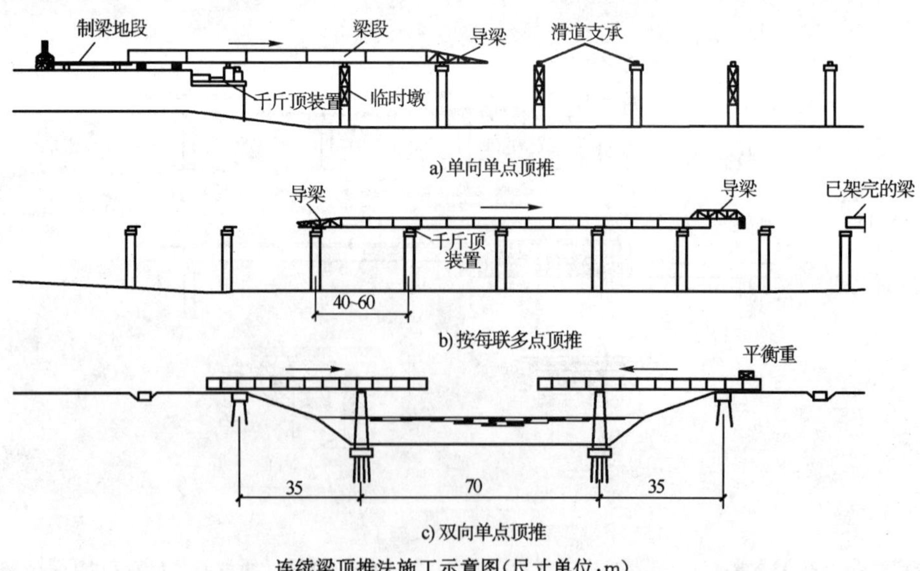

a) 单向单点顶推

b) 按每联多点顶推

c) 双向单点顶推

连续梁顶推法施工示意图（尺寸单位：m）

图解 12　上部结构缆索吊装施工法

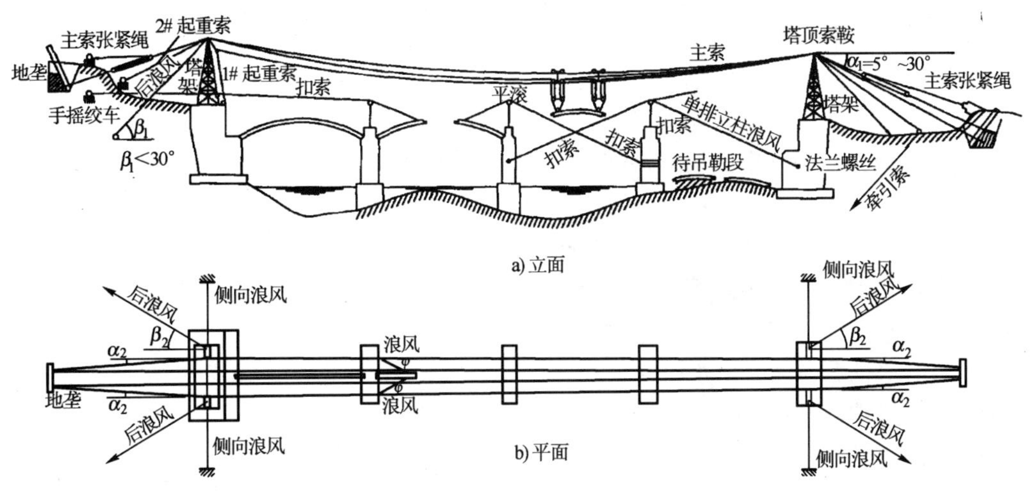

缆索吊装布置示意

图解 13　上部结构转体施工法

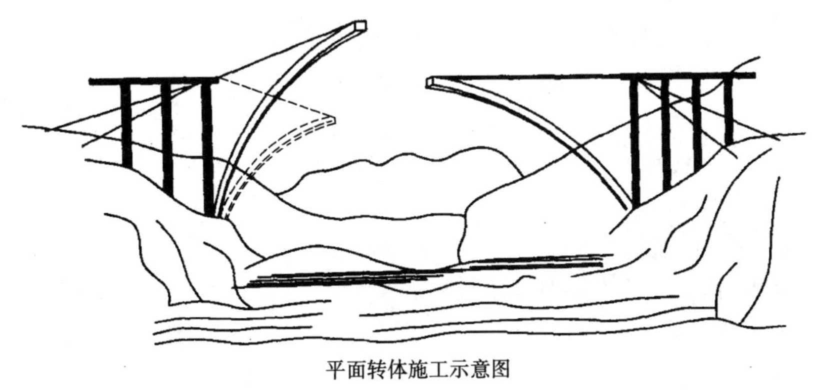

平面转体施工示意图

三、典 型 例 题

(一)单项选择题

1. 当土质较差有严重流沙现象，地下水位较高，挖基较深，坑壁不易稳定时，基坑排水应采取(　　)方法。

A. 集水坑排水法　　B. 井点排水法　　C. 冻结法　　D. 硅化法

答案：B

解析：流沙，只能用井点排水法。

2. 对于支承桩，宜采用(　　)清孔。

A. 抽浆法　　B. 换浆法　　C. 掏渣法　　D. 喷射清孔法

答案：A

解析:抽浆法清孔较为彻底。

3. 钻孔中遇有孔身偏斜，且偏斜严重时，应采取的措施是（　　）。

A. 采取深埋护筒法

B. 在偏斜处吊住钻锥反复扫孔，使钻孔正直

C. 应回填黏性土到偏斜处，待沉积密实后重新钻进

D. 适当减小水头高度或加稠泥浆

答案: C

解析:A为坍孔处理方法;B为偏斜不严重时处理方法;D为钻孔漏浆处理方法。

4. 低桩承台，当承台底层土质为松软土且能排干水施工时，施工方法为（　　）。

A. 挖除松软土，换填10～30cm厚砂砾土垫层

B. 用静水挖泥方法换填水稳性材料

C. 考虑提请监理和设计单位进行变更

D. 采用吊箱围堰施工

答案:A

解析:B为不能排干水时的处理方法;C、D均为高桩承台处理方法。

5. 大体积混凝土浇筑，为延缓凝结时间，可加入（　　）。

A. 复合型外加剂和粉煤灰　　B. 氯盐、硫酸钠

C. 减水剂　　D. 引气剂

答案: A

解析: A可以减少绝对用水量和水泥用量，从而达到延缓凝结时间的目的;B为早强剂。

6. 直行式吊机架设法适用于（　　）。

A. 孔数较多的中型梁板吊装

B. 地面有水，孔数较多的中小跨径预制梁板安装

C. 平坦无水桥孔的中小跨径预制梁板安装

D. 孔数较多的重型梁吊装

答案:C

解析:直行式吊机架设法属于地面小型吊机架设法。

7. 采用长线法进行梁段预制的优点是（　　）。

A. 成桥后梁体线性较好

B. 场地较小，浇筑模板及设备基本不需要移机

C. 可调的底、侧模便于竖曲线梁段的预制

D. 精度高，施工周期较长

答案:A

解析:BC是短线法的优点;D是长线法进行梁段预制的缺点。

8. 悬臂挂篮施工，支承吊篮底的纵、横梁的是（　　）。

A. 底模　　B. 外侧模　　C. 内模　　D. 顶模

答案:A

解析:底模才能与吊篮底的纵、横梁接触。

(二)多项选择题

1. 基坑施工中,在(　　)地质条件下可采用坑壁不加支撑的方法开挖。

A. 在干涸无水河滩、河沟中　　B. 在地下水位低于基底时
C. 施工开挖场地受到限制时　　D. 基坑壁坡不易稳定并有地下水渗入
E. 在地下水位渗量较少时

答案:ABE

解析:无支护开挖,要求地质条件较好。

2. 一般软弱地基土层加固处理方法可归纳为(　　)。

A. 换填土法　　B. 挤密土法
C. 胶结土法　　D. 土工聚合物法
E. 帷幕法

答案:ABCD

解析:E 为基坑坑壁加固方法。

3. 螺旋钻钻进方法的特点有(　　)。

A. 钻进不需要泥浆　　B. 施工简单、垂直精度高
C. 可任意选择钻井直径　　D. 噪声低,振动小
E. 垂直精度高

答案:ABDE

解析:螺旋钻钻进施工法钻进直径为 650～1 500mm。

4. 承台混凝土的浇筑中,一般的扩大基础混凝土应采用的方法是(　　)。

A. 用罐车在溜槽的协助下浇筑
B. 用大漏斗接串筒垂直浇筑
C. 必须用泵车运送混凝土入模
D. 用拌和船在墩位旁直接供应混凝土
E. 分块浇筑时,每块高度不宜超过 2m

答案:ABE

解析: C 不是必需的;D 适用于深水大型高桩承台混凝土的浇筑。

5. 对于大体积承台混凝土浇筑施工,为保证混凝土内外温差不超过 25℃,可以采取的措施是(　　)。

A. 选择适当的配合比法　　B. 预埋水管,通水冷却
C. 蓄水养护　　D. 保温保湿
E. 混凝土用日光曝晒,使内外温度一致

答案:ABCD

解析:混凝土应避免曝晒裂缝。

6. 在砖石混凝土预制块砌筑时,在砌体不高时,砌筑材料及砂浆的提升方法有(　　)。

A. 用马凳直接运送　　B. 用跳板直接运送
C. 用吊机运送　　D. 用扒杆运送

E. 用汽车运送

答案:AB

解析:CD用于砌体较高时的提升;E汽车只能水平运送。

7. 混凝土模板应符合的要求是(　　)。

A. 有足够的强度、刚度　　B. 有足够的稳定性

C. 平整、接缝严密　　D. 不易拆装

E. 尽量做成装配式构件

答案:ABCE

解析:D要拆装容易。

8. 混凝土浇筑过程中,处理离析的方法有(　　)。

A. 远距离混凝土采用翻斗车运送

B. 尽量使混凝土的自由倾落高度控制在2m以内

C. 混凝土垂直下料过高使用串筒、溜槽等辅助设施

D. 采用振动溜管设施辅助下落

E. 采用串筒、溜槽设施辅助下落

答案:BCDE

解析:A远距离混凝土采用搅拌车运送。

9. 确定预制台座的长度、数量、尺寸应该根据(　　)。

A. 梁的尺寸　　B. 梁的数量

C. 工期　　D. 吊装方式

E. 形式

答案:ABC

解析:与DE关系不大。

10. 在台座上应注明每片梁的(　　)。

A. 具体位置　　B. 方向

C. 编号　　D. 尺寸

E. 材料

答案:ABC

解析:在架梁时,不出现混乱。

11. 混凝土构件脱模后,要标明(　　)。

A. 型号　　B. 预制

C. 使用方向　　D. 使用日期

E. 厂家

答案:ABC

解析:在存放、架梁时,不出现混乱。

12. 预制梁装船的方法有(　　)。

A. 用大吨位、大伸幅的吊车将梁从岸上吊装到浮船上

B. 用大吨位、大伸幅的浮式吊机将梁从岸上吊至浮船上

C. 用栈桥码头将预制梁纵向拖拉上船

D. 用栈桥码头横移大梁上船

E. 直接在船上预制

答案:ABCD

解析:E 不采用。

13. 桥梁悬臂浇筑法适用于(　　)。

A. 大跨径的预应力混凝土悬臂梁桥　　B. 连续梁桥

C. T 形刚构桥　　D 连续刚构桥

E. 石拱桥

答案:ABCD

解析:悬臂浇筑法适用于梁式桥。

14. 桥梁悬臂浇筑法的特点是(　　)。

A 无须建立落地支架　　B. 无须用大型起重机具

C. 无须用大型运输机具　　D. 主要设备是一对能行走的挂篮

E. 不须进行体系转换

答案: ABCD

解析:E 需进行体系转换。

15. 桥梁悬臂拼装法的优点有(　　)。

A. 梁体的预制可与桥梁下部构造施工同时进行,平行作业缩短了建桥周期

B. 预制梁的混凝土龄期比悬浇法的长,从而减少了悬拼成梁后混凝土的收缩和徐变

C. 预制场或工厂化的梁段预制生产利于整体施工的质量控制

D. 无须采用起重与运输机具

E. 养生条件较好

答案:ABCE

解析:悬臂拼装法的吊装当然需要采用起重与运输机具。

16. 桥梁顶推法施工适用于(　　)。

A. 截面等高　　B. 跨径 70～80m 以内

C. 平曲线及竖曲线为同曲率　　D. 预应力混凝土连续梁

E. 箱拱桥

答案:ABCD

解析:A、E 矛盾。

17. 桥梁逐孔施工方法适用于(　　)。

A. 跨径 50m 以内　　B. 桥长大于 800m

C. 平曲线半径大于 700m　　D. 预应力混凝土等截面连续箱梁

E. 钢筋混凝土箱拱

答案:ABCD

解析:D、E 矛盾。

18. 混凝土梁预拱度理论值的计算,应考虑的因素有(　　)。

A. 钢箱的弹性变形
B. 恒载
C. 混凝土梁产生的弹塑性变形
D. 支点沉降
E. 动载

答案:ABCD

解析:不考虑动载。

19. 建筑物外露面的模板应涂(　　)。

A. 石灰乳浆
B. 肥皂水
C. 无色润滑油
D. 砂浆
E. 环氧树脂

答案:ABC

解析:脱模后,外露面美观。

20. 桥梁施工预拱度的确定,应考虑的因素是(　　)。

A. 卸架后上部物造本身及全部活载产生的竖向挠度
B. 支架在荷载作用下的弹性压缩挠度
C. 支架在荷载作用下的非弹性压缩挠度
D. 支架基底在荷载作用下的非弹性沉陷
E. 由混凝土收缩及温度变化而引起的挠度

答案:BCDE

解析:卸架后上部物造本身及活载一半所产生的竖向挠度。

四、模 拟 考 题

(一)单项选择题

1. 顶推法施工中,预应力混凝土等截面连续梁的高跨比为(　　)。

A. 1/35～1/25
B. 1/21～1/14
C. 1/16～1/12
D. 1/26～1/16

2. 主要利用自重来承受向上的竖向力的桥,是(　　)。

A. 斜拉桥
B. 连续吊桥
C. 斜交板桥
D. 装配式钢筋混凝土简支T梁桥

3. 支撑在基岩上的钻孔桩的单桩轴向受压容许承载力 P,可按此公式计算:$P=(C_1A+C_2Uh)\cdot R_a$,其中 R_a 是指(　　)。

A. 天然湿度的岩石单轴极限抗压强度
B. 地面土容许承载力随深度的修正系数
C. 根据清孔情况、岩石破碎程度等因素而定的系数
D. 桩尖以上土的密度

4. 钻孔灌注摩檫单桩轴向受压容许承载力 P,可按下列公式计算:$P=1/2(Ul\tau_p+A\delta_R)$,其中 τ_p 是指(　　)。

A. 与有效长度对应的各土层与桩壁的极限摩阻力
B. 桩壁土的平均极限摩阻力
C. 桩尖处土的容许承载力
D. 桩尖处土的极限承载力

5. 摩擦桩锤击沉桩，在桩尖处的中距不得小于桩径的（　　）。
A. 3 倍　B. 4 倍　C. 2.5 倍　D. 2.5～3.0 倍

6. 刚性基础基底应力计算，在实践中采用的公式是（　　）。
A. 按材料力学中心或偏心受压公式
B. 截面抗剪强度计算公式
C. 混凝土劈裂抗拉强度计算公式
D. 矩形受弯构件强度计算公式

7. 在非岩石地基上，基底合力偏心距验算对偏心距 e_0 的要求是（　　）。
A. 不大于基底核心半径的 0.1 倍
B. 不大于基底核心半径的 0.75 倍
C. 不大于核心半径
D. 为基底半径的 1.2～1.5 倍

8. 在检查钻孔灌注桩的钻孔倾斜度是，采用的检查方法是（　　）。
A. 查灌注前记录　B. 测孔底和孔口直径法
C. 用尺量斜坡长　D. 铅垂法测偏差

9. 梁桥重力式桥墩第一种组合是指（　　）。
A. 按在桥墩各截面上可能产生的最大竖向力的情况进行组合
B. 按桥墩各截面在顺桥方向上可能产生的最大偏心和最大弯矩的情况进行组合
C. 按桥墩各截面在横桥方向上可能产生的最大偏心和最大弯矩的情况进行组合
D. 按桥墩各截面在横桥方向上可能产生的最大偏心的情况进行组合

10. 梁桥重力式桥墩组合中，用来验算在横桥方向上的墩身强度基底应力的是（　　）。
A. 第一种组合　B. 第二种组合
C. 第三种组合　D. 第四种组合

11. U 形桥台背墙及台身的作用是（　　）。
A. 满足支座布置和局部承压需要的作用
B. 兼有挡土墙和支撑墙的作用
C. 承受单向较大水平推力的作用
D. 提高抵抗水平推力的作用

12. 当墩的一侧桥孔遭到破坏后，可以通过另一侧拱座上的竖向分力与悬臂长所构成的稳定力矩来平衡由拱的水平推力所导致的倾覆力矩，此桥墩为（　　）。
A. 带三角杆件的推力墩　B. 悬臂式单向推力墩
C. 重力式普通墩　D. 重力式制动墩

13. 构件吊装时，下列叙述不正确的是（　　）。
A. 方向水平分层堆放　B. 标志向内

C. 板梁平放　　D. 不超过三层

14. 对地面有水，孔数较多的中小跨径预制梁板安装一般采用（　　）。

A. 自行式吊机架设法　　B. 简易型钢导梁架设法

C. 联合架桥机架设法　　D. 跨墩龙门架架设法

15. 跨墩龙门架架设法适用于（　　）。

A. 无水或浅水河滩，孔数较多的中型梁板安装

B. 平坦无水桥孔的中小跨径预制梁板安装

C. 地面有水，孔数较多的中小跨径预制梁板安装

D. 孔数较多的中型梁板吊装

16. 采用短线法进行梁段预制的优点是（　　）。

A. 场地较小，浇筑模板及设备基本不需要移机，可调的底、侧模便于平竖曲线梁段的预制

B. 精度要求高，施工要求严，施工周期相对较长

C. 台座固定可靠，成桥后梁体线性较好

D. 占地较大，地基要求坚实

17. 采用悬臂浇筑法施工时，上挂篮前必须是浇筑完成并张拉的是（　　）。

A. 0 号块、1 号块　　B. 1 号块、2 号块

C. 2 号块、3 号块　　D. 3 号块、4 号块

（二）多项选择题

1. 群桩的布置可采用（　　）。

A. 对称形　　B. 梅花形

C. 环形　　D. 三角形

E. 多边形

2. 在设计刚性基础基底合力偏心距时应（　　）。

A. 尽可能使基底应力分布比较均匀

B. 对非岩石地区以不出现拉应力为原则

C. 应使合力通过基底的中心，得到均匀的应力

D. 避免基底两侧应力相差过大

E. 岩石地区应以不出现拉应力为原则

3. 必须验算基础的沉降，且使其不大于规定容许值的情况有（　　）。

A. 修建在地质情况复杂、地层分布不均或强度较小的软黏土地基及湿陷性黄土上的基础

B. 修建在非岩石地基上的拱桥超静定结构的基础

C. 当相临基础下地基土强度有显著不同或相临跨度相差悬殊而必须考虑其沉降时

D. 对于跨线（主要指跨铁路）桥、跨线渡槽要保证桥下净空高度时

E. 修建在非岩石地基上的连续梁桥超静定结构的基础

4. 桥梁刚性基础的特点是（　　）。

A. 整体性较好　　B. 稳定性好

C. 能承受较大的荷载　　D. 抗弯刚度较大

E. 埋置深度小

5. 桥梁桩基础的特点有（　　）。

A. 埋置深度大　　B. 承载力高

C. 有较大的承载面积　　D. 沉降量小而均匀

E. 稳定性好

6. 对墩、台身砌体实测项目，下列说法正确的是（　　）。

A. 检查轴线偏位时，用经纬仪测量纵、横各 2 点

B. 检查墩台的长、宽时，用 2m 直尺检查

C. 竖直度或坡度，用垂直线或经纬仪测量纵、横各 2 点

D. 大面积平整度，用 2m 直尺检查

E. 大面积平整度，用平整度仪检查

7. 大体积构件浇筑实测项目包括（　　）。

A. 混凝土强度　　B. 断面尺寸

C. 结构高度　　D. 大面积平整度

E. 抗滑系数

8. 属于梁桥重力式桥墩第三种组合的有（　　）。

A. 横向风力　　B. 流水压力

C. 冰压力　　D. 纵向风力

E. 水压力

9. 重力式桥墩的组成部分有（　　）。

A. 墩帽　　B. 墩身　　C. 基础　　D. 背墙　　E. 回填物

10. 柔性排架桩墩的主要特点是（　　）。

A. 将上部结构传来的水平力传递到全桥的各个柔性墩台上

B. 减少单个柔性墩所受到的水平力

C. 减小桩墩截面

D. 构成四铰框架

E. 增加了垂直压力

11. 构件吊装前，在墩台面上应放出（　　）。

A. 梁后纵向中心线　　B. 支座纵横中心线

C. 梁板端位置横线　　D. 每片梁板的具体位置

E. 缆索中心线

12. 桥梁悬臂挂篮按行走方式可分为（　　）。

A. 滑移式　　B. 压重式　　C. 滚动式　　D. 自锚式　　E. 移动式

13. 桥梁悬臂挂篮按平衡方式可分为（　　）。

A. 滑移式　　B. 压重式　　C. 滚动式　　D. 自锚式　　E. 移动式

14. 桥梁悬臂挂篮由（　　）组成。

A. 主桁架锚固　　B. 平衡架

C. 吊杆与工作平台　　D. 纵横梁

E. 吊车

15. 桥梁采用悬拼法施工时，梁段预制方法可分为（　　）。

A. 长线法　B. 短线法　C. 先张法　D. 后张法　E. 卧式预制

16. 采用长线法进行梁段预制的缺点是（　　）。

A. 占地较大
B. 地基要求坚定
C. 混凝土的浇筑和养护分散
D. 精度要求高
E. 程序复杂

17. 桥梁采用顶推法施工时，确定预制、顶推方案的依据是（　　）。

A. 桥跨数量
B. 设备条件
C. 场地情况
D. 工期要求
E. 劳动力要求

18. 桥梁梁段浇筑可根据条件及技术要求采取（　　）。

A. 一次全断面浇筑
B. 底板、腹顶板两次浇筑
C. 底、腹、顶板三次浇筑
D. 底板、顶板两次浇筑
E. 以上四种都可用

19. 桥梁位移、挠度及沉降的监测可利用（　　）。

A. 水准仪
B. 经纬仪
C. 水平标尺
D. 垂直标尺
E. 平整度仪

20. 桥梁应力、应变的测试，采用（　　）等仪器进行测试。

A. 传感元件
B. 电阻应变仪
C. 水准仪
D. 经纬仪
E. 平整度仪

（三）案例题

案例 1

前进路桥公司将一座中桥基础的施工任务分包给某分包商施工，该桥共有五跨。A、F 两桥台位于干枯无水河滩，地下水位低于基底，属砂类土。B、E 两桥墩基坑坑壁土质不稳定，并有地下水的影响；同时，基底有不良土层。C、D 两桥墩为基础边长 5m、深度 10m 的较大土质基坑，且地下水渗流不太严重。

问题：

1. 请提出这 6 个基坑的开挖方案及施工中应当注意的问题。
2. 如果施工中遇到地下水（无流沙和有流沙两种情况），请制定基坑的排水方案。
3. 针对 B、E 基坑基底的不良土层，有哪些处理方案？

案例 2

某路桥公司承接一座桥梁施工任务，该桥有 A、B、C 三个承台，承台底（以下）土质状况如下：A 为低桩承台，承台底土质为松软土，且基坑开挖后不能排干水；B 为高桩承台，承台底以下河床为松软土；C 为高桩承台，承台底以下土层承载力小于 0.15Hkg/cm²[H 为水中封底混凝土厚度 (m)]，且围堰内水不易排干，填砂砾不能支承封底混凝土的重量。

问题：

1. 请提出 A、B、C 这三个承台的施工方案。

2. 承台模板及钢筋施工中应当注意哪些问题？

3. 承台混凝土的浇筑(泵送混凝土)应当注意哪些问题？

案例 3

通达路桥公司承接一座桥梁的施工任务，技术员针对 1 130m 高的钢筋混凝土矩形桥墩(空心)的钢筋、模板施工，提出了以下施工方案：

①在承台顶面准确放出墩台边线，在边线上标出主钢筋的位置。

②将加工好的钢筋运至工地现场绑扎，在配置第一层垂直筋时，应使其有相同的长度。随着绑扎高度的增加，用圆钢管搭设绑扎脚手架。

③由于具备吊装条件，事先加工成钢筋网片，将钢筋网片整体吊装焊接就位。

④为保证模板拼装质量，所有模板均在脚手架上拼装。依据吊装能力，将标准钢模组合成分块模板片，板片高度及宽度视墩台身尺寸而定。

⑤用夹具将工字钢立柱和板片横向连接，竖向用销钉和槽钢横肋，将一面模板连成整体，校正定位，支撑牢固。

⑥为便于操作，端头模板要和墙面模板分别安装、支撑。

⑦为保证模板的使用性能，模板必须有足够的强度，事先进行认真的设计。

⑧施工脚手架用螺栓连接在立柱上，立柱下部设置可调斜撑，以确保模板位置的正确。

问题：

1. 请指出上述施工方案存在的问题并加以改进。

2. 对该桥墩的混凝土施工有哪些要求？

案例 4

某路桥公司承接一座桥梁施工任务，该桥共有 10 跨，且跨径不完全相同。其中，两边跨跨径 10m(为小跨径)，地面平坦无水。其余 8 跨为 40mT 形梁(为重型梁)。

问题：

1. 请提出预制梁的吊装方案。

2. 预制梁(板)的吊装方案还有哪些，分别适用于哪些情况？

模拟考题答案

(一)单项选择题答案：

1. C	2. B	3. A	4. B	5. A	6. A	7. C	8. A	9. A	10. C
11. B	12. B	13. B	14. B	15. A	16. A	17. A			

(二)多项选择题答案：

1. ABC	2. ABD	3. ABC	4. ABCE	5. ABD
6. ACD	7. ABCD	8. ABC	9. ABC	10. ABC

11. ABCD　12. AC　13. BD　14. ABCDE　15. ABE
16. ABC　17. ABCD　18. AB　19. ABCD　20. AB

（三）案例题答案：

案例1答案：

1. 基坑开挖方案：

(1)由于A、F两桥台位于在干枯无水河滩，地下水位低于基底，属砂类土。由于坑顶无荷载，可以采用“无支护加固坑壁”的基坑开挖方案。基坑平面尺寸比基础的平面尺寸增宽0.5～1.0m；坑壁坡度采用1∶1。

施工中应当注意：

①基坑开挖前应做好地面排水，在基坑顶缘四周设向外排水坡，并在适当距离设截水沟，且应防止水沟渗水，以免影响坑壁稳定；

②坑缘边应留有0.5m的护道，堆置弃土的高度不得超过1.5m；

③施工时应注意观察坑缘顶地面有无裂缝，坑壁有无松散塌落现象发生，确保安全施工；

④自基坑开挖至基底完成，应抓紧连续不断施工；

⑤机械开挖至坑底时保留不小于30cm的厚度，待基础浇筑之前，再人工挖至基底高程。

(2)由于B、E两桥墩基坑坑壁土质不稳定，并有地下水的影响。在基坑开挖时，须用木挡板支护坑壁。支护形式有：垂直挡板式、水平挡板式及垂直挡板与水平挡板混合式。

施工中应当注意：

①挡板支护坑壁要根据坑壁的土质情况，采取挡板紧密铺设或间隔铺设，一次挖成或分段开挖，但每次开挖不宜超过2.0m。

②挡板与坑壁间的空隙应用原土填实，使挡板与土壁严密接触。

③施工过程中应随时检查挡板及支撑的变形情况；对已变形或受力过大的支撑，应随即加固或更换。

④施工中注意防止碰撞横撑。

⑤换移新撑时应先支新撑再换旧撑。

⑥施工完毕后，按立木或直挡板分段分层逐步进行，拆除一段(或一层)并经回填夯实后再拆下一段，直到地面。

(3)由于C、D属于较大的土质基坑，且地下水渗流不太严重，须采用混凝土加固坑壁的措施。

2. 基坑排水方案：

(1)如果无流沙现象，采用集水坑排水法。根据渗水量设置多个集水坑，再利用水泵将水排除坑外，以保证基坑中间部分处于干处。

(2)如果有流沙，则采用井点排水法。根据计算公式及以往经验确定井点的数量、间距、深度。一般将井点布设于基坑一侧或两侧，甚至布置成双层二级。

3. 针对B、E基坑基底不良土层的处理方案：

根据具体情况，可以采用：①换填法：②桩体挤密法；③强夯法：④粉体喷射搅拌法。

案例2答案：

1. A、B、C这三个承台的施工方案

A为低桩承台，承台底层土质为松软土，且基坑开挖后不能排干水。用静水挖泥方法换填水稳性材料，立模灌注水下混凝土封底后，再抽干水，灌注承台混凝土。

B 为高桩承台，承台底以下河床为松软土。可先打板桩围堰，在板桩围堰内填入砂砾至承台底面高程。填砂时视情况决定，可抽干水填入或静水填入，要求能承受灌注封底混凝土的重量。

C 为高桩承台，底层土承载力小于 $0.15H\text{kg/cm}^2$，且围堰内水不易排干，填砂砾不能支承封底混凝土的重量。需提请监理进行变更设计，或降低承台到能承受封底混凝土重量的土层上，或提高承台采用吊箱围堰施工。

2. 承台模板及钢筋施工中应注意的问题

①模板：在设置模板前应按前述做好承台底的处理，破除桩头，调整桩顶钢筋，做好喇叭口。模板采用组合钢模，纵、横楞木采用型钢；施工前进行详细的模板设计，以保证使模板有足够的强度、刚度和稳定性，能可靠地承受施工过程中可能产生的各项荷载，保证结构各部形状、尺寸的准确。模板要求平整，接缝严密，拆装容易，操作方便；先拼成若干大块，再由吊车或浮吊（水中）安装就位，支撑牢固。

②钢筋：钢筋制作严格按规范及图纸的要求进行，墩身的预埋钢筋位置要准确、牢固。

3. 承台混凝土的浇筑应注意的问题

①混凝土的配制，除满足规范及图纸的要求外，还要满足泵送混凝土对坍落度的要求。为改善混凝土的性能，根据具体情况掺加合适的混凝土外加剂。

②混凝土的拌和采用拌和站集中拌和，由混凝土泵直接在岸上泵入。

③混凝土浇筑时要分层，分层厚度要根据振动器的功率确定，要满足技术规范的要求。

④由于承台为大体积混凝土，采取降低水化热、防止混凝土开裂等措施。

⑤混凝土浇筑后要适时进行养生，尤其是体积较大、气温较高时要特别注意防止混凝土开裂。混凝土强度达到拆模要求后再进行拆模。

案例 3 答案：

1. 上述钢筋、模板的施工方案，应作如下改进：

①在承台顶面准确放出墩台中线和边线，考虑混凝土保护层后，标出主钢筋就位位置。

②将加工好的钢筋运至工地现场绑扎，在配置第一层垂直筋时，应使其有不同的长度，以符合同一断面钢筋接头的有关规定。随着绑扎高度的增加，用圆钢管搭设绑扎脚手架，做好钢筋网片的支撑并系好保护层垫块。

③……。

④为加快进度、保证质量及安全，使用拼装式模板修筑矩形墩时，可视吊装能力，分节组拼成整体模板。

⑤用夹具将工字钢立柱和板片竖向连接，横向用销钉和槽钢横肋，将一面模板连成整体，安装就位，用临时支撑支牢。待另一面模板吊装就位后，用圆钢拉杆外套塑料管并加设锥形垫，外加垫块螺帽，内加横内撑，将两面模板横向连成整体，校正定位。

⑥端头模板要和墙面模板牢固连接，认真采取支撑、加固措施，防止跑模、漏浆。

⑦为保证模板的使用性能和吊装时不变形，模板必须有足够的强度、刚度和稳定性，事先要进行认真的设计。

⑧……。

2. 对该桥墩混凝土的施工要求：

拌和：统筹安排混凝土拌和站的位置；拌和站的拌和能力必须满足施工需要；原材料质量、混凝土施工配合比、坍落度等必须符合设计要求。

运输：水平运输，视运距远近和方量大小可选用手推车、轻便轨道活底斗车、自卸汽车或混凝土拌和车。垂直运输，常用各种吊机、扒杆、吊架、混凝土泵、混凝土泵车及皮带输送机等进行高墩台的混凝土浇筑。由于墩身高度较大，混凝土下落高度超过 2m 时，要使用漏斗、串筒。

浇筑混凝土：

(1)混凝土浇筑前应将模板内杂物、已浇混凝土面上泥土清理干净，模板、钢筋检查合格后，方可进行混凝土的浇筑。拼装式模板应分层支撑、分层浇筑，在浇筑第一层混凝土时，于墩台身内预埋支承螺栓，以支承第二层模板的安装和混凝土的浇筑。

(2)浇筑空心高墩台混凝土，宜搭设内脚手，并兼作提升吊架。

(3)混凝土应分层、整体、连续浇筑，逐层振动密实，轻型墩台需设置沉降缝时，缝内要填塞沥青麻絮或其他弹性防水材料，并和基础沉降缝保持顺直贯通。

(4)混凝土浇筑时要随时检查模板、支撑是否松动变形，预留孔、预埋支座钢板是否移位，发现问题要及时采取补救措施。

(5)混凝土浇筑完成后应适时覆盖洒水养生，预松模板拉杆透水养生，拆模后也可采用喷洒养生剂、圈套塑料养生。

(6)为防止出现混凝土裂缝，施工时应认真进行混凝土配合比设计，严格计量投料，精心施工，重视养生。为保持其墙体的稳定，混凝土浇筑后，要抓紧安排支撑梁混凝土的施工，以及上部构件的吊装，使整个构造物件早日形成受力框架。

案例 4 答案：

1. 预制梁的吊装方案

(1)两边跨的吊装方法

由于两边跨为平坦无水的小跨径预制梁，采用自行式吊机架设法。即直接用吊车将运来桥孔的预制梁吊放到安装位置上。根据吊机的吨位，可以采用一台吊机架设法，或两台吊机架设法。

(2)8 跨为 40mT 形梁的吊装方法

由于 40mT 形梁属于重型梁，采用双导梁架桥机架设法。即：将轨道上拼装的架桥机推移到安装孔，固定好架桥机后，将预制梁由平车运至架桥机后跨，两端同时起吊，横移小行车置于梁跨正中并固定，将梁纵移到安装跨，固定纵移平车，用横移小平车将梁横移到设计位置下落就位；待一跨梁全部吊完，小行车置于梁跨正中并固定，将梁纵移到安装跨，固定纵移平车，用横移小平车将移平车退到后端，前移架桥机，拆除前支架与墩顶连接螺栓，把前支架挂在鼻架上。重复上述程序进行下一跨梁的安装。

2. 预制梁(板)的吊装还有以下方案：

(1)简易型钢导梁架设法：它适用于地面有水，孔数较多的中小跨径预制梁(板)安装。

(2)联合架桥机架设法：它适用于孔数较多的中型梁(板)吊装。

(3)跨墩龙门架架设法：它适用于无水或浅水河滩，孔数较多的中型梁(板)安装。

(4)浮运、浮吊架梁：它适用于具有通航条件的大型桥梁吊装。

1B424040 隧道工程施工方法

一、知识体系归纳

1B424041 掌握隧道爆破中的炮眼布置及爆破方法

(一)隧道爆破开挖中的炮眼布置[1]

掏槽眼	掏出一个小型槽口,形成临空面。 掌握“三度”(深度、密度、斜度);①斜眼掏槽;②直眼掏槽
辅助眼	扩大槽口体积和爆破量,由内向外,逐层布置,逐层起爆。 由炮眼间距 E 和最小抵抗线 V 确定,$E/V=0.6\sim0.8$
周边眼	成型。与辅助眼落在同一垂直面上

(二)爆破方法

光面爆破	合理选择周边眼间距和最小抵抗线;起爆顺序:掏槽眼→辅助眼→周边眼→底板眼
预裂爆破	起爆顺序:周边眼→掏槽眼→辅助眼→底板眼
毫秒爆破法	使作用力叠加,对围岩振动小。方法:毫秒雷管和毫秒起爆器起爆;毫秒雷管起爆

1B424042 掌握盾构法施工方法[2]

(一)构造:盾构壳体、推进系统、拼装系统、出土系统等四大部分

按断面,分为圆形、拱形、矩形和马蹄形四种。其中圆形应用较广泛。

按开挖方式,分为手工挖掘式、半机械挖掘式和机械挖掘式三种。

按前部构造,分为敞胸式和闭胸式两种。

(二)盾构法隧道衬砌

两层:第一层,推进时在盾尾内进行拼装的一次衬砌;第二层,内侧浇筑的二次衬砌。

1B424043 掌握新奥法施工方法[3]

施工顺序		开挖后,及时修筑一层柔性薄壁衬砌[4](一衬),围岩稳定后,做防水层及第二次衬砌
基本原则		少扰动,早喷锚,勤量测,紧封闭
隧道开挖[5~8]	全断面开挖	①优缺点:适于大型机械施工,速度快,爆破对围岩的震动次数少,利于围岩稳定。但开挖面大,围岩相对稳定性降低,每循环工作量大,爆破震动强度大,要严控爆破设计。 ②注意:摸清前方地质情况,机械配套。对软弱破碎围岩,加强辅助施工方法设计和作业检查,以及支护后围岩的动态量测与监控
	台阶开挖	①优缺点:有足够工作空间和适当速度,利于开挖面稳定。但上下部作业有干扰。 ②注意:台阶长度适当,解决好上、下半断面作业干扰问题
	分部开挖	①优缺点:增强围岩稳定性,易于局部支护,适用于围岩软弱破碎严重或断面较大的隧道。导坑超前开挖,利于探明地质情况。但工序干扰大,增加了扰动次数,管理难,速度慢。 ②注意:组织协调,统一指挥,加强开挖控制,争取大断面开挖,减少扰动和破坏

续上表

喷混凝土	分段、分片由下而上进行，每段＜6m，初喷厚度≥4～6cm；爆破距喷完时间≥4h；格栅钢架用 HRB335、R235级钢筋，直径≥22mm
锚杆支护	初喷及时进行，钻孔与岩层结构面垂直，注浆开始或中途暂停超过 30min，用水润滑浆罐及管路。注浆孔口压力＜0.4MPa
二次衬砌	围岩、锚杆支护变形基本稳定后进行，二衬混凝土允许间歇时间符合要求
养护	硅酸盐水泥≥7d，有外加剂或抗渗要求，≥14d

1B424044 掌握矿山法施工方法

（一）传统的矿山法施工程序

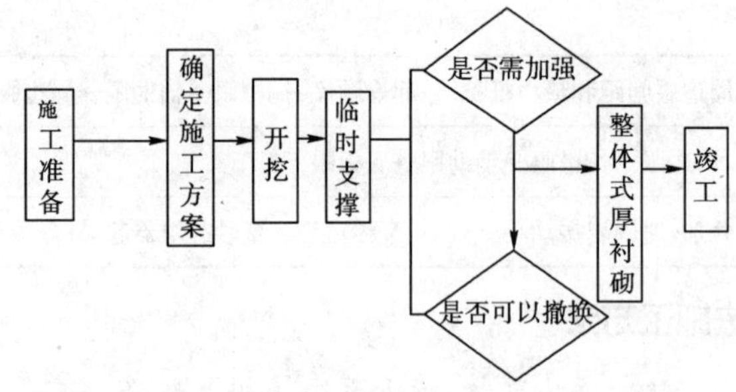

（二）传统的矿山法施工要点

原则	少扰动，早支撑，慎撤换，快衬砌
开挖	①先墙后拱（顺作）：开挖成型后，由下至上施作混凝土衬砌。 ②先拱后墙（逆作）：上部开挖成形并作拱部衬砌后，再开挖下部并作边墙衬砌
构件支护架设	①根据中线、水平、坑道断面和预留沉落量等将构件支护在中线方向的垂直面，整齐，牢固。 ②支护与围岩间用板、楔块顶紧，填塞密实。 ③防止下沉，洞口导坑支护排架，伸出洞外 3～5m，架设间距，80～120cm。 ④开挖漏斗时，临时加固下导坑支护；抑拱开挖前，架设横撑顶紧两侧墙脚，防止边墙内挤。 ⑤经常检查，抽换时“先顶后拆”；拆除下导坑支护，由里向外倒退拆除
辅助施工	地面砂浆锚杆；超前锚杆或超前小钢管支护；管棚钢架超前支护；超前小导管预注浆；超前围岩预注浆加固
模筑衬砌	①拱圈，从两侧拱脚向拱顶对称进行，间歇及封顶的层面成辐射状。 ②先拱后墙法，筑拱圈前将拱脚支承面找平；先做拱圈时，拱脚下预留钢筋接头，使拱墙连成整体。 ③边墙扩大基础的扩大部分及仰拱拱座，结合边墙施工一次完成；先拱后墙时，边墙混凝土应尽早浇筑。 ④拱圈封顶，随拱圈浇筑及时进行，仰拱结合拱圈施工抓紧进行，使结构尽快封闭。 ⑤拱墙背后空隙回填密实，与衬砌同时施工；衬砌养护 7～14d；衬砌用防水混凝土

1B424045 熟悉全断面掘进机施工方法

特点	作业人员少，进度快，粉尘、有害气体含量低，对围岩扰动小，成洞质量好。设备投资大，对地质条件依赖性大
掘进机	硬岩（抗压强度＞150MPa）一般不用，中硬岩（150～80MPa）最宜，软岩需特殊装置机
工艺	常规洞口处理→零（部）件组装→先钻爆法掘进机身长度，混凝土支护洞壁→风、水、电、激光定向点等引入洞内→整机移入洞内→完成刀盘一次掘进全过程

二、考点图解

图解 1　某隧道爆破开挖的炮眼布置方法

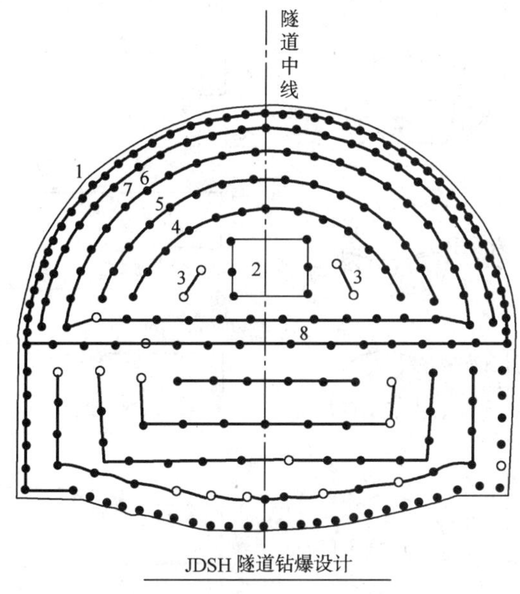

JDSH 隧道钻爆设计

1-周边眼；2-掏槽眼；3~8-辅助眼

图解 2　西安地铁隧道盾构机工作示意图

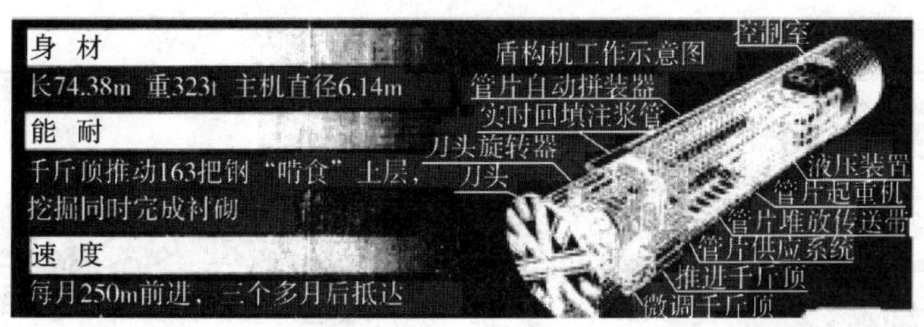

图解 3　隧道新奥法开挖断面施工方法

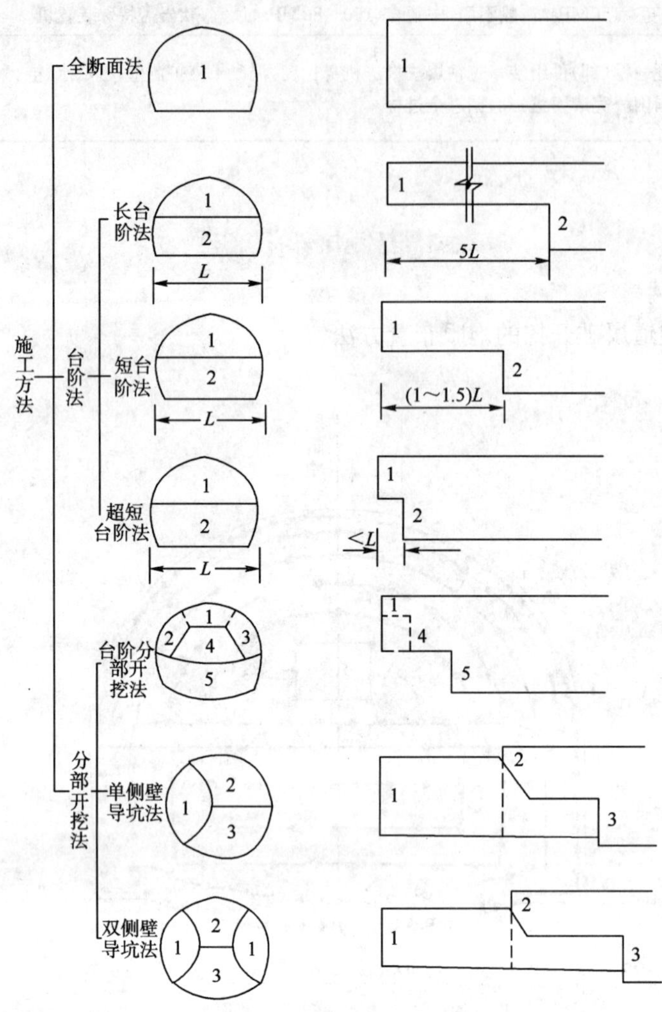

图解 4　隧道混凝土衬砌施工方法（向上灌注拱顶施工方式）

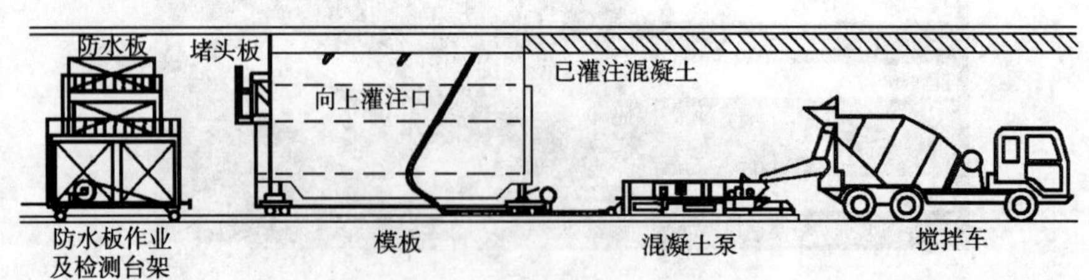

图解 5　隧道涌水处理方法

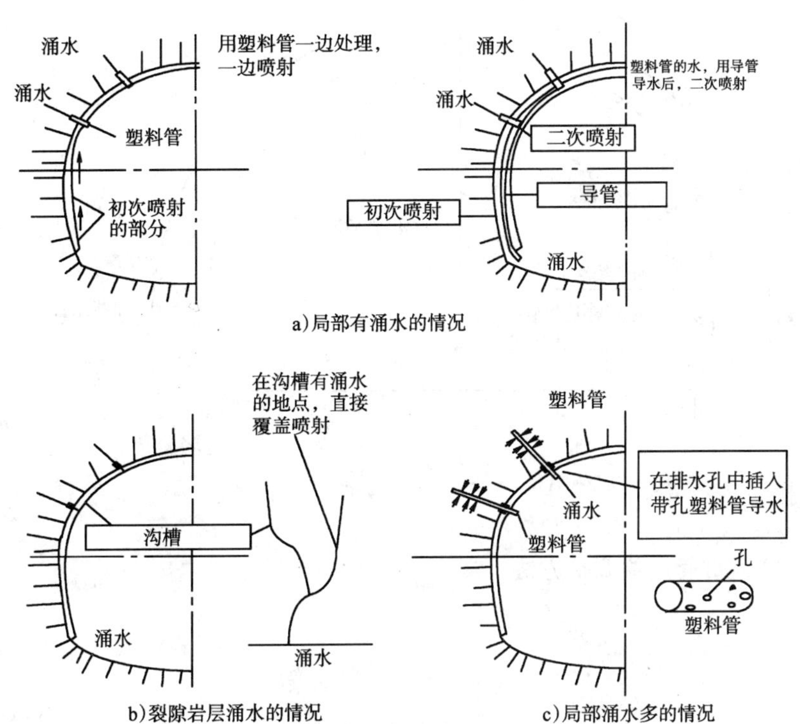

a)局部有涌水的情况

b)裂隙岩层涌水的情况　　c)局部涌水多的情况

图解 6　隧道洞口塌方处理方法

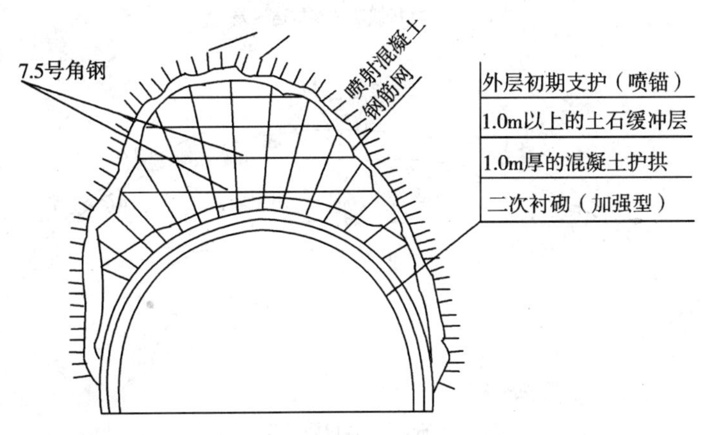

图解 7　隧道风、水、电管线布置

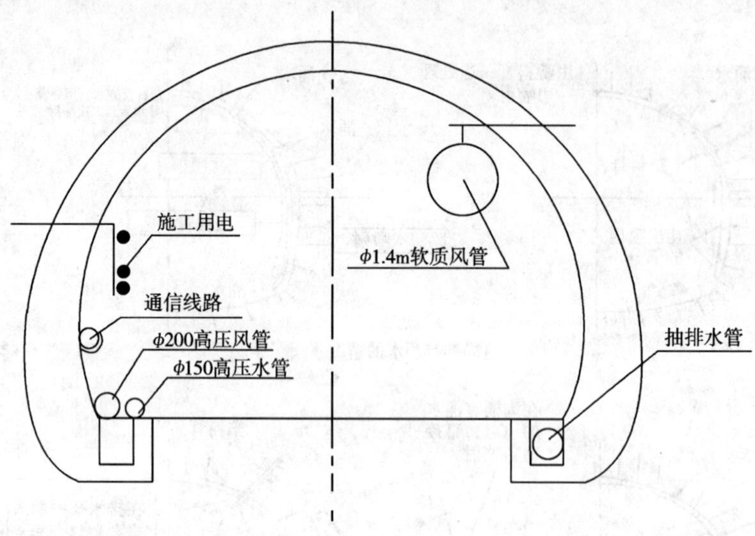

图解 8　隧道贯通误差调整方法

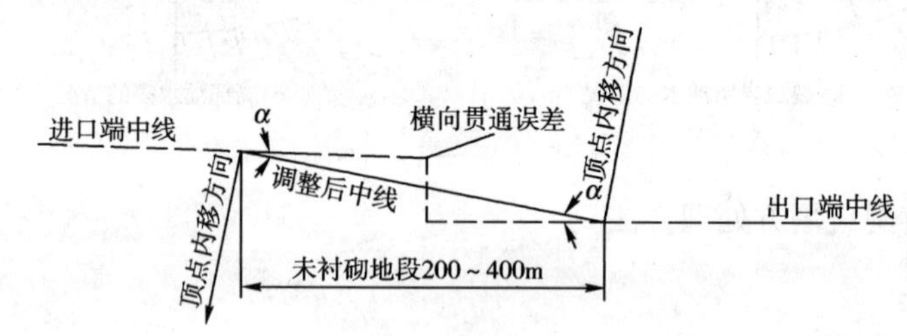

a）折线法调整贯通误差

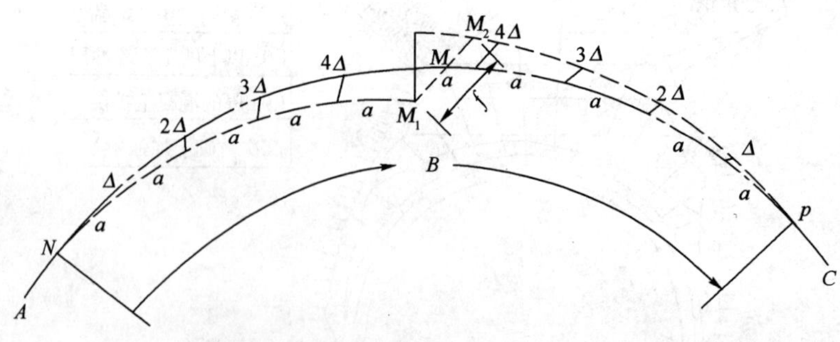

b）在圆曲线地段调整贯通误差

A-进口端；B-调整地段100m；C-出口端

三、典 型 例 题

(一)单项选择题

1. 光面爆破中炮眼的起爆顺序为(　　)。

A. 周边眼→掏槽眼→辅助眼　　B. 掏槽眼→辅助眼→周边眼

C. 掏槽眼→周边眼→辅助眼　　D. 周边眼、掏槽眼、辅助眼同时起爆

答案:B

解析:A 是预裂爆破的起爆顺序;C、D 是错误的干扰项。

2. 隧道新奥法施工的理论基础是(　　)。

A. 充分发挥喷锚支护的作用　　B. 充分发挥二次衬砌的作用

C. 充分发挥岩体的自承能力　　D. 岩体的平衡作用

答案:C

解析:隧道新奥法施工的理论基础是充分发挥岩体的自承能力,有别于传统的矿山法将岩体作为荷载。而喷锚和二次衬砌都要发挥作用但不是“充分”作用。

3. 隧道掏槽炮的掏槽方式有(　　)。

A. 斜眼掏槽　　B. 辅助掏槽　　C. 周边掏槽　　D. 松动掏槽

答案:A

解析:隧道掏槽方式只有斜眼掏槽和直眼掏槽两种。

4. 隧道掏槽炮是(　　)。

A. 为了形成新的临空面,为后面辅助炮开创更多的临空面,以提高爆破效率

B. 在隧道的横断面上拉出一条水平的深槽

C. 在隧道的横断面上拉出一条垂直的深槽

D. 在隧道中先贯通一个沟槽

答案:A

解析:掏槽作用就是为了形成临空面,为后面辅助炮开创更多的临空面,以提高爆破效率。

(二)多项选择题

1. 处理隧道开挖面正面不稳定的简单措施有(　　)。

A. 缩短一次掘进长度　　B. 开挖时保留核心土

C. 向正面喷射混凝土　　D. 用插板或并排钢管打入地层进行预支护

E. 采用光面爆破

答案:ABCD

解析:E 光面爆破是对隧道周边而言的。

2. 隧道工程施工方法从大的方面来说主要有(　　)。

A. 钻爆施工法　　B. 台阶施工法

C. 盾构施工法　　D. 全断面掘进机施工法

E. 双侧壁导坑施工法

答案：ACD

解析：BE 台阶法、双侧导坑法是钻爆法中具体的开挖方法。

3. 隧道浅埋段和洞口加强段的开挖施工，可根据围岩及周围环境条件采用（　　）开挖。

A. 单侧壁导坑法　　B. 留核心土开挖法

C. 多台阶法开挖　　D. 全断面开挖法

E. 明挖法

答案：ABC

解析：隧道浅埋段和洞口加强段围岩不稳定，不采用全断面开挖法。E 明挖法，对仰不利。

4. 隧道光面爆破的参数有（　　）。

A. 周边眼间距　　B. 最小抵抗线

C. 绝对距离　　D. 装药集中度

E. 装药不偶合系数

答案：ABDE

解析：C 应为相对距离。

5. 隧道爆破钻眼前应定出（　　）。

A. 开挖断面中线　　B. 铅垂线

C. 水平线　　D. 断面轮廓

E. 斜角线

答案：ACD

解析：BE 是明显的干扰项。

四、模拟考题

（一）单项选择题

1. 浇筑拱圈混凝土达到设计强度（　　）时，方可拆除内外支模拱架。

A. 70%以上　　B. 80%以上　　C. 90%以上　　D. 100%

2. 某隧道长 1 205m，按隧道长度划分应属于（　　）。

A. 短隧道　　B. 中隧道　　C. 长隧道　　D. 特长隧道

3. 为防止二次衬砌混凝土开裂，混凝土拆模时内外温差不得大于（　　）。

A. 5℃　　B. 10℃　　C. 15℃　　D. 20℃

4. 浅埋段和洞口加强段的开挖施工严禁采用（　　）开挖。

A. 全断面　　B. 单侧壁导坑　　C. 多台阶　　D. 留核心土

5. 岩石隧道开挖中辅助眼的爆破方式为（　　）。

A. 预裂爆破　　B. 齐发爆破　　C. 光面爆破　　D. 微差爆破

6. 锚杆施工中，注浆孔口压力不得大于（　　）。

A. 0. 2MPa　B. 1. 4MPa　C. 1. 2MPa　D. 1MPa

7. 隧道施工常用的初次支护方法不包括(　　)。

A. 锚杆　B. 锚喷联合　C. 喷射混凝土　D. 永久衬砌

8. 软土隧道施工方法是(　　)。

A. 矿山法　B. 掘进机法　C. 新奥法　D. 盾构法

9. 隧道施工的基本作业不包括(　　)。

A. 钻爆　B. 出渣　C. 支护、衬砌　D. 试通车

(二)多项选择题

1. 公路隧道洞身开挖采用的矿山法与新奥法相比,存在下列(　　)特点。

A. 施工进度慢,建设周期长
B. 机械化程度低
C. 直接费用高(指洞身部分)
D. 耗用劳动力多
E. 临时支护多

2. 如下有关隧道喷射混凝土内钢筋网铺挂施工的论述,错误的是(　　)。

A. 钢筋网使用的钢筋在喷射混凝土时会被自动除锈
B. 钢筋网应随受喷面的起伏铺设,与受喷面的间隙一般应大于 3cm
C. 钢筋网应与锚杆或其他固定装置连接牢固,在喷射混凝土时不得晃动
D. 钢筋网可以在洞外分片焊接好后到洞内安装焊接于锚杆上
E. 钢筋网喷射混凝土时,混凝土的保护层应不小于 2cm

3. 以下术语属于公路山岭岩石隧道开挖方法的有(　　)。

A. 明开挖法　B. 双侧壁导坑开挖
C. 人力开挖　D. 上下台阶开挖
E. 全断面开挖

4. 隧道施工的辅助工法指为稳定开挖面和处治涌水而采取的(　　)等方法的统称。

A. 超前锚杆　B. 超前冻结
C. 超前小导管　D. 超前管棚
E. 超前开挖

5. 山岭公路隧道的施工方法主要有(　　)。

A. 沉管法　B. 矿山法
C. 盖挖法　D. 掘进机法
E. 盾构法

6. 传统矿山法的施工顺序,可按衬砌的施作顺序分为(　　)。

A 先墙后拱法　B. 先拱后墙法
C. 拱墙跳挖法　D. 拱墙同作法
E. 拱墙间作法

7. 隧道工程的支护包括(　　)。

A. 喷锚支护　　B. 超前支护
C. 初期支护　　D. 二次支护
E. 超前锚杆支护

8. 按照隧道衬砌结构的断面形式不同有（　　）。
A. 直墙式衬砌　　B. 曲墙式衬砌
C. 复合式衬砌　　D. 带仰拱的封闭式曲墙衬砌
E. 永久型衬砌

9. 隧道爆破开挖中的炮眼三度指的是（　　）。
A. 宽度　　B. 深度
C. 密度　　D. 斜度
E. 长度

10. 隧道爆破开挖中的炮眼掏槽方式一般分为（　　）。
A. 直接掏槽　　B. 间接掏槽
C. 直眼掏槽　　D. 斜眼掏槽
E. 复合眼掏槽

11. 目前山岭隧道施工的掘进方式有（　　）。
A. 钻眼爆破掘进　　B. 单臂掘进机掘进
C. 盾构掘进　　D. 人工开挖掘进
E. 盖挖法掘进

12. 传统矿山法施工的基本原则是（　　）。
A. 少扰动　　B. 早支撑
C. 慎撤换　　D. 长进尺
E. 快衬砌

13.（　　）开挖方法可缩短仰拱封闭时间，改善初期支护受力条件。
A. 长台阶法　　B. 中台阶法
C. 短台阶法　　D. 微台阶法
E. 全断面法

14. 隧道洞身的设计与施工方法包括（　　）。
A. 新奥法　　B. 矿山法
C. 全断面法　　D. 台阶法
E. 导坑法

15. 由于矿山法开挖隧道的开挖面积小，严重的制约了施工进度，因此当隧道稍长时，则应采用（　　）等辅助措施来增加工作面，加快施工进度，达到缩短施工工期的目的。
A. 平行导坑　　B. 横洞
C. 上下导坑　　D. 竖井
E. 斜井

16. 隧道施工常用的辅助坑道有（　　）。
A. 平行导坑　　B. 横洞

C. 斜井
D. 竖井
E. 上下导坑

17. 隧道超挖回填可用(　　)实施。

A. 水泥混凝土
B. 浆砌片石
C. 片石混凝土
D. 石渣
E. 片石

18. 隧道喷射混凝土的喷射工艺有(　　)。

A. 干喷
B. 湿喷
C. 潮喷
D. 水喷
E. 混合喷

19. 隧道二衬拱圈浇筑混凝土应(　　)。

A. 由拱顶向拱脚进行
B. 由拱脚向拱顶进行
C. 两侧对称进行
D. 拱圈封顶紧跟
E. 由拱脚向拱顶然后拱顶向拱脚进行

20. 隧道分部开挖法可分为(　　)。

A. 台阶分部开挖法
B. 留核心土法
C. 单侧壁导坑法
D. 双侧壁导坑法
E. 隧道全断面开挖法

21. 隧道新奥法周边眼的爆破一般采用(　　)。

A. 微差爆破
B. 齐发爆破
C. 光面爆破
D. 预裂爆破
E. 定向爆破

22. 隧道掘进工作面的炮眼可分为(　　)。

A. 掏槽眼
B. 插眼
C. 辅助眼
D. 周边眼
E. 斜炮眼

(三)案例题

案例 1

背景：某建设单位修建一条段高速公路，该地段无软土地基，包含桥梁、隧道等一系列工程。由于该项工程的工程量较大，决定采用分期修建原则的方案，采用深挖、高填的路基断面形式。路面层所选用的材料满足强度、稳定性和耐久性的要求，路面垫层材料选用水稳性较好的各种稳定类粒料。在隧道施工过程中，由于该隧道是 2 000m 的长隧道，为满足防水和排水要求，在隧道内设置了纵坡，且在隧道两侧设置检修道，其宽度为 0.5m。

问题：

1. 上述建设方案是否有不当之处？如有，请找出并更正。
2. 隧道施工过程中，防水和排水应遵循什么原则？
3. 为使桥梁及其引道的平、纵、横的技术指标和路线总体布设相协调，应如何设置桥上纵坡及引道纵坡？

案例 2

背景：某路桥公司承接一座岩石隧道的施工任务，要求采用新奥法施工方法，技术人员提出了以下施工工艺流程报项目经理审批：

(1)当开挖面稳定时，施工顺序为：开挖→防水层→柔性衬砌→第二次衬砌。

(2)当开挖面不稳定时，施工顺序为：开挖核心及侧壁→第一次柔性衬砌（边墙）→开挖弧形导坑→第一次柔性衬砌（拱）→开挖仰拱部分并修筑仰拱→防水层→施工量测（位移、应力等量测）→第二次衬砌。

问题：

1. 什么是新奥法施工方法，它有哪些特点？

2. 上述施工方案是否有不当之处？如有，请找出并更正。

3. 公路隧道施工中常见质量控制关键点有哪些？

4. 隧道衬砌裂缝病害的防治措施有哪些？

模拟参考答案

(一)单项选择题答案：

1. A　2. C　3. D　4. A　5. D　6. B　7. D　8. D　9. D

(二)多项选择题答案：

1. ABDE	2. AB	3. BDE	4. ABCD	5. BD
6. AB	7. BCD	8. ABD	9. BCD	10. CD
11. ABD	12. ABCD	13. CE	14. AB	15. ABDE
16. ABCD	17. ABC	18. ABCE	19. BCD	20. ACD
21. CD	22. ACD			

(三)案例题答案

案例 1 答案：

1. 不当之处有：

(1)不宜采用分期修建方案。

(2)应采用浅挖、低填、缓边坡的路基断面形式。

(3)检修道的宽度应大于或等于 0.75m。

2. 隧道施工过程中，防水排水应遵循的原则：

按照排、防、截、堵相结合的原则进行综合设计，使洞内、洞口与洞外构成完整的防水、排水系统，并应注意防止水土流失和保护自然环境。

3. 桥上纵坡及桥头引道纵坡的设置：

桥上纵坡不宜大于 4%；桥头引道纵坡不宜大于 5%；位于市镇混合交通繁忙处，桥上纵坡和桥头引道纵坡均不得大于 3%；桥头两端引道线形应与桥上线形相配合。

案例 2 答案：

1. 何谓新奥法施工及其特点

(1)新奥法施工的概念是：

坑道开挖后，在岩体松散破坏之前，及时修筑一层柔性薄壁衬砌(第一次衬砌)，通过施工中的量测监视，确定围岩变形稳定之后，修筑防水层及第二次衬砌，此即为新奥法方法(复合衬砌施工)。

(2)新奥法施工具有以下特点：

①支护为联合型复合衬砌，支护作业分两步，坑道开挖后迅速修筑早期柔性支护，用以岩体初期变形，这种变形在初期发展较快，经量测确定围岩充分稳定后，修筑防水层及第二次衬砌；

②第一次柔性支护与围岩共同工作，并允许有限制的变形，防止产生强大的松散土压，第二次衬砌基本上是不承载的；

③如设锚杆则可提高原岩体的强度；

④以施工量测信息控制施工程序，并根据量测信息检验、修改和完善支护体系的设计。

2. 正确的施工方案应当是：

(1)当开挖面稳定时，施工顺序为：开挖→柔性衬砌→施工量测(位移、应力等量测)→防水层→第二次衬砌。

(2)当开挖面不稳定时，施工顺序为：开挖弧形导坑→第一次柔性衬砌(拱)→开挖核心及侧壁→第一次柔性衬砌(边墙)→开挖仰拱部分并修筑仰拱→施工量测(位移、应力等量测)→防水层→第二次衬砌。

3. 公路隧道施工中常见质量控制关键点有：

(1)正确判断围岩类别，及时调整施工方案。

(2)认真测量、检查和修正开挖断面，减少超挖。

(3)制订切实可行的开挖方案，包括新奥法、矿山法的选择，炮孔布置、装药量、每一循环的掘进深度。

(4)喷锚支护，控制在开挖后围岩自稳定时间的1/2以内。

(5)认真观测，收集资料，做好施工质量的信息反馈。

随着施工进度和影响因素的变化，控制关键点的设置要不断推移和调整。

4. 隧道衬砌裂缝病害的防治措施有：

(1)设计时应根据围岩类别、形状、结构等地质情况，正确选取衬砌形式及衬砌厚度，确保衬砌具有足够的承载能力。

(2)施工过程中发现围岩地质情况有变化，与原设计不符时，应及时变更设计，使衬砌符合实际需求；欠挖必须控制在容许范围内。

(3)钢筋保护层必须保证不小于3cm，钢筋使用前应作除锈、清污处理。

(4)混凝土强度必须符合设计要求，所用材料应符合质量要求，严格控制水灰比。

(5)衬砌背后如有可能形成水囊，应对围岩进行止水处理。

(6)衬砌施工时应严格按要求正确设置沉降缝、伸缩缝。

1B424050　交通工程系统施工安装

一、知识体系归纳

1B424051　掌握交通安全设施的施工安装

<table>
<tr><td>标志施工</td><td>加工前，复核图纸；浇筑标志基础前，对标志位置逐个核对；基础混凝土达到强度后架设</td></tr>
<tr><td>标线、路标施工</td><td>①标线开工前试划试验，烃树脂类，保持熔融状态≤6h，树胶树脂类，保持熔融状态≤4h，喷涂后立即撒玻璃珠涂；②轮廓标高度符合要求，同类型高度一致；③突起路标施工，先清洁路面，匀涂环氧树脂，将突起路标压在正确位置上，凝固前不得扰动</td></tr>
<tr><td>护栏施工</td><td>①波形梁护栏立柱：定位放样，勿损路面下管线设施；立柱打入过深时，须拔出，基础压实后重打；外缘到路肩边缘距离满足要求。
②混凝土护栏：护栏块采用钢模板；安装前精确放样定位，做好基层。构件中线与公路中线一致；就地浇筑时，对图纸进行研究、核对。嵌锁式基础，保证基层厚度、强度和高程</td></tr>
<tr><td>隔离栅、防抛网、界碑</td><td>①隔离栅在路基工程完成后尽早实施，先埋两端立柱，拉线埋中间立柱；基础混凝土强度达70%强度后，安装隔离栅网片；基础需压实；河岸宽≤6m，按图纸连接，>6m，做终止封闭连接。
②安装防抛网前，检查桥梁预埋件；界碑沿征地线设置，露地高度一致，回填压实</td></tr>
<tr><td>防眩设施</td><td>施工前，应确定控制点（如桥梁），在控制点之间测距定位、放样。施工时，保证遮光角和防眩高度，不得损坏通信管道、护栏等设施</td></tr>
</table>

1B424052　掌握监控系统设施的施工安装

<table>
<tr><td>通用要求</td><td colspan="2">设备开箱，甲、乙方和监理同检（外观、型号、规格、数量、备品、备件等）；室内布线，均在防静电地板下平行排列，每0.5～1.0m绑扎，电力、信号电缆分槽。检查无误，通电</td></tr>
<tr><td rowspan="2">外场设备安装</td><td>基础</td><td>明挖基础，用C25混凝土，内配钢筋，预埋钢地脚螺栓搭铁电阻≤4Ω，防雷搭铁≤10Ω</td></tr>
<tr><td>设备</td><td>①车辆检测线圈：清理现场，定位画线，切割线槽沿线圈一端切割，线圈离铁磁体>1.4m，直流电阻≤0.5Ω，电感量70～200μH，对地绝缘电阻≥10MΩ；
②可变信息、限速标志：热浸锌处理；避雷针现场焊接热喷锌，基础法兰高程、垂直度、不重合度、上下跨距、上法兰水平度、横梁两端水平度误差符合要求；
③气象、能见度检测器：基础边缘距路肩<60cm；两类检测器基础之间≥6m，防雷搭铁与保护搭铁不得连接，距离≥20m；安装路面传感器需开沟槽；
④大屏幕背投：组合屏的箱体、底座表面涂层平滑、均匀、色调一致，拼接整齐、无变形，采用模块化结构，系统布线整齐，标识明确，无外露线缆，底座具备足够的承载能力</td></tr>
<tr><td>视频监视设备</td><td colspan="2">①摄像机处于正常工作状态后，方可安装；距高压带电设备有安全距离，摄像机引出电缆留有lm余量，不影响摄像机转动，通电试看、细调符合要求后可固定。
②监控室设备：机架安装竖直平稳，控制台位置符合要求，接插件盒接触可靠，监视器柜有通风散热措施，屏幕不受外来光直射或加遮光罩遮挡。
③供电与搭铁：集中供电，所有搭铁极的搭铁电阻测量达到要求，内搭铁母线的路由、规格合格</td></tr>
</table>

1B424053 掌握收费系统设施的施工安装

设备安装通用要求、车辆检测线圈安装要求、视频监视系统安装要求，同 1B424052。

车道计算机	①收费亭内设备：车道控制机，收费员终端，通行券发券、读写装置，打印机，对讲分机，报警开关等，位置正确、布局合理、便于维修； ②亭外：电、手动栏杆，车辆检测器，顶棚、车道信号灯，雾灯，声光报警器，费额显示器等。电动栏杆：基础顶面高出水平地面 50mm；浇筑前将引线管口堵好。信号灯：固定、防水处理。费额显示器：自立式和附着式
计算机系统设备	摆放要平稳，有空间散热；电源线、控制线、信号线接插头牢固，无漏接、错接；标志铭牌正确、完整、无误

1B424054 掌握通信系统设施的施工安装

<table>
<tr><td rowspan="2">光、电缆线路</td><td>管道敷设</td><td>敷设前清刷管孔，孔径≥90mm 塑料管内，一次敷足三根以上子管且不得有接头；敷设光缆牵引力＜2000kN，敷设电缆牵引力＜允许拉力的 80%，光缆“8”字敷设内径＞2m，密封防潮</td></tr>
<tr><td>接续、成端</td><td>①光纤接续采用熔接法；增强保护采用热可缩管法、套管法和 V 形槽法。
②管道光缆接头安装在人孔正上方的光缆接头盒托架上，盘成 O 形，用扎线固定。O 形圈半径＞光缆直径 20 倍。
③电缆接续前，检查程式、对数、端别，接续不应产生混、断、地、串及接触不良；配线电缆排列整齐，松紧适度，不交叉；椭圆形接头，无接续差错，芯线绝缘电阻合格。
④进局电缆在托架上排放整齐，成端电缆接头芯线接续，按“一”字形接续。严禁一条以上的成端电缆在同一位置上同时出线</td></tr>
<tr><td>通信设备</td><td colspan="2">①机架位置正确、端正牢固，垂直偏差≤3mm，GPS 馈线进楼前，在接近进楼点安装防雷器。
②设备电缆与电源线分开，同轴射频线缆单独布设，使插件免受外力影响，保持良好接触，不得碰地、短路、断路，严禁虚焊、漏焊。
③交、直流电源的馈电电缆分开布设，截面在 $10mm^2$ 以下的单芯或多芯电源线可与设备直接连接，$10mm^2$ 以上的多股电源线，加装接线端子，尺寸与导线线径吻合，压(焊)接牢固。
④新建局站用联合搭铁装置，搭铁电阻≤1Ω；机壳做保护搭铁，搭铁设备与搭铁汇集线之间的连接，采用 35～$95mm^2$ 的多股绝缘铜线</td></tr>
</table>

1B424055 熟悉供(配)电、照明系统设施的施工安装

开关柜、配电箱	接地(PE)或接零(PEN)可靠，基础型钢安装不直度和水平度＜1mm/m，全长＜5mm，位置误差及不平行度＜5mm，柜、箱、盘垂直度偏差为 1.5%，相互接缝≤2mm，相邻两盘边的盘面偏差＜1mm；馈电线路＞0.5MΩ，二次回路＞1MΩ，柜、箱有可靠电击保护，箱、盘安装牢固，底边距地面 1.5m，照明配电板底边距地面≥1.8m
变压器、变电所	低压侧中性点，N 母线和 PE 母线直接与接地装置的接地干线连接，箱体、支架、外壳接地；油浸变压器三个月内不安装应检查油箱密封，除厂家规定，1000kVA 以上变压器做器身检查
柴油发电机组	馈电线路连接后，两端相序与原供电系统相序一致，工作零线与接地干线直接连接，泄漏电流稳定，无击穿现象

续上表

不间断电源 UPS	各连线的线间、线对地间绝缘电阻值>0.5MΩ，输出端中线（N 极），与由接地装置引来的地线干线相连接做重复接地，横平竖直，水平度、垂直度偏差≤1.5‰
母线	材质符合规定，矩形母线应冷弯，相序排列：上下、盘后盘前、左右对应正负极，按 ABC 相排列。母线涂色：交流，A 相黄色，B 相绿色，C 相红色；直流，正极赭色，负极蓝色
电缆线路	电缆埋深≥0.7m，上、下部铺软土或砂层>100mm 厚；电缆管内径与外径之比≥1.5，三相或单相交流单芯电缆，不得单独穿于钢导管内；沟内敷设，低压在下、高压在上
灯具	灯具> 3kg 时，固定在螺栓或预埋吊钩上，钢管灯杆直径>10mm，钢管厚度>1.5mm；应急照明灯，另有一路电源供电。电源转换时间：疏散照明及备用照明≤15s，安全照明≤0.5s
动力设备	可接近裸露导体，搭铁（PE）或接零（PEN）；接线盒内，裸露不同相导线间和对地距离>8mm；绝缘电阻>0.5MΩ
配电工程	①潮湿场所、直埋于地下，用厚壁钢管。内、外壁做防腐处理。镀锌、薄壁钢管，用螺纹连接。明、暗配镀锌钢管与盒（箱）连接，用锁紧螺母或护套帽固定，与设备连接，敷设到设备接线盒内，管口距地面>200mm。 ②塑料管及其配件，由阻燃材料制成，不应敷设在高温和易受机械损伤场所；敷设温度>−15℃，暗配时距建筑物表面<15mm

二、考 点 分 析

交通工程部分往年考题中的案例题，基本出在教材第一部分——各系统的构成与功能方面，尤其是收费系统的构成与功能。本章内容主要是对工人师傅们讲的操作要点；建造师考试，最多出些选择题就可以了。复习中可以做一些这方面的练习。

三、典 型 例 题

（一）单项选择题

1. 在加工交通标志的支撑结构时，钻孔、焊接等加工（　　）。

A. 在钢材镀锌之后完成　　B. 在钢材镀锌之前完成

C. 在钢材和镀锌同时完成　　D. 对钢材镀锌不作要求

答案：B

解析：D 项排除。如果在镀锌之后加工，则破坏了镀锌薄膜，易生锈。

2. 当护栏立柱打入深度过深时，（　　）。

A. 将立柱部分拔出加以矫正　　B. 不需要全部拔出

C. 须将其全部拔出，待基础压实后再重新打入　　D. 可矫正也可不矫正

答案：C

解析：A、B 同义，排除。显然 D 是错的。

3. 在安装可变信息标志时，所有支撑构件、框架以及焊接处(　　)。

A. 作热喷锌处理　　B. 作热浸锌处理　　C. 作光滑处理　　D. 作喷漆处理

答案：B

解析：现场焊接才应作热喷锌处理。

4. 在配电工程的钢管敷设中，潮湿场所和直埋于地下的钢管，应采用(　　)。

A. 薄壁钢管　　B. 厚壁钢管　　C. 螺纹钢管　　D. 特种钢管

答案：B

解析：考虑到题干中"潮湿"二字，此题应选 B。

5. 公路隔离栅跨越河流时，当河两岸宽大于 6m，隔离栅应(　　)。

A. 按图纸所示处理　　B. 做终止封闭连接设置

C. 取消安装　　D. 用刺铁丝连接起来

答案：B

解析：排除 C。A、D 的处理用于河宽小于 6m 的情况。

(二)多项选择题

1. 波形梁护栏属于(　　)。

A. 刚性护栏　　B. 半刚性护栏　　C. 柔性护栏　　D. 梁式护栏　　E. 墙式护栏

答案：BD

解析：题干中"波形"钢板，属于半刚性材料；题干中波形"梁"，显然属于梁式护栏。

2. 安装气象检测器需要(　　)。

A. 防雷塔　　B. 进行切割道面

C. 保护塔　　D. 同能见度检测器一同安装

E. 同路面传感器一同安装

答案：AC

解析：安装路面传感器时，需要进行切割道面，能见度检测器的传感器仅保护塔，只有气象检测器需要防雷塔和保护塔。

3. 收费亭内设备主要包括：(　　)。

A. 车道控制机　　B. 收费员终端以及收据打印机

C. 通行券发券装置以及通行券读写装置　　D. 对讲分机、报警开关

E. 车辆检测器

答案：ABCD

解析：E 项是外部设备，不合题意。

4. 敷设管道光、电缆时应以(　　)等作为润滑剂。

A. 石蜡油　　B. 汽油　　C. 机油　　D. 柴油　　E. 滑石粉

答案：AE

解析：严禁使用有机油脂，故只有 AE 两项。

（三）案例题

某公司中标了一项公路收费系统设施及供（配）电、照明系统设施的施工安装任务。对费额显示器的安装，提出了以下要求：

(1)自立式费额显示器：安装在收费亭前面1.5～2.5m范围内，安装高度为1.5～1.7m，应与车道平行。

(2)附着式费额显示器：安装在收费亭侧壁，与亭表面成垂直，距路面高度为1.2m。

……

对供（配）电、照明系统设施的安装，提出了以下要求：

(1)高低压开关柜、配电箱（盘）的金属柜架及基础型钢，必须接地（PE）或接零（PEN）可靠。

(2)母线的相序排列及涂色，当设计无要求时应符合下列规定：母线的相序排列为，上、下布置的交流母线，由上至下排列为C、B、A相，直流母线正极在下，负极在上；水平布置的交流母线，由盘前向盘后排列为A、B、C相，直流母线正极在前，负极在后；面对引下线的交流母线，由右至左排列为A、B、C相，直流母线负极在左，正极在右。母线的涂色：交流是A相为绿色，B相为黄色，C相为红色；直流是正极为蓝色，负极为赭色。

问题：请将上述安装要求中不合理的安装方法加以改正。

答案：

1.关于费额显示器的安装

(1)自立式费额显示器：安装在收费亭后面1.5～2.5m范围内，安装高度为1.5～1.7m，应与车道有一夹角，以利于驾驶员观看。

(2)附着式费额显示器：安装在收费亭侧壁，与亭表面成20°～30°角，距路面高度为1.2m。

2.关于供（配）电、照明系统设施的安装

设计无要求时：上、下布置的交流母线，由上至下排列为A、B、C相，直流母线正极在上，负极在下；水平布置的交流母线，由盘后向盘前排列为A、B、C相，直流母线正极在后，负极在前；面对引下线的交流母线，由左至右排列为A、B、C相，直流母线正极在左，负极在右。母线的涂色：交流是A相为黄色，B相为绿色，C相为红色；直流是正极为赭色，负极为蓝色。

四、模拟考题

（一）单项选择题

1.在路面标线工程正式开工前应进行（　　）。

A.实地试划试验　　B.清理路面　　C.放样　　D.喷涂下涂剂

2.波形护栏板的搭接方向应与交通流方向（　　）。

A.一致　　B.相反　　C.垂直　　D.无要求

3. 当护栏立柱埋入岩石时，应预先在岩石上钻孔，然后用(　　)回填并夯实。

A. 土　　B. 碎石　　C. 砂　　D. 水泥

4. 室内布缆、线，一般均在防静电地板下(　　)排列，每隔 0.5～1.0m 绑扎一处，电力电缆和信号电缆应分槽布设。

A. 交叉　　B. 平行　　C. 混合　　D. 任意

5. 下列说法正确的是(　　)。

A. 标志支撑结构的架设应在基础混凝土强度达到要求之前进行

B. 门架标志结构整个安装过程应以高空吊车为工具

C. 门架标志结构安装过程允许施工人员在门架的横梁上作业

D. 门架式标志横梁中间处的预拱度一般为 70mm，悬臂标志的预拱度为 50mm

6. 如果所画标线为反光标线，在标线表面撒布玻璃珠的工作应(　　)。

A. 在涂料喷涂之前进行　　B. 与涂料喷涂同时进行

C. 在涂料喷涂后立即进行　　D. 在涂料喷涂 5 分钟后进行

7. 在水泥混凝土路面设置突起路标时，先用硬刷和(　　)洗刷混凝土表面，然后用清水冲洗干净，待路面清洁干燥后安装突起路标。

A. 5%硫酸溶液　　B. 5%硝酸溶液　　C. 10%硫酸溶液　　D. 10%盐酸溶液

8. 混凝土护栏的安装过程中应使每块护栏构件的中线与公路中心线(　　)。

A. 相反　　B. 相一致　　C. 没有要求　　D. 垂直

9. 隔离栅施工时应先按图纸要求及实际地形、地物的情况进行施工放样，定出(　　)。

A. 立柱中心线　　B. 水平高程　　C. 起讫位置　　D. 控制点

10. 关于桥梁防抛网，说法不正确的是(　　)。

A. 桥梁防抛网应按图纸所示安设，牢固地安装在立柱或支撑上

B. 金属网应伸展拉紧，整个结构不得扭曲

C. 在高压输电线穿越安装桥梁防抛网的地方，桥梁防抛网应按电力部门的规定接上地线，搭铁电阻值$<10\Omega$

D. 安装防抛网之后，应对设置在桥梁上的有关预埋件进行检查

(二)多项选择题

1. 标线涂膜剥落的原因主要是(　　)。

A. 路面有水　　B. 低温施工

C. 清扫不净　　D. 涂料温度过高

E. 沥青路面太软

2. 标线涂膜裂纹的原因主要是(　　)。

A. 路面产生裂痕　　B. 低温施工

C. 路面收缩过大　　D. 涂料温度过高

E. 沥青路面太软

3. 喷涂标线施工时，应在白天进行，(　　)时应暂时停止施工。

A. 雨天　B. 风天　C. 温度低于10℃　D. 温度低于15℃

4. 在进行波形梁护栏施工之前，应以(　　)等为控制点，进行立柱定位放样。

A. 桥梁　B. 涵洞　C. 通道及立体交叉　D. 分隔带开口及入孔处　E. 路面

5. 当混凝土护栏采用就地浇筑的方式施工时，施工前必须组织有关人员对设计文件、图纸、资料进行研究和现场核对，特别是混凝土护栏的(　　)。

A. 中心位置　B. 水平高程　C. 起讫位置　D. 长度　E. 宽度

6. 下列关于防眩设施的检测说法正确的选项为(　　)。

A. 防眩设施构件均应符合《轮廓标技术条件》的要求

B. 防眩设施的主要检测项目包括外形尺寸、混凝土强度、安装位置、埋设深度等

C. 防眩板设置间距的允许偏差为±10mm

D. 防眩设施安装高度的允许偏差为±10mm

E. 钢筋混凝土结构的里程碑、百米桩、公路界碑的检测项目，主要包括外观尺寸、材料性能、金属构件的防腐处理等

7. 监控设备开箱检查必须由(　　)参加。

A. 业主　B. 承包方　C. 监理　D. 以上三项任何两个　E. 技术人员

8. 收费亭外设备主要包括(　　)。

A. 电动栏杆以及车辆检测器　B. 顶棚信号灯、车道通行信号灯以及雾灯

C. 声光报警器　D. 车道控制机

E. 手动栏杆以及费额显示器

9. 光纤接续完成并测试合格后立即采取增强保护措施。增强保护方法采用(　　)。

A. 热可缩管法　B. 套管法　C. V形槽法　D. 熔接法　E. 绑接法

10. 关于敷设电源线的说法错误的有(　　)。

A. 交、直流电源的馈电电缆必须分开布设

B. 电源电缆、信号电缆、用户电缆应分离布放，可以放在同一线束内

C. 电源线必须用整段线料，外皮完整，中间允许有接头

D. 用胶皮绝缘线作直流馈电线时，每对馈电线应保持平行，正负线两端有统一的红蓝标志

E. 电源线与设备端子连接时，不应使端子受到机械压力

模拟考题答案

(一)单项选择题答案：

1. A　2. A　3. A　4. B　5. A　6. C　7. D　8. B　9. A　10. D

(二)多项选择题答案：

1. ABC　2. ACE　3. ABC　4. ABCD　5. ABC
6. ACD　7. ABC　8. ABCE　9. ABC　10. BC

1B424060 施工技术管理制度

一、知识体系归纳

1B424061 掌握图纸会审制度

初审	在熟悉图纸的基础上，在某专业内部组织有关人员对本专业施工图的细节进行审查
内部会审	施工企业内部各专业工种间对施工图的会同审查，其任务是对各专业相关的交接部分。如设计高程、尺寸，施工程序配合、交接等有无矛盾，施工中协作配合作业等事宜作仔细会审
综合会审	①在内部会审的基础上，由土建施工单位与各分包施工单位，共同对施工图进行全面审查。 ②由建设单位组织、设计单位进行技术交底，施工单位参加
会审内容	是否符合国家现行的有关标准、经济政策的有关规定；技术设备条件能否满足设计要求；特殊技术或新材料的要求，其品种、规格、数量能否满足需要及工艺规定要求；安装工程各分项专业之间有无重大矛盾；图纸的份数及说明是否齐全、清楚、明确
会审记录	会审组织者，应及时将会审中提出的有关设计问题的建议，做好详细的记录。图纸会审记录上应填写单位工程名称、设计单位、建设单位和主持单位及参加审核人员名单等

1B424062 掌握技术交底制度

交底方式	按不同层次、不同要求和不同方式进行，项目部由项目经理组织，项目总工程师主持实施，工长向本责任区内的班组交底，分包工程按合同全面交底
交底要求	分级进行，分级管理；重点工程、重点部位，由总工程师向主任工程师、技术队长及有关职能部门负责人交底；施工队技术交底，由技术队长向技术员、施工员、质量检查员、安全员以及班组长交底；施工员向班组的交底工作，是关键
交底内容	①有关技术管理和监理办法，法律、经济责任和工期；②设计文件、施工图及说明要点等；③施工特点，质量要求；④施工方案；⑤规范、工法、操作规程；⑥材料特性、技术要求及节约措施；⑦季节性施工措施；⑧安全、环保方案；⑨各单位的协调配合、设备组合、交叉作业及注意事项；⑩试验项目的技术标准和规程；⑪科研项目、“四新”项目等推广要求

1B424063 熟悉测量管理制度

测量要求	严格执行测量复核签认制，各程序实行双检制；各工点、工序范围内的测量工作，测量组自检复核签认，分工衔接，由测量队或测量组互检复核和签认。测量资料分类整理，妥善保管、归档；记录不准连环更改，不合格时应重测
仪器工具使用和保管	常用仪器：水准仪、经纬仪、光电测距仪、全站仪（含附属工具）。测量工具主要指量距尺、温度计、气压计。使用人员认真学习仪器说明书，熟悉性能、使用时的外部环境、操作方法和日常保养知识；使用前，到计量技术检定机构检定

1B424064 熟悉材料、构(配)件试验管理制度

《试验检测管理办法》	①公路综合类设甲、乙、丙三等，专项类分交通工程、桥隧工程；②检测机构在同一项目标段中不得同时接受多方委托；③不得转包、违规分包；④检测人员分试验检测工程师、员，技术负责人由试验检测工程师担任，验检报告由试验检测工程师审核、签发
工地试验室	配备既有理论又有实践经验的工程师负责试验；根据现场需要，设若干流动试验站
原材料验证试验	严控进场材料质量、型号、规格；无出厂合格证或试验单、型号规格与要求不符，不得使用；材质证明随材料走
标准试验	开工前，合同规定或合理时间内完成，报告及试验材料提交监理中心试验室审批；中心试验室平行复核（对比）试验
工艺试验	提出施工方案和实施细则（两组以上）→监理审查→提交试验报告→审批
构(配)件进场验证试验	安装前，核验出厂合格证；安装后，在合格证上注明使用部位；处理有缺陷的构件要在合格证上注明鉴定处理意见和使用部位
试验、检测记录	原始记录和报告，印成一定格式表格；内容填写完整，未填写的划“—”；不许更改、删减；作废数据划“=”，正确数据填在上方，加盖更改人印章；准备交工验收

1B424065 熟悉隐蔽工程验收制度

定义	为下道工序施工所隐蔽的分部、分项工程。隐蔽前，质量检查，由施工、质检人员、业主代表参加，必要时请设计人员参加。及时办理检查手续
隐蔽工程项目	①地基与基础。 ②主体结构各部位钢筋。 ③预应力筋、预留孔道。 ④现场结构焊接情况。 ⑤桥面防水层下找平层。 ⑥桥面伸缩缝埋件。 ⑦钢管管道内外绝缘防腐。 ⑧ϕ200以上钢管管道椭圆度。 ⑨雨、污水管道；混凝土管座、管带及附属构筑物隐蔽部位。 ⑩热力管道；管道保温、管沟及小室外部防水。 ⑪水工构筑物及沥青防水工程。 ⑫通信管道工程。 ⑬设备基础及混凝土。 ⑭光电缆的布放、电缆沟的开挖与回填及光电缆的接续。 ⑮搭铁体的埋设、引接和搭铁电阻、机电设备支架箱体的防锈防腐处理

1B424066 熟悉变更设计制度

定义	①自初步设计批准之日起至交付使用之日止，对已批准的设计进行的修改、完善等活动。 ②施工图的修改权为设计单位
变更原因	①施工图有差错与实际情况不符；②因施工条件发生变化； ③材料、半成品、设备等，与设计要求不符

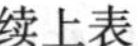

续上表

变更内容、手续	①变更符合强制性标准和技术规范的要求、质量和使用功能、环保要求。 ②分为重大、较大、一般设计变更。 ③公路工程重大、较大设计变更实行审批制。经批准的设计变更一般不得再次变更。 ④设计、施工、监理等单位可向业主提出书面变更建议、理由。 ⑤变更原则上由原施工单位承担。不具备资质时,招标选择施工单位。 ⑥由于设计、施工过失引起的变更并造成损失的,承担相应费用和相关责任。 ⑦新工艺、新技术、合理化建议等被采纳,需修改设计,用"变更设计申请"向设计单位办理修改手续。 ⑧重要工程部位及较大问题的变更由建设、设计、单位三方协商,由设计单位修改,向施工单位签发"设计变更通知单"。 ⑨较大变更影响建设规模和投资标准,报请原批准初步设计的主管单位同意。 ⑩"图纸会审纪要"、"设计变更通知单"、"技术联系单"等,有详细文字记录,汇成明细表归入档案

1B424067 熟悉质量检验评定制度

1.按现行《公路工程质检评定标准》作质量评定,填表,检查、实测项目填齐、签字。

2.分部工程完成后汇总工序质评表,填部位质评表,计算合格率,签字。

3.单位工程完成后汇总部位质评表,填单位工程质评表,施工负责人签字,盖单位印章。

4.业主对整个工程作质量评定,用各合同段质量评分的加权平均值。质量评分75分,合格;<75分,不合格。

5.竣工验收,加权平均,交工验收质量权值0.2,质监机构鉴定权值为0.6,验收委员权值为0.2。质量评定≥90分为优良;<90分,≥75分合格;<75分不合格。

6.验收委员会对参建单位的工作作综合评价。≥90分且质量优良的为好,≥75分为中,<75分为差。

7.项目综合评分用加权平均法。竣工验收质量权值为0.7,参建单位工作权值为0.3(其中业主0.15,设计、施工、监理各0.05)。

评分≥90分且质量优良的为优良,≥75分为合格,<75分为不合格。

8.交工验收费用由施工单位承担。质量监督机构检测费用由业主承担。

1B424068 熟悉技术总结制度

概述	完工后,项目经理部组织有关人员编写技术总结,科研课题、"四新"项目负责人,在课题或项目完成后应及时撰写专题报告和学术论文
内容	①工程概况,包括名称、工地点(标段)、规模,技术标准,结构类型、施工方案和工艺;开、竣工日期,变更,质量自检(验收评定)情况。工程意义等。 ②"四新"推广应用情况。 ③技术创新项目及运用效果。 ④关键技术研究和技术难题的解决实施情况。 ⑤技术失误、质量事故原因及经验教训。 ⑥路面施工中质量监控手段和方法。 ⑦先进试验仪器和试验方法及在质量控制中的作用。 ⑧施工组织和施工技术管理体会。 ⑨"零缺陷质量管理"经验和方法。 ⑩"高、新、特、难"项目的分项或分部工程专题总结

1B424069 熟悉技术档案制度

（一）概述

工程技术档案是指在整个建设过程中形成的、应归档的文件。

（二）工程技术档案工作

内容	基本项目的提出、调研、可行性研究、评估、决策、计划、勘测、设计、施工、调试、生产准备、竣工、测试生产等活动中形成的文字、图纸、图表、计算、声像材料等形式与载体的文件材料
任务	系统收集记述建设全过程具有保存价值的技术文件材料，按归档制度整理，验收后完整移交给档案管理部门
收集	①技术资料。施工中，为参考目的而收集的技术文件材料，不是本单位施工中自然形成的。 ②技术档案。它来源于技术资料，又不同于技术资料，是本单位在建设中直接产生和自然形成的
内容	①交建设单位保管。侧重于各类原始资料。 ②由施工企业保存。既包括指导施工有价值的原始资料，还包括经验总结
整理	在全面收集基础上，对技术档案材料进行科学分类和有秩序排列，通过一定形式，按照一定要求，总结整理成果，揭示技术档案的内容和它们之间的联系

二、考点分析

本章尽管教材页码不多，但都属于施工现场技术管理中的重要内容。如图纸会审、技术交底、试验管理、质量评定与工程验收、技术总结等内容，都会在案例题中出现，应当引起重视。以往题目出得比较死板，都是书上内容的改错或补充形式，考试中如果记不住，根据工程经验作合理的发挥也是可以得到一部分分数的。

三、典型例题

（一）单项选择题

1. 一般不属于设计图纸会审的主要内容有（　　）。

A. 施工单位的施工技术装备条件

B. 对设计有疑问

C. 施工平面图设计

D. 采用新结构、新工艺、新技术的设计，施工单位的施工方法和技术措施

答案：C

解析：C属于施工单位进行现场平面布置问题。

2. 作业层技术员向工人交底的方式有（　　）。

A. 图纸交底、工艺交底、材料交底、书面交底、措施交底等

B. 规范及标准交底、会议交底、工艺交底、挂牌交底人、口头交底等

C. 图纸交底、样板交底、工艺交底、会议交底、材料交底等

D. 会议交底、书面交底、口头交底、挂牌交底、观摩样板交底等

答案:D

解析:交底方式是指交底时采取的方法和形式,不是指内容,如采取会议、书面、口头、挂牌、观摩等方式交底。A、B、C,既包括了交底的内容又包括了交底方式。

3. 下列工程部位,不属于隐蔽工程的是( )。

A. 湿软地基的换填层　　B. 路面面层

C. 钢筋混凝土工程中的钢筋　　D. 挡土墙的基坑

答案:B

解析:路面面层不会被掩盖,不属于隐蔽工程的范围。

4. 在单位工程或分部分项工程开工前还要按图纸会审程序进行会审。下列程序中,不属于图纸的会审程序有( )。

A. 各班、组长和生产工人进行会审

B. 各专业技术负责人对施工图纸进行会审

C. 各专业内部由本业专业技术人员进行专业会审

D. 各专业之间由各专业技术负责人进行综合会审

答案:A

解析:会审必须由专业人士进行。

(二)多项选择题

1. 下列属于设计变更设计的情况有( )。

A. 改变本工程项目部分工程的结构形式　　B. 修订国家工程设计标准和设计规范

C. 更改本工程部分高程、位置和尺寸　　D. 更改本工程合同中约定的工程量

E. 在施工中,经监理工程师同意,采用新技术、新工艺

答案:ACD

解析:设计变更,由设计单位作出。B、E 修订国家工程设计标准及采用新技术、新工艺,不属于单位的工作。

2. 公路工程项目质量检查的依据包括( )。

A. 招标文件、合同条款、设计图纸、施工说明书等有关文件

B. 原材料、半成品、构(配)件的质量检验标准

C. 施工单位所有工作制度

D. 交通部颁布的各种施工和验收规范及质量检验评定标准

E. 施工单位的自检质量报告

答案:ABD

解析:质量检查的依据,是国家、部颁标准及合同文件,施工单位自身的工作不能作为质量检查的依据,而是被检查对象。

3. 在下列技术文件资料中,可称为工程技术档案的有( )。

A. 通过购买方式收集、复制的技术文件

B. 在本工程施工中自然形成的技术文件

C. 本单位在工程建设中直接产生和自然形成的技术文件

D. 不是本单位施工活动中自然形成的而是以参考为目的收集和复制的技术文件

E. 通过技术交流、赠送方式收集的技术文件

答案：BC

解析："工程"技术档案应当与本"工程"有关。A、D、E均与本"工程"无关。

4. 下列说法正确的是（　　）。

A. 工程质量等级评分值≥65分的为合格

B. 工程质量等级评分值<75分的为不合格

C. 工程质量等级评分值≥75分为合格

D. 工程质量等级评分值≥90分为合格

E. 工程质量等级评分值<90分等于75分为合格

答案：BC

解析：工程质量等级评定只有合格和不合格，B、C选项表述一致。

（三）案例题

某公司在某市承包了一座隧道工程的施工任务，你认为该公司在开工前进行技术交底的方式、内容有哪些？技术交底的要求是什么？

答案：

1. 技术交底的方式

(1)项目经理部的技术交底，由项目经理组织，项目总工程师主持实施。

(2)工长(技术负责人)，向班、组交底。

(3)分包工程，项目经理部向分包单位进行全面交底。

2. 技术交底的内容

(1)施工技术管理和监理办法，合同条款、经济责任和工期。

(2)施工图及说明要点等内容。

(3)分部、分项工程的施工特点，质量要求。

(4)施工技术方案。

(5)技术规范、使用的工法或工艺操作规程。

(6)材料特性、技术要求及节约措施。

(7)季节性施工措施。

(8)安全、环保方案。

(9)施工中的协调配合、设备组合、交叉作业及注意事项。

(10)试验工程项目的技术标准和采用的规程。

(11)科研项目、"四新"项目等先进技术推广应用的技术要求。

3. 技术交底的要求

技术交底工作分级进行，分级管理。

凡技术复杂的重点工程、重点部位，由总工程师向主任工程师、技术队长及有关职能部门负责人交底，明确关键性的施工技术问题，主要项目的施工方法和特殊工程的技术、材料提出试验项目、技术要求及注意事项等内容。

普通工程应由主任工程师参照上述内容进行。

施工队一级的技术交底，由施工技术队长负责向技术员、施工员、质量检查员、安全员以及班组长进行交待，所承担的是工程数量、要求期限、图纸内容、测量放样、施工方法、质量标准、技术措施、操作要求和安全措施等方面技术交底工作。

施工员向班（组）交底，要结合具体操作部位，贯彻落实上级技术领导的要求，明确关键部位的质量要求、操作要求及注意事项，制订保证质量、安全的技术措施，对关键性项目、部位、新技术的推行项目应反复、细致地向操作组进行交底，必要时应作文字交底或示范操作。

四、模拟考题

（一）单项选择题

1. 公路工程项目图纸会审按集体会审进行，组织图纸会审的单位是（　　）。

A. 承包工程项目的施工单位　　B. 工程项目的设计单位

C. 工程项目的建设单位　　D. 政府计划管理部门

2. 作业层技术人员向施工工人技术交底的主要内容有（　　）。

A. 工程概况作一般性交底　　B. 各种施工计划与施工平面图设计交底

C. 图纸、工艺、材料、措施及规范标准交底　　D. 工程特点及设计意图交底

3. 作业层技术员向工人交底的方式有（　　）。

A. 工程概况交底、设计意图交底、施工准备交底、施工注意事项交底等

B. 工程特点交底、设计意图交底、图纸交底、工艺交底、材料交底等

C. 施工准备交底、施工注意事项交底、施工目标要求交底、施工方案交底等

D. 会议交底、书面交底、口头交底、挂牌交底、观摩样板交底等

4. 公路工程试验类型中，“验证试验”是指（　　）。

A. 技术规范所要求的路基、路面的试验路段或设计要求的施工前的工艺试验

B. 对材料、商品构件或工程设施采购前的预先鉴定或进场后和施工过程中的符合性试验

C. 对各项工程实施过程中的实际内在品质进行符合性检查、测定和试验

D. 对各项已完工程的实际内在品质按试验有关规定作出评定的试验

5. 监理工程师为鉴定承包人的抽样试验结果是否真实可靠，在监理工程师中心试验室独立进行抽样试验，其试验频率应为（　　）。

A. 10％～20％　　B. 15％～20％　　C. 10％～15％　　D. 5％～10％

6. 某隐蔽工程，由于监理工程师未能到场检验，承包人自检后覆盖，监理工程师事后予以认可。后来，承包人按监理工程指示对已隐蔽的工程进行剥露重新检验，发现质量不合格。则

剥露、修复、重新覆盖的费用损失和工期损失的处理为（ ）。

A. 费用由承包人承担，工期不予顺延
B. 费用和工期损失均由业主承担
C. 费用由承包人承担，工期予以顺延
D. 费用由业主承担，工期不予顺延

7. 承包人按监理工程师指示已对隐蔽的工程进行剥露后重新检验，如重新检验合格，则剥露、重新覆盖的费用损失和工期的处理为（ ）。

A. 费用由承包人承担，工期不予顺延
B. 费用和工期损失均由业主承担
C. 费用由承包人承担，工期予以顺延
D. 费用由业主承担，工期不予顺延

8. 下列属于涉及变更设计的情况有（ ）。

A. 以实现合同目标为前提，在施工过程中优化劳动结构、调整劳动组织、提高劳动生产率采取的组织措施
B. 在施工土石方开挖过程中，调整施工机械的数量配置，以加快施工进度的措施
C. 在施工过程中，按设计要求的部分材料，由于市场突然短缺，采用相同功能的代用材料的取代措施
D. 在施工过程中，实施不同阶段的施工平面布置措施

9. 下列属于涉及变更设计的情况有（ ）。

A. 在施工过程中，项目经理部按目标责任成本，制定了成本计划。为降低燃料计划用量，采用了外加剂节油措施，降低了燃料用量和成本
B. 在施工过程中，某路段出现原设计没有的不良软土地基，需采取加固处理措施
C. 在施工过程中，项目经理部实施进度计划的调控措施，以确保工期目标实现
D. 在施工过程中，按不同施工阶段，实施施工平面布置措施

10. 在下列工程技术档案分类方法中，正确的是（ ）。

A. 按工程项目分类，不按专业分类
B. 按专业分类，不按工程项目分类
C. 按工程项目分类后，在每一类项目下，又可按专业分为若干类
D. 按专业分类后，在每一类专业下，又可按项目分为若干类

（二）多项选择题

1. 公路工程项目图纸会审的主要内容有（ ）。

A. 设计是否符合国家有关技术规范的规定
B. 主要结构的设计力学性能和主要部位的结构构造是否符合设计要求
C. 路基、路面、桥梁和涵洞等各种图纸之间有无矛盾
D. 设计所选用材料、配件、构件和采购供应情况是否满足设计需要
E. 施工承包单位采取的降低成本的技术组织措施是否合理

2. 公路工程项目图纸会审，除建设单位主持参加外，参加会审的单位还有（ ）。

A. 监理单位
B. 物资供应单位和建设银行
C. 设计单位
D. 施工单位及有关部门
E. 运输部门及消防部门

3. 设计单位的设计人员向施工承包单位进行技术交底的主要内容有（ ）。

A. 设计文件依据
B. 工程概况
C. 施工图设计的依据
D. 设计意图及施工注意事项与要求
E. 确定工程造价的依据

4. 在下列技术交底内容中，一般不属向作业工人交底的内容有（　　）。

A. 工程概况、施工图设计依据交底
B. 材料规格、品种使用要求交底，质量评定标准有关要求交底
C. 工程特点、设计意图及设计方案比较交底
D. 设计图纸上，在施工中应注意的问题，施工方法、操作工艺及工种配合交底
E. 施工方法、操作工艺及工种配合交底

5. 对公路工程，凡初次使用的材料、结构构件或特殊材料、代用材料要能投入使用或推广使用，必须具备的条件是（　　）。

A. 具有生产厂家的产品合格证书
B. 具有生产厂家的产品合格证书，还须具有技术鉴定证明和说明书
C. 具有经设计人员确认和业主同意的证明，并制订了操作规程
D. 有经上级技术部门批准的文件
E. 具有生产厂家的产品试验报告

6. 公路工程材料、构件的管理中，除有合格证书外，尚须有技术鉴定证明和说明书，经设计人员确认和业主同意证明，并制定了操作规程，经上级技术部门批准后，才可使用的材料、结构构件是指（　　）。

A. 本工程曾经使用过的新材料、新结构构件
B. 初次使用的材料、结构构件
C. 工程关键部位的材料、结构构件
D. 初次使用的特殊材料或代用材料
E. 工程施工中所用的所有材料、结构构件

7. 公路工程试验检测工作细则的依据是（　　）。

A. 国家现行最新技术标准、操作规程
B. 部颁现行最新技术标准、操作规程
C. 国家有关法律、法规
D. 有关行业工作规范
E. 施工承包单位的操作规程和管理办法

8. 公路工程试验检测工作细则中的实施细则有关方法是指（　　）。

A. 确定抽样和样本大小的方法
B. 确定标准试验方法和确定验证试验方法
C. 确定样本送检运输方式和确定检测准确度的方法
D. 确定工艺试验方法
E. 确定样本试验方法

9. 下列工程属于隐蔽工程的有（　　）。

A. 桩嵌入墩台的深度及桩基锚固钢筋、墩台的构造钢筋安装
B. 先张法预应力钢筋混凝土构件施工，张拉台座上的锚具安装
C. 后张法预应力钢筋混凝土梁中的预留孔道、波纹管安装
D. 桥面面层施工
E. 预制预应力梁的模板安装

10. 对隐蔽工程覆盖前的检查，承包人自检，完成自检报告并覆盖，监理工程师事后予以认可的条件是（　　）。

A. 承包人与监理工程师事先约定了检查时间，监理工程师按约定检查时间准时到场检验，发现承包人已经覆盖完毕

B. 承包人事先与监理工程师约定了检查时间，但监理工程师认为无必要参与检查，并就此通知了承包人

C. 承包人不须事先与监理工程师约定检查时间

D. 承包人事先与监理工程师约定了检查时间，但在约定时间后的 12h 内，监理工程师或其代表未能到场检查

E. 承包人事先与监理工程师约定了检查时间，但在约定时间后的 4h 内，监理工程师或其代表未能到场检查，4h 后监理工程师到场检查时，承包人已经覆盖完毕

11. 下列工程变更属于涉及变更设计的情况有（　　）。

A. 监理工程师根据公路设计技术标准要求，指令承包人对局部路段增设涵洞

B. 在施工过程中，承包人为提高施工速度，改变施工方案和土石方开挖施工机械的配置，增加了开挖机械数量

C. 在施工过程中，经监理工程师检验，原料场材料不符合设计标准，指令承包人调整料场位置，改变原运输路线

D. 在施工过程中，承包人提出调整局部路段的线形和位置仍可满足设计规范要求，可减少挖填方量的建议，经监理工程师测算检验认可和设计单位同意

E. 施工过程中，承包人为加快施工进度，调整施工机械的配置，对劳动力进行优化组合，使工期缩短，降低了成本

12. 变更设计的程序包括（　　）。

A. 建设单位召集有关单位洽谈协商变更设计，达成一致意见后并确定设计变更负责人

B. 监理工程师向承包人发出变更意向通知

C. 搜集有关资料及费用评估

D. 协商价格及签发设计变更令

E. 报经政府主管部门审批

13. 在下列工程技术档案中，属于施工企业应提交建设单位保管的工程技术档案有（　　）。

A. 施工组织设计及经验总结

B. 竣工图表，隐蔽工程验收记录，工程质量检评、质量事故处理记录

C. 技术革新建议的试用、采用、改进的记录及有关重大技术决定

D. 图纸会审记录、设计变更、技术核定单

E. 施工日记和施工企业的各项管理制度

14. 在下列技术文件中，可称为技术资料的有（　　）。

A. 在本工程施工中自然形成的技术文件

B. 通过技术交流、赠送、购买方式收集、复制的技术文件

C. 以参考为目的收集和复制的技术文件

D. 本单位在工程建设中直接产生和自然形成的技术文件

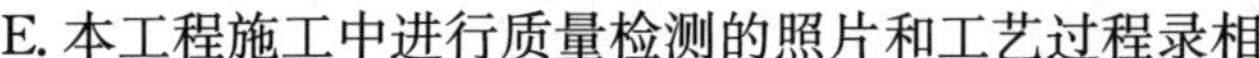

E. 本工程施工中进行质量检测的照片和工艺过程录相

（三）案例题

某工程项目的施工承包合同规定，水泥由业主指定厂家，施工单位负责采购，厂家负责运输到工地。当第一批水泥运至工地时，施工单位认为是业主指定用的材料，在检查了产品合格证、质量保证书后即可用于工程，反正有质量问题由业主负责。

项目经理部的工地实验室，制定如下试验管理制度：

(1)试验室业务上受公司中心试验室领导，同时还需接受监理工程师的监督和检查；

(2)试验室在工序施工前，应完成工序质量控制所必须的各项基础试验、并提出控制参数和数据；

(3)试验室对压实度检测、混凝土试件制作、测定混凝土稠度、测定沥青混合料温度等频率较高的检测项目，试验人员按规定的取样地点、时间进行检测试验，试验管理人员进行15%频率的抽检；

(4)试验室对试验检测的原始记录和报告印成一定格式的表格，同时应有试验、计算、负责人签字及试验日期。

问题：

1. 施工单位的做法是否正确？请说明理由。

2. 若施工单位将该批材料用于工程所造成的质量问题，其是否有责任？请说明理由。

3. 施工单位制定的试验管理制度是否有不妥之处？若有不妥之处，请指出并改正。

4. 对预制构件厂生产的预制构件，应如何进行进场质量检验？

模拟考题答案

（一）单项选择题答案：

1. C　2. C　3. D　4. B　5. A　6. A　7. B　8. C　9. B　10. C

（二）多项选择题答案：

1. ABCD　2. ACD　3. ABCD　4. AC　5. BCD
6. BD　7. ABD　8. AC　9. AC　10. BD
11. AD　12. ABCD　13. BD　14. BC

（三）案例题答案：

1. 不正确。对进场的材料施工单位有职责进行抽样检验，合格才可用于工程。

2. 有责任。施工单位对用于工程中的原材料必须确保其质量。

3. 有不妥之处。第一条：除接受监理工程师监督和检查外，还要接受质量监督站的监督检查。第三条：抽检频率应为20%。第四条：试验报告还应有复核人签字、并加盖试验专用章。

4. 对预制构件厂生产的预制构件，安装前应检验出厂合格证。其内容包括：构件型号、规格数量、出池或出厂日期。检验后加盖检验合格章。安装后，在合格证上注明使用部位。

1B425000　公路工程造价与施工成本管理

一、知识体系归纳

1B425010　公路工程造价构成

1B425011　掌握公路工程造价的构成

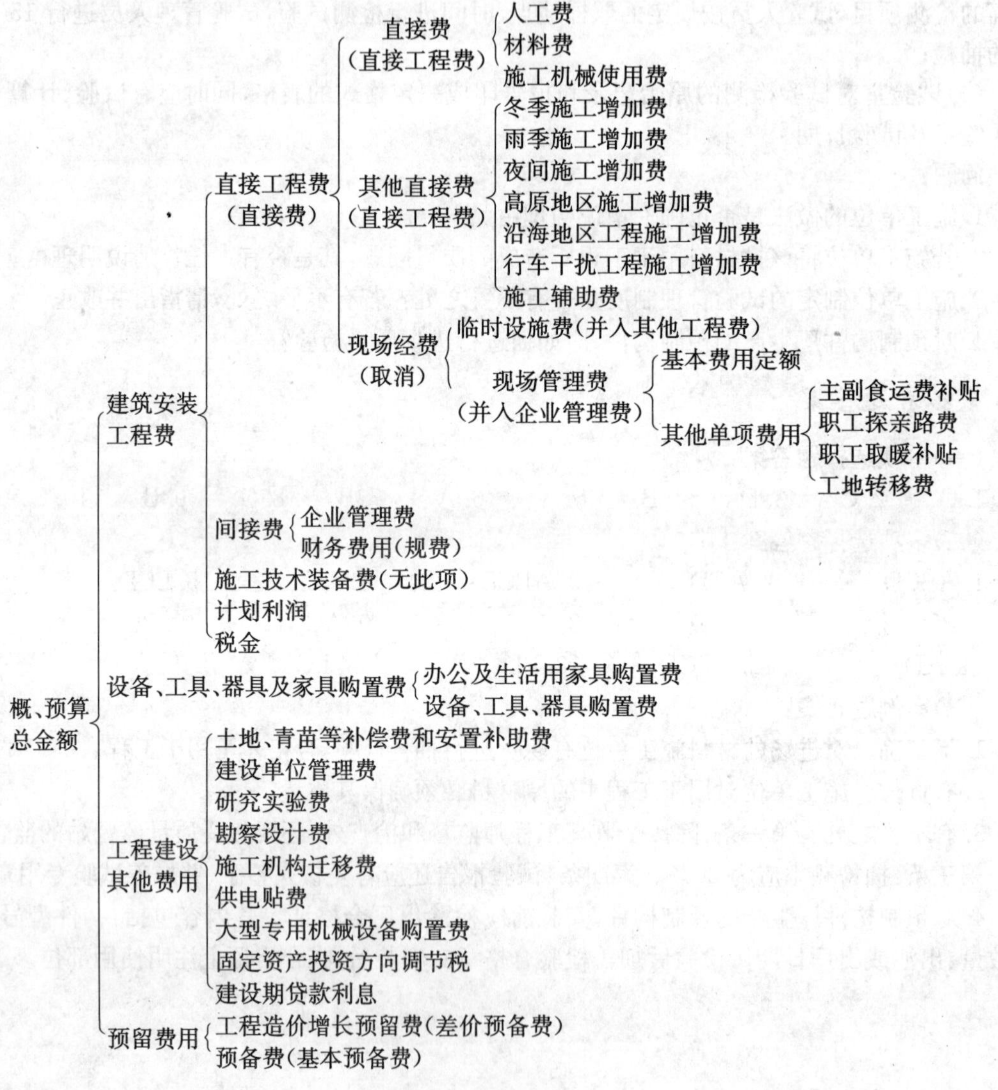

注：括号内为《08 编制办法》的规定。

1B425012 掌握公路工程预算中相关费率的含义及取用要求

费率:某些费用项目按一定基数计取费用的百分比。

1.其他直接费:是指定额计列以外的,直接用于工程实体的费用。

2.现场经费,包括以下两个方面:

临时设施费:生活和生产用临时建筑、构筑物修建、维修和拆除或摊销的费用。

现场管理费:各类工程的定额直接费为基数计算的基本管理费用和其他单项费用。

3.间接费:含企业管理费和财务费用两部分。

4.技术装备费:按定额直接费与间接费之和的一定费率计取。

5.计划利润:按定额直接工程费与间接费之和的4%计算。

6.税金:综合税金额=(直接工程费+间接费+计划利润)×综合税率。

7.建设单位管理费:以定额建筑安装工程费总额为基数。

8.工程质量监督费:以定额建筑安装工程费总额为基数,按规定的费率计取,费用为0.15%。

9.工程监理费:以定额建筑安装工程费总额为基数,国内工程费率为1.6%,国际工程费率为3.5%。

10.定额编制管理费:以定额建筑安装工程费总额为基数,按规定的费率计取。

11.设计文件审查费:以定额建筑安装工程费总额为基数,按规定的费率计取。

公路工程概、预算的编制计算程序,如下表所示。

概、预算编制计算程序表

代 号	项 目	说明及计算式
一	定额直接费(即定额基价)	指概、预算定额的基价
二	直接费(即人工费、材料费、机械费)	按编制年工程所在地的工、料、机预算价格计算
三	其他直接费	(一)×其他直接费综合费率
四	现场经费	(一)×现场经费的综合费率
五	定额直接工程费	(一)+(三)+(四)
六	直接工程费	(二)+(三)+(四)
七	间接费	(五)×间接费的综合费率
八	施工技术装备费	[(五)+(七)]×施工技术装备费率
九	计划利润	[(五)+(七)]×计划利润率
十	税金	[(六)+(七)+(九)]×综合税率
十一	定额建筑安装工程费	(五)+(七)+(八)+(九)+(十)
十二	建筑安装工程费	(六)+(七)+(八)+(九)+(十)

注:《08编制办法》有所不同。

1B425013 熟悉公路工程预算单价分析方法

人工费分析	人工费＝∑（人工预算定额用量×相应等级日工资单价）
材料费分析	材料费＝∑（材料、构件、零件、半成品预算定额用量×预算价格）＋∑（周转材料预算定额摊销量×预算价格） 预算价格＝（原价＋供销部门经营费＋包装费＋运输费）×（1＋采购及保管费率）－回收价值
机械费分析	机械使用费＝∑（机械预算定额台班量×台班单价）＋其他机械使用费＋出场费
其他直接费	指直接费以外的施工过程中发生的其他费用，有较大弹性
现场经费	包括临时设施费用和现场管理费
建安间接费	由企业管理费、财务管理费和其他费用组成

1B425020 公路工程项目施工成本管理要求和控制方法

1B425021 掌握公路工程项目施工成本管理要求

成本最低化	通过管理，不断降低成本，实现最低成本目标。考虑可能性，在保证质量条件下的成本最低化
全面成本管理	全企业、全员和全过程成本管理。即“三全”管理
成本责任制	成本责任落实到人。对成本层层分解，以分级、分工、分人的成本责任制作保证。项目部对企业下达的成本指标负责，班组和个人对项目部的成本目标负责，层层保证，定期考评
管理有效化	①项目部以最少的投入得到最大的产出（对生产部门）。 ②最少的人力和财力，完成较多的管理工作，提高工作效率（对管理部门）。 ③运用行政、经济、法制手段管理
管理科学化	运用自然科学、社会科学理论、技术和方法。 运用预测与决策、目标管理、因素分析、比率分析、差额分析、量本利分析和价值工程等方法

1B425022 掌握公路工程项目施工成本控制方法

以预算控制支出	按施工预算实行“以收定支”，“量入为出”。 预算根据施工组织设计编制，避免预算、施工两张皮
控制程序	成本预测→成本计划→控制人力资源和物质资源的消耗（成本费用）
资源消耗的中间控制	各成本责任部门、作业班组或个人，及时记录各自资源消耗和原始记录，做到日清日算，实施有效的中间控制，发现偏差及时纠正，避免秋后算账
成本与进度同步	施工到什么阶段，发生相应的成本。项目各部门相互协调，核算口径一致。 如果成本与进度不对应，作为“不正常”现象分析，找原因并纠正
收支计划	以用款计划控制成本费用支出
审核签证	经济结算，先由项目管理人员审核，经项目经理签证后支付

续上表

控制质量成本	质量成本＝保证和提高质量而支出的费用＋未达质量标准而损失的费用。 其包括预防成本、鉴定成本、内部故障成本、外部故障成本
现场管理	平面布置，安全生产管理
三同步检查	统计核算、业务核算、会计核算“三同步”。统计-算产值；业务-算消耗；会计-算成本。 表现：完成多少产值，消耗多少资源，发生多少成本，三者应该同步
财务方法	用成本分析表控制成本。其包括：月度（直接、间接）成本分析表、最终成本控制报告表

1B425023 熟悉降低公路工程项目施工成本的方法和途径

合同交底	将合同协议书、投标书、合同专用（通用）条款、技术规范、标价的工程量清单交项目部
研读合同文件	项目部，结合现场情况，对可能变更的项目、可能上涨的材料单价等进行预测，对成本趋势心中有数
编制下达标后预算	按实施性施工组织设计、材料市价、资源配置，编制标后预算；项目部按标后预算核定的成本指标，预测目标，编制成本计划，并将成本指标、责任分解到部门、班组和个人
施工方案	制定先进、经济合理的施工方案。其包括：施工方法、机具选择、施工顺序、流水施工
技术措施	开工前，依工程情况制定技术组织措施。以技术优势来取得经济效益
均衡施工	均衡施工，加快进度。凡按时间计算的费用（如项目办公费等），加快进度、会明显节约成本
材料管理	做好采购计划，招标采购，降低采购价。做好配合比的优化设计，加强施工控制，降低消耗量
人力管理	合理安排，防止窝工；建立科学奖罚制度，提高人员积极性和工作质量
机械管理	提高机械利用率和完好率。单机核算，量化成本控制指标和控制责任，落实到部门、个人

1B425030 公路工程项目施工成本目标考核

企业对项目经理的考核	①项目成本目标和阶段成本目标完成情况。 ②建立以项目经理为核心的成本管理责任制的落实情况。③成本计划的编制和落实情况。 ④对部门、施工队、班组责任成本的检查和考核情况。⑤在成本管理中责、权结合情况
项目经理对各部门考核	①本部门、本岗位责任成本的完成情况。 ②本部门、本岗位成本管理责任的执行情况
项目经理对施工队考核	①劳务合同规定的承包范围、内容执行情况。 ②劳务合同以外的补充收费情况。 ③班组施工任务单管理情况，完成任务后的考核情况
施工队对班组考核	以分部、分项工程成本作为班组责任成本。以施工任务单和限额领料单的结算资料为依据，与施工预算对比，考核班组责任成本的完成情况

1B425040 公路工程项目定额及预(决)算的编制办法

1B425041 熟悉公路工程项目施工定额的编制方法

劳动定额	①分析基础资料、拟订编制方案；②拟定正常施工条件(工作地点、工作组成、人员编制)；③拟定人工定额消耗量(时间定额、产量定额)
机械定额	拟定正常工作条件；确定一小时纯工作生产率、正常利用系数；台班产量定额＝一小时工作正常生产率×工作班纯工作时间；时间定额＝1/台班产量定额
材料定额	必需材料消耗，损失的材料消耗；定额的测定：现场技术测定、实验室试验、现场统计、理论计算周转材料单位定额用量＝[图纸总用量×(1＋场内运输及操作损耗率)]/(周转及摊销次数×工程量)

1B425042 了解公路工程项目施工预算的编制

内容	编制说明，工程量，人工、材料、机械台班消耗数量及费用，预制构、配件，施工预算与施工图预算对比(即两算对比)等。预算文件由编制说明、表格组成
依据	图纸、设计说明及有关资料；施工组织设计；施工定额和补充定额；施工图预算；现场勘、测资料；有关规定；材料手册、预算工作手册
两算对比	定义：企业收入与支出比较。对比方法：实物对比法，金额对比法。内容：直接费、人工费、工日数、材料费、主材用量、机械费用对比

施工预算的程序，如下图所示。

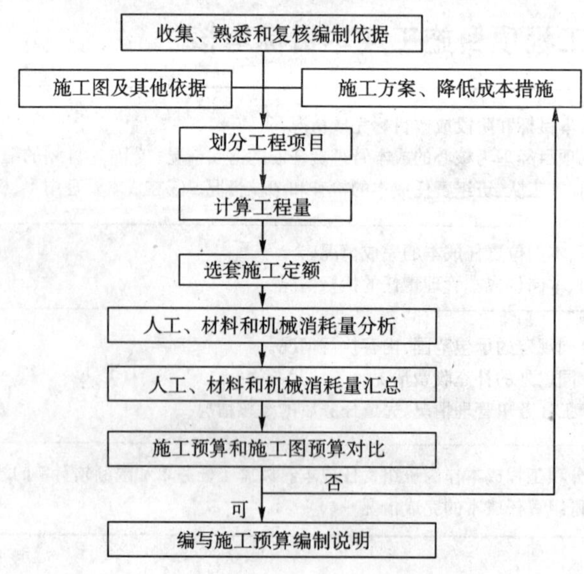

1B425043 了解公路工程竣工决算的编制

定义	竣工验收交付使用阶段，由业主编制的项目全过程的全部实际支出费用的文件；以业主为主，在监理、施工单位的配合下共同完成
作用	①国家对基建投资管理的手段；②竣工验收的依据；③确定新增固定资产价值的依据；④基建成果和财务的综合反映；⑤为档案、为定额修订提供资料
依据	①设计文件，概(预)算文件；②招标文件、标底、合同文件；③建设过程文件、支付凭证；④竣工图纸；⑤其他文件、资料、凭证
步骤	收集、整理资料→清理财务、债务、结余物资→填决算报表→编制决算说明→造价对比分析→清理、装订竣工图→报主管部门审查
报告	①封面；②工程平面示意图；③决算报告说明书；④决算表格

二、考 点 分 析

本章教材尽管所占篇幅不多，但属于重要内容，学习时必须重点掌握：工程造价构成及成本控制方法。以往题目出得比较死板，都是书上内容的改错或补充形式，今后的考试中可能会有根据工程经验提出降低成本的措施。

另外，新的《概预算编制办法》已于08年1月1日实施，规定与《考试用书》不同，复习时请注意。

三、典 型 例 题

(一)单项选择题

1. 建筑安装工程费中含有(　　)。

A. 研究试验费　　B. 工地转移费　　C. 施工机构迁移费　　D. 工程监理费

答案：B

解析：工地转移费属于现场经费之一，因此，包含在建筑安装工程费中。A、C、D均属于工程建设其他费用。

2. 现场管理费属于(　　)。

A. 间接费　　B. 企业管理费　　C. 直接工程费　　D. 建设单位管理费

答案：C

解析：现场管理费属于现场经费，因此属于直接工程费。

3. 工程建设其他费用中不包括(　　)。

A. 研究试验费　　B. 财务费用　　C. 建设单位管理费　　D. 建设期贷款利息

答案：B

解析：财务费用属于间接费，而间接费又属于建筑安装工程费。A、C、D按公路工程造价文件的编制规定，均属于工程建设其他费用。

4. 施工机械费中不包括（　　）。

A. 机械调遣费　　B. 人工费　　C. 动力燃料费　　D. 折旧费

答案：A

解析：台班费由不变费用和可变费用组成。不变费用包括折旧费、大修理费、经常修理费、安装拆卸及辅助设施费等；可变费用包括机上人员工资、动力燃料费、养路费及车船使用税。所以只能选 A。

5. 业主为建设项目的立项、筹建、建设、竣工验收等发生的费用属于（　　）。

A. 现场管理费　　B. 建设单位管理费

C. 工程建设其他费用　　D. 勘察设计费

答案：B

解析：业主＝建设单位。

6. 公路工程竣工决算的编制是以（　　）。

A. 建设单位为主，在监理工程师和施工单位的配合下共同完成的

B. 监理工程师为主，在建设单位和施工单位的配合下共同完成的

C. 施工单位为主，在建设单位和监理工程师的配合下共同完成的

D. 只要三方共同参加即可

答案：A

解析：竣工决算是要进行大量的统计分析而不是计算来重新确定工程造价文件，必然要以建设为主。

7. 建设工程竣工决算应包括的全部实际支出费用范围是指（　　）。

A. 从开工到竣工的费用支出　　B. 从筹建到竣工投产的费用支出

C. 施工阶段的费用支出　　D. 施工准备阶段的费用支出

答案：B

解析：竣工决算包括从项目筹划到竣工投产全过程的全部实际费用。

8. 施工预算的编制主体是（　　）。

A. 业主　　B. 施工企业　　C. 设计单位　　D. 监理工程师

答案：B

解析：施工预算的编制主体应该是施工企业。

（二）多项选择题

1. 建筑安装工程费包括（　　）。

A. 直接工程费　　B. 间接费　　C. 供电贴费　　D. 税金　　E. 建设单位管理费

答案：ABD

解析：供电贴费、建设单位管理费属于工程建设其他费用，ABD 均属于建筑安装工程费。

2. 直接工程费包括（　　）。

A. 材料费　　B. 行车干扰工程施工增加费

C. 利润　　D. 流动资金贷款利息

E. 人工费

答案:ABE

解析:利润、流动资金贷款利息是间接费中的财务费用开支。

3.公路工程的造价包括(　　)。

A.建筑安装工程费　　B.设备购置费

C.工程建设其他费用　　D.预留费用

E.运营管理费

答案:ABCD

解析:公路工程的造价不包括运营阶段的费用。

4.施工现场经费包括(　　)。

A.临时设施费　B.临时工程费　C.施工辅助费　D.现场管理费　E.财务费用

答案:AD

解析:临时工程费应按工程实际发生情况在直接费中计算,施工辅助费属于其他直接费,财务费用属于间接费,因此BCE均是错误的。AD属于现场经费项目。

5.临时设施费包括的费用有(　　)。

A.施工便道　B.临时宿舍　C.工作便道　D.工地办公室　E.搅拌站

答案:BCD

解析:施工便道、搅拌站属于临时工程,不属于临时设施费包括的内容。

6.施工企业管理费包括(　　)。

A.管理人员工资　　B.工会经费

C.6个月以上病假人员工资　　D.生产工人辅助工资

E.财务费用

答案:ABC

解析:排除D、E,因为D是直接费中人工费的内容,E是间接费中与企业管理费平行的费用。

7.建设单位管理费包括(　　)。

A.工程招标费　　B.建设单位临时设施费

C.业主供材的采购费　　D.固定资产投资方向调节税

E.竣工验收工作管理费

答案:ABE

解析:业主供材的采购费应计入材料预算价格,固定资产投资方向调节税是单独的一项税费,因此,只能选ABE。

8.定额工作时间包括(　　)。

A.偶然工作时间　　B.基本工作时间

C.辅助工作时间　　D.多余工作时间

E.准备工作时间

答案:BCE

解析:多余或偶然工作时间,均属于非定额工作时间。

9. 施工定额的组成包括（　　）。

A. 人工定额　　B. 材料消耗定额
C. 机械台班消耗定额　　D. 机械台班费用定额
E. 费用定额

答案：ABC

解析：施工定额只算量而不算钱。

10. 机械台班消耗定额的计算一般涉及的因素有（　　）。

A. 台班利用系数　　B. 人工费标准
C. 纯工作 1h 生产率　　D 工作班制度
E. 油（燃）料标准

答案：ACD

解析：机械台班消耗定额的制定一般依据机械的纯工作 1h 生产率、台班利用系数、工作班制度确定，与人工、油（燃）料无关。

11. 施工预算的编制依据有（　　）。

A. 预算定额　B. 施工定额　C. 企业定额　D. 施工图设计　E. 初步设计

答案：BCD

解析：预算定额主要用于施工图预算的编制，初步设计是编制设计概算的依据。施工预算的编制依据有：施工图设计资料；施工定额或企业定额；施工组织设计；工、料、机价格资料；其他直接费、现场经费、间接费等费用的取费标准。

（三）案例题

某工程项目部造价师在进行工程造价分析时，对其他直接费、现场费和间接费做了如下分类：

（1）其他直接费包括：冬雨期施工增加费；职工探亲路费和工地转移费；现场经费；夜班津贴及有关照明设施等增加的费用。

（2）现场经费包括：临时设施费；现场管理费；行车干扰施工增加费。

（3）间接费包括：企业管理费；财务费；主副食运输补贴。

（4）费率计算按下列方法进行：一是，财务费用按工程类别和地区类别选用相应的费率；二是，计划利润按定额直接费与其他费率之和的一定费率计取。

问题：

1. 请将该造价师对费用的分类中不妥的重新归类。

2. 请将费率计算中欠妥的予以改正。

3. 在施工生产中，降低施工成本的措施有哪些？

答案：

1. “职工探亲路费和工地转移费以及现场经费”都应属于现场经费；“行车干扰施工增加费”应属于其他直接费；“主副食运输补贴”应属于现场经费。

2. “计划利润按定额直接费与其他费率之和的一定费序计取”，这一方法不妥。应改为：计划利润应按定额直接费与间接费之和的一定费率计取。

3.降低施工成本的措施有：

(1)合同交底，使项目经理部全面了解合同中有关工程价款事项。

(2)认真研读合同文件，做好成本预测，对项目的成本趋势心中有数。

(3)企业编制并下达标后预算；项目部根据标后预算核定的成本控制指标，预测项目的阶段性目标，编制成本计划，并将成本控制指标和成本控制责任分解到部门、班组和个人。

(4)制订先进、合理的施工方案。

(5)落实技术组织措施。

(6)均衡施工，加快进度。

(7)降低材料成本。

(8)提高机械利用率。

四、模拟考题

(一)单项选择题

1.属于直接费的费用是(　　)。

A.保险费　　B.现场管理人员基本工资

C.生产工人辅助工资　　D.工地临时用水

2.其他直接费的正确定义是(　　)。

A.不包括在建筑安装工程费中的直接费

B.直接费以外施工过程中发生的直接用于工程的费用

C.按费率计算的费用

D.不发生在施工过程中的费用

3.建筑安装工程费中不包括(　　)。

A.税金　　B.施工技术装备费　　C.利润　　D.施工机构迁移费

4.施工间接费的构成是(　　)。

A.企业管理费+财务费用　　B.临时设施费+企业管理费

C.管理人员工资+办公差旅费　　D.现场管理费+企业管理费

5.工程监理费中不包括(　　)。

A.质量监督费　　B.国际招标费　　C.人员培训费　　D.工资

6.雨季施工增加费是按(　　)。

A.在雨季期施工的工程才计算

B.按雨量的大小计算

C.不论是否在雨季施工，均按规定的取费标准计取

D.按实际下雨天数计算

7.公路工程计取高原地区施工增加费的工程是指施工区在海拔(　　)。

A.2 000m 以上　　B.1 500m 以上　　C.1 000m 以上　　D.2 500m 以上

8. 需要安装的设备，其安装费（　　）。

A. 在设备、工具、器具购置费中计算　B. 以设备购置费为基数按费率计算

C. 在建筑安装工程费中计算　D. 以直接工程费为基数按费率计算

9. 公路工程概（预）算文件编制时的材料费按（　　）。

A. 工程所在地的实际材料预算价格计算　B. 地方材料预算价格手册计算

C. 定额基价计算　D. 地方指导价计算

10. 施工项目成本管理的根本目的是（　　）。

A. 在项目成本的形成过程中，对生产经营所消耗的人力、物力资源和费用开支，进行指导、监督、调节和控制

B. 及时纠正将要发生和已经发生的偏差，把各项生产费用，控制在计划成本的范围之内

C. 通过成本管理的各种手段，促进不断降低施工项目成本，以达到可能实现最低的目标成本的要求

D. 控制成本支出，增加工程预算收入

11. 成本责任制的关键是（　　）。

A. 划清责任，并与奖惩制度挂钩，使各部门、各班组和个人都来关心施工项目成本

B. 对施工项目成本进行层层分解，以分级、分工、分人的成本责任制作保证

C. 施工项目经理部应对企业下达的成本指标负责，班组和个人对项目经理部的成本目标负责，以做到层层保证，定期考核评定

D. 严格按照经济责任制的要求，贯彻责、权、利相结合的原则

12. 项目经理对各施工队的考核内容中不包括（　　）。

A. 对劳务合同规定的承包范围和承包内容的执行情况

B. 劳务合同以外的补充收费情况

C. 对班组施工任务单的管理情况，以及班组完成施工任务后的考核情况

D. 成本计划的编制和落实情况

13. 定额时间不包括（　　）。

A. 休息时间　B. 承包商本身造成的停工时间

C. 辅助工作时间　D. 不可避免的中断时间

14. 材料消耗定额中不包括（　　）。

A. 施工中的操作损耗　B. 施工地点堆放损耗

C. 材料采购运输损耗　D. 材料场内运输损耗

15. 在编制施工预算时采用的依据是（　　）。

A. 施工定额　B. 预算定额　C. 概算定额　D. 费用定额

16. 施工图预算是控制工程造价的重要环节，其编制阶段是（　　）。

A. 施工阶段　B. 设计阶段　C. 竣工阶段　D. 可行性研究阶段

17. 施工预算的编制主体是（　　）。

A. 设计单位　B. 业主　C. 施工单位　D. 监理工程师

18. 施工图预算的编制主体是（　　）。

A. 咨询公司　B. 设计单位　C. 施工单位　D. 业主

19. 竣工决算的编制主体是(　　)。

A. 设计单位　　B. 业主　　C. 承包商　　D. 监理工程师

(二)多项选择题

1. 直接费包括(　　)。

A. 人工费
B. 材料费
C. 机械费
D. 行车干扰工程施工增加费
E. 临时设施费

2. 现场管理费包括(　　)。

A. 工地转移费
B. 临时工程费
C. 临时设施费
D. 职工探亲路费
E. 施工辅助费

3. 间接费中包括(　　)。

A. 企业管理费
B. 辅助生产现场经费
C. 财务费用
D. 施工队伍迁移费
E. 建设期贷款利息

4. 预留费用包括(　　)。

A. 建设期贷款利息
B. 工程造价增长预留费
C. 预备费
D. 供电贴费
E. 回收金额

5. 建筑安装工程费包括(　　)。

A. 直接工程费　　B. 间接费　　C. 利润　　D. 税金　　E. 施工机构迁移费

6. 工程建设其他费用包括(　　)。

A. 土地、青苗补偿费
B. 建设单位管理费
C. 办公及生活用家具购置费
D. 设计费
E. 现场管理费

7. 人工费包括生产工人的(　　)。

A. 基本工资
B. 工资性补贴
C. 生产工人辅助工资
D. 职工福利费
E. 病假工资

8. 材料预算价格包括(　　)。

A. 材料原价　　B. 运杂费　　C. 场内运输损耗　　D. 采购及保管费　　E. 施工损耗

9. 施工机械台班预算单价包括(　　)。

A. 折旧费　　B. 大修理费　　C. 养路费　　D. 人工费　　E. 购置费

10. 其他直接费包括(　　)。

A. 冬季施工增加费
B. 行车干扰工程施工增加费
C. 施工辅助费
D. 临时设施费
E. 开会工资

11. 临时设施费用于(　　)。
A. 临时宿舍、临时仓库的修建与拆除　B. 施工便道的修建
C. 输电线路的搭设及拆除　D. 人行便道的修建
E. 监理工程师宿舍修建

12. 计算主副食运费补贴综合里程时，主要考虑的项目有(　　)。
A. 水的运距　B. 燃料的运距　C. 粮食的运距　D. 蔬菜的运距　E. 材料运距

13. 工程造价增长预留费主要用于由于政策、价格变化可能发生上浮的(　　)。
A. 人工费、材料费、机械费　B. 其他直接费、现场经费、间接费
C. 设备工具器具购置费　D. 其他基本建设费用
E. 预备费

14. 工程直接费中的人工工资单价包括(　　)。
A. 基本工资　B. 管理费
C. 工资性补贴　D. 辅助工资
E. 职工福利和劳动保护费

15. 冬季施工增加费的取费原则是(　　)。
A. 不在冬季施工不计　B. 根据各类工程特点规定各气温区的取费标准
C. 采用全年平均摊销方法计算　D. 以定额直接费为基数计算
E. 以直接费为基数计算

16. 机械台班单价中的可变费用包括(　　)。
A. 动力燃料费　B. 经常修理费　C. 养路费　D. 人工费　E. 折旧费

17. 所谓成本管理有效化，主要有两层意思，这两层意思是(　　)。
A. 促使施工项目经理部以最少的投入，获得最大的产出
B. 以最少的人力和财力，完成较多的管理工作，提高工作效率
C. 提高施工项目的科学管理水平，优化施工方案，提高生产效率
D. 采取预防成本失控的技术组织措施，制止可能发生的浪费
E. 节约人力、物力、财力的消耗

18. 在施工项目成本控制中，可按施工预算实行的方法有(　　)。
A. 以收定支　B. 以支定收　C. 量入为出　D. 量出为入　E. 量价分离

19. 属于降低材料成本的方法有(　　)。
A. 做好材料的采购计划
B. 采取招标采购的形式，降低材料的采购单价
C. 做好混合料配合比的优化设计
D. 加强施工过程控制，降低各类材料的生产消耗量和不必要的损耗
E. 提高机械利用率

20. 降低施工项目成本的方法和途径有(　　)。
A. 坚持现场管理标准化，堵塞浪费漏洞　B. 落实技术组织措施
C. 提高机械利用率　D. 制订先进的、经济合理的施工方案
E. 加强质量管理，控制质量成本

21. 全面成本管理，即“三全”管理，包括(　　)。
A. 全行业　B. 全企业　C. 全员　D. 全部门　E. 全过程

22. 项目经济核算的“三同步”是指(　　)。
A. 财务核算　B. 统计核算　C. 业务核算　D. 会计核算　E. 成本核算

23. 企业对项目经理考核的内容(　　)。
A. 项目成本目标和阶段成本目标的完成情况
B. 建立以项目经理为核心的成本管理责任制的落实情况
C. 成本计划的编制和落实情况
D. 对各部门、各施工队和班组责任成本的检查和考核情况
E. 在质量管理中贯彻责、权、利相结合原则的执行情况

24. 项目经理对各部门的考核内容包括(　　)。
A. 对劳务合同规定的承包范围和承包内容的执行情况
B. 本部门、本岗位责任成本的完成情况
C. 劳务合同以外的补充收费情况
D. 本部门、本岗位成本管理责任的执行情况
E. 对班组施工任务单的管理情况，以及班组完成施工任务后的考核情况

25. 项目经理对生产班组的考核内容中，正确的说法有(　　)。
A. 平时由施工队考核
B. 对考核劳务合同规定的承包范围和承包内容的执行情况
C. 以分部分项目工程成本作为班组的责任成本
D. 考核项目成本目标和阶段成本目标的完成情况
E. 以施工任务单和限额领料单的结算资料为依据，与施工预算进行对比，考核班级责任成本的完成情况

26. 施工图预算的编制依据有(　　)。
A. 施工图设计　B. 施工组织设计或施工方案
C. 预算定额　D. 工、料、机预算单价
E. 可行性研究投资估算

27. 编制施工预算的步骤有(　　)。
A. 收集各种编制资料　B. 编制工、料、机预算单价
C. 计算工程数量　D. 计算综合费率
E. 编制

28. 施工预算的编制依据有(　　)。
A. 设计图纸及说明　B. 预算定额
C. 施工定额　D. 费用定额
E. 竣工图纸

29. 竣工决算的内容包括(　　)。
A. 竣工决算报告情况说明书　B. 竣工财务决算报表
C. 竣工图纸资料　D. 工程造价比较分析
E. 中间支付证书

模拟考题答案

(一)单项选择题答案：

1. C　2. B　3. D　4. A　5. A　6. C　7. A　8. D　9. A　10. C
11. A　12. D　13. B　14. C　15. A　16. B　17. C　18. B　19. B

(二)多项选择题答案：

1. ABC　2. AD　3. AC　4. BC　5. ABCD
6. ABD　7. ABCD　8. ABD　9. ABCD　10. ABC
11. AD　12. ABCD　13. ABCD　14. ACDE　15. BCD
16. ACD　17. AB　18. AC　19. ABCD　20. BCD
21. BCE　22. BCD　23. ABCD　24. BD　25. ACE
26. ABCD　27. ABCD　28. ACD　29. ABCD

1B426000 公路工程合同管理

一、知识体系归纳

1B426010 公路工程合同条件

1B426011 掌握公路工程合同工程量清单

定义	以一定计量单位说明工程实物数量的明细文件。按工程部位、性质列表
特点	①招投标、合同文件的组成部分。②与技术规范、图纸一致。 ③计量方法与概、预算定额不同。④工程量是预计量，结算和支付以监理认可量为依据。 ⑤单价含工、料、机、管理、利润、缺陷修复、税金等，以及合同中的所有责任、义务和一般风险。 ⑥是结算、确定造价的依据
计量	①公制的物理计量单位或习惯的自然计量单位。②按合同量测、计算，或符合习惯做法。 ③由承包人提供条件，计算后报监理审核确认；或共同计量。④超长度、超面积、超体积，不计。 ⑤模板、脚手架、装备等，未清单中出现的，不另计
编写	①说明。 ②细目：总则、路基、路面、桥梁涵洞、隧道、安全设施及预埋管线、绿化及环境保护 7 部分。编号与技术规范中对应。不同工作分别列项。情况、报价不同项目，分开。 ③计日工：劳务、材料、机械三个计日工表。 ④汇总表：第 100 章～700 章合计、计日工合计、暂定金额和投标总价

1B426012 掌握公路工程项目分包合同

一般分包	承包商将自己承担的部分工程，经监理批准后，分包。特点： ①分包合同由承包商制定，业主、监理批准。 ②对合同执行无影响。不得将全部工程分包出去。 ③不减少承包商的责任和义务
指定分包	业主或监理指定分包商，承包商同意后，与承包商签订分包合同。特点： ①涉及到业主和监理工程师。 ②在标书中写出。 ③所用的暂定金额包括在工程量清单中。 ④分包商应向承包商承担如同承包商向业主所承担的义务和责任
合同内容	①工程范围和内容，起讫桩号、工程项目等。 ②变更程序。 ③计量支付条件及程序，与总包合同基本一致。 ④保留金限额和缺陷责任期。 ⑤拖期违约损失补偿标准及限额。 ⑥双方责、权、利、义务。 ⑦合同变更、解除、中止、仲裁等

1B426013　掌握公路工程项目的其他采购合同

物资采购	平等民事主体资格的法人及其他经济组织，为实现施工物资买卖、明确权利义务关系的协议
选择供应商	公开招标、邀请招标、其他（询价）方式
主要条款	①物资名称（牌号或商标）、品种、型号、规格、等级；②技术标准和质量要求；③数量和计量单位；④包装标准和包装物的供应回收；⑤交货人、交货方法、运输方式、到货地点；⑥接（提）货单位；⑦交（提）货期限；⑧验收；⑨价格；⑩结算、银行、账户、账号、结算单位或结算人；⑪违约条款；⑫争议解决

1B426020　公路工程计量、支付、变更、索赔和价款调整

1B426021　掌握公路工程合同计量支付程序

计量程序		①组织：监理独立计量，承包人计量；共同计量。 ②程序：监理通知承包人计量时间→组成计量小组→现场计量→记录→报监理核对确认。 ③高驻审查：质量是否达到标准；过程是否符合合同。 ④总监代表审定：有权抽检质量。经总监审批项目才支付
计量方法		断面、图纸、钻孔取样、分项计量、均摊、凭证、估价法
支付原则		①以计量为基础；②以规范、报价为依据；③及时；④以日常记录和合同为依据；⑤程序严格
支付程序	中期支付	申请→申请审定→《证书》签发
	最终支付	①交工证书签发 47 天内，承包人向监理提交交工结账单。 ②缺陷责任终止证书 28 天内，承包人向监理提交最后结账单草案。 ③提交最后结账单时，承包人给业主书面清账书，抄送监理。 ④最后结账单和清账书收到 14 天后，监理签发最后支付证书报业主审批，抄给承包人

1B426022　掌握公路工程合同变更程序

定义		设计、进度计划、施工条件、原招标文件、工程量清单未包括的"新增工程"
原因		主观原因，如设计工作粗糙；客观原因，如不可预见的事故
确认		提出变更→分析影响→分析合同，会议、通信记录→初步确定费用、时间范围和质量要求→确认
处理程序		①发包人不迟于 14 天书面向承包人发变更通知。②承包人未经工程师同意不得擅自更改。③其他应先由一方提出，与对方协商、签署协议后，方可变更
变更价款	确定程序	变更发生→承包人 14 天内提出价款报告→工程师确认后调整（7 天内确认）
	确定方法	①合同中有价格，按合同。 ②合同中有类似价格，参照。 ③合同中无类似价格，承包人提出，工程师确认

1B426023　熟悉公路工程合同索赔程序

定义	合同履行中，非自己过错，由对方责任造成的实际损失向对方提出经济、时间补偿
原则	合同依据，资料积累，及时、合理地处理，前瞻性，避免过多索赔事件
程序	规定期限发出意向通知→规定期限提出索赔报告及资料→工程师规定期限内答复，或要求补充理由和证据→未答复视为认可

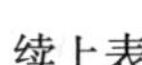

续上表

费用计算	实际费用法，总费用法，修正总费用法
工期计算	①网络分析：利用网络图，分析关键线路；延误工作为关键工作。 ②比例计算：索赔值＝额外工程量价格÷原价×原总工期。不适于变更顺序、加速施工
相关条款	①合同文件出错；②图纸延迟；③不利的实物障碍和不利的自然条件； ④工程师提供的测量资料不准确；⑤承包商根据监理指示额外钻孔及勘探； ⑥业主风险所造成的损害的补救和修复；⑦开挖到化石、文物、矿产等，停工处理； ⑧加强道、桥以承受“特殊超重荷载”；⑨业主雇佣其他承包商的影响，并为其提供服务； ⑩额外样品与试验；⑪隐蔽工程揭露或开孔检查；⑫工程中断；⑬业主迟交地； ⑭非承包商原因造成工程缺陷的修复；⑮调查和检查缺陷；⑯工程变更； ⑰变更使总价超出有效合同价15％；⑱特殊风险引起工程破坏和其他支出； ⑲特殊风险使合同终止；⑳合同解除后；㉑业主违约引起工程终止； ㉒物价变动引起成本增加；㉓后继法规的变化；㉔汇率及货币变化

1B426024　熟悉公路工程合同价款调整

清单数量	原工程量清单量为合同数量，根据实际完成数量调整合同价
工程价款价差调整	①造价指数调整法：根据合理工期及造价部门公布的工程造价指数调整。 ②实际价格调整法：主管部门发布最高限价，业主或监理有权要求选择廉价物资。 ③调价文件计算法：按照文件，进行抽料补差(用量×价差)。 ④调值公式法：$P=P_0(a_0+a_1A/A_0+a_2B/B_0+a_3C/C_0+\cdots\cdots)$
法规变化调价	投标截止前28d之后，法规变更，发生价差调整以外的费用增、减，由监理与承包人协商，报业主批准
拖期价款调整	①承包人未如期完成工程，交工日以后的工程，价格调整采用该交工日所在年份的价格指数。 ②合同延期，在延长交工日以后施工的工程，用该延长的交工日所在年份的价格指数

二、考点分析

本章属于重要内容。重点掌握：工程索赔和计量支付方面的问题。也有可能结合网络图中的关键线路分析，出综合性的题目，这方面的案例，在前面的“施工进度控制”中已有讲解。

三、典型例题

(一)单项选择题

1. 工程量清单中列有数量的某细目，投标时未填入单价，通常理解为(　　)。

A. 该细目在施工中由监理工程师确定，并按此计量

B. 该细目在暂定金中支付

C. 该细目的费用已分摊到其他项目，不单独计量

D. 该细目今后可根据需要补充报价

答案：C

解析：公路工程招标中，规定填写单价的分项工程或细目，认为该分项工程或细目的工程内容所需费用，摊入到了其他分项工程或细目中，该分项工程或细目不单独计量。

2. 编制工程量清单时，清单项目与《公路工程预算定额》、技术规范的关系是（　　）。

A. 工程量清单项目应与预算定额的分项工程一致，不一定与技术规范中的项目一致

B. 工程量清单项目不一定与预算定额分项工程相一致，但必须与技术规范中项目一致

C. 工程量清单项目应与预算定额的分项工程一致，同时还必须与技术规范中项目一致

D. 工程量清单项目不一定与预算定额的分项工程一致，也不一定与技术规范中的项目一致

答案：B

解析：为了在施工中，对完成的工程项目进行质量检验与验收，确定达到质量要求的工程数量，从而计价和支付，工程量清单项目必须与技术规范中的项目一致，但不一定与预算定额相一致。

3. 工程量确定中的暂定金是（　　）。

A. 承包人应得工程价款，是暂定的承包人的风险金

B. 工程结算时业主要扣回的、暂时列入合同价款的预备金

C. 用于支付合同外项目的费用

D. 用于支付临时用工和其新增项目的预备金，根据实际发生的工程量计量支付，工程完工结算时，未用完部分业主扣回

答案：D

解析：暂定金是为了解决由于工程项目施工不确定因素多产生新增项目或工作的费用增加问题，具有工程预备金性质。

4. 中期支付时，（　　）。

A. 按照程序进行审查后，并扣除保留金及预付款

B. 只要支付金额不超过预计工程总费用，不需要审查；最终支付进行审查，并结清所有工程价款

C. 按照程序进行审查后，不需扣除保留金及预付款

D. 由监理工程师审查、业主签发中期支付证书，并扣除保留金及预付款

答案：A

解析：根据中期支付的程序，承包人提出中期支付申请后，由监理工程师审核并修改支付申请后，将需要从承包人应得款中扣除保留金和预付款，确定付款净金额，再签发中期支付证书。因此，本题选 A 最适合。

5. 工程变更的目的，在下列说法中（　　）不正确。

A. 节省造价　　B. 加快进度　　C. 提高工程质量　　D. 便于结算

答案：D

解析：工程变更的原则：看是否对工程建设有利（如提高质量、适应工程现场地质条件要求、方便施工、加快进度等）；是否有利于节省工程造价；是否兼顾了业主、承包商或工程项目以

外的第三方利益方面等。

6. 工程变更不包括(　　)。

A. 增加或减少合同中的工程数量　　B. 取消合同中的任何单项工程

C. 取消分包,承、分包工程的资格　　D. 改变合同中的工程性质、质量或种类

答案:C

解析:排除法。因为C项并没有对工程本身进行任何变更。

7. 工程变更仅涉及工程数量的增加,不涉及新增工程项目和新增工程内容,其工程变更估价(计价)的方法是(　　)。

A. 监理工程师确定计价方法,由承包商计算　B. 按原工程量清单单价计价

C. 业主确定　　D. 承包商自己据实计算

答案:B

解析:没有新增工程的情况下仍然按原工程量清单单价计价。

8. 承包商的工程索赔是一种补偿,这种补偿是因为(　　)。

A. 承包商的进度延迟

B. 承包商施工中出现了亏损

C. 承包商非自身原因,完成了合同规定以外的额外工作

D. 承包商现场考察时未能预计,而在施工时发生了增加工程费用的情况

答案:C

解析:既然是"补偿"那么责任就不在承包商身上。A、B、D都与承包商有关。

9. 承包商进行工程索赔时,应首先(　　)。

A. 将索赔意向通知监理,抄送业主

B. 将索赔意向通知业主,抄送监理工程师

C. 将索赔意向通知监理,发生争端时才须抄送业主

D. 将索赔意向通知业主,业主同意索赔后,再通知监理工程师

答案:A

解析:本题应根据公路工程合同通用条件,索赔程序的第一步即:"在该索赔事件首次发生的21d之内将其索赔意向书提交监理工程师,并抄送业主"来选择。

(二)多项选择题

1. 按照工程量清单项目进行报价,在清单细目中的单价(如C30水泥混凝土路面细目)包括了下列费用(　　)。

A. 完成该细目所需的建安工程费　　B. 完成该项目税金与利润、风险费用

C. 质量检验与实验费　　D. 其他应分摊到该项目上的费用

E. 监理工程师的加班费

答案:ABCD

解析:监理工程师的加班费不属于工程量。

2. 监理工程师审核工程索赔时,一般要对下列内容进行审查(　　)。

A. 合同与索赔事实　　B. 各种与索赔事件相关的资料

C. 工程进度与工程质量　　　　D. 数据的准确性

E. 以上均正确

答案：ABD

解析：由于C未指明是整个项目还是索赔项目的工程进度与工程质量，故C不对。

3. 实行工程索赔有利于(　　)。

A. 业主可以得到合理的标价

B. 合理分摊了风险

C. 加快工程进度、节约工程成本

D. 投标人采用低标价中标，索赔盈利的经营策略

E. 以上均正确

答案：ABC

解析：索赔是为了更好地保证工程质量，而不是用来当作盈利的手段。

(三)案例题

案例1

某高速公路项目，承包商为了避免今后可能支付延误赔偿金的风险。要求将路基的完工时间延长6个星期，承包商的理由如下：

(1)特别严重的降雨；

(2)现场劳务不足；

(3)业主在原工地现场之外的另一地方追加了一项额外工作；

(4)无法遇见的恶劣土质条件，使路基施工难度加大；

(5)施工场地使用权提供延误；

(6)工程款不到位。

问题：

1. 监理工程师认为以上哪些原因引起的延误是非承包商承担风险的延误，可批准延长工期。

2. 哪些是业主的责任，监理工程师该如何处理?

答案：

1. 上述第(1)、(3)、(4)、(5)、(6)种原因引起的延误是非承包商承担风险的延误，可批准延长工期。

2. 上述原因中第(3)、(5)、(6)种原因引起的延误属于业主的责任。监理工程师对这些问题的处理：对(3)可要求业主适当增加工程款或者适当延长工期；对(5)要求业主按场地使用权提供延误时间顺延工期；对(6)要求业主按合同规定准时拨付工程款。

案例2

某一标段公路工程项目，采用工程量清单方式结算。在施工中，部分项目发生了工程变更，且合同中没有适用于变更工程的价格。为了保证工期和控制成本，承包商决定将一部分防护工程和涵洞工程分包给另外的承包商施工，报业主和监理工程师审查后，该承包商与分包商

签订了分包合同。

问题：

1. 对于该工程中的变更工程的计价应如何处理?

2. 请指出该承包商的分包合同属于哪类工程分包？请说明理由。

答案：

1. 对于合同中没有适用于变更工程的价格，由承包人提出适当的变更价格，经工程师确认后执行。

2. 该承包商的分包合同属于一般分包，因为是承包商将自己承担的一部分工程，经业主或监理批准后，交给另外的承包商施工。指定分包是业主或监理指定分包商。

四、模 拟 考 题

(一)单项选择题

1. 工程量清单中的单价包括(　　)。

   A. 清单项目的所有工程内容的工料机费用

   B. 清单项目的所有工程内容的建安工程费

   C. 除完成该清单项目的所有内容的全部费用外，还包括利润和税金

   D. 人工、材料、机械单价

2. 在公路工程施工项目中，按照惯例，挡土墙泄水孔是(　　)。

   A. 重要结构，应单独计量

   B. 非重要结构，可以不单独计量

   C. 重要结构，但工程造价不大，也可以不单独计量

   D. 重要结构，但不单独计量

3. 承包商为了提高填方路基的质量，施工时，在规定的超宽碾压的基础上，在路基两侧又分别增加了 1m 的碾压宽度，额外增加的碾压宽度的工程量，在计量时，(　　)。

   A. 作为索赔，应予计量

   B. 按照实际完成工程量，应予计量

   C. 超过图纸及规范要求以外的，是承包商自己原因引起的，不能计量

   D. 属于提高质量措施，应鼓励，所以应予计量

4. 桩柱式桥梁施工时，混凝土柱施工所需脚手架采用向专业公司租赁，(　　)。

   A. 脚手架的租赁费应单独得到支付

   B. 投标时应将其租赁费计入混凝土柱费用中，进行分摊，不单独计量

   C. 脚手架不单独计量，所以在投标时也不计该项费用

   D. 租赁的应单独支付，自备的可以不单独支付

5. 挖孔桩施工时，在覆盖层段，根据需要，可采用混凝土护壁，防止崩塌，清单中未列出护壁工程量，(　　)。

   A. 支付时可以以清单漏项为理由，通过索赔得到单独支付

B. 既然业主不单独支付，不管覆盖层地质条件如何，施工时也可以不采用支护措施，一旦出现安全质量事故概由业主负责

C. 根据地质资料，确定护壁工程量，费用分摊到桩基础混凝土中

D. 投标时可以暂时不计护壁工程量，施工时如确实需要，由监理工程师确认后，再单独计量支付

6. 公路工程计量支付时，对模板、装备、机具等的费用，（　　）。

A. 重要机具的采购费应单独支付；其他的均包含在相应分项工程或细目中，不单独支付

B. 均包含在相应分项工程或细目中，不单独支付

C. 均采用单独支付

D. 没有统一规定，根据具体情况而定

7. 指定分包合同是（　　）。

A. 业主指定的分包商，总包商与分包商签订的合同

B. 监理工程师指定的分包商，总包商与分包商签订的合同

C. 业主或监理工程师指定的分包商，总包商与分包商签订的合同

D. 业主或监理工程师指定的分包商，经总包商同意，总包商与分包商签订的合同

8. 支付工程价款的条件是（　　）。

A. 业主代表审查批准的计量支付项目　B. 驻地高监审查批准的计量支付项目

C. 总监理工程师审查批准的计量支付项目　D. 造价工程师审查批准的计量支付项目

9. 在公路工程计量中，断面法计量方法适用于（　　）。

A. 桥梁基础的计量　B. 路基土石方工程的计量

C. 交通工程的计量　D. 路面工程的计量

10.《最终支付证书》由（　　）。

A. 监理工程师签发　B. 业主签发

C. 承包商签发　D. 监理工程师与业主共同签发

11. 工程施工所需要的工程变更，（　　）。

A. 承包商可以自行变更，不需监理工程师批准

B. 没有监理工程师的变更指令，不能变更

C. 承包商自行变更，通过索赔来处理

D. 业主可以直接通知承包人进行工程变更

12. 工程变更是对工程的（　　）。

A. 结构形式进行的变更　B. 质量标准进行的变更

C. 数量及等级进行的变更　D. 包括 A、B、C

13. 工程数量的增减属于工程变更的情况是（　　）。

A. 实际工程量超过工程量清单中的数量

B. 实际工程量少于工程量清单中的数量

C. 路基挖方原设计地面线测量误差，实际数量增加

D. 基础埋置深度超过原设计高程，基础加大，工程数量增加

14. 工程变更的价格，应以（　　）。

A. 定额为依据计算　　B. 市场价为依据计算
C. 工程量清单中的单价为依据计算　　D. 成本价为依据计算

15. 下列情况不能得到索赔的是(　　)。
A. 工程延期(业主原因)　　B. 实际完成的工程量大于清单项目中的工程量
C. 赶工(业主要求)　　D. 工作范围变化

16. 计算工程索赔金额时,应采用(　　)。
A. 夸大的方法计算索赔金额,以留降价的空间
B. 较有利的类比方法计算索赔金额
C. 实事求是的方法计算索赔金额,以便使索赔能得到尽快解决增加盈利
D. 较有利的套定额方法计算索赔金额,增加盈利

(二)多项选择题

1. 暂定金可用于支付下列(　　)项目。
A. 质量事故引起的返工而额外增加的费用
B. 质量检测费用
C. 承包人提出由于新增项目进行索赔,经业主审核认定予以认可而增加的工程费用
D. 未预计风险发生,导致新增工作所需费用
E. 基础超深所增加的费用

2. 工程量清单编制中,应做到(　　)。
A. 与图纸一致　　B. 与施工图预算定额项目一致
C. 与技术规范一致　　D. 与范本清单所列内容一致
E. 与施工预算定额项目一致

3. 工程量清单是(　　)。
A. 合同文件的组成部分　　B. 工程价款结算清单
C. 招(投)标文件的组成部分　　D. 索赔的依据
E. 拟建项目实际工程量的汇总

4. 计日工明细表一般包含(　　)。
A. 劳务　　B. 材料　　C. 利润率　　D. 成本单价　　E. 施工机械

5. 工程变更包括(　　)。
A. 设计变更　　B. 进度计划的变更
C. 承包商项目经理的更换　　D. 监理工程师的更换
E. 施工方案变更

6. 承包人提出索赔,其中的理由有(　　)。
A. 工程变更　　B. 业主违约　　C. 图纸延迟交付　　D. 成本超支　　E. 亏损

7. 承包人提出的索赔要求被否定的情况可能是(　　)。
A. 采用分项法计算索赔　　B. 索赔意向书递交时,在事发的 26d 以后
C. 索赔计算不准确　　D. 业主违约,未能提供承诺的施工条件
E. 在索赔意向书递交后,未能在 2 周内提交索赔款额的详细账目清单

8. 索赔事件发生通常因为(　　)。

A. 工程地质复杂,建设条件复杂　　B. 承包商亏损

C. 合同不严谨　　D. 工程投资大

E. 建筑市场竞争激烈

(三)案例题

案例 1

某承包商在一项工程施工过程中出现以下情况:

(1)承包方发现施工图纸有误,需设计单位修改,由于图纸修改造成停工 20 天。承包方提出工期延期 20 天与费用补偿 2 万元的要求。

(2)施工期间因下雨,为保证路基工程填筑质量,总监理工程师下达了暂时停工令,共停工 10 天,其中连续 4 天出现低于工程所在地雨季平均降雨量的雨天气候和连续 6 天出现 50 年一遇特大暴雨。承包方提出工期延期 10 天与费用补偿 2 万元的要求。

(3)施工期间,现场周围居民称承包方施工噪音对他们造成干扰,阻止承包方的混凝土浇筑工作。承包方提出工期延期 5 天与费用补偿 1 万元的要求。

问题:针对承包方提出的上述索赔要求,监理工程师应如何签署意见?

案例 2

某桥梁施工时,B 工作面(在施工进度网络计划的关键线路上)发生了以下原因引起停工:

(1)2007.10.1～2007.10.10,因监理工程师迟交图纸停工 10 天;

(2)2007.10.5～2007.10.12,因工地下了特大暴雨停工 8 天;

(3)2007.9.30～2007.10.4,因承包人施工设备出故障停工 5 天。

问题:

1. 合同通用条款,关于工期延长的规定是什么?

2. 试分析监理工程师应批准承包人延期时间及其原因。

案例 3

某企业承包的某项公路工程,有效合同价为 5000 万元(其利润目标为有效合同的 5%)。动员预付款为合同价的 10%,动员预付款在中期支付证书累计金额达到合同价格的 30%时开始扣回,到中期支付证书的累计金额达到同价的 80%时全部扣完。保留金的百分比为月支付的 10%,保留金限额为合同价的 5%。工程完成合同价的 60%时,由于业主违约,合同被迫终止。此时承包商另外完成变更工程 150 万元,完成暂定项目 50 万元,为工程合理订购材料库存 80 万元。由于合同被迫终止,承包商设备撤回基地和遣返所有雇佣人员的费用共 60 万元(工程量清单中未单独列项)。已完成的各类工程均已按合同规定支付(该项目实际工程量与清单工程量一致,且无调价)。

问题:

1. 合同终止时,业主扣回多少动员预付款?

2. 合同终止时,业主实际已支付各类工程款共计多少?

3. 合同终止时,业主还需支付各类补偿款多少?

4. 合同终止时,业主总共应支付给承包商多少工程款?

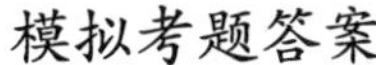

模拟考题答案

(一)单项选择题答案：

1. C 2. D 3. C 4. B 5. C 6. B 7. D 8. C 9. B 10. A
11. B 12. D 13. D 14. C 15. B 16. C

(二)多项选择题答案：

1. CD 2. AC 3. ACD 4. ABE 5. ABE 6. ABC 7. BCE 8. AC

(三)案例题答案：

案例1答案：

针对承包方提出的索赔要求，监理工程师在签署意见时应分别作出如下处理：

(1)这是非承包方原因造成的，故监理工程师应批准工期补偿和费用补偿。

(2)由于异常恶劣气候造成的6天停工是承包方不可预见的，应签证给予工期补偿6天，而不应给予费用补偿。对于低于雨季正常雨量造成的4天停工是承包方应该预见的，故不应签证给予工期补偿和费用补偿。

(3)这是承包方自身原因造成的，故不应给予工期补偿和费用补偿。

案例2答案：

1. 由于下述原因之一而影响施工进度，而且受影响的工程是处在工程施工进度网络计划的关键线路上，承包人有权要求延长本合同工程或单项工程的工期。

(1)有额外或附加的工程量或工程性质、等级上的变更；

(2)本合同条款指明可能的延误；

(3)异常恶劣的气候条件(将在本项目的合同专用条款中作具体规定)；

(4)由于业主的延误或阻碍；

(5)不是由于承包人的失误或违约而发生的其他特殊情况。

监理工程师在与承包人适当协商并报经业主批准后应确定延长工期的天数，并通知承包人，抄送业主。

2. 批准承包人的延期时间及其原因，分析如下：

3 0～4　　承包人设备故障停工5天；
1～10　　迟交图纸停工10天；
5～12　　特大暴雨停工8天。

由以上分析可见：2007.9.30～10.4，因承包人设备故障停工5天，不能延期；2007.10.1～10.10，因监理迟交图纸(不是承包人的失误)和2007.10.5～10.12因工地下特大暴雨(异常恶劣的气候条件)而引起的延误，可以延期8天。

案例3答案：

1. 合同终止时，业主已扣回的动员预付款

动员预付款总额＝5000万元×10％＝500万元

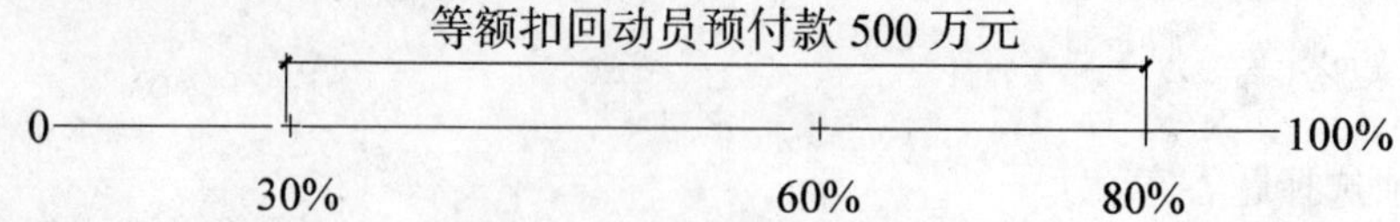

完成合同价的 60％时，业主已扣回的动员预付款＝500×3/5 ＝300 万元。

2. 合同终止时，业主实际已支付各类工程款

变更工程 150 万元，完成暂定项目 50 万元。

工程款＝5000 万元×60％＋变更 150 万元＋暂定项目 50 万元＝ 3150 万元

扣回动员预付款＝300 万元

扣回保留金＝min{3 150×10％，5 150×5％}＝257.5 万元

业主实际已支付各类工程款共计＝3 150－300－257.5＝2 592.5 万元

3. 合同终止时，业主还需支付各类补偿款

各类补偿款＝材料库存费 80 万元＋返还保留金 257.5 万元－动员预付款 200 万元
＝137.5 万元

4. 合同终止时，业主总共应支付给承包商工程款

总支付给承包商工程款＝3 150＋137.5＝3 287.5 万元

1B427000　公路工程施工现场生产要素管理

一、知识体系归纳

1B427010　施工现场工、料、机的合理配置及场地要求

1B427011　掌握劳动力组合

(一)劳动力配置的依据

<table>
<tr><td rowspan="2">施工组织</td><td>影响因素</td><td>施工性质、生产类型、工程结构、劳动力、材料、设备条件、自然条件。
劳动力的素质、数量是重要因素</td></tr>
<tr><td>配置原则</td><td>连续性,协调性,均衡性,经济性</td></tr>
<tr><td>进度计划</td><td colspan="2">①劳动力数量、类别根据进度计划确定。
②劳动力配置不合理时,优化进度计划,根据优化的进度计划配置劳动力</td></tr>
</table>

(二)劳动力组织

<table>
<tr><td rowspan="3">劳动组织形式</td><td>依据</td><td>工程性质、特点、规模、技术难度、工期、施工条件等</td></tr>
<tr><td>形式</td><td>施工队、专业班组、混合班组</td></tr>
<tr><td>设置</td><td>①按项目性质,设土方、路面、桥梁、隧道、小型结构物施工队等;
②按工程内容配钢筋、模具、机务班等</td></tr>
<tr><td>劳动力数量</td><td colspan="2">根据工程数量、施工周期确定劳动力数量。
①工程数量 Q:根据图纸、计算规则,按施工顺序分别列出工程数量;
②劳动量 $D=Q/C$;
③队(班组)人数 $R=D/t\cdot n$</td></tr>
</table>

(三)主要施工过程劳动力组合

<table>
<tr><td>主要人员</td><td colspan="2">技术人员、技术工人、机械操作和普通工人。
技术工人:测量、实验、机修、钢筋、木工、混凝土及张拉工等</td></tr>
<tr><td rowspan="4">必配劳动力</td><td>装卸运</td><td>驾驶员、装卸工、机械操作工、起重工</td></tr>
<tr><td>路基</td><td>①开挖:机械操作、驾驶员、工长、爆破工和普工;
②填筑:机械操作、驾驶员、工长和普工</td></tr>
<tr><td>路面</td><td>拌和、装载机操作,驾驶员,摊铺机、压路机操作,普工,交管、指挥人员和工长</td></tr>
<tr><td>结构物</td><td>①钻孔桩:钻孔机械操作、普工和工长;
②混凝土:木工、混凝土、普工和工长;
③钢筋:钢筋、电焊、工长</td></tr>
</table>

1B427012 掌握现场材料管理

材料管理的作用	①数量大、品种多、规格杂，消耗不连续性，占工程造价一半以上。 ②材料费控制是企业成本控制的重点
过程控制	购入价、运杂费、场外运输损耗、采购及保管费的控制

1B427013 掌握机械设备的配置与组合

(一)选择施工机械的原则

一般原则	①适应性(满足施工需要)；②先进性(高效低耗、性能稳定、安全可靠、质量好)； ③通用性和专用性(一机多用)
经济性	性价比。运转可靠，维修方便，服务质量
合理组合	技术性能、机械类型及其台数的合理组合。注意： ①主要机械和配置机械的组合；②牵引车与配置机具的组合；③力求统一机型
利用/更新	既要充分利用现有机械，又要注意更新换代
安全/环境	既保证作业质量，又不破坏环境

(二)选择施工机械的方法

按作业内容	挖、装、运、铺、压等
按施工条件	①高原、山区，柴油机配增压装置，转矩适应系数大的柴油机；电力设备，增大驱动能力。 ②干燥区，用轮式；湿涝区，用履带式
按工程量	能按时完成计划工作量。还考虑油料提供、维修与管理、调迁等。要经济实用。 需要机械台数＝工程量/制度台班数・台班生产率・利用率

(三)路基工程主要机械设备的配置

清基和料场准备	推土机、挖掘机、装载机和平地机等
土方开挖	推土机、铲运机、挖掘机、装载机和自卸汽车等
石方开挖	挖掘机、推土机、移动式空气压缩机、凿岩机、爆破设备等
土石填筑	推土机、铲运机、羊足碾、压路机、洒水车、平地机、推土机和挖掘机等
路基整形	平地机、推土机、挖掘机等

(四)路面基层施工机械的配置

原则	①达到计划产量确保工期；②充分利用主机； ③主机与辅机、运输能力平衡；④经营费最低
拌和	稳定土场拌设备，现场拌和设备
摊铺平整	拌和料摊铺机、平地机、石屑或场料撒布车
装运	装载机和运输车辆
压实	压路机
清除和养生	清除车、洒水车

(五)沥青路面施工机械的配置和组合

搅拌设备	①根据工作量、工期选择生产能力和移动方式,生产能力相当于摊铺能力的70%。 ②拌和厂:料场,沥青储存、加热、搅拌设备,实验室、办公房。面积,供电、给(排)水要求。 ③高等路:用强制间歇式设备,自动化程度高和生产能力强的机械。 ④以摊铺、拌和为主导机械,与车、碾压设备配套。 ⑤大面积施工前,铺试验段。试拌,马歇尔试验,每盘拌和30～60s,拌和均匀。温度控制
摊铺机	①横向摊铺次数=(路面宽度-重叠量)/(熨平板总宽-重叠量) ②摊铺厚度=100·混合料重量/未终压混合料密度·铺筑面积 摊铺厚度还直接与刮板输送器的生产能力有关。 ③调整布料螺旋与熨平板前缘距离和振捣梁行程,调整熨平板前刮料护板高度。 正确选择作业速度,是加快施工进度、提高摊铺质量的重要手段。 ④自动找平,常用的基准面(线)控制有基准线钢丝法、滑橇法和平衡梁法
压实	压实机械配置有光轮、轮胎、双轮双振动压路机

(六)水泥混凝土路面施工机械的配置

设备	搅拌楼、装载机、运输车、布料机、挖掘机、吊车、滑模摊铺机、整平梁、拉毛养生机、切缝机、洒水车等
滑模式摊铺	①搅拌楼容量满足摊铺速度1m/min; ②高等路选配宽7.5～12.5m的大型滑模摊铺机; ③远距离运输宜选罐车; ④一台轮式挖掘机辅助布料
轨道式	除混凝土生产、运输设备外,还配卸料机、摊铺机、振捣机、整平机、拉毛养生机等

(七)桥梁工程施工主要机械的配置

通用机械	吊车、运输车、自卸车等
混凝土	搅拌站、运输车、混凝土泵和泵车
下部施工	①预制桩:蒸汽打桩机,液压打桩机,振动沉(拔)桩机,静压沉桩; ②灌注桩:施工方法不同,配置不同机械。 全套管施工:全套管钻机;旋转钻施工:有、无钻杆旋转机(潜水钻机); 旋挖钻孔法:旋挖钻桩机;冲击钻孔法:冲击钻机;螺旋钻孔法:螺旋钻孔机
上部施工	①顶推法:油泵车,大吨位千斤顶,穿心式千斤顶,导向装置等; ②滑模施工:滑移模架、卷扬机油泵、油缸、钢模板等; ③悬臂施工:吊车、挂篮; ④预制吊装:吊车或卷扬机、万能杆件、贝雷架等; ⑤满堂支架现浇:万能杆件、贝雷架和各类轻型钢管支架等。 海口大桥专业设备,如打桩船、浮吊、搅拌船等

（八）隧道工程施工主要机械的配置

专用机械	使用全断面掘进机（TBM）、臂式掘进机（EPB）、液压冲击锤等
盾构法	按开挖方式：手工挖掘、半机械挖掘、机械化挖掘；机械化盾构，有刀盘式、行星轮式、铲斗式、钳爪式、铣削臂式和网格切割式
暗挖施工	①钻孔：风动凿岩机、液压凿岩机、凿岩台车； ②装药台车； ③找顶及清底机械； ④初次支护：锚杆台车、混凝土喷射机、喷射机械手； ⑤注浆：钻孔机、注浆泵；⑥装渣：轮胎、履带式装载机，扒爪装岩机，耙斗式装岩机，铲斗式装岩机； ⑦运输：自卸汽车、矿车；⑧二次支护：衬砌台车—混凝土搅拌站、搅拌运输车、输送泵

1B427014 掌握施工场地要求

总体规划		①根据环境，选择项目经理部场地，确定设备停放场地、料场、仓库、办公室和预制场等的平面布置。 ②文明施工，安全有序，整洁卫生。 ③阶段性施工平面图。 ④按审批的平面图布置设备，临时道路，水电管道，堆场及仓库，办公、生产和生活设施等。 ⑤排水沟渠系统畅通，地面硬化处理
规范场容	注重环保	①泥浆、污水排放；②禁熔化沥青和焚烧油毡、油漆等；③禁有害物作土方回填，垃圾、渣土指定堆放；④居民爆破、打桩作业，停水、停电的申请批准，通报说明；⑤封路的批准、告示，设置沟、井、穴覆盖物和标志
	防火保安	①设防火报警器和固定式灭火系统，消防车出入道路；②警卫，工作人员佩戴证卡； ③通道、消防出入口，有明显标志
	卫生防疫	①作业、办公区分开，现场不设宿舍；②有医务设施，张贴急救车和医院电话，有防暑降温和消毒措施； ③节能管理；④食堂、厕所卫生要求；⑤饮水设施
	公示标志	①工程概况牌；②安全纪律牌；③防火须知牌；④安全无重大事故计时牌； ⑤安全生产，文明施工牌；⑥施工总平面图；⑦项目组织架构的主要管理人员名单图

1B427020 施工现场材料管理的内容

1B427021 掌握合格材料供方的选择方法

选择合格供方	依据	①钢筋、水泥、钢绞线等，评价供货的文件资料。对实验结果进行评价。 ②砂、石、石灰等大宗材料，实地考察取样实验，对实验结果进行评价
	招标	按商务、材质技术、价格评标
合格供方评价	评价内容	质量保证、生产及供货保证、价格、资信、信誉、服务、业绩等
	评价方法	①主要材料：文件资料评价。②大宗材料：实地考察取样实验，对实验结果进行评价。 ③走访其他用户
	供方选定	集体评价，领导批准
	供方考核	建立合格供方名册档案，定期考核质量情况、供货能力、信誉、服务等

1B427022 掌握材料核算的内容

(一)量差考核

考核形式	施工各环节、各层次物耗量差和总物耗量差
影响因素	①预算材料数量的影响。②实际消耗材料数量方面影响。③限额领料及量差核算。 ④物资部门责任:一是按领料单发料;二是凭领料单核算节超。限额领料执行施工定额或试验配合比,节约在“场内运输和操作损耗”。 ⑤限额领料单由施工员(工长)或预算工程师签发。班组按进度分次或一次领料。 ⑥限额领料单的核算,考核生产过程的节约降耗,包括流通过程
中心问题	让用料者关心用料数量
核算公式	本期量差节超=本期完成工程应耗(定额)数量-本期实耗数量 优化试验配合比核算:节超量=施工图预算数量-试验配合比用料数量 总量差核算:节超量=施工图预算数量-实耗数量

(二)价差考核

考核目的和对象	①价差=耗用材料的实际价格-预算价格 ②考核对象:材料使用的各环节,材料管理部门负主要责任
供料成本控制	①购入:预算价-实际采购价;②运杂费:实际运杂费-预算运杂费; ③场外损耗:地材、水泥、沥青等;④采购及保管费=采购费+仓管费+仓储损耗+物资人员开支

1B427023 熟悉材料计划的管理

材料计划	材料流通过程中所编制的各种宏观和微观计划的总称
需用量	完成计划期内工程所需的材料用量,是其他计划的基础
供应计划	根据需用量计划编制,是材料供应的依据
采购计划	根据供应计划编制,据以采购材料的计划,是保证供应的主要措施
用款计划	为少占资金、合理使用备料资金,而制订的用款计划
计划调整	随施工任务的增减或变更设计,相应地调整用量
编制原则	经济合理,切实可行;勤俭节约和先利用库存,后订货、采购
及时性	保证供应,降低进料成本
执行与检查	严格执行计划,定期检查分析执行情况,解决问题

1B427030 施工机械设备的性能、生产能力及适用条件

(一)熟悉道路工程施工机械

路基	土方	推土、铲运、装载、挖掘和平地机等
	石方	凿岩、破碎、筛分机械
	压实	静压、振动、夯实机械
沥青路面	搅拌	①间歇强制式搅拌设备:用于高等级公路 ②连续滚筒式搅拌设备:用于普通公路
	摊铺	按行走方式:自行式(履带式、轮胎式及复合式)、拖式
水泥路面	搅拌	按结构:鼓筒式、双锥反转出料式、强制式。自落式、强制式(低塑性混凝土－路面)
	摊铺	轨道式、滑模式
其他	①石屑撒布机(沥青路面)、粉料撒布机(稳定土路拌法); ②沥青存储、加热、脱桶装置; ③运输:大型平板拖拉车、倾翻式运输车、粉料运输车、沥青运输车、洒水车和沥青洒布车	
稳定土	厂拌	小型,＜200t/h;中型,200～400t/h;大型,400～600t/h;特大型,＞600t/h。 移动式、固定式等
	路拌	拌和机:生产能力由拌和宽度、深度和工作行进速度决定,一般宽度 210mm,拌深 100～485mm,速度＜1.5km/h

(二)熟悉桥梁工程施工机械

1. 桥梁基础施工机械

钻孔设备	①全套管钻机:用于大型桥梁钻孔桩。②旋转钻机:沉入孔中的钻头旋转切土,用于各种地质条件,大直径钻孔。分为有钻杆、无钻杆机(潜水钻);正循环、反循环钻机。有钻杆旋转钻机适应性强,不适应直径＞2/3 钻杆内径的松散卵石;潜水钻完成 1～3m 桩,经济孔深 50m。 ③螺旋钻:用于灌注桩、深层搅拌桩、混凝土预制桩钻打结合工艺,土质地质。 ④冲击钻;用于卵石、漂石地质。⑤回转斗钻:用于土质地质。⑥液压旋挖桩孔机:用于土质地质
桩工	预制桩施工:打入法、振入法、射水法和压入法

2. 桥梁上部施工机械

张拉	由千斤顶、油泵车、卷管机、穿索和压浆机组成。专用液压千斤顶多为双作用式,有离心式和锥锚式	
架桥设备	导梁式	①贝雷片组装成导梁－公路常备架桥设备; ②用万能杆件组装成导梁的架桥设备,适应较大跨度预制梁的架设; ③战备军用桁梁组装成导梁的架桥设备,适用于大跨度桥梁的架设
	缆索式	用万能杆件或圆木拼成索塔架式人字扒杆,用钢丝绳组成吊装设备和行走装置,架梁
	专用	专用架桥机:在导梁式架桥设备基础上改善的专用机械

3. 桥梁施工通用机械

混凝土拌运车	远距离运送混凝土	
混凝土输送泵	将混凝土沿管道送到浇筑现场。由主油泵的参数决定泵送混凝土的速度和运送高度	
混凝土泵车	将混凝土泵和布料杆安装在汽车底盘上	
起重机械	种类	自行式、移动式和固定安装式。汽车式、桅杆式、牵缆式、龙门式、缆式
	安全使用	①起重作业，专人指挥；②绑牢，吊点在重心，提升均匀平稳，低速轻放； ③重物或动臂下严禁站人；④卷筒钢丝绳排列整齐； ⑤禁止同时升降动臂与重物；⑥雨、雾时，升降速度减慢； ⑦作业中，观察风力；⑧两台起重机作业，注意负荷分配，升降速度一致

(三)熟悉隧道工程施工机械

凿岩台机	支撑凿岩机，完成凿岩作业所需的推进、移位等的移动式凿岩机械
臂式隧道掘进机	集开挖、装卸于一体
喷锚设备	混凝土喷射，在岩体中打入锚杆。有锚杆台车、混凝土喷射机等
衬砌设备	用于隧道衬砌混凝土
全断面隧道掘进机	刀头直径与隧道直径大小一致，在岩层中进行隧道掘进的机械
盾构机	集开挖、支护、衬砌等多种作业于一体的大型隧道施工机械

二、考点分析

本章内容比较简单，基本上都是一些常识问题，可以通过做一些选择题来熟悉其内容。可以把施工现场材料管理作为重点内容复习，尤其是材料核算中量差与价差的核算。

三、典型例题

(一)单项选择题

1. 采用流水作业方式时，劳动力组合应该是(　　)。

A. 综合作业组合形式　　B. 专业分工作业形式

C. 顺序作业组合形式　　D. 平行作业组合形式

答案：B

解析：C、D无关，排除。流水作业方式必须以分工为前提，故选B。

2. 对公路工程施工成本影响最大的因素是(　　)。

A. 人工费　　B. 材料费　　C. 机械费　　D. 间接费

答案：B

解析：材料费在施工成本中占有最大的比重。

3. 筛选合格供应商的要求与方法应根据(　　)。

A. 业主要求　　B. 采购方要求　　C. 价格标准　　D. ISO9000 质量管理体系

答案：D

解析：供货商的产品质量标准必须符合国家的质量标准。其他选项均不符合。

4. 限额领料是基层(　　)环节直接控制物耗的一种手段。

A. 试验　　B. 核算　　C. 施工　　D. 检验

答案：C

解析：限额领料考核的对象是施工班组，所以很明显是施工环节。

5. 价差的控制和考核就是对(　　)的控制和考核。

A. 实际供料成本　　B. 预算定额成本　　C. 实际使用成本　　D. 计划成本

答案：A

解析：根据价差是以实际耗用量为基数，计算耗用材料的实际价格与预算价格的差额。故排除 B、C、D 选项。

6. 确定完成工程施工所必需的材料用量，而且是其他材料计划编制基础的是(　　)。

A. 材料供应计划　　B. 材料采购计划　　C. 材料需要量计划　　D. 材料用款计划

答案：C

解析：需要量计划→采购计划→供应计划→用款计划。

7. 不用于路基土方工程的施工机械和设备有(　　)。

A. 平地机　　B. 凿岩机　　C. 压路机　　D. 挖掘机

答案：B

解析：因为是路基土方工程，所以在施工时不会使用凿岩机。

8. 羊脚压路机适用于(　　)。

A. 黏性土　　B. 高含水率的土块　　C. 表层　　D. 砂土

答案：A

解析：羊脚压路机主要用于作路基或基坑回填土的底层补压工作，特别对湿度较大黏性土及土块、破碎的岩块压实效果较好。因此可以排除其他选项。

(二) 多项选择题

1. 在公路施工中，劳动力的组合形式有(　　)。

A. 综合作业组合形式　　B. 固定作业组合形式

C. 流水作业组合形　　D. 专业分工作业组合形式

E. 分散作业组合形式

答案：AD

解析：没有 BCE 的名称。

2. 选择施工机械的原则有(　　)。

A. 施工机械与工程的具体实际相适应　　B. 使用机械应有较好的经济性

C. 应能保证工程质量要求和施工安全　　D. 必须是最新的机械

E. 有合理的机械组合

答案：ABCE

解析:没有必要是最新的机械。

3. 用于路基土方工程施工的机械和设备有(　　)。

A. 平地机　　B. 凿岩机　　C. 压路机　　D. 挖掘机　　E. 空压机

答案:ACD

解析:凿岩机和空压机用于石方工程的挖方。

4. 对于土方开挖工程,选择的机械设备主要有(　　)。

A. 推土机、铲运机　　B. 挖掘机、装载机

C. 平地机、压路机　　D. 凿岩机、爆破设备

E. 自卸汽车

答案:ABE

解析:C 是用于路基整型的机械设备;D 是用于石方开挖的机械设备。

(三)案例题

某工程购买水泥 1 000t,购入原价 180 元/t,运杂费 25 元/t;实收 980t,实耗(实发)970t,实际采购保管费 2 000 元(不含仓储损耗)。预算购入原价 200 元/t,预算运杂费 30 元/t,场外运输损耗定额 1%。

问题:

1. 试计算材料成本降低额,材料成本降低率。

2. 控制材料成本的措施有哪些?

答案:

1. 计算材料成本降低额、材料成本降低率,其方法有以下三种。

方法一:

(1)预算单价=(200+30)(1+1%)(1+2.5%)=238.107 5 元/t

(2)预算材料成本=970×238.107 5=230 964.30 元

(3)实际材料成本=(18000×180)+(1 000×25)+2 000=207 000 元

(4)实际材料单价=207 000/970=213.402 元/t

(5)成本节(+)超(-)=预算材料成本-实际材料成本

材料成本降低额=230 964.30-207 000=23 964.3 元

材料成本降低率=成本降低额/预算成本=(23 964.3/230 964.3)×100%=10.37%

如用单价求:

材料成本降低额=970×(238.1 075-213.402)=23 964.3 元

材料成本降低率=(238.1 075-213.402)/238.1 075=10.37%

方法二:

(1)采购成本(购入原价)节(+)超(-)

=预算购入价-实际购入价

=实耗数(预算购入原单价-实际购入原单价)

=970×200-970×180=19 400 元

(2)运输成本(运杂费)节(+)超(-)

=预算运杂费 － 实际运杂费

=实耗数(预算运杂费单价－实际运杂费单价)

=970×30－970×25=4 850 元

(3)场外运输损耗节(+)超(－)

①场外运输损耗率

实际损耗率=损耗数/实耗数=20/970=2%

损耗率节(+)超(－):1%－2%=－1%

②场外运输损耗价值

a. 预算场外运输损耗价值:(200+30)×1%×970=2 231 元

b. 实际场外运输损耗价值:(180+25)×20=4 100 元

c. 场外运输损耗价值节(+)超(－)=2231－4100=－1 869 元

(4)采购及保管费节(+)超(－)

①预算采购保管费:(200+30)(1+1%)×2.5%×970=5 633.30 元

②实际采购及保管费

a. 仓储损耗:(180+25)×10=2 050 元

b. 支出采购保管费:2 000 元

③采购及保管费节(+)超(－)=5 633.30－2 000－2 050=1 583.3 元

材料成本节(+)超(－)=19 400+4 850+(－1 869)+1 583.3=23 964.3 元

方法三:

先不考虑仓储损耗,以实收数代替实耗数,最后以盈亏数调整。

(1)实际供料单价=207 000/980=211.224 5 元/t

(2)预算供料成本=970×238.107 5=230 964.30 元

(3)实耗数与实收数比较最后反映到仓储损耗 10t,则:

实际供料成本=970×211.224 5+10×211.224 5

=204 887.765+2 112.245

=207 000 元

(4)成本节(+)超(－)=230 964.3－207 000=23 964.3 元

2. 控制材料成本的措施:

(1)严格控制材料购入原价、运杂费、场外运输损耗、采购保管费,以控制成本的物价。

(2)控制物耗:通过新技术、新工艺等手段,减少定额内的材料消耗;对施工环节的各层次物耗量差进行考核;推行限额领料制度。

四、模 拟 考 题

(一)单项选择题

1. 水泥消耗定额的制定是以(　　)作为主要计算依据的。

A. 试验室的试验资料　　　　B. 现场消耗资料

C. 现场统计资料　　D. 现场观测资料

2. (　　)是一种控制物耗的定额管理,它是公路施工企业定额管理的重要内容。

A. 量差管理　　B. 限额领料　　C. 少用材料　　D. 回收材料

3. 铲运机具有较高生产率的运距条件是(　　)。

A. 短距离　　B. 中距离　　C. 中长距离　　D. 远距离

4. 混凝土自落式与强制式搅拌机相比,具有(　　)的特点。

A. 搅拌质量好　　B. 能耗大　　C. 生产效率高　　D. 叶片磨损小

5. 振荡碾压机械采用剪切作用和静载组合,较振动碾的优点是(　　)。

A. 压实深度大　　B. 防止表层振松　　C. 压实范围广　　D. 效率高

6. 推土机基本作业方法中,充分利用发动机功率的是(　　)。

A. 接力式铲土法　　B. 沟槽推土法　　C. 下坡推土法　　D. 波浪式铲土法

(二)多项选择题

1. 施工机械选择的原则有(　　)。

A. 使用机械应有较好的经济性　　B. 应能保证工程质量要求和施工安全

C. 施工机械与工程的具体实际相适应　　D. 施工机械应合理组合搭配

E. 市场所能提供的设备种类

2. 选择施工机械应考虑的因素(　　)。

A. 施工作业的内容　　B. 施工的土质条件

C. 现场的气象条件　　D. 运距大小

E. 劳动力的数量

3. 控制材料费成本,主要通过(　　)来实现。

A. 节约材料　　B. 偷工减料

C. 控制价格　　D. 买最便宜的材料

E. 自己加工

4. 在企业最重要的即是通过推行限额领料来达到(　　)目的。

A. 材料节约　　B. 提高施工质量

C. 减少场内运输损耗　　D. 减少操作损耗

E. 减少资金消耗

5. 比限额领料更高层次的节约措施是(　　)。

A. 量差管理　　B. 推行新材料

C. 优化试验配合比　　D. 少用材料

E. 废料回收

6. 可用于路基土方工程施工的机械设备主要有(　　)。

A. 推土机　　B. 自卸汽车　　C. 挖掘机　　D. 空压机　　E. 凿岩机

7. 用于路基石方工程施工的主要机械和设备有(　　)。

A. 装载机　　B. 空气压缩机　　C. 平地机　　D. 凿岩机　　E. 汽车

8. 用于土石填筑工程的施工机械设备有（　　）。

A. 推土机　　B. 羊足碾　　C. 凿岩机　　D. 自卸汽车　　E. 空气压缩机

9. 路面基层施工机械设备的配置原则有（　　）。

A. 满足工期的要求　　B. 充分发挥主机生产能力

C. 机群得到合理、有效的配置和利用　　D. 碾压设备的压力应调到最大值

E. 机械设备经营费用达到最低

10. 选择沥青混凝土摊铺机，应注意的指标是（　　）。

A. 长度　　B. 类型　　C. 宽度　　D. 速度　　E. 找平性能

（三）案例题

某施工单位在工程刚开工时，计划部门根据对招标文件中工程量清单的分析，提出了水泥、钢材、碎石和砂几项大宗材料的供应计划。并对材料的主要工程指标提出了如下要求：

(1)碎石提出了粒径要求；

(2)砂提出了平均密度和湿度要求；

(3)水泥提出了抗压强度的要求。

项目部通过媒体以公告的方式邀请了几家材料供应商参加竞标。并组织了评标小组，在工地现场对投标人的有效性、投标人的法人授权书、投标资格文件价格进行了评价，最终选择了一家报价最低的材料供货商。

问题：

1. 计划部门在材料供应计划的确定上有不妥的地方吗？

2. 分析项目部对材料工程特性上所提的要求，请改正或补充。

3. 项目部对材料供应商的选择和评价是否恰当？请说明理由。

模拟考题答案

（一）单项选择题答案：

1. A　　2. A　　3. C　　4. C　　5. B　　6. D

（二）多项选择题答案：

1. ABCD　　2. ABCD　　3. AC　　4. CD　　5. BC

6. BC　　7. ABDE　　8. ABD　　9. ABCE　　10. BCDE

（三）案例题答案：

1. 主要材料的供应计划应由工程的性质、工期和施工条件决定，同时受材料供应市场情况的影响，因此确定材料供应计划的主要依据应是该工程的施工组织设计，而不可能简单地按招标文件中的工程清单决定。

2. 对材料的主要工程指标应修改如下：

(1)碎石除提出粒径要求外，还应提出含水率、含泥量等要求；

(2)砂应提出细度模数、平均粒径和含水率、含泥量等要求；

(3)水泥应提出抗折强度、抗压强度、安定性等要求。

3.除对于供应方的上述列举的几项评价方面外，施工单位还应对材料供应商进行质量保证能力、生产及供货保证能力、价格、资信状况、信誉、服务及业绩、质量保证能力、售后服务保证能力等方面的评价；招标单位还应以会议和会签的形式组织有关人员对材料供货商进行集体评价。在施工单位和招标单位评价的基础上选择合格的材料供应商，再经主管领导批准后，方可确定为材料供应商。

1B428000　公路工程施工质量通病及防治措施

一、知识体系归纳

1B428010　路基工程质量通病及防治措施

1B428011　掌握路基压实质量问题的防治

(一)路基行车带压实度不足的原因及防治

原因	压实遍数,压路机质量,松铺厚度,碾压不均,漏压,含水率大,浮土,混填,颗粒过大
防治	①清除软弱层,换填良性土壤后重压;②"弹簧"土翻晒,拌匀后重压;③掺生石灰粉,重压

(二)路基边缘压实度不足的原因及防治

原因	①填筑宽度不足;②压实不到边;③边缘漏压或压实遍数不够;④三轮压路机边缘带碾压频率低
防治	①超宽填筑;②机具碾压到边;③确保轮迹重叠宽度和搭接超压长度;④提高压实遍数,确保边缘带碾压频率
治理	校正坡脚线位置,填筑宽度不足时,返工;控制碾压顺序和碾压遍数

1B428012　掌握路堤边坡病害的防治

常见病害		土质边坡坍塌、滑坡、冲刷,石质边坡塌落、崩塌等
滑坡	原因	①设计对地震、洪水和水位考虑不充分;②基底软土厚度不均;③清淤不彻底;④填土速率过快,沉降、位移观测不及时;⑤填筑宽度不够,边坡贴补;⑥排水不畅;⑦用透水性较差填料填筑处理不当;⑧边坡植被不良;⑨未处理好填挖交界面;⑩路基处于陡峭的斜坡上
	预防	①设计充分考虑地震、洪水和水位影响。②软土处理到位,及时发现暗沟、暗塘并妥善处治。③加强沉降、位移观测,及时发现滑坡苗头。④掺加稳定剂,控制填土速率。⑤严控有效宽度。⑥加强排水,提高路基水稳定性。⑦减轻滑体重量,支挡、锚拉维持滑体力学平衡;设置导流、防护设施,减少洪水冲刷。⑧坡度大于12%,纵向水平分层法施工,沿纵坡分层,压实。⑨透水性差的土填于下层时,4%双坡;填筑上层时,不覆盖在由透水性好的土所填边坡
塌落原因	土路堑	①砂类、砾类土等,边坡坡度较小。②高度>30m,坡度>45°。③凸坡和凹凸不平陡坡。④雨水渗入,流水冲掏下部坡脚。⑤含有大量冰体的多年冻土溶解
	石路堑	①岩性、地质构造、风化作用等。②施工原因:排水措施不当或施工不及时造成地表水和地下水;大爆破施工

1B428013 掌握高填方路基沉降的防治

原因	一般原因	地质与地形、水文与气候、设计和施工等
	施工原因	①填料中有种植土、腐质土或沼泽土等，或有大块土或冻土块等；填石规格不一、性质不匀。②填筑顺序不当。未全宽分层填筑，厚度不合规定。③压实不足。④填挖交界处未挖台阶，沉降不均；或填料结构不同。⑤台后填土下沉。⑥施工过程中未注意排水
预防	①高填方早开工，充分沉降。②基底压实，地基加固处理，斜坡挖台阶。③分层填筑，控制厚度，充分压实。④除软基处理，原地面以上1～2m不填筑细粒土	

1B428014 掌握路基开裂病害的防治

纵向开裂、错台	原因	①清表不彻底，基底有软弱层或古河道。②清淤不彻底、回填不均匀或压实不足、不均。③新旧路基结合部未挖台阶。④半填半挖路段未设台阶并压实。⑤渗水性、水稳性差异较大的土石混合料，纵向分幅填筑。⑥边坡过陡、行车渠化、交通频繁振动
	预防	①清表，发现基底暗沟、暗塘，消除软弱层。②清除沟、塘淤泥，选用水稳性好的材料，分层回填，严控压实度、压实均匀度。③横坡＞1:5及旧路段，挖台阶。④渗水性、水稳性差异大的土石混合料，不纵向分幅填筑。⑤软弱层或古河道，超载预压。⑥边坡符合要求
	处理	边坡加设护坡道
横向裂缝	危害	反射至基层、面层，加重地表水对路面结构的损害，影响结构整体性和耐久性
	原因	①填料液限＞50、塑性指数＞26。②同层填料混杂。③路基顶填筑层作业段衔接工艺不合要求。④路基顶下层层厚悬殊，最小压实厚度＜8cm
	预防	①填料液限＞50、塑性指数＞26；选材困难，采取措施。②不同土分层填筑，不得同层混用。③顶填筑层分段施工，交接处，按要求处理。④严控每层高程、平整度、压实厚度
网裂	原因	①土的塑性指数偏高或为膨胀土。②含水率大，成型后未及时覆土，养护不到位，表面失水。③路基下层土过湿
	预防	①用合格填料，或掺加石灰、水泥。②塑性指数符合要求，控制含水率。③加强养护。④设备匹配合理，施工衔接紧凑。⑤下层土过湿，换填或掺生石灰粉

1B428020 路面工程质量通病及防治措施

1B428021 掌握无机结合料基层裂缝的防治

原因	①石灰、水泥、粉煤灰比例大；细料多，石粉中塑性指数大。②含水率大。③成型温度高。④碎石中含泥高。⑤路基沉降尚未稳定或不均匀沉降。⑥养护不及时。⑦拌和不均匀	
预防	石灰土	①用塑性指数较低的土或掺适量粉煤灰。②适量掺加砂、碎石、碎砖、煤渣及矿渣等。③拌和遍数，含水率控制。④铺碎石过渡层。⑤收缩裂缝后，再铺筑上一层。⑥5～10m设一道缩缝
	水泥土	①用塑性指数低的土或掺适量粉煤灰、砂。②最佳含水率。③保证强度前提下，降低水泥用量。④用慢凝水泥，加强养生，铺下封层。⑤合理配合比，拌和，避免粗细料离析和拌和不匀
治理	①聚合物加特种水泥压力注入法修补裂缝。②加铺聚合物网。③破损严重的，整幅开挖维修，最小维修长度6m。用料相同	

1B428022 掌握沥青混凝土路面不平整的防治

原因	①路面不均匀沉降。②基层不平整。③桥头、伸缩缝跳车。④摊铺机、工艺。⑤材料质量。⑥碾压
预防	①在摊铺机及找平装置，设置和调整；实铺效果随时调整。②摊铺机均匀连续作业。③各结构层的平整度控制，工序间交验。④针对沥青性能，确定碾压机型、质量，初压温度，碾压速度，禁在未成型油面紧急制动及快速起步，合理振频、振幅。⑤清除掉在“滑靴”前、摊铺机履带下的混合料。⑥先铺沥青混凝土面层，再做构造物伸缩缝。⑦做好接缝施工
治理	①超尺寸颗粒划痕：及时用适量的细料填补，压平。②大碎石被压碎：及时把被压碎的混合料铲除，用合适料补齐、整平。③表面层混合料离析：补撒适量的细骨料沥青混合料

1B428023 掌握沥青混凝土路面接缝病害的防治

原因	横缝	①平接，边缘未处理成垂直面；斜接，方法不当。②新旧料粘结不紧密。③摊铺、碾压不当
	纵缝	方法、摊铺、碾压不当
预防	横缝	①平接缝，边缘垂直，与纵向边缘成直角；斜接缝，搭接 0.4～0.8m。②预热压实部分，加强新旧料黏结。③摊铺机慢起步，调好预留高度，铺后即压，先横向碾压，再纵向碾压，慢速。温度要求
	纵缝	①热接茬，摊铺机梯队作业。冷接茬，设挡板或切刀切齐，或料未冷前留毛茬。铺另半幅前清扫缝边缘，涂少量黏层沥青。②留 10～20cm 暂不碾压，作为基准面，与后铺料一起碾压。热接缝，应以 1/2轮宽跨缝碾压；冷接缝，先在压实路上行走，只压新铺层的 10～15cm，每次再向新铺面移 10～15cm。③压完后，三米直尺检查，钢轮压路机处理棱角
治理	边压边以 3m 直尺测量，人工细料找平。横缝，铺后用 3m 直尺查端部平整度。不符合要求者趁热处理，切割机切缝挖除	

1B428024 掌握水泥混凝土路面裂缝的防治

原因	横裂	①切缝不及时，温缩、干缩断裂。长，高温，基层表面粗糙。②切缝过浅。③基础不均匀沉陷，板底脱空。④厚度与强度不足。⑤水泥干缩性大；配合比不合理，水灰比大；材料计量不准；养生不及时。⑥振捣不均匀
	纵裂	①路基不均匀沉陷，板块脱空。②基础不稳定，塑性变形或者基层材料湿软膨胀变形。③板厚度与基础强度不足
	龟裂	①浇后未及时覆盖，炎热、大风。②水灰比过大；模板与垫层干燥，吸水。③配合比不合理，水泥用量和砂率过大。④过度振捣或抹平，水泥和细集料过多浮至表面
预防	横裂	①掌握切缝时间。②切缝设备不足，在 1/2 处先锯，再分段锯；间隔几十米设一条压缝。③基础稳定、无沉陷。沟槽、河浜回填处密实、均匀。④结构组合与厚度满足交通需要。⑤用干缩性较小的硅酸盐水泥或普通硅酸盐水泥。严控用量，计量准确，及时养生。⑥振捣均匀
	纵裂	①路基，分层填筑、碾压，均匀、密实。②新旧路基界面设台阶或格栅处理，衔接处严格压实。③淤泥彻底清除；沟槽回填料有良好的水稳性和压实度。④上述地段用半刚性基层，适当增加基层厚度；在拓宽路段加强土基，使其强度略高于旧路，保证有一定厚度的基层全幅铺筑；在易沉陷段，面板铺设钢筋网或改用沥青路面。⑤确保面板厚度与基层结构强度和使用寿命。⑥基层稳定。优先采用水泥、石灰稳定类基层
	龟裂	①浇筑后，及时用潮湿材料覆盖，浇水养护，防止强风和暴晒。炎热季节，搭棚施工。②严控水灰比、水泥用量，选择合适粗集料级配和砂率。③浇筑路面时，将基层和模板浇水湿透。④采用平板振捣器时，防止过度振捣。砂浆层厚＜2～5mm。不过度抹平

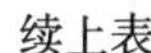

续上表

治理	横裂	①裂缝较大,局部翻挖修补,宽度>1m。②整块板更换。③用聚合物灌浆法封缝或沿裂缝开槽嵌入弹性或刚性粘合修补材料
	纵裂	①土基沉陷引起,从稳定土基着手或自然稳定后,再修复。②扩缝嵌填或浇筑专用修补剂有效果,但耐久性不保;扩缝加筋修补效果好。③翻挖重铺,基层须稳定可靠;否则加强、稳定基层
	龟裂	①初凝前龟裂,用镘刀反复压抹或重新振捣,湿润覆盖养护。②对结构强度无影响,不处理。③注浆进行表面涂层处理,封闭裂缝

1B428030　桥梁工程质量通病及防治措施

1B428031　掌握钻孔灌注桩断桩的防治

原因	①混凝土集料级配、和易性差,离析卡管。②泥浆不合要求、钻机基础不稳、钻架摆幅大、钻杆上端无导向设备、基底土质差、流沙层,导致扩孔、塌孔,引起浇筑时间长。③搅拌设备故障,浇筑时间长。④搅拌、浇筑间歇,超过初凝时间。⑤导管埋置深度偏小,管内压力过小。⑥导管埋深过大,管口混凝土凝固
防治	①关键设备有备用,材料准备充足,保证连续灌注。②混凝土和易性好,坍落度18～22cm。加缓凝剂(监理许可)。③钢筋笼,对焊,焊口平顺。搭接焊,焊缝不允许内错台,防卡导管。④导管直径依桩径和石料最大粒径确定,用大直径导管,编号,安完复核。用前,检漏和抗拉试验。⑤下导管,底口距孔底25～40cm,首批混凝土埋住导管>1m。随后导管埋深2～6m。⑥提拔导管,测量混凝土深度、已拆导管长度,计算提拔长度。⑦塞管时,拔插抖动导管。堵塞较短时,用型钢插入疏通,导管上固定附着式振捣器疏通。⑧钢筋笼卡管,转动导管,脱离钢筋笼

1B428032　掌握钢筋混凝土梁桥预拱度偏差的防治

原因	①现浇梁:支架形式多样,地基沉陷、支架弹性变形与计算参数的偏差。②预制梁:混凝土强度、弹性模量不稳定导致梁的起拱值不稳定,施加预应力、架梁时间差异,与计算参数的偏差。工艺上,波纹管竖向偏位,最大正弯矩发生变化
预拱度	支架上浇筑,发生下沉;支架拆除后,上部构造产生挠度。确定预拱度应考虑: ①拆架后,上部构造本身及活载一半产生的挠度;②支架的弹性、非弹性压缩;③基底非弹性沉陷;④混凝土收缩及温度变化引起的挠度
偏差防治	①提高支架基础、支架及模板施工质量,模板高程无偏差。②及时调整预拱度误差。③严控张拉时的混凝土强度,试块应与梁板同条件养护;控制预制梁的弹性模量。④严控预应力筋位置;控制张拉应力值、持荷时间。⑤钢绞线伸长值计算,用同批钢绞线弹性模量的实测值。存梁时间不宜过长

1B428033　掌握箱梁两侧腹板混凝土厚度不均的防治

原因	①箱梁模板设计不合理。②模板强度不足,箱梁内模没有固定牢固,使内模与外模相对水平位置发生偏差。③箱梁内模由于刚度不够,在浇筑混凝土过程中发生变形。④混凝土浇筑时没有对称浇筑,由于单侧压力过大,使内模偏向另一侧
防治	①内模要坚固,不变形。②将箱梁内模固定牢固,使其上下左右均不能移动。③内模与外模在两侧腹板部位设置支撑。④浇筑腹板混凝土时,两侧应对称进行

1B428034 掌握钢筋混凝土结构构造裂缝的防治

原因	材料	①水泥质量，如安定性不合格，产生不规则裂缝。②集料含泥，出现花纹状裂缝。③集料为风化性材料，形成锥形剥落
	施工	①搅拌、运输时间过长，产生细裂缝。②模板移动鼓出，产生平行裂缝。③支架下沉、不均匀下沉，脱模过早，产生宽度较大裂缝。④接头不当，施工缝变成裂缝。⑤养生问题，收缩裂缝，大风、干燥天气最明显。⑥混凝土高度急变、钢筋保护层较小部位，振捣或析水过多，沿钢筋方向裂缝。⑦大体积混凝土水化热裂缝。不同位置温差大，拉裂。⑧水灰比大，干燥收缩裂缝
防治	①用优质水泥、集料。②合理配合比，集料级配、降低水灰比、掺合粉煤灰、缓凝剂；较低坍落度。③避免混凝土搅拌很长时间后才使用。④加强模板质量。⑤避免支架下沉，模板不均匀沉降和脱模过早。⑥振捣充分，加强养生。⑦大体积混凝土优选低水化热水泥；用遮阳凉棚降温；不同位置温差在允许范围内	

1B428035 掌握悬臂浇筑钢筋混凝土箱梁桥的施工(挠度)控制

危害	合龙时，高程误差超出允许范围，对结构不利，影响美观
原因	节段悬臂浇筑施工；模高程的计算参数与实际有差异；经验公式误差造成
影响因素	①混凝土重力密度、截面尺寸的变化。②弹性模量随时间的变化。③收缩徐变规律与环境的影响。④日照及温度变化。⑤张拉有效预应力的大小。⑥结构体系转换，桥墩变位的影响。⑦临时荷载的影响
防治措施	①挂篮加载试验，消除非弹性变形，向监测人员提供非弹性变形值及挂篮荷载-弹性变形曲线。②0号块顶面设相对坐标系，以此控制立模高程值；施工中观测断面高程，供给监控人员。③温度控制，布置温度观测点，掌握梁内外温差和温度在界面上的分布、变化规律。④挠度观测，在温度变较小时段，梁顶、底板布置测点，测立模；浇筑前、后，张拉前、后高程。⑤应力观测，合理布置测试断面和测点，施工过程中测试应力变化与分布情况，验证施工应力值和仿真分析的吻合情况。⑥施工不平衡荷载的控制

1B428036 掌握桥面铺装病害的防治

表现	防水层破损导致桥面铺装的破坏	
原因	常规破坏	与一般路面破坏原理相同
	特有原因	梁体预拱度大，难以调整施工允许误差；铺装质量差；桥头跳车和伸缩缝破坏引起连锁破坏；结构大变形、水害引起铺装的破坏
防治措施	①常规破坏同路面通病防治。②避免预拱度过大。③铺装质量控制，严控钢筋网安装。④提高防水混凝土强度。⑤加强桥面排水设计；优化铺装混凝土配合比设计，用优质集料，提高铺装和养护质量	

1B428037 掌握桥梁伸缩缝病害的防治

功能	满足桥梁结构伸缩；满足承载需要
病害原因	①交通流、超载车，超出了设计。②设计：预埋钢筋锚固于刚度薄弱的桥面板中；伸缩量不足，选型不当；设计对伸缩装置两侧的填充混凝土、锚固钢筋设置、质量标准未明确规定；大跨桥梁伸缩缝设计不成熟；锚固件胶结材料选择不当，导致金属锚件锈蚀，最终损坏伸缩装置。③施工：工艺缺陷；锚件焊接质量；忽视质量检查；伸缩装置两侧填充混凝土强度、养护、黏结性、平整度未达标准。安装不合格。④维护：缝内未及时清理；轻微损害未及时维修；超重车辆行驶
防治措施	①精心设计，选择合理的伸缩装置。②严格按工序和工艺标准施工。③锚固件焊接质量控制。④提高后浇混凝土或填缝料施工质量，填缝振捣密实，达到强度标准，及时养护，无空隙、空洞。⑤伸缩装置两侧混凝土与桥面系相邻部位结合紧密

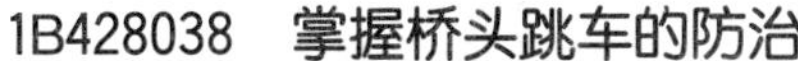

1B428038 掌握桥头跳车的防治

影响因素	①台后、桥台地基强度不同、台后填料自然固结压缩。②桥头路堤及堆坡地基处理不彻底。③台后压实度问题，高填土引道的压缩变形。④路面水渗入路基，水土流失造成桥头路基引道下沉；积水回填土压实度不够。⑤工后沉降大于容许值。⑥台后填料不当，或含水率过大。⑦软基预压长度不足，软基堆载预压卸载过早，处理深度不到位，质量不合要求
防治措施	①重视桥头地基处理，用先进的台后填土工艺、合适的压实机具，及时回填，压实度达到要求。②改善地基性能，提高承载力，减少差异沉降。保证预压长度。沉降观测，沉降速率达到规定再卸载。软基处理深度、质量符合要求。③选择填料，提高压实度。④做好排水、防水，设置桥头搭板。⑤优化设计、用新工艺加固路堤

1B428040 隧道工程质量通病及防治措施

1B428041 掌握隧道水害的防治

水害的成因	隧道穿过含水层	①砂类土和漂卵石类土含水地层。②节理、裂隙发育，含裂隙水的岩层。③石灰岩、白云岩等可溶性地层，有溶槽、洞或暗河与隧道相通。④地表水渗入
	衬砌防、排水不完善	①防、排水设施不全。②衬砌质量差，蜂窝、孔隙、裂缝多。③防水层质量不良，材质耐久性差。④工作缝、伸缩缝、沉降缝未做好防水处理。⑤衬砌变形，产生裂缝。⑥衬砌背后的暗沟、盲沟，无衬砌的辅助坑道、排水孔、暗槽等，失修阻塞
防治	①因势利导，给地下水迅速地排到洞外的出路。②截断水源，使水量减少。③堵塞衬砌背后的渗流水，集中引导排出。④关键：分析病因，对症整治；合理选择防水材料；严格工艺	

1B428042 掌握隧道衬砌腐蚀病害的防治

成因	物理性腐蚀	①冻融交替，冻胀性裂损。②干湿交替盐类结晶性胀裂损坏：周围有含石膏、芒硝和岩盐的环境水。低温蒸发浓缩析出结晶，产生胀压作用。常见在边墙脚高 1m，混凝土沟壁，起拱线接缝和拱部等处裂缝
	化学性腐蚀	①硫酸盐侵蚀。②镁盐侵蚀。③溶出性侵蚀(软水侵蚀)。④碳酸盐侵蚀。⑤一般酸性侵蚀
防治	①以排为主，排堵并用，综合治水。②用各种耐腐材料敷设在混凝土表面。③严重地段，除排水降压外，用抗侵蚀材料作衬砌。④在伸缩缝、变形缝和施工缝设止水带	

1B428043 掌握隧道衬砌裂缝病害的防治

原因	设计原因	围岩级别划分不准、衬砌选型不当。膨胀性围岩，应曲墙加仰拱衬砌；偏压段，用偏压衬砌；断层破碎带、褶皱区等松散压力、构造应力较大地段，采取加强措施。基底软弱和易风化泥化地段，设可靠防(排)水设施
	施工原因	方法不当、管理不善。先拱后墙法，拱架支撑变形下沉。Ⅳ级以下围岩，常采用先拱后墙(上下导坑)法，衬砌成环不及时、落中槽挖马口时，拱部衬砌悬空过长、拱架支撑变形下沉。拱顶与围岩不密贴。测量放线差错、欠挖、模板拱架支撑变形、坍方等，未妥善处理。过早拆模板支撑。材料检验不力，配合比控制不严，捣实质量差，拱部浇筑间歇施工
防治	①根据围岩级别、性状、结构等，正确选取衬砌形式、厚度。②发现围岩地质与设计不符，及时变更设计；欠挖控制在容许范围内。③钢筋保护层$>3cm$，钢筋除锈、清污。④混凝土强度符合要求，用较大的骨灰比，降低水灰比。分段灌筑长度、速度；拆模内外温差$<20°$；加强养护，温度变化$<5°/h$。⑤衬砌背后可能形成水囊，对围岩止水处理，作防水隔离层。⑥衬砌按要求设沉降缝、伸缩缝	

二、考 点 分 析

质量问题是每年必考的内容，本章内容全部作为重点复习。本章的案例题会结合施工技术部分一起出题，主要考点是各类病害的产生原因及防治措施。

三、典 型 例 题

（一）单项选择题

1. 在软弱地基上进行高填方路基施工时，除对软基进行必要处理外，从(　　)不得填筑细粒土，应填筑硬质石料，并用小碎石、石屑等材料嵌缝、整平、压实。

A. 路面基层以下 1～2m 范围内　　B. 路面面层以下 1～2m 范围内
C. 路基顶层以下 1～2m 范围内　　D. 原地面以上 1～2m 范围内

答案：D

解析：AC 同义，排除；B 路面以下还有基层，显然不准确。

2. 摊铺沥青混凝土路面，采用热接茬施工，两台摊铺机梯队作业，主要是为了防治沥青路面的(　　)。

A. 龟裂　　B. 集料离析　　C. 横向接缝　　D. 纵向接缝

答案：D

解析：热接茬、摊铺机梯队作业→纵向接缝。

3. 对于沥青混凝土路面，防治不平整的措施不包括(　　)。

A. 避免水灰比过大或混合料离析，确保其具有足够的强度
B. 在摊铺机及找平装置使用前，应仔细设置和调整，使其处于良好的工作状态，并根据实铺效果进行随时调整
C. 现场应设置专人指挥运输车辆，以保证摊铺机的均匀连续作业，摊铺机不在中途停顿，不得随意调整摊铺机的行驶速度
D. 路面各个结构层的平整度应严格控制，严格工序间的交验制度

答案：A

解析：A 是水泥混凝土路面断板的防治措施之一。

4. 对于水泥稳定土基层，防治裂缝的主要方法不包括(　　)。

A. 设计合理的水泥稳定土配合比，加强拌和，避免出现粗细料离析和拌和不均匀现象
B. 一次成型，尽可能采用慢凝水泥，加强对水泥稳定土的养生，避免水分蒸发过快
C. 控制压实含水率，需要根据土的性质采用最佳含水率，含水率过高或过低都不好
D. 做好接缝施工

答案：D

解析：D 是沥青混凝土路面不平整的防治措施。

5. 对于水泥混凝土路面，防治断板的措施不包括(　　)。

A. 提高基层施工质量，具有足够的强度和刚度，较好的水稳定性和平整度，为水泥混凝土面板提供良好的支撑

B. 严格控制超限荷载，对混凝土路面的各类缝隙进行灌缝，避免地面水进入内部结构

C. 严格掌握切缝时间，避免由于混凝土的收缩产生断板

D. 一次成型，尽可能采用慢凝水泥，加强养生，避免水分蒸发过快

答案：D

解析：D是防治水泥稳定土基层裂缝的主要方法。

6. 在以下措施中，不属于防治钢筋混凝土结构构造裂缝的措施有（　　）。

A. 存梁时间不宜过长

B. 避免混凝土搅拌很长时间后使用

C. 加强施工控制，及时调整预拱度误差

D. 合理设计混凝土的配合比，当水灰比过大时容易出现裂缝

答案：C

解析：C是预拱度偏差的防治方法。

7. 桥梁伸缩缝病害的防治措施不包括（　　）。

A. 在设计方面，精心设计，选择合理的伸缩装置

B. 加强对锚固件焊接施工质量的重视

C. 提高后浇混凝土或填缝料的施工质量，要振动密实，达到设计的强度标准

D. 保证预制拱肋接头钢筋焊接合格、连接部位牢固

答案：D

解析：D是防止主拱圈横向失稳的方法。

8. 桥梁桥头跳车的防治措施不包括（　　）。

A. 加强桥面铺装的配合比设计

B. 有针对性地选择台背填料，提高桥头路基压实度

C. 做好桥头路堤的排水、防水工程，设置桥头搭板

D. 优化设计方案、采用新工艺加固路堤

答案：A

解析：A是桥面铺装病害的防治方法之一。

（二）多项选择题

1. 公路路堤边坡的常见病害有（　　）。

A. 边坡坍塌　　B. 防护体滑落　　C. 防护剥蚀　　D. 路基沉降　　E. 急流槽悬空

答案：ABCE

解析：D与边坡无关。

2. 对于公路路堤边坡病害的防治措施有（　　）。

A. 合理设计道路横断面，做好排水工程，避免局部冲刷淘空路基边坡坡脚

B. 对路基边坡采取综合防护措施，如植草或植树，采用砌石或混凝土块对边坡进行防护

C. 施工时，严格分层填筑，控制分层的厚度，并充分压实

D. 采用正确的填筑方法，避免边坡过陡，适当增加填筑宽度，并提高边坡的压实度

E. 重视圬工砌筑，勾缝要密实

答案：ABDE

解析：C不属于路堤边坡病害的防治措施，而属于高填方路基沉降的防治措施。

3. 路基“弹簧”的防治措施包括（　　）。

A. 对产生“弹簧”且急于赶工的路段，可掺生石灰粉翻拌，待其含水率适宜后重新碾压

B. 重视圬工砌筑，勾缝要密实，提高急流槽、护坡的施工质量

C. 严禁异类土混填，尤其是不能用透水性差的土壤包裹透水性好的土壤，以免形成水囊

D. 填筑上层时应开好排水沟，或采取其他措施降低地下水位至路基50cm以下

E. 采用正确的填筑方法，避免边坡过陡，填筑中适当增加宽度并进行压实

答案：ACD

解析：本题要求记住路基“弹簧”的主要防治措施，而选项B和E是边坡的防治措施，因此本题选ACD。

4. 对于沥青混凝土路面纵向接缝病害的防治措施有（　　）。

A. 将已铺混合料留15cm暂不碾压，作为后铺部分的高程基准，与后铺部分一起碾压

B. 碾压完成后，用3m直尺检查，用钢轮压路机处理棱角

C. 尽量采用热接茬施工，采用两台或两台以上摊铺机梯队作业

D. 将已摊铺的路面尽头边缘锯成垂直面，并与纵向边缘成直角

E. 严格控制配合比，避免水灰比过大或混合料离析

答案：ABC

解析：D是沥青混凝土路面横向接缝病害的防治措施；E是水泥混凝土路面断板病害的防治措施。

5. 对于水泥稳定土基层裂缝，正确的防治措施有（　　）。

A. 改善施工用土的土质，采用塑性指数较低的土或适量掺加粉煤灰

B. 控制压实含水率，需要根据土的性质采用最佳含水率，含水率过高或过低都不好

C. 为了能保证水泥稳定土强度，尽可能采用较高的水泥用量

D. 一次成型，尽可能采用快凝水泥，加强对水泥稳定土的养生，避免水分挥发过大

E. 设计合理的水泥稳定土配合比，加强拌和，避免出现粗细料离析和拌和不均匀现象

答案：ABE

解析：C在能保证水泥稳定土强度前提下，尽可能采用较少的水泥用量；D一次成型，尽可能采用慢凝水泥。

6. 对于公路水泥稳定土基层裂缝的主要防治方法有（　　）。

A. 在基层与路面之间铺筑一层碎石过渡层

B. 采用塑性指数较低的土或适量掺加粉煤灰

C. 根据土的性质采用最佳含水率

D. 在石灰土中适量掺加砂、碎石、碎砖、煤渣及矿渣

E. 在能保证稳定土强度的前提下，尽可能采用低的水泥用量

答案：BCE

解析：A 和 D 是石灰稳定土基层裂缝的主要防治方法之一。

7. 对于防治水泥混凝土路面断板的措施有（　　）。

A. 综合考虑结构组合设计、排水设计

B. 严控混凝土的配合比，避免水灰比过大或混合料离析，确保其具有足够强度

C. 严格掌握切缝时间，避免由于混凝土的收缩产生断板

D. 加强模板的施工质量，避免出现模板移动、鼓出等问题

E. 严格控制超限荷载，对混凝土路面的各类缝隙进行灌缝，避免地面水进入内部结构

答案：ABCE

解析：D 属于钢筋混凝土结构构造裂缝的防治措施。

8. 以下属于钻孔灌注桩断桩的防治措施的有（　　）。

A. 选用优质集料，提高施工和养护质量

B. 提拔导管时，通过测量混凝土的灌注深度及已拆导管长度，计算提拔导管的长度

C. 制作钢筋笼时，一般要采用对焊，以保证焊口平顺

D. 提高支架基础、支架及模板的施工质量，确保模板的高程无偏差

E. 加强施工控制，及时调整预拱度误差

答案：BC

解析：A 是桥面铺装病害的防治方法；D 和 E 是钢筋混凝土梁桥预拱度偏差的防治方法。

9. 公路桥梁，箱梁两侧腹板混凝土厚度不均匀的防治措施有（　　）。

A. 将箱梁内模固定牢固，使其上下左右均不能移动

B. 浇筑腹板混凝土时，两侧对称进行

C. 避免混凝土搅拌很长时间后使用

D. 选用优质的水泥及优质集料

E. 在立模时、混凝土浇筑前、浇筑后、预应力束张拉后，观测高程

答案：AB

解析：CD 是钢筋混凝土结构构造裂缝的防治方法；E 是悬臂浇筑钢筋混凝土箱梁桥的施工（挠度）控制的方法之一。

10. 对于防治公路隧道水害的措施有（　　）。

A. 因势利导，给地下水以排走的出路，将水迅速地排到洞外

B. 将流向隧道的水源截断，或尽可能使其水量减少

C. 衬砌背后如有可能形成水囊，应对围岩进行止水处理

D. 堵塞衬砌背后的渗流水，集中引导排出

E. 优化设计方案、采用新工艺加固隧道

答案：ABD

解析：CD 矛盾，选 D；E 与排水无关。

（三）案例题

某公路施工期间气候干燥、气温较低，全路段的土质有粉质黏土、砂性土、重黏土，但当地石灰产量很多。设计单位根据相关情况在路面机构设计中采用了石灰稳定土无机结合料基层，面层为沥青混凝土。施工单位采用路拌法施工基层。为了保证石灰稳定土基层的强度，施工单位对土质进行了改善，施工中还对压实度进行了控制，在沥青混凝土面层施工前，发现已成型的石灰稳定基层表面产生了大量裂缝。

问题：

1. 石灰稳定土基层产生的裂缝有哪些类型？请说明产生的机理及简述预防措施。

2. 简述石灰稳定土基层裂缝的主要防治措施。

答案：

1. 石灰稳定土基层裂缝有两类，即干缩性裂缝、温缩性裂缝。干缩性裂缝是石灰稳定拌和料由于水分减少而产生；温缩性裂缝是由于温差大而产生。预防措施：及时养护，养护段及时铺筑封层或面层。

2. 石灰稳定土基层裂缝的主要防治措施：

(1)改善施工用土的土质，采用塑性指数较低的土或适量掺加粉煤灰。

(2)掺加粗粒料，在石灰土中适量掺加砂、碎石、碎砖、煤渣及矿渣等。

(3)保证拌和遍数。控制压实含水率，需要根据土的性质采用最佳含水率，避免含水率过高或过低。

(4)铺筑碎石过渡层，在石灰土基层与路面间铺筑一层碎石过渡层，可有效地避免裂缝。

(5)分层铺筑时，在石灰土强度形成期，任其产生收缩裂缝后，再铺筑上一层，可有效减少新铺筑层的裂缝。

(6)设置伸缩缝，在石灰土层中，每隔5～10m设一道伸缩缝。

四、模拟考题

（一）单项选择题

1. 在软基处治中，能减少路基最终沉降的方法是(　　)。

A. 设置砂垫层　B. 软土的浅层处治　C. 采用轻质路堤　D. 设置竖向排水设施

2. 在处理软基时，根据力学平衡原理可采用反压护道，以下对反压护道的表述正确的是(　　)。

A. 反压护道可以解决软土地基上路堤的稳定问题

B. 反压护道施工简单，应在公路软基处治中大量使用

C. 反压护道可以解决路堤的沉降问题

D. 反压护道可以解决地基的沉降问题

3. 在软基处治中，能减小路基最终沉降的方法是(　　)。

A. 设置砂垫层　B. 软土的浅层处治　C. 采用轻质路堤　D. 设置竖向排水设施

4. 水泥混凝土板断裂破碎，进行修复时，新混凝土施工前应在路面基层上做(　　)。

A. 沥青下封层　B. 砂垫层　C. 整平层　D. 透层

5. 超重车在过桥时，应当(　　)。

A. 快速通过

B. 沿桥梁中线通过

C. 先在靠近桥台的位置试压，没有大问题再快速通过

D. 在桥梁的另一端反压

6. 采用注浆堵水处置水害时，围岩注浆压力应该比静水压力(　　)。

A. 大 0.2～0.5MPa　B. 大 0.5～1.5MPa

C. 小 0.2～0.5MPa　D. 大 1～2MPa

7. 在有地下水腐蚀地层中修筑隧道，衬砌材料应避免选择(　　)水泥。

A. 普通硅酸盐水泥　B. 火山灰质水泥　C. 矿渣水泥　D. 矾土水泥

8. 当隧道某段衬砌大面积开裂，但裂缝未错动和全部贯穿衬砌厚度，一般采用以下哪一种方法处治(　　)。

A. 裂缝处凿槽，用环氧砂浆嵌补　B. 裂缝处凿槽，用环氧树脂浆液嵌补

C. 采用钢筋混凝土套拱　D. 更换该段衬砌

9. 若隧道某段衬砌裂缝存在明显错动或较大面积贯穿衬砌厚度的裂缝时，一般用以下哪一种方法处治(　　)。

A. 裂缝处凿槽，用环氧砂浆嵌补　B. 裂缝处凿槽，用环氧树脂浆液嵌补

C. 采用钢筋混凝土套拱　D. 更换该段衬砌

10. 由于隧道衬砌背后存在空洞和大量积水而导致的开裂漏水病害，一般采用以下哪种方法处治(　　)。

A. 裂缝处凿槽，用环氧砂浆嵌补　B. 裂缝处凿槽，用环氧树脂浆液嵌补

C. 采用钢筋混凝土套拱　D. 套拱或锚喷加固、注浆堵水

(二)多项选择题

1. 路堤边坡的常见病害是路堤边坡坍塌、边坡冲沟、防护体滑落、防护剥蚀、急流槽悬空等，其防治主要包括(　　)。

A. 设计足够的填筑高度，避免地下水侵蚀路堤

B. 对路基边坡采取综合的防护措施

C. 采用正确填筑方法，避免边坡过陡，填筑中适当增加宽度并压实，提高边坡的压实度

D. 选择合理的道路横断面，做好排水工程，避免局部冲刷淘空路基边坡坡脚

E. 重视圬工砌筑，提高施工质量

2. 高填方路基沉降主要防治方法有(　　)。

A. 施工时应考虑高填方路基迟开工，路面基层施工时应尽量安排晚开工

B. 加强对基底的压实或对地基进行加固处理，当地基位于斜坡和谷底时，应作挖台阶处理

C. 使用固化剂改善路基填料

D. 在软弱地基上进行高填方施工时，对软基填土进行特殊处理

E. 施工时要严格分层填筑，控制分层的厚度，并充分压实

3. 水泥混凝土的断裂板可采取（　　）修补措施。

A. 填封裂缝　　B. 沥青混合料修补

C. 换板　　D. 部分深度修补

E. 全深度修补

4. 下列处理断桩的方法，正确的是（　　）。

A. 浇筑时间不长时，清除重浇　　B. 断裂接近地面时，按施工缝处理

C. 加大桩截面　　D. 采用扁担桩补救

E. 压浆补强

5. 以下对路基横向裂缝的形成，分析正确的有（　　）。

A. 压实度不够　　B. 填筑层厚度相差悬殊

C. 路基表层水分过分损失　　D. 压实厚度太薄

E. 路基填料使用了高液限土

6. 影响无机结合料干缩特性的因素是（　　）。

A. 结合料的剂量与类型　　B. 压实机械

C. 含水率　　D. 龄期

E. 塑性指数

7. 下列处理断桩的方法，正确的是（　　）。

A. 浇筑时间不长时，清除重浇　　B. 断裂接近地面时，按施工缝处理

C. 加大桩截面　　D. 采用扁担桩补救

E. 压浆补强

8. 以下哪一种地层对隧道衬砌具有腐蚀性（　　）。

A. 岩地层　　B. 煤系地层　　C. 含石膏地层　　D. 含盐地层　　E. 火山岩地层

9. 以下哪些侵蚀属于结晶型腐蚀性（　　）。

A. 泥质腐殖土　　B. 煤系地层　　C. 含石膏地层　　D. 盐渍土　　E. 火山岩地层

10. 采用喷锚注浆加固病害衬砌的方法，适用于以下哪些病害情况（　　）。

A. 衬砌背后存在空洞和大量积水B. 衬砌材质大面积劣化，缝隙分布密度较大

C. 衬砌局部纵向长渗水裂缝　　D. 衬砌存在若干处环向渗水裂缝

E. 衬砌开裂、错台、掉拱

模拟考题答案

（一）单项选择题答案：

1. B　2. A　3. C　4. C　5. A　6. D　7. A　8. A　9. D　10. D

（二）多项选择题答案：

1. BCDE　2. BCDE　3. AC　4. ABDE　5. BDE

6. ACDE　7. ABDE　8. BCD　9. BCD　10. AB

1B430000

公路工程相关法律法规

一、知识体系归纳

1B431000 公路建设管理法规

1B431010 公路工程施工企业资质和承担工程的范围

1B431011 掌握公路工程施工企业资质类别、等级的划分

1. 施工总承包:特级、一级、二级、三级企业。
2. 路面专业承包：一级、二级、三级企业。
3. 路基专业承包：一级、二级、三级企业。
4. 桥梁专业承包：一级、二级企业。
5. 隧道专业承包：一级、二级企业。
6. 交通工程专业:交通安全设施、通信、监控、收费、通控收综合系统工程分项承包企业。

1B431012 掌握公路施工企业承包工程范围企业

总承包	特级	各等级公路、桥梁、隧道工程
	一级	单项合同额<注册资本金 5 倍的各等级路、桥,<3000m 隧道
	二级	单项合同额<注册资本金 5 倍的一级路,单跨<100m 桥梁,长度<100m 隧道
	三级	单项合同额<注册资本金 5 倍的二级路,单座<500m、单跨<40m 桥梁
路面	一级	各级公路的各类路面和钢桥面工程
	二级	单项合同额<注册资本金 5 倍的一级路路面
	三级	单项合同额<注册资本金 5 倍的二级路路面
路基	一级	各级公路土石方、单跨<100m、单座<500m 桥梁
	二级	单项合同额<注册资本金 5 倍的一级路的土石方
	三级	单项合同额<注册资本金 5 倍的二级路的土石方
桥梁	一级	各类桥梁
	二级	单跨<100m 桥梁
隧道	一级	各类隧道工程
	二级	断面<20m^2、长度<1000m 隧道
交通工程	安全	各级标志、标线、护栏、隔离栅、防眩板等施工及安装
	通信	干线运输、程控交换、移动通信、光(电)缆敷设系统、紧急电话系统的施工及安装
	监控	交通信息采集、信息发布、中央控制、供电配套设施系统的安装
	收费	收费车道及附属配套设备、收费管理系统及配套设备的施工及安装
	综合	通信、监控、收费专业的全部内容

1B431020 公路工程质量事故等级划分和报告制度

1B431021 掌握公路工程质量事故的分类及分级标准

质量问题	质量较差、造成直接经济损失＜20 万元
一般事故	一级：直接经济损失在 150～300 万元。 二级：直接经济损失在 50～150 万元。 三级：直接经济损失在 20～50 万元
重大事故	一级：死亡 30 人以上；直接损失＞1000 万元；特大桥梁主体垮塌。 二级：死亡 10～29 人；直接损失 500～1000 万元；大桥主体垮塌。 三级：死亡 1～9 人；直接损失 300～500 万元；中小桥梁主体垮塌

1B431022 掌握公路工程质量事故报告制度

原则	质量事故的调查处理，实行统一领导、分级负责的原则
主管部门	①国务院交管部门管理全国事故，省交管部门管理辖区内的事故。 ②重大事故：国务院交管部门会同省交管部门负责调查处理。 ③一般事故：省交管部门调查处理，质量问题由建设单位或企业调查处理
报告单位	①任何单位和个人均有权力和义务及时报告有关部门。 ②在建项目，施工单位报告；交付使用工程，接养单位报告
报告时限	①质量问题：2d 书面报建设、监理、质监站。 ②一般事故：3d 书面报质监站，企业上级主管部门、建设、监理和省质监站。 ③重大事故：2h 报省、国务院交管部门，报省、部质监站，12h 重大事故快报
报告内容	①项目名称，时间、地点，建设、设计、施工、监理等名称。 ②简要经过，损伤状况，伤亡人数，直接损失估计。 ③原因判断。④措施及控制情况。⑤报告单位
现场保护	事故后：事故单位、建设、施工、监理等，保护现场，抢救人员、财产，防事故扩大。 需移现场物件：做出标志，绘现场简图并记录，保存重要痕迹、物证，拍照或录像
事故处理	三不放过：原因不清不放过；责任者和群众未受教育不放过；无防范措施不放过。隐瞒、谎报、拖延报告，破坏现场，阻碍调查，拒绝提供有关情况、资料，提供伪证的；行政处分。构成犯罪，刑事责任

1B431030 公路工程验收程序和条件

1B431031 交、竣工验收程序

依据	①可行性研究报告；②设计、变更文件；③招标文件及合同文本；④主管部门的批复、指示；⑤标准、规范、规程及国家相关规定		
交工验收	①检查合同执行情况，评价质量，是否移交下阶段施工或是否满足通车要求。 ②对各参建单位工作作初步评价。 ③交工验收，项目法人负责	竣工验收	①对工程质量、参建单位和项目作综合评价。 ②交管部门按管理权限负责。交通运输部负责国家、部重点项目中＞100km 高速路、独立特大桥、特长隧道。 ③其他公路，省交管部门确定相应交管部门负责

1B431032　交、竣工验收条件

交工验收	①按合同、设计要求建成，可独立使用； ②完成竣工文件； ③设计、施工、监理等准备好总结报告； ④质监部门完成检测、检验、质量鉴定	竣工验收	①交验合格； ②修复、补救工程处理完毕，并经检验合格； ③完成竣工文件；④编好工程竣工决算； ⑤施工、监理、设计、建设、监督等完成汇报材料

1B431040　公路建设管理有关规定

1B431041　掌握《公路建设市场管理办法》

市场原则	公平、公正、公开、诚信	
市场主体	公路建设从业单位、从业人员	
从业单位	项目法人，建管单位，咨询、勘察设计、施工、监理、检测，中介、设备和材料供应单位	
项目法人	①执行基建程序。组织有关专家或委托咨询或设计单位，对施工图进行审查。 ②及时组织交工验收，报请交管部门竣工验收	
施工图审查内容	①是否采纳工可研、初设批复意见；②是否符合强制性标准、规范、规程； ③文件是否齐全、达到规定技术深度；④结构设计是否符合安全、稳定性要求	
施工图审批	审批单位	交通主管部门 20 日内审查完毕。合格，批准使用；不合格，说明理由
	提交材料	①施工图设计全套文件；②专家或审查单位的审查意见；③说明材料
招标原则	公开、公平、公正	
合同依据	项目法人与中标人根据招、投标文件签订合同	
廉政合同	国家投资项目，项目法人与施工、监理单位签订	
施工许可	国家重点项目，国务院交管部门实施。其他项目，按管理权限由县级以上政府交管部门实施	
施工条件	①项目列入年度计划；②施工图经审批同意；③建设资金落实，并经审计； ④征地手续已办，拆迁基本完成；⑤施工、监理已定；⑥已办质监手续，落实质量、安全措施	
施工许可申请材料	①施工图批复；②资金审计意见；③征地批复或控制性用地批复；④施工、监理名单，合同价； ⑤资格预审报告、招标文件和评标报告；⑥质量监督手续；⑦质量和安全措施材料	
行政许可	交管部门 20 日内作出行政许可决定	
从业单位义务	①项目法人：为项目实施创造条件； ②勘察、设计：提供勘察设计资料、文件。实施中，派驻设计代表，提供后续服务。 ③施工：管理和技术人员及设备到位，满足需要。均衡生产，现场管理，确保质量、进度、文明、安全生产。 ④监理：配备人员、设备，建立现场机构，健全制度，人员稳定，有效监理。 ⑤设备和材料供应单位：供货质量和时间，售后服务。 ⑥试验检测，取样、试验和检测，提供真实、完整的试验检测资料	
质保体系	政府监督、法人管理、社会监理、企业自检。从业单位和从业人员，对质量负相应责任	
安全管理	从业单位和从业人员严格执行安全生产法律、法规、标准，建立健全安全生产的规章制度，明确安全责任，落实安全措施，履行安全管理职责。发生质量、安全事故后，从业单位及时报主管部门	

续上表

工期管理	项目法人合理确定建设工期。不得随意要求更改合同工期。特殊情况缩短合同工期，双方协商，确保质量，并给予经济补偿
建设资金	专款专用，专户储存；按进度及时支付；及时退还保证金、办理结算。施工单位，专款专用，不得拖欠分包人的工程款和民工工资；项目法人对工程款使用监督检查时，施工单位应配合
环保	从业单位和人员严格执行环保和土地管理规定，保护环境，节约用地
设计变更	项目法人、监理、施工单位对勘察设计问题及时提出变更意见，依法履行审批手续。变更符合标准、规范要求。不得借变更虚报工程量或提高单价。重大变更，报原初设审批部门批准
分包管理	①勘察、设计单位：经项目法人批准，可将跨专业或者有特殊要求的勘察、设计委托给有资质单位，但不得转包或者二次分包。 ②监理工作：不得分包或者转包。 ③施工单位：可将非关键工程或适合专业化队伍施工的分部工程分包给有资质单位，并对分包工程负连带责任。可分包范围在招标中规定，分包＜总工程量的 30％。不得再分包，禁转包。 ④不得违反规定指定分包、指定采购或者分割工程。 ⑤项目法人、监理：加强分包管理。分包计划、协议，报监理审查，报项目法人同意。 ⑥农民工：施工单位可招农民工或将劳务作业发包给有劳务资质分包人。招用农民工，签订劳动合同，报监理、项目法人备案。 ⑦总、分包人：按时支付劳务工资，落实劳保措施，确保农民工安全。 ⑧劳务分包人：接受施工单位管理。劳务分包人不得再次分包。 ⑨项目法人、监理：加强对施工单位使用农民工的管理

1B431042　掌握《公路工程质量监督规定》

质量监督	依法对公路质量进行监督的行政行为。原则：科学、客观、公开、公平、公正
从业单位	承担质量责任，接受、配合交管部门、质监机构的监督检查
主管单位	交通部主管全国公路质监管理工作。县以上政府交管部门负责区域内质量监管工作
质监内容	质量管理法规、标准、规范执行情况；从业单位的质量保证体系及其运转情况；勘察设计质量情况，工程质量情况，使用的材料、设备质量情况；试验检测工作情况；质量资料的真实性、完整性、规范性、合法性情况；从业单位的质量行为
质监手续	项目法人，完成开工准备后，在办理施工许可证前 30 日，办理质监手续
质监申请材料	申请书，包括项目名称及地点、建设单位、联系方式、提出的申请等；项目审批文件；设计、施工、监理等合同；从业单位资质证明材料；交管部门要求的其他相关材料
质量鉴定	建设单位，按规定进行交验，未经交验或验收不合格，不得使用。交验前，质监机构出具质量检测意见。竣工验收前，质监机构出具质量鉴定报告。未经鉴定或不合格，不得竣工验收。质监机构对质量鉴定结果负责
经费	①交管部门提供必要的工作条件和经费。建设单位缴纳质量监督费。质监费单独立账，专款专用。 ②质监机构因工作需要进行非常规试验检测和交工、竣工验收检测费用，由建设单位承担
处罚	①交管部门对质量违法行为实施行政处罚。 ②质监机构在委托事项的权限内对质量违法行为实施行政处罚

1B431043 掌握《公路工程设计变更管理办法》

设计变更	初步设计批准-竣工验收交付，对已批设计文件所进行的修改、完善等活动
监督管理	各级交管部门
重大变更	连续长度＞10km 路线方案调整；特大桥的数量或结构型式变化；特长隧道的数量或通风方案变化；互通立交数量变化；收费方式及站点位置、规模变化；超概算
较大变更	连续长度＞2km 路线方案调整的；连接线标准和规模变化；不良地质路段处置方案变化；路面结构、宽度和厚度变化；大中桥数量或结构变化；隧道数量或方案变化；互通立交位置或方案变化；分离立交数量变化；监控、通讯系统总体方案变化；管理、养护和服务设施数量、规模变化；其他单项工程费用变化＞500 万元；超预算
一般变更	除重大、较大设计变更以外的其他设计变更
变更审批	①重大、较大变更，属设计重大修改，按程序审批。未经审批不得实施。 ②不得肢解设计变更规避审批。经批准的变更一般不得再变更。 ③重大变更，交通部审批。较大变更，省交管部门审批。 ④项目法人，对一般变更进行审查，并加强变更实施的管理
变更提出	①勘察设计、施工及监理，可向项目法人提出书面变更建议，注明理由。 ②项目法人也可以直接提出变更建议

1B431050 《公路工程国内招标文件范本》

1B431051 《范本》内容

第一卷，投标邀请格式、投标人须知、通用条款、专用条款。

第二卷，技术规范。

第三卷，投标书及投标担保、工程量清单、投标书附表，合同协议书，履约担保、施工组织建议书格式。

1B431052 投标人合格条件

资格预审	通过资格预审。邀请招标，报送资格后审资料
更新资料	必要时，须更新以下资料： ①财务变化；②新承包的工程状况；③新交工的工程质量等级；④最近仲裁或诉讼介入情况； ⑤拟投设备的当前备有情况；⑥投标人名称的变化；⑦拟投人人员变化
联合体	①两个或两个以上独立法人组成。签订联合体协议书，一个主办人。 ②各成员授权书。③负连带的和各自的法律责任。④主办人承担＞50％的工程量
投标范围	整个合同段
分包规定	①主体和关键性工作不能分包； ②提供分包人的营业执照、资质等级证书、人员、设备等资料表，拟分包的工作量，＜30％； ③分包人具备相应的资质； ④分包人变更，先征得招标人的批准，
投标文件	同一合同段只能提交一份投标文件

1B431053　熟悉招、投标文件的内容

招标文件	第一卷	第 1 篇　投标邀请书格式；第 2 篇　投标人须知；第 3 篇　通用条款；第 4 篇　专用条款
	第二卷	第 5 篇技术规范
	第三卷	第 6 篇投标书与投标担保格式；第 7 篇工程量清单；第 8 篇投标书附表； 第 9 篇合同协议书格式；第 10 篇履约担保格式；附篇，施组建议书格式
	第四卷	第 11 篇图纸
投标文件	①投标书及投标书附录。②投标担保。③授权书。④联合体协议书（如有）。⑤标价的工程量清单。 ⑥施工组织设计。满足招标文件、计划工期的要求。⑦资格预审的更新资料或后审资料。 ⑧选择方案及其报价。⑨其他资料	

1B431054　招标的规模及标段划分

规模标准	①项目总投资额再＞3 000 万元。②单项合同估算＞200 万元。 ③重要设备、材料等货物采购，单项合同估算价＞100 万元。 ④勘察、设计、监理等，单项合同估算价＞50 万元
标段划分	高速公路，路基＞10km，路面＞15km。其他公路，工作量＞5 000 千万元

1B431060　《公路工程技术标准》相关规定

1B431061　掌握公路分级（根据功能和适应的交通量，分 5 个等级）

等　级	适应的年平均日交通量（将各种汽车折合成小客车）
高速公路	四车道：25 000～55 000 辆；六车道：45 000～80 000 辆；八车道：60 000～100 000 辆
一级公路	四车道：15 000～30 000 辆；六车道：25 000～55 000 辆
二级公路	双车道：5 000～15 000 辆
三级公路	双车道：2 000～6 000 辆
四级公路	双车道：2 000 辆以下；单车道：400 辆以下

1B431062　掌握路基路面相关技术要求

（一）一般规定

总要求	根据功能、等级、交通量，结合地形、地质、材料等条件进行设计，保证强度、稳定性和耐久性。面层，满足平整和抗滑要求
路基	重视排水、防护设施设计；取土、弃土，应专门设计，防水土流失、堵塞河道，诱发路基病害
路基断面	与环境协调，避免深挖、高填。高速、一级路，宜采用浅挖、低填、缓边坡
特殊路段	特殊地质、水文路段，查明其规模及危害程度，综合治理，增强防灾、抗灾能力
路面	高速、一级路路面，不宜分期修建；但软土、高填方等工后沉降较大路段，一次设计、分期实施

(二)路基设计洪水频率:符合规定。

(三)路肩边缘:高出两侧地面积水高度;考虑地下水、毛细水和冰冻作用,不使其影响路基的强度和稳定性。

沿河及受水浸淹的路基边缘:高出设计洪水频率的计算水位加壅水高、波浪侵袭高和0.5m安全高度。

(四)路基压实度

类　别	路床顶面以下(m)	高速、一级路	二　级　路	三、四级路
零填及挖方	0～0.30	—	—	≥94
	0～0.80	≥96	≥95	—
填方	0～0.80	≥96	≥95	≥94
	0.80～1.50	≥94	≥94	≥93
	>1.50	≥93	≥92	≥90

(五)路基防护:根据功能、气候、水文、地质情况,采取相应措施。

①工程防护与植物防护相结合,与景观协调。

②深挖、高填路段,查明地质情况,针对工程特性进行防护。有隐患的边坡,采用加固、防护措施。

③沿河段,查明河流特性及其演变规律,采取防冲刷措施。

(六)路面设计标准轴载:为双轮组单轴 100kN。

(七)路面面层类型

沥青混凝土	高速、一、二、三、四级公路
水泥混凝土	高速、一、二、三、四级公路
沥青贯入、沥青碎石、沥青表处	三、四级公路
砂石路面	四级公路

(八)路面材料:满足强度、稳定性和耐久性要求。垫层采用水稳性较好的粗粒料或各种稳定类粒料。

(九)路基路面排水

①综合规划、合理布局,与沿线排灌系统相协调,保护生态环境,防止水土流失和污染水源。

②按公路等级,气象、地形、地质、水文等自然条件,设置必要的地表排水、路面内部排水、地下排水设施,与沿线排水系统配合,形成完整的排水体系。

③特殊地质段,与该特殊工程整治措施相结合,综合设计。

1B431063　掌握桥涵相关技术要求

(一)一般规定

①综合设计:根据功能、等级、通行能力、抗洪防灾要求,结合水文、地质、通航、环境等条件进行设计。

②特大、大桥桥位：选择河道顺直稳定、河床地质好、能通过大部分设计流量的河段，不选断层、岩溶、滑坡、泥石流等不良地带。

③安全、适用、经济、美观和有利环保，因地制宜、便于施工、就地取材和养护。

④结合农田基建考虑排灌需要。

⑤特殊大桥，作景观设计；上跨高速、一级路的，与自然环境和景观相协调。

⑥结构：考虑桥面铺装进行综合设计。铺装：有完善的防、排水系统。

⑦标准化跨径桥涵：用装配式结构，机械化和工厂化施工。

(二)桥涵分类

桥 涵 分 类	多孔跨径总长 L(m)	单孔跨径 L_K(m)
特大桥	$L>1\,000$	$L_K>150$
大桥	$100\leqslant L\leqslant 1\,000$	$40\leqslant L_K\leqslant 150$
中桥	$30<L<100$	$20\leqslant L_K\leqslant 40$
小 桥	$8\leqslant L\leqslant 30$	$5\leqslant L_K\leqslant 20$
涵洞	—	$L_K<5$

(三)设计洪水频率

公路等级	特 大 桥	大 桥	中 桥	小 桥	涵洞及小型排水构造物
高速公路	1/300	1/100	1/100	1/100	1/100
一级公路	1/300	1/100	1/100	1/100	1/100
二级公路	1/100	1/100	1/100	1/50	1/50
三级公路	1/100	1/50	1/50	1/25	1/25
四级公路	1/100	1/50	1/50	1/25	不作规定

注：①二级路的特大桥以及三级、四级路的大桥，在水势猛急、河床易于冲刷的情况下，可提高一级设计洪水频率验算基础冲刷深度。

②沿河纵向高架桥和桥头引道的设计洪水频率，符合本标准路基设计洪水频率的规定。

(四)桥面净空：符合公路建筑限界规定。

(五) 平、纵、横指标：与路线总体布设相协调。

1B431064 掌握隧道相关技术要求

(一)一般规定

设 计	根据功能和发展需求，遵照安全、经济、利于保护生态环境的原则，结合地形、地质、施工、运营、管理等条件进行综合设计
选址	对自然地理、场地与生态环境、工程地质、水文地质、地震等进行勘察，经论证后确定
高程和平面位置	根据公路等级、路线总体设计方案确定，选在地层稳定，利于设置洞口及两端接线、防灾救助系统、管理养护等设施的地段
拟订路线方案中	论证采用隧道或深挖等不同方案给生态环境带来的影响。对生态环境脆弱的地带或可能因难以恢复的地段，优先选择对环境影响小的方案，并辅以治理措施

(二)隧道分类

隧道分类	特长隧道	长隧道	中隧道	短隧道
隧道长度 L(m)	$L>3\,000$	$3\,000\geqslant L>1\,000$	$1\,000\geqslant L>500$	$L\leqslant 500$

(三)隧道净空:符合公路建筑限界的规定,最小侧向宽度满足以下要求。

设计速度(km/h)	高速公路、一级公路				二、三、四级公路				
	120	100	80	60	80	60	40	30	20
左侧宽度 $L_{左}$(m)	0.75	0.50	0.50	0.50	0.75	0.50	0.25	0.25	0.50
右侧宽度 $L_{右}$(m)	1.25	1.00	0.75	0.75	0.75	0.50	0.25	0.25	0.50

(四)施工方法:根据所处地质条件等,确定结构形式和适应于地层特性的施工方法。

(五)防、排水:按照排、防、截、堵相结合的原则进行综合设计,使洞内、洞口与洞外构成完整的防、排水系统,并应注意防止水土流失和保护自然环境。

(六)隧道交通工程及沿线设施的配置

技术标准	根据功能、等级、交通量、隧道长度等确定,并符合交通工程及沿线设施总体设计要求
标志标线	用反光标志标线。高速、一级公路洞口两端的标志标线、视线诱导标、护栏与洞口的连接过渡等,应专门设计
监控	特长隧道高速、一级公路的长隧道,设置监控设施
通风	通风设施,根据交通组成和交通量增长情况等,统筹规划、总体设计、分期实施
照明	高速、一级公路隧道,长度>100m时,设置照明设施;二、三、四级公路隧道,酌情设置
供电	特长隧道和高速、一级公路的长隧道,其重要电力负荷,保证供电可靠,技术、经济合理
报警救助	特长隧道和高速、一级公路的长隧道,配置报警、警报、消防、救助施等。 二、三级公路的长隧道,可根据需要设置
应急	拟订发生交通或火灾事故的应急处理预案

1B431065 了解交通工程及沿线设施相关技术要求

(一)一般规定、设施分类与配置原则

一般规定	①建设规模与标准,根据公路网规划,公路的功能、等级、交通量等确定。 ②总体设计,符合公路总体设计要求,相互匹配,协调统一,发挥公路整体效益。 ③设计原则,"保障安全、提供服务、利于管理"
设施分类	交通安全设施、服务设施和管理设施
配置原则	统筹规划、总体设计、分期实施,结合交通量增长与技术发展逐步补充、完善

(二)等级划分与配置

等级	适用	交通安全设施配置
A	高速公路	完善的标志、标线、视线诱导标、隔离栅、防护网；连续设置中央分隔带护栏和必需的防眩设施；桥梁与高路堤路段设置路侧护栏；互通立交及其周边路网连续设置预告、指路标志；车道边缘线、分合流路段连续设置反光突起路标；出口分流三角端设置防撞设施
B	一、二级公路作干线时	完善的标志、标线、视线诱导标，必需的隔离栅、防护网；一级公路连续设置中央分隔带护栏和必需的防眩设施；桥梁与高路堤路段设置路侧护栏；互通立交及其周边连续设置预告、指路标志；平交设置完善的预告、指路或警告、支线减速让行或停车让行等标志、反光突起路标和配套、完善的交通安全设施，并保证视距
C	一、二级公路作集散时	较完善的标志、标线及必需的视线诱导标、隔离设施；一级公路设置隔离设施；桥梁与高路堤路段设置路侧护栏；平交设置预告、指路或警告、支线减速让行或停车让行等标志和配套、完善的交通安全设施，并保证视距
D	三、四级公路	D级，设置标志；视距不良、急弯、陡坡段设置路面标线及必需的视线诱导标；路侧有悬崖、深谷、深沟、江河湖泊等路段设置路侧护栏；平交设置标志和必需的交通安全设施
特殊情况的交通安全设施		①连续长陡下坡段，设置避险车道。必要时，在长陡下坡段的起始端前设置试制动车道。 ②风、雪、沙、坠石路段，设置防风栅、防雪(沙)栅、防落网、积雪标杆。 ③养护作业，设置限制速度等交通警示、诱导等安全设施。 ④改(扩)建时，交通安全设施进行专门设计

(三)服务设施

A、B级	设置：服务区、停车区和公共汽车停靠站。 规模：根据设计交通量、交通组成等确定。位置，根据路网、地形、景观、环保布设。 服务区：停车场、公厕、加油站、车辆修理所、餐饮与小卖部。间距 50km。 停车区：公厕、长凳，少量车位。间距 15～25km。 停靠站：根据城镇分布、出行需求，结合服务区或互通立交设置
C、D级	根据需要设置加油站、公厕等

(四)交通管理设施配置

<table>
<tr><td rowspan="8">A级</td><td rowspan="3">监控设施</td><td>A1类</td><td>八车道高速路；四、六车道高速的特长隧道、特大桥、服务水平低于二级的路段：
设置完善的信息采集、交通异常自动判断、交通监视、诱导、主线及匝道控制、信息处理及发布等设施</td></tr>
<tr><td>A2类</td><td>四、六车道高速路的其他路段：
设置较完善的信息采集、交通异常判断、交通监视、诱导及主线控制、信息处理和发布等设施</td></tr>
<tr><td colspan="2">桥梁、隧道：设置结构监测、养护监督等设施时，与路段监控系统统一规划，协调管理</td></tr>
<tr><td colspan="2">收费设施</td><td>与公路服务水平相协调</td></tr>
<tr><td colspan="2">通信设施</td><td>满足监控、收费和管理需求，结合路网，统一规划、统一标准、统一体制，适应发展</td></tr>
<tr><td colspan="2">报警设施</td><td>设置于公路两侧</td></tr>
<tr><td colspan="2">照明设施</td><td>在收费广场、服务区，城市出入口段的互通立交、特大桥设置照明设施</td></tr>
<tr><td colspan="2">管理所</td><td>管理所(监控分中心)和养护工区，根据业务需求设置。间距 50km</td></tr>
</table>

续上表

B级	设置基本的信息采集、交通监视、简易信息处理及发布等监控设施。平交，视交通量配置警示灯或信号灯等设施。管理所和养护工区，根据业务需求设置
C级	平交，视交通量设置警示灯或信号灯。道班房和养护工区，根据业务需求设置
D级	根据业务需求设置道班房等养护设施
其他规定	①各类设施规模，根据预测交通量作总体设计，据此实施基础工程、地下管线及预留预埋工程等。 ②监控设施，分期修建。当服务水平降至二级时，实施二期工程。 ③收费设施，机电设备，按第5年预测交通量配置；收费广场、站房及其征地，按远期规划设计。 ④通信管道，按远期规划设计。干线：六、八车道高速路≥6标准管孔；四车道高速路≥4标准管孔。 ⑤房屋，布局合理，经济实用、环保节约，与环境协调。⑥房建规模，按第10年的预测交通量设计

1B431070 公路建设管理法规体系

1B431071 熟悉《公路工程施工招标投标管理办法》

(一)招标

招标范围	①投资总额>3 000万元；②施工单项合同>200万元；③法律、法规规定的其他公路项目	
招标条件	①初设已批准；②资金已落实；③项目法人已确定	
招标方式	公开信息	通过国家指定媒体发布招标公告
	邀请招标	邀三家以上具备资格的特定法人投标。符合下列条件之一，审批后，可邀请招标： ①技术复杂或有特殊技术要求，符合条件的潜在投标人数量有限； ②受自然地域环境限制；③公开招标费用过大
招标程序	①确定招标方式。邀请招标，应报批。②编制资格预审文件和招标文件。 ③发布招标公告，发售资格预审文件(≥5个工作日)；邀请招标，发投标邀请书，发售招标文件(≥5个工作日)。④资格审查。 ⑤向合格者发出投标邀请书和发售招标文件。⑥考察现场，开标前会。 ⑦接受投标文件，开标。⑧组建评委会评标，推荐中标候选人。 ⑨确定中标人。备案并公示。⑩发中标通知书。⑪订立合同	
招标文件	①投标邀请书；②投标人须知；③合同条款；④技术规范；⑤设计文件；⑥投标文件格式	
时间限制	①编制资格预审申请文件≥14日。 ②编制投标文件：高速、一级路、复杂的特大桥梁、特长隧道≥28日，其他路≥20日。 ③招标文件的澄清或修改，在投标截止日期15日前	
标底	①自行编制或者委托编制。②符合造价管理的规定。③标底≤概算。④保密	

(二)投标

联合体	各成员都具备资质。按资质较低者确定资质等级。明确主办人及成员单位各自的权利和义务
投标文件	投标人应对招标文件提出的实质性要求和条件作出响应
分包	拟分包的，提交分包计划
签印	投标文件，由投标人的法定代表人或其授权的代理人签字，并加盖投标人印章

（三）开标、评标和中标

<table>
<tr><td>开标</td><td colspan="2">公开进行。由招标人主持，邀请交管部门和所有投标人参加。设有标底的，公布标底</td></tr>
<tr><td rowspan="4">评标方法</td><td>合理低价</td><td>对通过初评和详评的投标人，不对其施工组织设计、财务能力、技术能力、业绩及信誉进行评分，而是按招标文件规定的方法对评标价进行评分，按得分由高到低排列，前3名为中标候选人。
公路施工，一般使用合理低价法</td></tr>
<tr><td>最低评标价</td><td>按由低到高顺序对评标价不低于成本价的投标文件进行初评和详评，通过初评和详评且评标价最低的前3名为中标候选人。
世行、亚行等贷款项目和规模小、技术含量低的工程，可用最低评标价法</td></tr>
<tr><td>综合评估</td><td>对所有通过初评和详评的投标人的评标价、财务能力、技术能力、管理水平，以及业绩与信誉进行综合评分，按综合评分排序，前3名投标人为中标候选人</td></tr>
<tr><td>双信封评标法</td><td>将投标报价和工程量清单单独密封，其他商务和技术文件另外密封。第一次开商务和技术文件信封，对商务和技术文件进行初评和详评，确定通过的名单。第二次再开通过商务和技术评审者的报价和工程量清单信封，当场宣读其报价，再按规定的评标办法进行评标</td></tr>
<tr><td>评标报告</td><td colspan="2">①评标委员会名单；②开标记录；③评标标准和方法；④对投标人的评价；
⑤符合要求的投标人情况；⑥中标候选人(1～3)；⑦其他事项。
评标结果在所在地省级交管部门网站上公示时间不少于7日</td></tr>
<tr><td>废标</td><td colspan="2">①投标文件未经签字，或未加盖公章；②字迹无法辨认；③两份以上内容不同的投标文件；
④未要求选择性报价时，有两个或两个以上的报价；
⑤工期超过规定，或对合同重要条款有保留；⑥未按要求提交投标保证金；⑦不符合要求的其他情形</td></tr>
<tr><td>重新招标</td><td colspan="2">①少于3个投标人；②经评审，所有投标均不符合要求；
③违法行为，导致中标无效；④中标人均未签合同</td></tr>
<tr><td>时间限制</td><td colspan="2">①确定中标人15日内，将评标报告向规定机关备案。
②中标通知书发出30日订立合同。③订立合同5个工作日内，退还投标保证金</td></tr>
</table>

1B431072　了解公路建设资金监督管理的内容

监管原则	①专户存储，专款专用，不得截留、挤占和挪用。 ②全过程监督控制。交管部门和建设单位对资金筹集和使用全程监督检查。 ③分级负责、分级监督管理。按资金来源渠道，“一级管一级”。 ④依法实施财务管理、组织会计核算。 ⑤效益原则。规范化管理，厉行节约，防止损失浪费，降低成本，提高资金使用效益
监管内容	①基建程序，专款专用、专户存储管理。②概、预算管理。③有无用于计划外工程。 ④有无擅自改变建设项目、扩大建设规模。⑤资金来源是否合法，配套资金是否落实并及时到位。⑥预备费使用符合规定。⑦质量、安全事故，造成经济损失。⑧是否要按规定提取使用。 ⑨是否按合同拨付进度款，有无高估冒算，虚报冒领。⑩质量保证金是否按规定提留使用。 ⑪有无乱摊乱挤建设成本问题。⑫财会机构是否建立健全。原始记录、台账、凭证账册、会计核算等制度是否健全规范

1B432000 《公路法》相关规定

1B432010 了解《公路法》中公路建设相关法律规定

<table>
<tr><td>建设资金</td><td colspan="2">①财政拨款:中央财政,跨地区公路项目。②贷款:商业性贷款、政策性贷款、国外贷款。
③资本金,发行股票、公司债券。④集资:向企业和个人集,但不得摊派</td></tr>
<tr><td rowspan="3">管理制度</td><td>建设程序</td><td>①项目建议书;②可行性研究,环境影响报告;③初设文件和概算;④施工图和预算;
⑤年度基建计划;⑥准备工作;⑦项目实施;⑧竣工验收;⑨后评价</td></tr>
<tr><td>技术标准</td><td>符合技术标准。从业单位建立健全质保体系,岗位责任制,执行强制性标准,保证质量</td></tr>
<tr><td>资格管理</td><td>选择具有资格的从业人员单位,签订合同,明确双方权利义务</td></tr>
<tr><td colspan="2">土地使用</td><td>①切实保护耕地、节约用地。②使用国有荒山、荒地或者在国有荒山、荒地、河滩、滩涂取材,依法办理后,任何单位和个人不得阻挠或者非法收取费用。
③各级政府支持和协助公路建设依法使用土地和搬迁居民</td></tr>
</table>

1B432020 了解违反《公路法》的相关法律责任

违法行为	承担的法律责任
擅自在公路上设卡、收费	责令停止违法行为,没收违法所得,处违法所得三倍以下罚款;无违法所得的,处二万元以下罚款;对负有直接责任的主管人员和其他直接责任人,给予行政处分
擅自施工	责令停止施工,并可以处五万元以下的罚款
未按规定缴纳公路建设、养护费用	责令限期缴纳。从欠缴之日起,按日加收滞纳金;逾期仍不缴纳的,处欠缴费款三倍以下罚款并申请人民法院强制执行
擅自占用、挖掘公路;未经同意或者未按公路工程技术标准的要求修建桥梁、渡槽或者架设、埋设管线、电缆等设施;从事危及公路安全的作业;铁轮车、履带车和其他可能损害路面的机具擅自在公路上行驶;车辆超限使用汽车渡船或者在公路擅自超限行驶;损坏、移动、涂改公路附属设施或者损坏、挪动建筑控制区的标桩、界桩,可能危及公路安全的	责令停止违法行为,可处三万元以下的罚款
造成公路路面损坏、污染或者影响公路畅通;或者违规将公路作为试车场地	责令停止违法行为,可处五千元以下的罚款
造成公路损坏、未报告的	处一千元以下的罚款
在公路用地范围内设置公路标志以外的其他标志	责令限期拆除,可以处二万元以下的罚款;逾期不拆除的,由交通主管部门拆除,有关费用由设置者承担
未经批准在公路上增设平面交叉道口	责令恢复原状,处五万元以下的罚款
在公路建筑控制区内修建建筑物、地面构筑物或擅自埋设管线等设施的	责令限期拆除,并处五万以下的罚款。逾期不拆除的,由交通主管部门拆除,有关费用由建筑者、构筑者承担
阻碍公路建设或者公路抢修,致使公路建设或者抢修不能正常进行,尚未造成严重损失	依照治安管理处罚条例第十九条的规定处罚
损毁公路或擅自移动公路标志,影响交通安全的	依照治安管理处罚条例第二十条的规定处罚
拒绝、阻碍公路监督检查人员依法执行职务未使用暴力、威胁方法	依照治安管理处罚条例第十九条的规定处罚
构成犯罪的	依法追究刑事责任
对公路造成损害	依法承担民事责任
对公路造成较大损害的车辆	必须立即停车,保护现场,报告公路管理机构,接受公路管理机构的调查、处理后方得驶离

二、考 点 分 析

本章重点是:公路工程质量事故等级划分和报告制度,经常与质量管理一起出案例题。其次是市场管理、招标投标和竣(交)工验收的有关规定。企业资质等级及公路工程技术标准,一般是以选择题的形式出题。

三、典 型 例 题

(一)单项选择题

1. 我国公路建设的资金来源是(　　)。

A. 单一化的　　B. 多元化的　　C. 有限渠道　　D. 无限渠道

答案:B

解析:国家允许公路建设可以多渠道取得资金。

2. 我国公路建设资金来源不包括(　　)。

A. 财政拨款　　B. 摊派　　C. 贷款　　D. 发行股票　　E. 集资

答案:B

解析:国家允许在需要与可能的情况下向企业和个人集资建设公路。但是集资必须坚持自愿原则,不得强行摊派。

3. 公路建设应当按照国家规定的基本建设程序,正确的是(　　)。

A. 项目建议书→可行性研究→年度基本建设计划→初步设计

B. 项目建议书→可行性研究→初步设计→年度基本建设计划

C. 可行性研究→项目建议书→年度基本建设计划→初步设计

D. 可行性研究→项目建议书→年度基本建设计划→初步设计

答案:B

解析:前一行为必须是后一行为的前提,即立项建议、可行性研究、初步设计都是基建计划的前提。

4. 承担公路建设项目的建设单位、设计单位、施工单位和工程监理单位,应当(　　)强制性标准。

A. 严格执行　　B. 模范遵守　　C. 合理执行　　D. 有条件地执行

答案:A

解析:应当严格执行强制性标准。

5. 阻碍公路建设或抢修,致使公路建设或抢修不能正常进行,尚未造成严重损失的,给予(　　)。

A. 治安处罚　　B. 行政处罚　　C. 经济处罚　　D. 刑事处罚

答案:A

解析:没有行政关系,排除B;未造成严重损失,排除C;未触犯刑律,排除D。

6. 公路工程质量事故分为(　　)。

A. 质量问题和一般质量事故两类

B. 一般质量事故及重大质量事故两类

C. 质量问题、一般质量事故及重大质量事故三类

D. 质量问题和质量事故两类

答案:C

解析:公路工程质量事故分质量问题、一般质量事故及重大质量事故三类。

7. 质量较差、造成直接经济损失(包括修复费用)在(　　)以下属质量问题。

A. 10 万元　　B. 20 万元　　C. 30 万元　　D. 40 万元

答案:B

解析:质量问题即质量较差、造成直接经济损失(包括修复费用)在 20 万元以下。

8. 质量低劣或达不到合格标准,需加固补强,直接经济损失(包括修复费用)在(　　)之间的事故属一般质量事故。

A. 10 万～200 万元　B. 30 万～300 万元　C. 20 万～200 万元　D. 20 万～300 万元

答案:D

解析:一般质量事故,指质量低劣或达不到合格标准,需加固补强,直接经济损失在 20 万～300 万元之间的事故。

9. 重大质量事故由(　　)负责调查处理。

A. 国务院交通主管部门　　B. 省级交通主管部门

C. 建设单位或企业　　D. 国务院交通主管部门会同省级交通主管部门

答案:D

解析:重大质量事故由国务院交通主管部门会同省级交通主管部门负责调查处理。

10. 公路工程在建项目发生质量事故,(　　)为事故报告单位。

A. 建设单位　　B. 施工单位

C. 省级交通主管部门　　D. 接养单位

答案:B

解析:在建项目→施工单位为事故报告单位。

11. 重大质量事故:事故发生单位必须在(　　)内速报省级交通主管部门和国务院交通主管部门,同时报告省级质量监督站和部质监总站。

A. 1h　　B. 2h　　C. 3h　　D. 4h

答案:A

解析:速报→1h。

12. 质量事故发生后事故发生单位隐瞒不报、谎报、故意拖延报告期限的,故意破坏现场、阻碍调查工作正常进行的,拒绝提供与事故有关情况、资料的,提供伪证的,(　　)。

A. 由上级主管部门按有关规定给予警告处分

B. 由上级主管部门按有关规定给予严重警告处分

C. 由上级主管部门按有关规定给予记过处分

D. 由上级主管部门按有关规定给予行政处分

答案:D

解析:D行政处分，包含ABC，视情节而定。

13. 省级交通主管部门归口管理（　　）。

A. 本辖区内的省道公路工程质量事故

B. 本辖区内的国、省道公路工程质量事故

C. 本辖区内的地方道路的工程质量事故

D. 本辖区内的公路工程质量事故

答案:D

解析:省级交通主管部门归口管理本辖区内的公路工程质量事故。

14. 交付使用的工程，（　　）为事故报告单位。

A. 建设单位　　B. 施工单位　　C. 监理单位　　D. 接养单位

答案:D

解析:公路工程已交付使用，发现事故就应由接养单位负责报告。

15. 公路工程交工验收由（　　）负责；竣工验收由（　　）按项目管理权限负责。

A. 项目法人；项目法人　　B. 项目法人；交通主管部门

C. 交通主管部门；交通主管部门　　D. 交通主管部门；项目法人

答案:B

解析:竣工验收单位的级别较高。

16. 确定公路技术等级时，使用的交通量为将各种车辆折合成小客车的（　　）。

A. 年平均交通量　B. 年平均日交通量　C. 日平均交通量　D. 月平均交通量

答案:B

解析:常识。

17. 沿河及受水浸淹的路基边缘高程，应高出规定设计洪水频率的（　　）。

A. 计算水位

B. 计算水位＋壅水高＋波浪侵袭高

C. 计算水位＋壅水高

D. 计算水位＋壅水高＋波浪侵袭高＋0.5m的安全高度

答案:D

解析:应高出规定设计洪水频率的计算水位加壅水高、波浪侵袭高和0.5m的安全高度。

18. 深挖、高填路基边坡路段，必须查明工程地质情况，针对其（　　）进行路基防护设计。

A. 公路等级　　B. 工程特性　　C. 公路线形　　D. 交通量

答案:B

解析:必须查明工程地质情况，针对其工程特性进行路基防护设计。

19. 沿河路段必须查明河流特性及其演变规律，采取防止冲刷路基的防护措施。凡侵占、改移河道的地段，必须做出（　　）。

A. 严肃处理　　B. 专门防护设计　C. 涵洞设计　　D. 桥梁设计

答案:B

解析:凡侵占、改移河道的地段，必须做出专门防护设计。

20. 关于桥梁的全长:有桥台的桥梁应为(　　);无桥台的桥梁应为(　　)。

A. 两岸桥台侧墙或八字墙尾墙间的距离;桥面系长度

B. 桥面系长度;两岸桥台侧墙或八字墙尾墙间的距离

C. 两岸桥台侧墙或八字墙尾墙间的距离;两岸桥台侧墙或八字墙尾墙间的距离

D. 桥面系长度;桥面系长度

答案:A

解析:有桥台的桥梁为两岸桥台侧墙或八字墙尾墙间的距离;无桥台的桥梁为桥面系长度。

21. 招标人不具备规定招标条件的,(　　)。

A. 可采用议标的方式

B. 委托具有相应资格的招标代理机构办理招标事宜

C. 由有关部门为招标人指定招标代理机构

D 由上级领导为招标人指定招标代理机构

答案:B

解析:任何组织和个人不得强行为招标人指定招标代理机构。

22. 每个投标人对同一合同段只能提交一份投标文件,投标人(　　)。

A. 可以同时既参加联合体又以其独家名义对同一个合同段投标

B. 不能同时既参加联合体又以其独家名义对同一个合同段投标

C. 既参加联合体又以其独家名义对同一个合同段投标时,只接受其独家名义的投标

D. 既参加联合体又以其独家名义对同一个合同段投标时,只接受联合体名义的投标

答案:B

解析:投标人对同一合同段只能提交一份投标文件。

(二)多项选择题

1. 在公路建设中,国家(　　)国内外经济组织依法投资建设、经营公路。

A. 鼓励　　B. 不鼓励　　C. 引导　　D. 限制　　E. 禁止

答案:AC

解析:国家鼓励、引导国内外经济组织依法投资建设、经营公路。

2. 公路建设项目法人对项目的(　　)负责。

A. 设计　　B. 策划　　C. 资金筹措　　D. 建设实施　　E. 生产经营

答案:BCDE

解析:项目法人对项目的策划、资金筹措、建设实施、生产经营、债务偿还和资产的保值增值,实行全过程负责。

3. 公路建设工程监理,是由具有公路工程监理资质的监理单位按国家有关规定受项目法人委托,对施工承包合同的执行、(　　)等方面进行监督与管理。

A. 工程质量　　B. 工程造价　　C. 工程进度　　D. 工程费用　　E. 工程成本

答案:ACD

解析:区别工程造价、工程费用、工程成本的概念。

4. 对于在公路、公路用地范围内有违法设置物的行为，如果未造成路产损失的，(　　)。

A. 赔偿损失　　B. 责令限期移出

C. 恢复状态　　D. 处以 5 千元以下罚款

E. 处以 3 万元以下罚款

答案：BCD

解析：未造成路产损失，排除 AE。

5. 对于公路建设资金的来源，描述正确的是(　　)。

A. 各级人民政府的财政拨款　　B. 依法征收的用于公路建设的资金

C. 带有政治条件的外国政府的贷款　　D. 企业对公路建设的捐赠

E. 个人对公路建设的捐赠

答案：ABDE

解析：排除 C。

6. 公路建设项目实施招标投标制度的目的是(　　)。

A. 规范公路建设的秩序，使其法制化

B. 缩短工程建设工期，有效节约工程投资

C. 改善工程经营管理水平

D. 建立公平、公正、公开和法制的管理模式

E. 减少前期工作的工作量

答案：ABCD

解析：招、投标不会减少前期工作的工作量。

7. 下列(　　)为一级重大质量事故。

A. 死亡 30 人以上　　B. 直接经济损失 1 000 万元以上

C. 大型桥梁主体结构垮塌　　D. 特大型桥梁主体结构垮塌

E. 死亡 20 人以上

答案：ABD

解析：……以上，特大型桥梁主体结构垮塌→重大质量事故。

8. 发生重大质量事故的现场保护措施包括(　　)。

A. 首要任务是确保施工生产

B. 事故发生单位和该工程的建设、施工、监理等单位，应严格保护事故现场

C. 采取有效措施抢救人员和财产，防止事故扩大

D. 需要移动现场物件时，应当做出标志，绘制现场简图并做出书面记录

E. 妥善保存现场重要痕迹、物证，并应采取拍照或录像等直录方式反映现场原状

答案：BCDE

解析：A. 首要任务是保护事故现场（质量、安全第一，而不是生产第一）。

9. 质量事故处理实行“三不放过”原则是：(　　)

A. 事故责任者没有受到制裁不放过　　B. 事故原因不清不放过

C. 事故责任者和群众没有受到教育不放过　　D. 没有防范措施不放过

E. 施工没有恢复不放过

答案:BCD

解析:AC 矛盾,以教育为主;DE 矛盾,以质量、安全为主。

10. 质量事故发生后事故发生单位隐瞒不报、谎报、故意拖延报告期限的,故意破坏现场的,阻碍调查工作正常进行的,拒绝提供与事故有关情况、资料的,提供伪证的,(　　)。

A. 由上级主管部门按有关规定给予行政处分

B. 由上级主管部门按有关规定给予经济处罚

C. 构成犯罪的,由司法机关依法追究刑事责任

D. 构成犯罪的,由上级主管部门依法追究刑事责任

E. 由其承担经济损失

答案:AC

解析:AB 矛盾,隐瞒不报等,属于行政行为,给予行政处分;CD 矛盾,司法机关才有权依法追究刑事责任;E 与 B 同义,均排除。

11. 高速公路分为以下几种类型(　　)。

A. 双车道高速公路　　B. 四车道高速公路

C. 六车道高速公路　　D. 八车道高速公路

E. 十车道高速公路

答案:BCD

解析:高速公路类型有四、六、八车道之分。

12. 路基防护应采取(　　)相结合的防护措施,并与景观相协调。

A. 路线设计　　B. 路面设计　　C. 路基设计　　D. 工程防护　　E. 植物防护

答案:DE

解析:注意题干中的"防护"二字。

13. 下列情形之一的,招标人应当重新招标(　　)。

A. 一个标段少于 4 个投标人的

B. 经评标委员会评审,所有投标均不符合招标文件要求

C. 由于招标人、招标代理人的违法行为,导致中标无效

D. 评标委员会推荐的中标候选人均未与招标人签订公路工程施工合同的

E. 由于投标人的违法行为,导致中标无效

答案:BCDE

解析:一个标段少于 3 个投标人的,应当重新招标。

(三)案例题

某公路工程施工总承包二级企业承包了单跨跨度为 120m 的桥梁工程项目,桥梁上部结构施工中出现垮塌事故。监理工程师立即报告建设单位,施工单位着手事故处理。

问题:

1. 该总承包二级企业能承包该工程吗? 请说明理由。

2. 该质量事故的调查处理由谁负责?

3. 该质量事故由谁负责报告?

答案：

1. 不能。因为总承包二级企业承包工程的范围是：可承担单项合同额不超过企业注册资金5倍的一级标准及以下、单跨跨度＜100m的桥梁，长度＜100m的隧道工程的施工。

2. 该质量事故的调查处理由国务院交通主管部门会同省级交通主管部门负责调查处理。

3. 该质量事故应由施工单位负责报告。

四、模拟考题

(一)单项选择题

1. 重大质量事故分为(　　)个等级。
   A. 1　　B. 2　　C. 3　　D. 4

2. 公路建设项目法人责任制度，是指项目的(　　)必须组建项目法人。
   A. 建设方　　B. 施工方　　C. 监理方　　D. 设计方

3. 公路根据功能和适应的交通量分为(　　)。
   A. 四个等级　　B. 五个等级　　C. 六个等级　　D. 七个等级

4. 二级公路具有以下特征(　　)。
   A. 供汽车行驶的双车道公路　　B. 专供汽车行驶的双车道公路
   C. 供汽车行驶的四车道公路　　D. 专供汽车行驶的四车道公路

5. 根据国家相关规定，可承担各等级公路及其桥梁、隧道工程施工的企业是(　　)。
   A. 特级　　B. 一级　　C. 二级　　D. 三级

6. 在公路工程建设中，质量低劣或达不到合格标准，需加固补强，直接经济损失在20万元至300万元之间的事故属于(　　)。
   A. 质量问题　　B. 一般质量事故　　C. 重大质量事故　　D. 特大质量事故

7. 二级公路的特大桥以及三级、四级公路的大桥，在水势猛急、河床易于冲刷的情况下，可提高(　　)。
   A. 一级设计洪水频率验算基础冲刷深度
   B. 二级设计洪水频率验算基础冲刷深度
   C. 50年冲刷周期设计洪水频率验算基础冲刷深度
   D. 100年冲刷周期设计洪水频率验算基础冲刷深度

(二)多项选择题

1. 公路工程质量事故分为(　　)和质量问题。
   A. 重大质量事故　　B. 一般质量事故　　C. 特大质量事故　　D. 较大质量事故

2. 公路工程质量事故处理实行“三不放过”原则是指(　　)。
   A. 事故原因不清不放过　　B. 事故责任者和群众没有受到教育不放过
   C. 没有防范措施不放过　　D. 责任者没有受到追究不放过

E. 损失赔偿不到位不放过

3. 公路工程建设项目验收分为(　　)。

A. 中间交工验收　　B. 交工验收

C. 工序验收　　D. 竣工验收

E. 工程质量验收

4.《公路工程国内招标文件范本》共分三卷。第三卷包括(　　)。

A. 投标书及投标担保格式　　B. 合同通用条款

C. 合同专用条款　　D. 工程量清单

E. 合同协议书格式

5. 我国《招投标法》规定的招标方式有(　　)。

A. 公开招标　　B. 邀请招标

C. 议标　　D. 二阶段招标

E. 国内有限竞争性招标

6.(　　)路面不宜分期修建,但位于软土、高填方等工后沉降较大的局部路段,可按"一次设计、分期实施"的原则实施。

A. 高速公路　　B. 高等级公路　　C. 一级公路　　D. 二级公路　　E. 县乡公路

7. 占用、挖掘公路或者使公路改线的,建设单位应当(　　)。

A. 按照不低于该段公路原有的技术标准予以修复或改建

B. 按照不低于该段公路原有的技术标准予以改建

C. 按照不低于该段公路原有的技术标准予以修复

D. 或者给予相应的经济补偿

E. 平行方向还建另一条同样技术标准的公路

8. 超过公路、公路桥梁、公路隧道或者汽车渡船的限载、限高、限宽、限长标准的车辆,(　　)。

A. 不得在任何公路行驶

B. 不得在有限定标准的公路上行驶

C. 不得使用汽车渡船

D. 不得在有限定标准的公路梁桥上或者公路隧道内行驶

E. 不得未经路政部门同意停靠公路路侧

9. 公路建设项目应当按照国家有关规定实行(　　)。

A. 项目法人责任制度　　B. 招标投标制度

C. 合同管理制度　　D. 三控制管理制度

E. 工程验收制度

10. 根据《公路工程技术标准》,路基、路面排水设计除应综合规划、合理布局,并与沿线排灌系统相协调外,还要考虑(　　)。

A. 保护生态环境　　B. 防止水土流失

C. 防止污染水源　　D. 地下水、毛细水的作用

E. 冰冻的作用

模拟考题答案

(一)单项选择题答案：

1. C　2. A　3. B　4. A　5. B　6. B　7. A

(二)多项选择题答案：

1. AB　2. ABC　3. BD　4. ADE　5. AB
6. AC　7. AD　8. BCD　9. ABCDE　10. ABC

历年试题及答案

2004 年试题

一、单项选择题

1. 原地基处理中，如果地基原状土强度不符合要求时，应进行换填，换填深度应大于或等于(　　)cm。

A. 30　　B. 50　　C. 80　　D. 100

2. 下列路段中，不宜在雨季进行路基施工的是(　　)。

A. 碎砾石路段　　B. 路堑弃方路段　　C. 膨胀土路段　　D. 丘陵区砂类土路段

3. 某二级公路，其中一段路堤通过湖塘一角，长度 51m，该路段地基软土厚度 0.5m 左右，用(　　)进行软土处理较为合理。

A. 排水砂垫层　　B. 抛石挤淤　　C. 土工织物铺垫　　D. 反压护道

4. 在路基爆破施工中，可以对开挖限界以外山体起保护作用的爆破技术是(　　)。

A. 光面爆破　　B. 预裂爆破　　C. 微差爆破　　D. 定向爆破

5. 下列粒料类基层中，属于嵌锁型的是(　　)。

A. 泥结碎石　　B. 级配碎石　　C. 级配砾石　　D. 天然砂砾

6. 在下列水泥混凝土面层铺筑方法中，最先进的铺筑方法是(　　)。

A. 三辊轴机组铺筑　　B. 滑模机械铺筑　　C. 小型机具铺筑　　D. 碾压混凝土

7. 在沥青路面材料中，适用于各类沥青面层的材料是(　　)。

A. 乳化沥青　　B. 煤沥青　　C. 液体石油沥青　　D. 道路石油沥青

8. 碎石沥青混凝土在施工时，采用小料堆堆积集料，主要是为了(　　)。

A. 方便施工　　B. 防止集料表面结硬

C. 避免集料产生离析　　D. 避免集料温度过高

9. 桥梁的桥面与低水位之间的高差称为(　　)。

A. 桥梁建筑高度　　B. 桥梁高度

C. 桥梁容许建筑高度　　D. 桥下净空高度

10. 在荷载作用下的无纵坡桥梁中，(　　)将在其墩台中产生水平力。

A. 连续梁桥　　B. 斜拉桥　　C. 简支梁桥　　D. 拱桥

11. 桥梁高程控制网的主要形式是(　　)。

A. 三角网　　B. 边三角网　　C. 精密导线网　　D. 水准网

12. 在桥梁施工荷载的计算中，桥梁基础变位影响力属于(　　)。

A. 永久荷载　　B. 基本可变荷载　　C. 其他可变荷载　　D. 偶然荷载

13. 在悬索桥锚锭大体积混凝土施工时，对混凝土进行温度控制的目的是(　　)。

A. 防止开裂　　B. 增加和易性　　C. 提高坍落度　　D. 减少麻面

14. 盾构法最适合于在(　　)中建造隧道。

A. 硬岩地层　　B. 破碎岩层　　C. 完整岩层　　D. 松软地层

15. 隧道施工的矿山法中，在(　　)围岩情况下，可运用漏斗棚架法进行开挖。

A. VI—IV类　　B. IV—II类　　C. V—III类　　D. III—I类

16. 下列各项中，(　　)属于我国公路收费制式之一。

A. 人工收费　　B. 全自动电子不停车收费

C. 半自动收费　　D. 封闭式收费

17. 公路照明系统具有为收费、监控、通信、服务设施及运营管理提供正常运行及维护管理必要的工作照明和应急照明、保证行车安全、减少交通事故等功能，但是不宜有(　　)功能。

A. 随白天、黑夜照度变化对照明进行调节控制

B. 对不同场所、不同设施的要求能分回路进行分合控制

C. 直接启动柴油发电机组维持供电

D. 短路、过载保护等保证照明系统正常工作

18. 根据国家相关规定，结合公路工程的特点，下列关于公路工程施工总承包企业资质的划分，正确的是(　　)。

A. 特级企业、一级企业、二级企业

B. 特级企业、一级企业、二级企业、三级企业

C. 一级企业、二级企业

D. 一级企业、二级企业、三级企业

19. 某道路工程在交工验收时，发现一段长约 300m 的混凝土挡墙质量达不到合格标准，需加固补强，从而造成了直接经济损失 100 万元。按公路工程质量事故的分类及分级标准，这个事故属于(　　)。

A. 一级一般质量事故　　B. 二级一般质量事故

C. 一级重大质量事故　　D. 二级重大质量事故

20. 某桥梁施工现场，建设方、监理方、设计方、施工方相关人员正在就某设计变更方案进行讨论，突然发生主体结构垮塌事故，按公路工程质量事故报告制度，事故报告单位应是(　　)。

A. 设计单位　　B. 监理单位　　C. 建设单位　　D. 施工单位

二、多项选择题

21. 对沿河路堤进行间接防护的设施有(　　)。

A. 丁坝　　B. 浸水挡土墙

C. 石笼　　D. 顺坝

E. 改河营造护林带

22. 为了降低地下水位或拦截地下水，可以在地面以下设置渗沟。渗沟有(　　)几种形式。

A. 填石渗沟　　B. 管式渗沟

C. 渗井式渗沟　　D. 平式渗沟

E. 洞式渗沟

23. 当采用沥青混凝土面层时，在下列情况中，应浇洒透层沥青的是（　　）。

A. 多层沥青混合料的上层铺筑前，下层沥青层被污染

B. 与新铺筑沥青混合料接触的路缘石、检查井侧面

C. 旧沥青面层加铺沥青层

D. 级配砂砾、级配碎石基层

E. 水泥等无机结合料稳定基层

24. 可以作为沥青混合料填料的有（　　）。

A. 矿粉　　B. 石屑

C. 粉煤灰　　D. 石灰

E. 水泥

25. 桥梁按受力特点的不同，通常分为（　　）基本体系以及它们之间的各种组合。

A. 梁式　　B. 刚构式

C. 拱式　　D. 斜拉式

E. 悬吊式

26. 桥梁支架（拱架）刚度验算时，其荷载组合为模板、支架、拱架自重和（　　）。

A. 振动混凝土产生的荷载　　B. 倾倒混凝土时产生的水平荷载

C. 新浇筑混凝土的重力　　D. 施工人员和施工材料堆放的荷载

E. 雪荷载、冬季保温设施荷载

27. 悬臂拼装法施工中，0 号块和 1 号块之间采用湿接缝处理主要是为了控制该跨节段的（　　）。

A. 挠度　　B. 高程

C. 截面尺寸　　D. 拼装方向

E. 施工不平衡荷载

28. 隧道洞身衬砌的主要作用有（　　）。

A. 承受围岩压力　　B. 承受结构自重

C. 洞内防水　　D. 保持仰坡、边坡稳定

E. 防止围岩风化

29. 高速公路交通安全设施除了交通标志、标线外，还包括（　　）。

A. 里程碑、公路界碑　　B. 防撞设施、隔离栅

C. 视线诱导设施　　D. 可变信息标志

E. 桥梁防抛网

30. 公路工程交工验收的主要工作有（　　）。

A. 全面考核建设成果　　B. 检查施工合同的执行情况

C. 检查监理工作情况　　D. 对建设项目进行综合评价

E. 确定工程质量等级（提出建议书）

三、案例题

案 例 一

背景资料

某施工单位承包了一条21.7km的二级公路，路面面层为沥青混凝土，基层为水泥稳定碎石。其中K22＋300～K22＋700路段，地面横坡陡于1∶5，填方平均高度为12m左右。施工单位填筑前，对地基原状土进行了检测，土的强度符合要求，然后对地基进行了压实处理。由于前后路段开挖后，可调运利用的填料主要是石方，为节约用地，降低建设成本，在请示建设单位后，施工单位将填土路基变更为填石路基，边坡为1∶1.5。为了加快施工进度，采用了倾填的方式进行施工，在路床底面下1.0m范围内改为分层填筑并压实。在整个施工过程中，施工单位对石方路基进行了质量检验。路堤填筑完毕后不久，该路段出现了部分边坡坍塌。经处理后，该项目通过验收，评定为合格工程。

问题

1.背景资料中的“设计变更”，是否符合变更设计制度的要求？为什么？较大问题的变更如何处理方为有效？

2.从提供的背景材料中分析引起部分边坡坍塌的原因可能是什么。

3.当采用倾填方式进行施工时，填石路堤在倾填前，对路堤边坡坡脚该如何处置？

4.路堤边坡除了边坡坍塌外，还有哪些常见病害？

5.施工单位对石方路基的质量检验，应该实测哪些项目？

6.在工程质量评定等级时，通常采用双指标控制工程质量等级，请问双指标是哪两个指标？

案 例 二

背景资料

某高速公路大桥(65＋3×110＋65)m上部结构为变截面预应力混凝土连续箱梁，箱梁采用三角斜拉带式挂篮进行悬臂浇筑法对称施工。施工方在施工中以线形控制、边跨及跨中合龙段混凝土裂缝控制、张拉吨位及预应力束伸长量控制作为质量控制关键点。

完成下部结构施工后，承包人先复测了墩台顶面高程和桥轴线，然后开始制作和安装扇形托架作为0号、1号块的工作平台，接下来立模、钢筋制作、浇筑0号和1号块混凝土。混凝土强度符合要求后，进行了预应力束张拉、孔道压浆，在梁底和墩顶之间浇筑临时混凝土垫块作为临时固结措施。

组装挂篮、箱梁模板安装校正就位、钢筋制作、混凝土浇筑，混凝土强度满足要求后开始预应力束张拉、孔道压浆、拆模。移动挂篮就位，准备下一梁段的施工……

合龙段劲性骨架制作就位、张拉临时束、箱梁合龙段混凝土施工，混凝土强度满足要求后进行预应力束张拉、孔道压浆、解除临时固结措施，将梁体转换成连续梁体系。

问题

1.0号、1号块施工完成后，需进行临时固结，采取临时固结措施的目的是什么？

2.在“组装挂篮，箱梁模板安装校正就位”这一施工过程中，缺少一道关键施工工序，这一

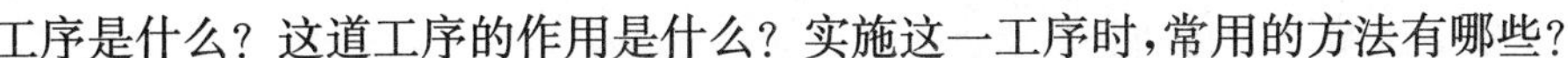

工序是什么？这道工序的作用是什么？实施这一工序时，常用的方法有哪些？

3.箱梁混凝土浇筑时，为确保各节段混凝土结合完好，上、下节梁段的接触面应作何处理？预应力张拉前，对张拉设备(千斤顶、油泵等)应作何要求？

4.箱梁合龙段混凝土施工应选择在一天中的什么时间进行浇筑？为什么？

5.为了控制箱梁立模高程值，施工中需在箱梁的适当位置设立相对坐标系，请问该相对坐标系应建立在箱梁的什么位置？

6.施工过程中，除要严格检验箱梁的断面尺寸和同跨对称点高程差外，还需进行哪些方面的检验？

案　例　三

背景资料

某条高速公路交通工程机电项目中包括监控、收费及通信系统，其中通信系统工程已由其他承包人施工完成，并进行了初步调(测)试，能为监控、收费系统提供应有的支持，收费及监控系统工程承包人将进行系统调(测)试。

问题

1.说明系统调(测)试的目的。

2.说明系统调(测)试的步骤和合适时机。

3.说明子系统的概念以及较合适的调(测)试方法。

4.监控系统与收费系统相似的调(测)试内容有哪些？

案　例　四

背景资料

某高速公路项目，路面面层为沥青混凝土，基层为级配碎石，项目经理部决心精心组织、科学施工，搞好现场技术质量管理，做了包括如下环节的工作：

——项目经理部由总工程师组织进行了技术交底；

——为真正落实公司的现场技术管理制度制定了执行细则，其中，为避免放样偏位，特别强调了落实测量双检测；

——将以下a)、b)、c)三项作为沥青混凝土面层施工质量控制关键点：

a)基层强度、平整度、高程的检查与控制

b)沥青材料的检查与试验

c)集料的级配、沥青混凝土配合比设计和试验

——铺筑了沥青混凝土试验段；

——在底面层施工前，进行了测量放样和基层清扫；

——加强质量检查控制，如开工前检查、工序检查和工序交接检查等。

问题

1.你认为项目经理部的技术交底存在什么问题，如何纠正？应分别在什么层面上进行技术交底？

2.除技术交底制度，还应执行好哪些现场技术管理制度？请说明测量双检制的主要内容。

3.对沥青混凝土面层施工，还应设置哪些质量控制关键点？

4.铺筑沥青混凝土试验段的目的是什么？

5.底面层施工前，除测量放样和清扫基层外，还要进行什么重要工序？

6.请列出其他现场质量检验控制手段。

案 例 五

背景资料

施工项目的成本管理是项目经理的重要任务之一，其中管理原则是成本管理的指导思想，成本控制方法是管理原则的具体体现。

某桥梁工程，施工项目部为了很好地控制施工成本，拟定了如下几条管理原则：

(1)成本管理最低化原则；

(2)全面成本管理原则；

(3)成本责任制原则；

(4)成本管理有效化原则。

并制定了具体的成本控制方法：

(1)建立项目成本审核签证制度，控制成本费用支出。在发生经济业务时，须经财务人员审核签证后支付。

(2)加强质量管理，控制质量成本，也就是控制内部故障成本和外部故障成本。

(3)定期开展"三同步"检查。

………

材料成本在整个项目成本中的比重最大，一般可达70%左右，而且有较大的节约潜力。因此项目部在施工开始前，用分析法确定了材料的消耗定额。由于本工程需采购大量碎石等地材，为了严格控制进场材料质量，项目部把供应商出具的材料合格证明作为签订采购合同的依据。另外，项目部还强调对施工索赔的处理，避免因未能处理好索赔而降低效益。

问题

1.在该案例中，成本管理原则是否完善？若不完善，请补充。请解释成本责任原则的含义。

2.请分析成本控制方法中第(1)条和第(2)条是否有错？如果有错，请改正。

3."三同步"检查之一是统计核算，另外两个是什么？"三同步"检查的目的是什么？

4.请列举材料消耗定额在施工中的两种应用。

5.项目部采购地材的做法是否有不妥之处？为什么？材料采购的方式有哪几种？

6.处理施工索赔事件的原则有哪些？

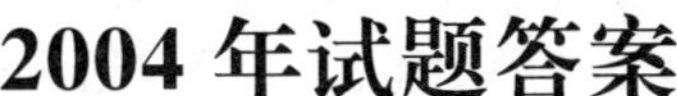

2004年试题答案

一、单项选择题答案

1.A　2.C　3.B　4.B　5.A　6.B　7.D　8.C　9.B　10.D

11.D　12.A　13.A　14.D　15.A　16.D　17.C　18.B　19.B　20.D

二、多项选择题答案

21.ADE　22.ABE　23.DE　24.ACDE　25.ACE

26.CD　27.AB　28.ABCE　29.ABCE　30.BC

三、案例题答案

案例一答案

1.不符合变更设计制度的要求。因为,没有同设计单位洽商。较大问题的变更必须由建设单位、设计和施工单位三方进行洽商,由设计单位修改,向施工单位签发“设计变更通知单”方为有效。

2.路堤边坡坍塌的原因可能是:

(1)边坡坡度过陡,没有做好排水工程,因局部冲刷淘空路基边坡坡脚;

(2)对路基边坡没有采取综合的防护措施。

3.倾填前,应对路堤边坡挖成宽度不小于1m的台阶;路堤边坡坡脚应用粒径大于30cm的硬质石料码砌,码砌厚度不小于2m。

4.路堤边坡除了坍塌外,其余病害有:边坡冲沟、防护体滑落、防护剥蚀、急流槽悬空等。

5.压实度、纵断高程、中线偏位、宽度、平整度、横坡、边坡坡度和平顺度。

6.优良率和工程质量评分值。

案例二答案

1.采取临时固结措施的目的是:使梁具有抗弯能力。

2.这道关键工序是:对挂篮进行试压。这道工序的作用:验证挂蓝的可靠性,消除其非弹性变形,测出挂篮在不同荷载下的实际变形量,以便在挠度控制中修正立模高程。实施这道工序的常用方法有:水箱加载法、千斤顶高强钢筋加力法。

3.处理:接触面凿毛、清洗干净。对张拉设备的要求:进行标正。

4.应选择在一天最低气温时。其理由是减少温度拉应力。

5.该相对坐标系应建立的位置:桥轴线,上、下腹板的中心轴线组成三条纵轴线,每段的前沿和三条纵轴的交叉点设置为测点。

6.还需进行的检验:立模高程控制,温度、挠度。

案例三答案

1. 系统调(测)试的目的：是将系统中各单机设备组合到系统中去，检验本系统的功能、性能等需求是否完善和正确，确认本系统的功能、性能等是否符合设计和合同所规定的需求，能够将本系统提请业主进行鉴定测试、试运行和验收。

2. 调(测)试的步骤和合适时机：系统调(测)试应在全部或者主要子系统调(测)试符合要求后进行。系统调(测)试可以按一个分中心范围的监控或收费系统，再扩展到监控、收费及通信系统组成一个完整的大系统。也就是一般采用"由下到上由小到大"地逐渐扩展进行系统调(测)试。

3. 子系统的概念以及较合适的调(测)试方法："子系统"是指部分软、硬件设备的集合，在系统中能区分出相对独立的功能与性能，其范围与概念是相对的，多个"子系统"汇集成更大的"子系统"直至系统。其方法是：一般可分为"子系统测试"和"系统测试"两个步骤。

4. 相似的调(测)试内容：都包括网络测试、功能测试、性能测试、可靠性测试、安全性测试、可维护性测试、易用性测试、资料方面的内容。

案例四答案

1. 技术交底由项目经理组织，总工程师组织实施。

技术交底工作应分级进行，分级管理。

凡技术复杂(包括推行新技术)的重点工程、重点部位，应由总工程师向主任工程师、技术队长及有关职能部门负责人交底，明确关键性的施工技术问题，对主要项目的施工方法和特殊工程的技术、材料提出试验项目、技术要求及注意事项等内容。普通工程应由主任工程师参照上述内容进行。

施工队一级的技术交底，由施工技术队长负责向技术员、施工员、质量检查员、安全员以及班组长进行交待。交待时，对所承担的工程数量、要求期限、图纸内容、测量放样、施工方法、质量标准、技术措施、操作要求和安全措施等方面重点进行技术交底工作。

施工员向班组的交底工作，是各级技术交底的关键。施工员向班组交底时，要结合具体操作部位，贯彻落实上级技术领导的要求，明确关键部位的质量要求、操作要求及注意事项，制订保证质量、安全的技术措施，对关键性项目、部位、新技术的推行项目应反复、细致地向操作组进行交底，必要时应作文字交底或示范操作。

2. 除技术交底制度，还应执行图纸会审制度，测量管理制度，材料、构(配)件试验管理制度，隐蔽工程验收制度，设计变更制度，技术总结制度，技术档案制度。

测量双检制的主要内容有：

(1)测量队应核对有关设计文件和监理工程师签认的控制网点测量资料，应由2人独立进行；核对结果应做记录并进行签认，成果经项目技术部门主管复核签认，总工程师审核签认后方可使用。

(2)测量外业工作必须有多人观测，并构成闭合检测条件。控制测量、定位测量和重要的放样测量必须坚持采用两种不同方法(或不同仪器)或换人进行复核测量。利用已知点(包括平面控制点、方向点、高程点)进行引测、加点和施工放样前，必须坚持"先检测后利用"的原则。测量后，测量成果必须采用两组独立平行计算进行相互校核，测量队长、组长对各自的测量成

果进行复核签认。

3.沥青混凝土路面施工中常见质量控制关键点有以下方面：

(1)基层强度、平整度、高程的检查与控制；

(2)沥青材料的检查与试验；

(3)集料的级配、沥青混凝土配合比设计和试验；

(4)路面施工机械设备配置与组合；

(5)沥青混凝土的运输及摊铺温度控制；

(6)沥青混凝土摊铺厚度的控制；

(7)沥青混凝土的碾压与接缝施工。

随施工进度和影响因素的变化，质量控制关键点的设置要不断推移和调整。

4.铺筑沥青混凝土试验段的目的是：确定松铺系数、施工工艺、机械配备、人员组织、压实遍数，并检查压实度、沥青用量，矿料级配、沥青混合料马歇尔各项技术指标等。

5.底面层施工前，除测量放样和清扫基层外，还要进行的重要工序是：在施工前两天洒透层油，施工前挂线(钢丝绳)。

6.其他现场质量检验控制手段有：测量、试验、观察、分析、监督、总结提高。

案例五答案

1.该案例中，成本管理原则不完善。补充：成本管理科学化。

成本责任制原则的含义：对施工项目成本进行层层分解，以分级、分工、分人的成本责任制作保证。项目经理部应对企业下达的成本指标负责，班组和个人对项目部的成本目标负责，以做到层层保证，定期考核评定。成本责任制的关键：是划清责任，建立各种制度，并要与奖惩制度挂钩，使各部门、各班组和个人明确自己的职责，都来关心施工项目成本。

2.成本控制方法中第(1)条和第(2)条有错，改正如下。

(1)在发生经济业务时，必须建立健全合同管理制度，结算时首先要由有关项目管理人员审核会签，最后经项目经理签证后支付。

(2)质量成本包括：预防成本、鉴定成本、内部故障成本、外部故障成本。

3.“三同步”检查之一是统计核算，另外两个是业务核算、会计核算。“三同步”检查的目的是防止项目成本盈亏异常。

4.材料消耗定额在施工中的两种应用是：

(1)编制材料供应计划；(2)控制材料消耗。

5.项目部采购地材的做法

应该是通过对样品检验合格后，才可以签订采购合同。

材料采购的方式有：询价比较采购，招标采购，竞争性谈判，网上采购。

6.处理施工索赔事件的原则有以下几个方面：

(1)索赔必须以合同为依据；(2)必须注意资料的积累；(3)及时、合理地处理索赔；(4)加强索赔的前瞻性，有效地避免过多索赔事件的发生。

2005年试题

一、单项选择题

1. 当路堤原地基横坡陡于1∶5时，原地基应挖成台阶，台阶宽度一般不小于（　　）m。
   A. 0.8　　B. 1.0　　C. 1.2　　D. 1.4
2. 膨胀土的自由膨胀率一般超过（　　）。
   A. 10%　　B. 20%　　C. 30%　　D. 40%
3. 在路基工程中，用于排除地下水的设施是（　　）。
   A. 拦水带　　B. 急流槽　　C. 截水沟　　D. 渗井
4. 在爆破技术的分类中，（　　）属于洞室爆破。
   A. 光面爆破　　B. 微差爆破　　C. 预裂爆破　　D. 抛掷爆破
5. 沥青路面透层的作用是（　　）。
   A. 加强路面的沥青层与沥青层之间的黏结
   B. 加强路面的沥青层与水泥混凝土路面之间的黏结
   C. 使沥青面层与非沥青材料基层结合良好
   D. 封闭路基防止毛细水上升
6. 下面水泥混凝土面层铺筑的方法中，（　　）为技术层次相对高的铺筑方式。
   A. 轨道摊铺　　B. 滑模摊铺　　C. 小型机具铺筑　　D. 三辊轴机组铺筑
7. SMA面层施工中，宜采用（　　）进行碾压。
   A. 胶轮压路机　　B. 组合式压路机
   C. 振动压路机以低频率高振幅　　D. 振动压路机以高频率低振幅
8. 沥青面层的细集料可采用（　　）。
   A. 机制砂　　B. 粉煤灰　　C. 矿粉　　D. 矿渣
9. 拱桥的计算跨径是指（　　）。
   A. 相邻两拱脚截面最低点之间的水平距离
   B. 相邻两拱脚截面最高点之间的水平距离
   C. 拱圈的拱轴线两端点之间的水平距离
   D. 两桥台的侧墙或八字墙后端点之间的距离
10. 跨河桥梁的高度，是指桥面与（　　）的高差。
    A. 洪水位　　B. 低水位　　C. 通航水位　　D. 施工水位
11. 桩基础按施工方法的不同可分为（　　）。
    A. 支承桩、钻孔桩、挖孔桩　　B. 钻孔桩、摩擦桩、支承桩
    C. 沉桩、钻孔桩、挖孔桩　　D. 沉桩、钻孔桩、摩擦桩
12. 桥梁下部结构型式中，（　　）属于拱桥轻型桥墩。

A. 带三角杆件的单向推力墩
B. 柱式桥墩
C. 柔性排架桥墩
D. 钢筋混凝土薄壁桥墩

13. 桥梁高程测量网的水准测量精度与桥长有关。某桥长 450m，两岸水准连测的测量精度应达到(　　)以上。

A. 一等　　B. 二等　　C. 三等　　D. 四等

14. 隧道围岩稳定、完整，开挖后不需要临时支护，施工中有大型机具设备在这种情况下，可采用(　　)开挖隧道。

A. 上下导坑先横后墙法
B. 漏斗棚架法
C. 全断面法
D. 侧壁导坑法

15. 隧道的主要施工方法可分为(　　)三大类。

A. 侧壁导坑法、新奥法、全断面开挖法
B. 矿山法、盾构法、新奥法
C. 台阶法、新奥法、漏斗棚架法
D. 台阶法、全断面开挖法、侧壁导坑法

16. 一条不设临近所的高速公路交通临近系统，其系统构成除了监控分中心系统及外场设备外，还应包括(　　)。

A. 监视器组及大屏幕投影机
B. 地图板及监视器组
C. 可变情报板及可变限速标志
D. 传输通道

17. 监控、收费等系统中应用软件的生存周期，包括可行性与计划研究阶段、(　　)、设计阶段、实现阶段、测试阶段、运行与维护阶段等六个阶段。

A. 系统规划阶段
B. 软件编码阶段
C. 硬件安装设计阶段
D. 需求分析阶段

18. 根据国家相关规定，结合公路工程的特点，关于桥梁工程专业承包企业资质划分正确的是(　　)。

A. 特级资质、一级资质、二级资质
B. 特级资质、一级资质、三级资质、三级资质
C. 一级资质、二级资质
D. 一级资质、二级资质、三级资质

19. 按照公路工程基本建设程序要求，项目环境影响报告书应在(　　)阶段提交。

A. 项目建议书　　B. 项目可行性研究　　C. 项目实施　　D. 项目后评价

20. 公路工程交工验收应由(　　)主持。

A. 监理单位　　B. 质量监督部门　　C. 建设单位　　D. 交通主管部门

二、多项选择题

21. 下列材料中可用作路堤填料的有(　　)。

A. 有机土
B. 沼泽土
C. 粉煤灰
D. 钢渣
E. 冻土

22. 起排水作用的渗沟有（　　）几种形式。

A. 填石渗沟　　B. 填砂渗沟

C. 填土渗沟　　D. 管式渗沟

E. 洞式渗沟

23. 下列需要浇洒透层沥青的情况有（　　）。

A. 旧沥青路面层上加铺沥青层　　B. 水泥混凝土路面上铺筑沥青面层

C. 沥青路面的级配砂砾基层　　D. 无机结合料稳定土基层

E. 粒料的半刚性基层

24. 沥青路面抗滑表层粗集料应选用坚硬、耐磨、抗冲击性好的（　　）。

A. 石屑　　B. 碎石

C. 筛选砾石　　D. 破碎砾石

E. 矿渣

25. 桥梁工程按受力方式的不同，可以归结为（　　）几种基本体系。

A. 梁式桥　　B. 拱式桥

C. 组合体系桥　　D. 悬吊式桥

E. 斜拉式桥

26. 沿海地区采用支架法现浇钢筋混凝土梁桥时，在验算支架刚度时的荷载组合中应计入（　　）。

A. 支架、模板的自重　　B. 新浇混凝土的重量

C. 风力　　D. 人员、材料和机具荷载

E. 振捣混凝土产生的荷载

27. 梁桥重力式桥墩包括（　　）几部分。

A. 基础　　B. 背墙

C. 墩身　　D. 墩帽

E. 拱座

28. 在采用新奥法施工隧道中，当开挖面稳定的情况下，所包括的工序有（　　）。

A. 施工钢拱架　　B. 柔性衬砌

C. 施工量测　　D. 施工防水层

E. 第二次衬砌

29. 一条高速公路的收费系统构成主要包括（　　）。

A. 计算机系统　　B. 紧急电话系统

C. 安全报警及电源系统　　D. 内部对讲系统

E. 视频监视系统

30. 在公路工程招投标中，投标人编写的投标文件包括的内容有（　　）。

A. 投标担保　　B. 投标须知

C. 施工组织设计　　D. 履约担保格式

E. 授权书

三、案例题

案 例 一

背景资料

某承包人承接了一段长为19km的高速公路路基工程。该项目位于微丘地区，路基填料为土方。为确保项目的工期、质量、安全和成本，项目部制定了施工方案和一系列的规章制度。在路基施工中特别强调了土方路基施工的如下质量控制关键点：

(1)施工放样与断面测量。

(2)保证填土材料合格。

承包人严格按照有关规范和要求进行施工。在路堤填筑过程中局部出现了“弹簧”。为了赶工期，施工单位采取了掺生石灰粉翻拌的方法处理，待其含水量适宜后重新碾压。施工中，实测了压实度、纵断高程、中线偏位、宽度、横坡项目，且符合相关要求。工程完工后，项目经理部及时组织有关人员编写了工程技术总结报告，报告包括了工程概况、安全技术措施。实施技术管理制度、技术档案管理、技术经济效益分析等方面的内容。

问题

1. 补充路基施工的质量控制关键点(注:2004年考沥青路面质量控制关键点)。

2. 在土方路基实测项目中，还应实测哪些项目?

3. 在道路施工中，对压实度进行检测的常用方法有哪些。

4. 对路基“弹簧”治理，除了背景资料中给出的方法外，还有哪些方法?

5. 在技术总结报告中，除背景资料中给出的几方面内容外，还应包括哪些主要内容?

案 例 二

背景资料

某高速公路跨线大桥(7×20m+65m+7×20m+5×20m)引桥上部结构为预应力钢筋混凝土箱梁，后张法施工，采用预制吊装施工工艺。预制场布设在桥位附近荒地，地势平坦，承包人根据工期要求设置10个预制台座，预制场整平压实后，浇筑台座混凝土，抹光整平检验合格后预制箱梁。

为防止箱梁预拱度出现偏差，承包人严格控制模板施工质量和立模高程;严格控制张拉时箱梁混凝土强度和存梁时间。箱梁预制过程中主要检验了箱梁混凝土强度和箱梁几何尺寸，以确保梁体质量，箱梁达到规定强度后移至存梁区，箱梁按两层水平存放，层与层之间支垫枕木。

为加快工程进度，该大桥承包人报监理工程师批准并以业主认可后将部分箱梁移运、安装工程分包给具有相应资质的分包人，并签订分包合同。

为保证箱梁的安装质量，主要检验了箱梁安装竖直度和箱梁顶面纵向高程。安装过程中发生了1片箱梁掉落地面的事故，幸未造成人员伤亡和设备损坏。该片箱梁经检查后作报废处理，直接经济损失约6万元人民币，承包人将事故报告监理工程师，经同意后继续施工。

问题

1. 补充箱梁预拱度偏差的防治措施。预制箱梁主要检验内容遗漏哪几项?存梁分层存放时枕木应支垫在箱梁什么位置?

2. 承包人对部分箱梁移运和安装工程的分包属于一般分包还是指定分包？请说明理由。

3. 背景资料中只给出了箱梁安装主要检验内容中的两项，请补充另外两项。

4. 判断背景资料中所列箱梁掉落地面情况属于哪类质量事故？按照工程质量事故报告制度的要求，承包人对该事故的处理方法是否妥当？请说明理由。

案 例 三

背景资料

某承包人承接了一条高速公路的交通工程，公路全线长 60km，有 7 座互通立交，全线设 7 个收费站和一个收费、监控、通信分中心，并且收费分中心和监控分中心设于同一个大厅内。本公路的收费视频监视系统采用收费站和分中心两级监视方式，各收费站设有广场遥控摄像机，收费车道、收费亭、收费站监控室及金库等处都设固定摄像机，在收费站有人值班的监控室内设有视频切换控制系统、彩色监视器组、数字录像机、控制键盘等设备，每个收费站选择两路视频信号送至收费、监控分中心进行监视，在分中心能任意切换选择收费站的各个摄像机视频图像。

此外，本公路的监控系统中各互通立交处都设有 1 台遥控摄像机，用于监视道路的交通状况，7 台遥控摄像机都用光端机和光纤将视频图像传送至监控、收费分中心进行监视，收费与监控分中心合用一套视频设备，其视频设备的构成与收费站的基本相同。

为了提高项目经济效益，项目经理部加强管理，及时识别处理变更并调整合同价款。半年后，工程完工，经监理工程师同意后，施工单位申请交工验收。

问题

1. 说明收费视频监视系统的功能。（注：2004 年考过类似问题）

2. 试将本路收费与监控系统中的视频监视系统分出三个不同范围的子系统，供系统调（测）试时选用。

3. 对于该项目发生的工程变更，如果合同中有适用于变更工程的价格，可按合同已有价格计算变更合同价款，对于没有适用于变更工程的价格，该如何处理？

4. 交工验收时，验收组除应听取和审议施工单位关于工程施工情况的报告外，还要审议哪些报告？如果工程验收不合格，施工单位应做何处理？

案 例 四

背景资料

某承包人承接了一座大桥工程，该桥采用 ϕ1.6m 的桩基础，桩长约 25～32m；桥位处地层均为天然砂砾，地下水位在原地面下约 1.5m 处。其桩基主要施工过程如下：

平整场地、用水准仪进行桩位放样、埋设钢护筒、选用正循环回旋钻机作为成孔钻机，终孔检查合格后，采用抽浆法进行清孔排渣；根据《公路工程质量检验评定标准》对成孔的孔位、孔深、孔径及泥浆相对密度检验合格，孔底沉淀厚度检验合格。

钢筋笼骨架在现场分段制作、吊装、搭接焊接长、钢筋笼放入孔内，然后将导管沉放到距桩底 0.25m 处，开始灌注水下混凝土。在灌注混凝土过程中，导管埋入混凝土的深度在 1m 以内。在距桩顶 5m 处发生堵管，施工人员采用了转动导管的方法试图疏通导管。

为了减小混凝土灌注过程中因混凝土初凝导致导管堵塞的风险，经施工单位项目总工同

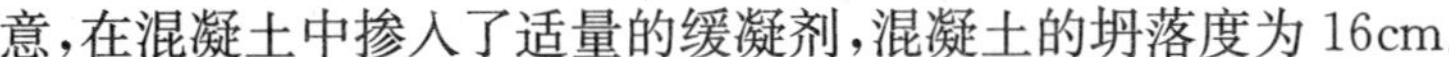

意，在混凝土中掺入了适量的缓凝剂，混凝土的坍落度为16cm。

问题

1.该项目在桩基钻孔过程中存在的主要问题有哪些？

2.在成孔检验中存在的缺项是什么？

3.指出钢筋笼入孔后应注意的两个要点。

4.该项目施工中发生堵管后，采取的措施是否恰当？如果不恰当，应采取哪些措施？

5.该项目在钻孔桩混凝土灌注施工方面存在哪些错误做法？

6.指出该项目施工现场劳动力的四大组成部分。

案　例　五

背景资料

某承包人承接了一特大桥工程，该工程工期紧、任务重、合同价低。为既要保质保量完成工程任务，又能尽力节约施工成本，公司要求项目部认真做好施工组织设计和成本控制工作。为此提出了四条成本管理的原则：(1)成本管理最低化原则；(2)全面成本管理原则；(3)成本管理有效化原则；(4)成本管理科学化原则。

为了编写好实施性施工组织设计，项目部组织人员搜集了如下一些资料：施工技术资料、工程设计文件、自然条件及有关政策规定。并拟定了如下编写步骤：

(1)分析设计资料，选择施工方案和施工方法；

(2)计算人工、材料、机具需要量，制定供应计划；

(3)编制工程施工总体进度计划；

(4)设计临时工程，编制供水、供电(供热)计划；

(5)编制工地运输计划；

(6)绘制施工平面布置图；

(7)分析计算技术经济指标；

(8)编写说明书。

同时，项目部也充分认识到，要降低施工成本，重点是要降低材料成本，特别是抓好材料的采购环节。因此在工程开工前，项目部就积极地选择材料供应商。经人介绍，选择了一家砂、石供货商，并依据其资信状况、业绩信誉进行了评价，认为符合相关要求，随后就与其签订了长期供货合同。

问题

1.解释全面成本管理原则的含义。

2.成本管理的原则是否完整？若不完整，请补充。(注：2004年考过)

3.项目部为编写实施性施工组织设计所搜集的资料是否完善？若不完善，请补充。

4.关于施工组织设计的步骤是否正确？请说明理由。

5.技术经济指标通常用于评价施工方案的合理性，如分项工程生产率。请再列举两项技术经济指标。

6.项目部对材料供应商的选择和评价是否恰当？请说明理由。

2005年试题答案

一、单项选择题答案

1. B	2. D	3. D	4. D	5. C	6. B	7. D	8. A	9. C	10. B
11. C	12. A	13. B	14. C	15. D	16. D	17. D	18. C	19. B	20. C

二、多项选择题答案

21. CD	22. ACE	23. CDE	24. BD	25. ABD
26. BD	27. ACD	28. BCDE	29. ABCD	30. ACE

三、案例题答案

案例一答案

1. 路基施工的质量控制关键点还有：(1)路基原路面处理；(2)每层的松铺厚度、横坡；(3)分层压实，控制填土的含水率。

2. 还应实测：弯沉值、平整度、边坡。

3. 对压实度进行检测的常用方法有：灌砂法、环刀法、核子密度湿度法。

4. 此外的方法还有：可将其过湿土翻晒，拌和均匀后重新碾压；或挖除换填含水率适宜的良性土壤后重新碾压。

5. 还应包括的主要内容有：技术难度、施工方案、主要技术措施、“四新”应用情况、QC成果、出现的技术问题及处理措施。

案例二答案

1. 预拱度偏差防治措施还有：严格控制预应力筋在结构中的位置，以及张拉时的应力值；加强施工控制，及时调整预拱度误差。检验内容还有：跨径、支座表面平整度、横系梁及预埋件位置。箱梁存放时支垫应采用四点支垫。

2. 属于一般分包。因为是承包商将自己承担的一部分工程，经业主或监理批准后，交给另外的承包人施工。而指定分包则是业主或监理指定分包人。

3. 箱梁安装主要检验内容，还有两项：支座中心偏位及接缝填充材料的要求。

4. 属于质量问题。处理方式不妥。其理由是：问题发生单位应在2天内书面上报建设单位、监理单位和质量监督站。

案例三答案

1. 收费视频监视系统的功能：便于收费时的交通管理；实时监视收费员的工作情况，车辆通过收费车道、收费广场的情况，防止漏费，制止作弊；实时监视金库情况，保证金库安全；实时监视收费站监控室监控员的工作情况；收到车道报警信号，自动切换图像，便于重点监控；实时

记录图像资料。

2. 三个不同范围的子系统：一条路的视频监视系统、视频和数据传输设备和监控分中心的视频监视、存储及控制装置。

3. 处理办法：由承包人提出适当的变更价格，经工程师确认后执行。

4. 还应审议的报告：建设单位关于工程项目执行情况的报告；设计单位关于工程设计的报告；监理单位关于工程监理情况的报告。如验收不合格，应由原承包单位限期修复、补救、完成，其费用自理。

案例四答案

1. 应采用经纬仪或全站仪进行桩位精确放样。宜采用反循环回旋钻机作为成孔钻机。

2. 缺项有：孔形、倾斜度、钢筋骨架底面高程。

3. 注意的两个要点：安放要牢固，以防其在混凝土浇筑过程中浮起；其周边要安放圆的混凝土保护层垫块。

4. 采取的措施不妥。其正确的做法是：应采用抖动导管或用型钢插入导管内来疏通导管，或在导管上固定附着式振捣器进行振动来疏通导管内的混凝土。

5. 导管应埋入混凝土的深度至少为1.0m；坍落度过大。

6. 混凝土班组、钢筋班组、运输班组和机务班组。

案例五答案

1. 全面成本管理原则，即“三全”管理：全企业、全员和全过程的管理。

2. 不完整。还有成本责任制原则。

3. 不完善。还应有：合同条款、各种定额及概(预)算资料及其他资料。

4. 不正确。正确的顺序为：(3)—(7)—(6)—(2)—(1)—(4)—(5)—(8)。

5. 技术经济指标还有：全员劳动生产率、施工周期、各种资源的不均衡系数、综合机械化程度。

6. 不恰当。施工单位应对材料供应商进行质量保证能力、生产及供货保证能力、价格、资信状况、信誉、服务及业绩、售后服务保证能力等方面的评价；招标单位以会议和会签的形式组织有关人员对材料供货商进行集体评价，在评价的基础上选择合格的材料供应商，经主管领导批准后，方可确定为材料供应商。

2006 年试题

一、单项选择题

1. 沿河路堤河岸冲刷防护工程中，属于间接防护的是（　　）。

A. 石笼　B. 挡土墙　C. 砌石　D. 顺坝

2. 当路基附近的地面水和浅层地下水无法排除，影响路基稳定时，可设置（　　）来排除。

A. 边沟　B. 渗沟　C. 渗井　D. 截水沟

3. 预裂爆破的主要目的是（　　）。

A. 为了节省炸药　B. 为了加强岩石的破碎效果
C. 形成光滑平整的边坡　D. 形成隔震减震带

4. 级配砾石或者满足要求的天然砂砾作为路面基层时，应控制其（　　）。

A. 压实度和含水量　B. CBR 值和含水量
C. 压实度和弯拉应力　D. 压实度和 CBR 值

5. 沥青路面施工中，对级配砂砾基层应浇洒的沥青层是（　　）。

A. 黏层　B. 封层　C. 透层　D. 防水层

6. 为保证碎石沥青混凝土的运输质量、防止离析现象发生，在装车时应（　　）。

A. 从车头到车尾顺序装料
B. 从车尾到车头顺序装料
C. 先车头后车尾然后中间顺序装料
D. 只在车的中部装料，让料自流到两端

7. 桥梁两端两个桥台的侧墙或八字墙后端点之间的距离称为（　　）。

A. 桥梁全长　B. 桥梁孔径　C. 计算跨径　D. 总跨径

8. 不良地质地段的隧道开挖施工时，应采取的施工措施是（　　）。

A. 快衬砌　B. 强爆破　C. 长开挖　D. 弱支撑

9. 长隧道通风控制系统通过检测到的环境数据、交通量信息等，可以起到控制风机运行以保持良好的卫生环境，提高能见度，（　　），保证行车安全等作用。

A. 控制风机的震动　B. 火灾排烟处理
C. 控制隧道内的环境温度　D. 保持洞内的湿度

10. 公路电子不停车收费系统（ETC）主要由车载单元、（　　）单元、数据处理单元组成。

A. 路侧广播　B. 有线通信　C. 路侧通信　D. 视频通信

11. 在沥青混凝土面层平整度检查中，为计算 σ 和 IRI 值，应全线每车道（　　）。

A. 连续检查　B. 每 1 000m 检查 200m

C. 每 200m 检查 4 个点　　　　D. 每 100m 检查 2 个点

12. 盐渍土地区路基填料容许含盐量大小选取的依据是盐渍土类别与(　　)。

A. 公路等级　　B. 路面等级　　C. 路面类型　　D. 路基高度

13. 路基土在工地测得干密度为 1.63g/cm^3，湿密度为 1.82g/cm^3，而在实验室测得最大干密度为 1.66g/cm^3，则路基土压实度为(　　)。

A. 91.21%　　B. 98.19%　　C. 100%　　D. 109.64%

14. 沥青加热温度的控制范围是(　　)。

A. 120～150℃　　B. 140～165℃　　C. 150～170℃　　D. 160～180℃

15. 桥梁基础施工中，钢套箱围堰施工工序为(　　)。

A. 清基→钢套箱制作→下沉→就位→浇筑混凝土→拆除钢套箱

B. 钢套箱制作→清基→下沉→就位→浇筑混凝土→拆除钢套箱

C. 清基→钢套箱制作→就位→浇筑混凝土→下沉→拆除钢套箱

D. 钢套箱制作→就位→下沉→清基→浇筑混凝→拆除钢套箱

16. 桥梁上部结构悬臂浇筑法施工中，为减少因温度变化而使对合龙段混凝土产生拉应力，合龙段混凝土浇筑时间应安排在一天中的(　　)时段浇筑。

A. 平均气温　　B. 最高气温　　C. 最低气温　　D. 任意

17. 采用预裂爆破法施工隧道时，其分区起爆顺序为(　　)。

A. 底板眼→辅助眼→掏槽眼→周边眼

B. 辅助眼→掏槽眼→周边眼→底板眼

C. 掏槽眼→周边眼→底板眼→辅助眼

D. 周边眼→掏槽眼→辅助眼→底板眼

18. 采用盾构法施工隧道时，一次掘进的长度相当于装配式衬砌一环的(　　)。

A. 宽度　　B. 厚度　　C. 高度　　D. 长度

19. 在合同履行过程中，标有单价的工程量清单是承包商与业主办理(　　)的依据。

A. 月预算　　B. 月结算　　C. 月决算　　D. 月核算

20. 按公路工程基本建设程序的要求，项目建议书通过后的步骤应是(　　)。

A. 编制初步设计文件　　B. 进行项目可行性研究

C. 列入年度基本建设计划　　D. 编制施工图文件

二、多项选择题

21. 山岭地区的雨期路基施工一般应选择在(　　)地段进行。

A. 砂类土　　B. 岩石

C. 碎石　　D. 重黏土

E. 膨胀土

22. 大体积混凝土施工中，为防止混凝土开裂，可采取的做法有(　　)。

A. 采用低水化热品种的水泥

B. 适当增加水泥用量

C. 降低混凝土入仓温度

D. 在混凝土结构中布设冷却水管，终凝后通水降温

E. 一次连续浇筑完成，掺入质量符合要求的速凝剂

23. 隧道施工通风按照风道的类型和通风机安装位置，可将通风方式分为（　　）。

A. 密闭式　　B. 敞开式

C. 风管式　　D. 巷道式

E. 风墙式

24. 交通安全设施除包括交通标志、交通标线、隔离栅、视线诱导设施、里程标、公路界碑外，还包括（　　）等。

A. 桥梁防抛网　　B. 遥控摄像机

C. 防眩设施　　D. 隔离墙以及常青绿篱

E. 防撞设施

25. 高速公路通信系统主要由数字程控交换系统、紧急电话系统、（　　）及通信管道工程等组成。

A. 柴油发电机系统　　B. 光纤数字传输系统

C. 全球定位系统(GPS)　　D. 通信电源系统

E. 光电缆工程

26. 在工程质量检验时，石方路基的实测项目有（　　）。

A. 平整度　　B. 边坡平顺度

C. 强度　　D. 横坡

E. 厚度

27. 采用旋喷桩处理软土地基时，可作为加固料的材料有（　　）。

A. 水泥　　B. 生石灰

C. 粉煤灰　　D. 粗砂

E. 石屑

28. 预应力混凝土用钢绞线是以预应力钢丝绞制而成，一般可由（　　）根钢丝捻制而成。

A. 二　　B. 三

C. 五　　D. 七

E. 九

29. 水泥混凝土路面断板的防治措施有（　　）。

A. 加铺沥青磨耗层　　B. 提高基层施工质量

C. 路基要做好封层　　D. 严格控制水泥混凝土水灰比

E. 严格掌握切缝时间

30. 某特大桥梁工程施工中，因责任过失而造成主体结构倒塌，负责对此质量事故进行调查处理的单位有（　　）。

A. 国务院交通主管部门　　B. 省级交通主管部门

C. 县级交通主管部门　　D. 建设单位

E. 施工单位

三、案例题

案 例 一

背景资料

某高速公路M合同段，路面采用沥青混凝土，路线长19.2km。该路地处平原地区，路基横断面以填方3～6m高的路堤为主，借方量大，借方的含石量40%～60%。地表层以黏土为主，其中K7+200～K9+800段，地表层土厚7～8m，土的天然含水量为40%～52%，地表无常年积水，孔隙比为1.2～1.32，属典型的软土地基。结合实际情况，经过设计、监理、施工三方论证，决定采用砂井进行软基处理，其施工工艺包括加料压密、桩管沉入、机具定位、拔管、整平原地面等。完工后，经实践证明效果良好。

在施工过程中，针对土石填筑工程，项目部根据作业内容选择了推土机、铲运机、羊足碾、布料机、压路机、洒水车、平地机和自卸汽车以及滑模摊铺机等机械设备。在铺筑沥青混凝土路面面层时，因沥青混凝土摊铺机操作失误致使一工人受伤，并造成设备故障。事故发生后，项目部将受伤工人送医院治疗，并组织人员对设备进行了抢修，使当天铺筑工作顺利完成。

问题

1.本项目若采用抛石挤淤的方法处理软基，是否合理？请说明理由。

2.根据背景资料所述，按施工的先后顺序列出砂井的施工工艺。

3.选择施工机械时，除了考虑作业内容外，还应考虑哪些因素？针对土石填筑施工，项目部所选择的机械是否妥当？请说明理由。

4.项目部还应做哪些工作来处理该背景资料中的机械设备事故？

案 例 二

背景资料

某高速公路第五施工合同段地处城郊，主要工程为路基填筑施工。其中K48+010～K48+328段原为路基土方填筑，因当地经济发展和交通规划需要，经各方协商，决定将该段路基填筑变更为(5×20+3×36+5×20)m预应力钢筋混凝土箱梁桥，箱梁混凝土强度等级为C40。变更批复后，承包人组织施工，上部结构采用满堂式钢管支架现浇施工，泵送混凝土。支架施工时，对预拱度设置考虑了以下因素：

(1)卸架后上部构造本身及活载一半所产生的竖向挠度；

(2)支架在荷载作用下的弹性压缩挠度；

(3)支架在荷载作用下的非弹性压缩挠度；

(4)由混凝土收缩及温度变化而引起的挠度。

根据设计要求，承包人对支架采取了预压处理，然后立模、普通钢筋制作、箱梁混凝土浇筑、采用气割进行预应力筋下料；箱梁采用洒水覆盖养生；箱梁混凝土强度达到规定要求后，进行孔道清理、预应力张拉压浆，当灰浆从预应力孔道另一端流出后立即终止。箱梁现浇施工正值夏季高温，为避免箱梁出现构造裂缝，保证箱梁质量，施工单位提出了以下三条措施：

(1)选用优质的水泥和集料；

(2)合理设计混凝土配合比，水灰比不宜过大；

(3)严格控制混凝土搅拌时间和振捣时间。

问题

1. 确定上述变更属于哪类变更，列出工程变更从提出到确认的几个步骤。

2. 上述施工预拱度设置考虑的因素是否完善？请说明理由。支架预压对预拱度设置有何作用？

3. 预应筋下料工艺是否正确？请说明理由。说明预应力张拉过程中应控制的指标，并指出主要指标。

4. 上述预应力孔道压浆工艺能否满足质量要求？请说明理由。

5. 除背景资料中提到的三条构造裂缝防治措施外，再列举两条防治措施。

案 例 三

背景资料

某施工单位中标承包 AB 路段双向 4 车道高速公路交通工程的施工。该路段全长 105km，设计速度 100km/h，有 8 个互通式立交，采用封闭式收费，使用非接触式 IC 卡，全线设 8 个匝道收费站，收费站监控室有人值守进行收费管理，设一个监控、收费及通信分中心，并且在监控中心值班大厅进行收费和监控的集中监视和控制。收费站（包括车道计算机等）、收费分中心、监控分中心计算机系统都是独立的局域网，并相互连接组成广域网。

该工程在实施中发生如下事件。

事件 1：在施工准备阶段，项目部积极组织人员编写了施工组织设计。针对交通工程的特点，在施工组织设计中重点考虑土建、管道、房建施工进度安排，以及施工顺序及工艺的内容。

事件 2：为了争取施工时间，当监控分中心的大屏幕投影机到货后，施工人员马上在现场开箱，并对其规格、数量进行了检查，随即进行了安装。

事件 3：在施工中，业主要求承包商完成一个合同中没有的基础施工项目，业主、监理、施工单位三方拟就此协商计价。

事件 4：在监控、收费、通信系统的安装和单体测试完成后，随即准备进行系统调试和交工。

问题

1. 针对交通工程的特点，补充事件 1 中的施工组织设计还应重点考虑的内容。

2. 指出事件 2 在设备检查方式和检查内容方面存在的问题。设备安装完毕后，还应重点检查哪两项内容才能进行通电试验与测试？

3. 事件 3 中的基础施工项目是否可以采用计日工计价？请说明理由。并列出在施工合同中的三个计日工表名称。

4. 将本项目的收费系统分成三个测试用的子系统。（注：前两年都考过类似问题）

5. 集成后的收费系统应该进行哪些方面的系统调（测）试？

案 例 四

背景资料

某施工单位承接了北方沿海地区某高速公路 B 合同段施工任务，该段有一座 36m×40m 的预应力混凝土简支箱梁桥，合同工期为 15 个月；采用长度为 40～50m、直径为 ϕ1.5m 的桩基础，桥位处地层土质为亚黏土；下部结构为圆柱式墩、直径为 ϕ1.3m，柱顶设置盖梁，墩柱高度为 4～12m，桥台为重力式 U 型桥台。项目部为了降低成本，制定了先进的经济合理的施工方案。项目部的预制场和混凝土搅拌站布置示意图如下：

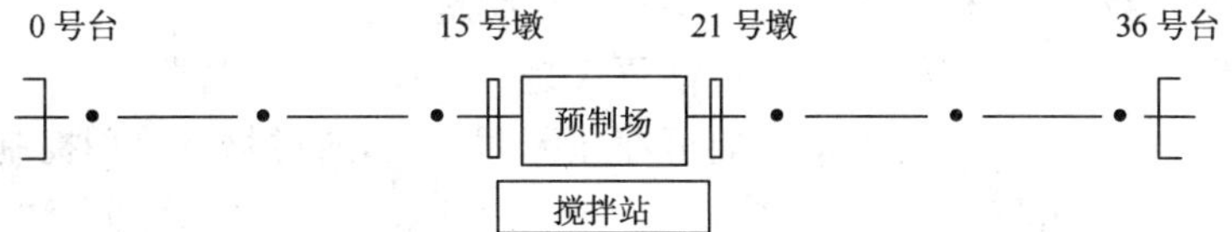

桩基础采用旋挖钻机成孔；墩柱钢筋骨架现场整体制作、吊装就位；墩柱施工采用钢模板，整体拼装完成后一次吊装就位；再在顶部钢筋四周插入木楔，让钢筋骨架居中，使钢筋保护层厚度得到有效控制。项目部根据施工组织设计提出了水泥、钢材、碎石和砂等几项大宗材料的采购计划，并邀请了几家材料供应商参加竞标。项目部组织了评标小组，为节约成本，评标的唯一标准就是价格，项目部最终选择了一家报价最低的材料供应商。

问题

1. 说明背景资料中的预制场和搅拌站布置方式的优点。

2. 针对 0～15 号及 21～36 号跨的主梁吊装施工，采用龙门架和双导梁架桥机哪种更适合本桥？请说明理由。

3. 背景资料中采用的墩柱钢筋保护层控制方法是否可行？请说明理由。

4. 如果主梁张拉后的预拱度超过了规范要求，将可能导致桥面系中产生什么病害？并提出防治这种病害的三条措施。

5. 项目部在制订施工方案时，应主要考虑哪四个方面的内容？

6. 指出背景资料中合格材料供方选择上的缺陷。并说明合格材料供方评价的依据。

案 例 五

背景资料

某公路工程所需的主要建材有路基土方填料、砂石材料、水泥、沥青材料、沥青混合料和钢材等。所有材料均由项目部自己采购和组织运输。项目部材料采购部门拟按工程量清单→材料供应计划→材料用量计划→材料用款计划→材料采购计划的顺序进行材料计划管理，并对几种材料的主要工程指标及工程特性提出了如下要求(摘要)：

(1)对于碎石提出了可松散性要求。

(2)为区分砂的粗细度，提出了砂的平均密度和湿度要求。

(3)对于水泥，提出了针入度的要求。

该项目在施工过程中，项目部有关部门通过资料分析，发现混凝土工程的实际成本比计划成本增加较多，主要原因是砂、碎石材料成本的增加。但有关资料表明，砂、碎石的购入原价与施工预算时的价格一致。

在工程施工中还发生了如下事件：

事件 1：水泥混凝土结构局部出现了蜂窝、麻面，项目部认为并未影响结构，因此未做任何处理。

事件 2：在满堂支架桥梁施工中，发生了支架垮塌，造成直接经济损失 40 万元。项目部在事后的第 5 天向上级公司进行了汇报。

事件3：在路基施工放样时，由于工期紧，项目部新购了一台全站仪后立即投入使用，并将一台超过规定周检确认时间间隔的仪器也投入使用，使路基工程按时完工。

问题

1. 背景中的材料计划管理程序是否合理？请说明理由。

2. 逐条判断对材料工程指标及工程特性要求是否合理？请说明理由。

3. 从“价差”方面分析材料成本增加的可能原因，并提出通过物耗管理控制成本的方法。

4. 事件1中，项目部的做法是否正确？如不正确，请提出正确的处理办法。

5. 按公路工程质量事故的分类标准，事件2中所述事故属于何种质量事故？项目部处理方式是否恰当？请说明理由。

6. 分析事件3中存在的仪器管理问题，并提出正确的处理方法。

2006 年试题答案

一、单项选择题答案

1. D	2. C	3. D	4. D	5. C	6. C	7. A	8. A	9. B	10. C
11. A	12. B	13. B	14. C	15. D	16. C	17. D	18. A	19. B	20. B

二、多项选择题答案

21. ABC	22. ACD	23. CDE	24. ACDE	25. BDE
26. ABD	27. ABC	28. ABD	29. BDE	30. AB

三、案例题答案

案例一答案

1.(本小题共 5 分)

不合理。(1 分)

原因有:

(1)软基深度较深、面积大(工程经济性较差)。(2 分)

(2)地表无常年积水、土质呈软塑～可塑状态(施工速度慢)。(2 分)

2.(本小题共 4 分)

砂井施工工艺的先后顺序为:整平原地面→机具定位→桩管沉入→加料压实→拔管。(4 分)

3.(本小题共 7 分)

还应考虑:(1)土质的工程特性(1 分);(2)机械运行情况(1 分);(3)运距和气象条件(1 分);(4)相关工程和设备的协调性(1 分)。

项目部所选择的机械不妥当(1 分)。其理由是:不应选择布料机和滑模摊铺机(2 分)。

4.(本小题共 4 分)

项目部还应做如下工作:

(1)肇事者和肇事单位均应如实上报,并填写"机械事故报告单"。(1 分)

(2)必须对相关责任人进行批评教育和追究责任,对非责任事故也要总结教训。(2 分)

(3)在机械事故处理完毕后,将事故详细情况做好记录。(1 分)

案例二答案

1.(本小题共 5 分)

上述变更属于原招标文件和工程量清单中未包括的"新增工程"的变更(或设计变更)。(1 分)工程变更从提出到确认的几个步骤包括:提出工程变更→分析提出的工程变更对项目目

标的影响→分析有关的合同条款和会议、通信记录→初步确定处理变更所需的费用、时间范围和质量要求→确认工程变更。(4分)

2.(本小题共5分)

不完善(1分)。设置预拱度时还应考虑支架在荷载作用下的非弹性沉陷和张拉上拱的影响(2分)。支架预压对预拱度设置的作用是为了收集支架地基的变形数据，作为设置预拱度的依据(2分)。

3.(本小题共4分)

预应力筋采用气割下料不正确；宜使用砂轮锯(砂轮切割机)下料(1分)。预应力张拉过程中应控制耐张拉应力和伸长值两项指标(2分)，以张拉应力控制为主(以伸长值作为校核)(1分)。

4.(本小题共2分)

不能满足要求。其理由是：压浆应使孔道另一端饱满和出浆，并使排气孔排出与规定稠度相同的水泥浓浆为止。(2分)

5.(本小题共4分)

构造裂缝防治措施还有：(1)避免出现支架下沉；(2)避免脱模过早，以及模板的不均匀沉降；(3)加强箱梁混凝土浇筑后的养生工作。(每条2分，最多4分)

案例三答案

1.(本小题共3分)

交通工程的施工组织设计还应重点考虑：机电设备的测试(1分)、各(子)系统的调试及联动调试(1分)、缺陷责任期内的服务计划(1分)。

2.(本小题共5分)

到场设备开箱的检查应由业主、承包方和监理共同参加(1分)。开箱时除对规格、数量检查外，还要检查其外观、型号、备品、备件等随机资料，并做好详细记录，并签字认可(3分)。设备安装完毕后，应重点检查电源线、地线接线，正确无误后方可进行通电试验和测试(1分)。

3.(本小题共5分)

可以采用计日工计价(1分)。其理由是：因为这是业主新增加的项目(1分)。施工合同中有：劳务、材料、施工机械三个计日工表(3分)。

4.(本小题共3分)

收费系统可以分成：(A)收费车道计算机系统、(B)收费站计算机系统、(C)收费分中心计算机系统；另一种分法为A、(A+B)及C。(正确回答1个子系统给分，全部正确为3分)

5.(本小题共4分)

集成后的收费系统应进行如下内容系统调(测)试：(1)网络测试；(2)功能测试；(3)性能测试；(4)可靠性测试；(5)安全性测试；(6)可维护性测试；(7)易用性测试。(每个内容为1分，最多4分。)

案例四答案

1.(本小题共4分)

其优点有以下两个方面：

(1)可以减少临时用地面积(2分);

(2)可以降低场内运输费用(2分)。

2.(本小题共8分)

采用双导梁架桥机更适合本桥。(2分)

其理由是:

(1)梁体较重,双导梁更合适,而龙门架对桥位处地形要求高。(2分)

(2)桥梁较长,龙门架吊装速度慢,影响进度。(2分)

(3)吊装上重物后要长距离行走,龙门架安全性差。(2分)

3.(本小题共3分)

不行(1分)。其理由是:墩柱较高、钢筋骨架可能变形,应在钢筋骨架四周,从下到上的均匀设置垫块(2分)。

4.(本小题共5分)

可能导致产生桥面铺装病害。(2分)

防治这种病害的措施有:

(1)控制主梁施工的预拱度。(1分)

(2)保证桥面防水混凝土强度。(1分)

(3)提高桥面铺装的施工质量。(1分)

5.(本小题共4分)

项目部在制定施工方案时,应主要考虑以下内容:

(1)施工方法的确定;(1分)

(2)施工机具的选择;(1分)

(3)施工顺序的安排;(1分)

(4)流水施工的组织。(1分)

6.(本小题共6分)

不应只考虑价格因素(1分)。对合格材料供方评价的依据是:供方资信状况(1分)、业绩及信誉(1分)、生产及供货保证能力(1分)、质量保证能力(1分)、售后服务保证能力(1分)。

案例五答案

1.(本小题共3分)

不合理(1分)。应按工程量清单→材料需用量计划→材料供应计划→材料采购计划→材料用款计划的顺序进行材料计划管理(2分)。

2.(本小题共9分)

第(1)条不合理(1分)。因为碎石应提出强度和耐磨性要求。(2分)

第(2)条不合理(1分)。因为应采用细度模数和平均粒径区分砂的粗细度。(2分)

第(3)条不合理(1分)。因为水泥应提出化学性质、物理性质(抗压强度和抗折强度)要求。(2分)

3.(本小题共6分)

因为材料原价未变,所以从“价差”分析,材料成本增加可能是因为运杂费(1分)、场外运输损耗率(1分)、采购及保管费(1分)的增加而引起。物耗管理的办法有:

(1)量差控制(或节约降耗、控制物耗);(1分)

(2)量差考核;(1分)

(3)推行限额领料制度。(1分)

4.(本小题共3分)

不正确(1分)。正确的处理方法:应采用整修的办法进行处理。(2分)

5.(本小题共6分)

属于三级一般质量事故(或一般质量事故)(1分)。项目部的处理不妥当(1分)。项目部应在3天内书面报告质量监督站,同时报企业上级主管部门(1分)、建设单位(1分)、监理单位(1分)和省级质量监督站(1分)。

6.(本小题共3分)

新购仪器在使用前应到国家法定计量技术检定机构检定,而不能直接使用(1分)。当仪器超过了规定的周检确认时间间隔而未检定,则视为不合格,必须停止使用,隔离存放,并做明显标记,须再次检定确认合格,并经项目技术部门主管验证签认后,方可使用(2分)。

2007 年试题

一、单项选择题

1. 下列各类挡土墙，属于柔性结构物的是（　　）。

A. 加筋土挡土墙　　B. 衡重式挡土墙

C. 壁板式锚杆挡土墙　　D. 重力式挡土墙

2. 可用于各级公路基层和底基层的粒料材料是（　　）。

A. 天然砂砾　　B. 级配碎石

C. 泥结碎石　　D. 填隙碎石

3. 使用振动压路机碾压沥青玛蹄脂碎石 SMA 混合料时，宜采用的振动方法是（　　）。

A. 低频率、低振幅　　B. 高频率、高振幅

C. 低频率、高振幅　　D. 高频率、低振幅

4. 路面基层在整个路面中的主要作用是（　　）。

A. 隔水　　B. 承重　　C. 防冻　　D. 降噪

5. 桥梁按结构体系划分，有梁式桥、拱桥、悬索桥和（　　）四种基本体系。

A. 斜拉桥　　B. 刚架桥　　C. 连续刚构桥　　D. 梁、拱组合体系桥

6. 某高速公路有一座单跨拱桥，其净跨径为 l_0，计算跨某工业区 l，净矢高为 f_0，计算矢高为 f，则该拱桥的矢跨比为（　　）。

A. f_0/l_0　　B. f_0/l　　C. f/l_0　　D. f/l

7. 公路桥涵设计采用的偶然作用包括地震作用、船舶或漂流物的撞击作用和（　　）。

A. 温度变化作用　　B. 基础变位作用

C. 汽车撞击作用　　D. 混凝土收缩及徐变作用

8. 采用新奥法施工的隧道，其开挖方法一般为（　　）。

A. 钻爆法　　B. 沉管法　　C. 盾构法　　D. 盖挖法

9. 根据公路工程施工企业资质类别划分要求，桥梁工程专业承包企业资质划分为（　　）。

A. 一级、二级　　B. 一级、二级、三级

C. 特级、一级、二级　　D. 特级、一级、二级、三级

10. 交通标线是由标划于路面上的各种线条、箭头、文字、立面标记和（　　）等构成的。

A. 分合流标志　　B. 线形诱导标　　C. 突起路标　　D. 轮廓标

11. 高速公路收费系统能够完成收费站、路段分中心、省结算中心之间收费业务数据、（　　）、时钟等的通信。

A. 紧急电话　　B. 视频会议　　C. 费率　　D. 办公信息

12. 某段道路工程施工，路基填方高度 20m，根据进度计划安排，要求路基回填完成自然沉降半年后，再进行路面施工，则路基填筑与路面施工之间的进度计划搭接关系是（　　）。

A. 开始到开始　　B. 开始到结束　　C. 结束到开始　　D. 结束到结束

13. 滑坡体土方的正确开挖方法是（　　）。

A. 从滑坡体中部向两侧自上而下进行
B. 从滑坡体两侧向中部自下而上进行
C. 从滑坡体两侧向中部自上而下进行
D. 从滑坡体两侧向中部全面拉槽开挖

14. 公路施工规范规定路基弯沉测试的标准方法是（　　）。
A. 环刀法　B. 自动弯沉仪法　C. 落锤弯沉仪法　D. 贝克曼法

15. 公路工程的间接费是由企业管理费和（　　）两项组成的。
A. 预留费　B. 建设单位管理费　C. 财务费　D. 现场经费

16. 对于可调价的公路工程合同，在截止投标日之前的（　　）天以后的法律法规变更引起的费用增减，合同价可相应调整。
A. 7　B. 14　C. 28　D. 30

17. 在下列试验项目中，属于标准试验的是（　　）。
A. 砂的性能试验　B. 混合料的配合比试验
C. 沥青混凝土试验路段试验　D. 预制构件的验证试验

18. 按现行《公路工程质量检验评定标准》的要求，项目在竣工验收时综合评价为优良的必要条件是（　　）。
A. 质量评定大于等于 90 分
B. 项目法人工作评价大于等于 90 分
C. 施工单位工作评价大于等于 90 分
D. 监理工作评价大于等于 90 分

19. 公路工程中，配备最普遍的技术工人是测量工和（　　）。
A. 钢筋工　B. 木工　C. 实验工　D. 混凝土工

20. 按照《公路建设市场管理办法》的规定，允许分包的工程范围应当在招标文件中规定，分包工程的工程不得超过总工程量的（　　）。
A. 50％　B. 40％　C. 30％　D. 20％

二、多项选择题

21. 用于公路路基的土质填料，应通过取祥试验确定填料的（　　）。
A. 最小强度　B. 级配
C. 抗弯拉强度　D. 最大粒径
E. 最大 CBR 值

22. 马歇尔试验的技术指标包括（　　）。
A. 空隙率　B. 稳定度
C. 流值　D. 沥青饱和度
E. 破碎比

23. 悬臂浇筑法施工刚构桥的挂篮由悬吊系统、行走系统和（　　）组成。
A. 满堂支架　B. 拱架
C. 主桁架　D. 工作平台底模架
E. 锚固系与平衡量

24. 一条高速公路的收费系统按其基本功能可分为计算机的系统、由源系统、(　　)等。

A. 视频监视系统　　B. 地理信息系统

C. 内部对讲系统　　D. 信息发布系统

25. 在施工组织设计的基本内容中，主要用于指导准备工作的进行并为施工创造物质技术条件的项目有(　　)。

A. 总说明　　B. 施工方案

C. 施工进度计划　　D. 施工现场平面布置

E. 各种资源需要量及其供应

26. 下列关于隧道施工的安全要点的说法，正确的有(　　)。

A. 爆破后，须通风排烟 15 分钟人员方可进场

B. 机械凿岩时，必须采用干式凿岩机

C. 在隧道内熬制沥青时要注意通风

D. 爆破员实行"一爆三检"制度

E. 洞内运输，车速不得超过 10km/h

27. 公路工程的直接工程费是指(　　)之和。

A. 施工技术装备费　　B. 现场经费

C. 直接费　　D. 税金

E. 其他直接费

28. 工程量清单汇总表中的项目包括(　　)。

A. 投标总价　　B. 暂定金额

C. 计日工合计　　D. 施工措施费合计

E. 100 章至 700 章合计

29. 专用架桥机可按(　　)的不同进行分类。

A. 移梁方式　　B. 吊装方式

C. 导梁形式　　D. 缆索形式

E. 送梁方式

30. 产生无机结合料基层裂缝的原因可能有(　　)。

A. 集料级配中细料偏少　　B. 碾压时含水量偏大

C. 成型温度较低，强度形成较慢　　D. 碎石中含泥量较高

E. 路基发生不均匀沉降

三、案例分析题[共 5 题，(一)、(二)、(三)题各 20 分，(四)、(五)题各 30 分]

案　例　一

背景资料

某高速公路 M 合同段(K17+300～K27+300)，主要为路基土石方工程，本地区岩层构成为泥岩、砂岩互层，抗压强度 20MPa 左右，地表土覆盖层较薄。在招标文件中，工程量清单列有挖方 2 400 000m^3(土石比例为 6∶4)，填方 249 000m^3，填方路段填料由挖方路段调运，考虑到部分工程量无法准确确定，因此采用单价合同，由监理工程师与承包人共同计量，土石开挖

综合单价为16元/m³。施工过程部分事件摘要如下：

事件1：施工单位开挖路基后，发现挖方土石比例与设计文件出入较大，施工单位以书面形式提出设计变更，后经业主、监理、设计与施工单位现场勘察、洽商，设计单位将土石比例调整为3.4∶6.6，变更后的土石方开挖综合单位调整为19元/m³。经测算，变更后的项目总价未超过初步设计批准的概算。

事件2：在填筑路堤时，施工单位采用土石混合分层铺筑，局部路段因地形复杂而采用竖向填筑法施工，并用平地机整平每一层，最大层厚40cm，填至接近路床底面高程时，改用土方填筑。

事件3：该路堤施工中，严格质量检验，实测了压实度、弯沉值、纵断高程、中线偏位、宽度、横坡、边坡。

问题

1.《公路工程设计变更管理办法》将设计变更分为哪几种？事件1中的设计变更属于哪一种？请说明理由。

2.指出事件2中施工方法存在的问题，并提出正确的施工方法。

3.指出事件3中路堤质量检验实测项目哪个不正确？还需哪个实测项目？

4.针对该路段选择的填料，在填筑时，对石块的最大粒径应有何要求？

案　例　二

背景资料

某高速公路特大桥为变截面预应力混凝土连续刚构桥，其桥跨布置为70m＋4×120m＋70m。主梁采用箱形截面，墩身为空心墩，墩高50～75m。桥墩采用群桩基础，平均桩长约60m(见示意图)。

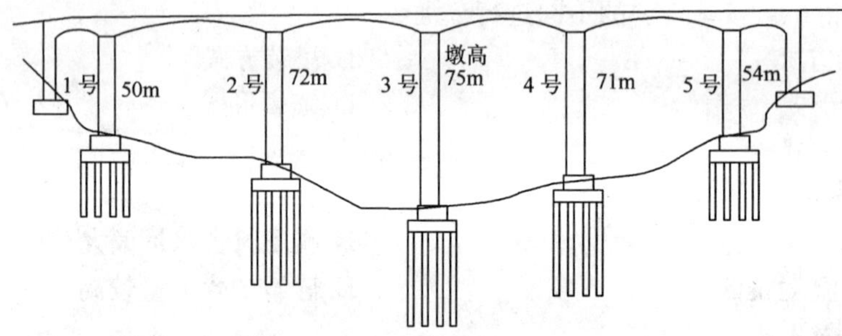

施工单位为本桥配置了以下主要施工机械和设备：反循环钻机、混凝土高压泵、混凝土搅拌站、塔吊、载人电梯、悬臂式掘进机、架桥机、预应力张拉成套设备、爬模设备、钢模板、钢护筒、挂篮设备。

3号桥墩在施工到40m高度时，作业人员为了方便施工，自己拆除了部分安全防护设施。另有作业人员携带加工好的部分箍筋乘电梯到墩顶施工。

问题

1.按高处作业的分级要求，该桥2号桥墩施工属于哪一级？患有哪些疾病的人员不适合在本桥墩作业？该桥墩的作业人员应配备哪些个人安全防护设施？

2.指出3号墩作业人员的错误做法。

3. 根据示意图，说明施工单位配备的施工机械和设备分别用于本桥哪些部位的施工？哪些设备不适用于本桥施工？

4. 本桥变截面箱梁宜采用什么方法施工？本桥承台属于高桩承台还是低桩承台？

案 例 三

背景资料

某施工单位中标承担了某路段高速公路收费系统的施工，该路段设计车速为 100km/h，有 8 处互通立交，其中 2 处互通立交连接高速公路，其余 6 处连接地方道路。全线设一个监控、通信、收费分中心，6 个收费站，采用封闭式半自动收费方式，并且纳入全省高速公路联网收费。

收费车道计算机系统具有按车道操作流程正确工作、对车道设备的管理与控制、设备状态自检并将故障信号实时上传等功能。设计文件要求货车不称重而按载重吨位分型收费，但是在招标文件中要求收费应用软件应满足货车计重收费的需要。签订合同 10 天后，业主正式书面告知施工单位，本路段要新增货车计重收费系统，并且提供了原设计单位收费系统变更的相应图纸和说明，其涉及的变更未超过批准的建设规模。业主请施工单位组织实施。

问题

1. 施工企业应具备何种企业资质才能承担该收费系统的施工任务？
2. 收费国产计算机系统除背景资料中提及的功能外，还有哪些功能？
3. 说明本工程新增货车计重收费系统的变更依据和变更确认过程。
4. 项目变更为采用货车计重收费方式时，出口车道应增加哪些设备？

案 例 四

某施工企业承包了一段 36. 8km 的四车道高速公路沥青混凝土路面工程路面单幅宽 11. 25m。路面结构形式为：基层为两层 18cm 的石灰粉煤灰稳定碎石；底基层为一层 18cm 的石灰粉煤灰稳定碎石；沥青混凝土面层为 7cm 的下面层，6cm 的中面层和 5cm 的 SMA 表面层，桥上只铺 5cm 的 SMA 表面层，隧道内为水泥混凝土路面。

项目经理部人员进场后，完成了经理部的建设和设备的进场工作。施工平面布置示意图如下。

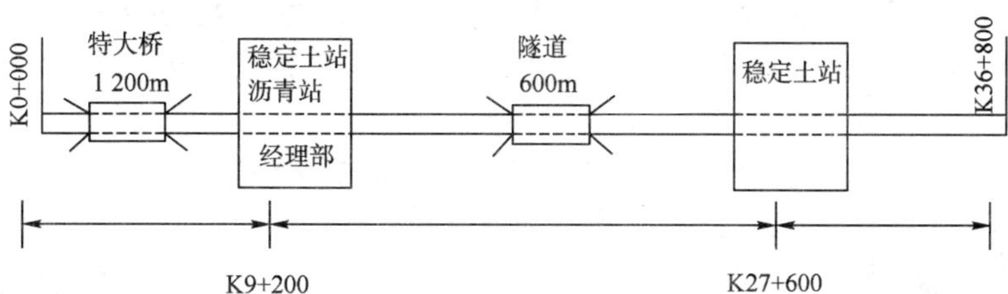

合同规定沥青材料由业主提供，地方材料由施工单位自采。材料管理人员在查看过料场、进行了价格比选后，就开始进料。

项目经理部按照各项要求，在完成了一系列的准备工作后，开始施工石灰粉煤灰稳定碎石底基层。施工中，施工人员发现其中一段 800m 长的底基层出现了大量裂缝和破损，经检查是由于路基质量差所致，路面施工单位拟向路基施工单位提出索赔。

问题

1. 项目部需要采购哪几大类地材？项目部材料采购程序存在什么问题？

2. 指出石灰类材料质量检验中的两大主指标。

3. 上述平面布置方式对稳定料的场内运输费有什么影响？请说明理由。

4. 施工中，工地实验室对石灰粉煤灰稳定碎石应检测哪两项指标？并说明其合格值。

5. 由于路基交工推迟，经沥青混凝土路面施工的时间仅有 140d，请通过计算（要求列出计算过程），从生产能力为 160t/h、240t/h 和 320t/h 的沥青搅拌站中选择出满足工期要求的合理设备。（已知：沥青混凝土的容重取为 $2.4t/m^3$，搅拌站每天有效工作时间按 8 小时计算）

6. 路面施工单位的索赔对象是否恰当？请说明理由。

案 例 五

背景材料

某施工单位承接了一 4×20m 简支梁桥工程。桥梁采用扩大基础，墩身平均高 10m。项目为单价合同，且全部钢筋由业主提供，其余材料由施工单位自采或自购在离本工程不远的江边有丰富的砂源，经检验，砂的质量符合要求。采砂点位于一跨江大桥下游 150m 处，施工用砂均取自这里。项目部拟就 1～3 号排架组织流水施工，各段流水节拍见下表：

段落 工序	1 号排架	2 号排架	3 号排架
扩大基础施工(A)	10d	12d	15d
墩身施工(B)	15d	20d	15d
盖梁施工(C)	10d	10d	10d

注：表中排架由基础、墩身和盖梁三部分组成。

根据施工组织和技术要求，基础施工完成后至少 10d 才能施工墩身。

施工期间，还发生了如下事件。

事件 1：由于业主大型安装设备的进场，业主委托承包人对一旧桥进行加固。加固工程中的施工项目在原合同中有相同项目，承包人要求直接采用相关单价来处理加固费用。

事件 2：在桥梁基础开挖完成后，施工项目负责人组织施工人员、质检人员对槽基几何尺寸和高程这两项隐蔽工程进行了检查和验收，随即进入下一道工序。

事件 3：施工单位准备开始墩身施工时，由于供应人的失误，将一批不合格的钢筋运到施工现场，致使墩身施工推迟了 10d 开始，承包人拟就此向业主提出工期和费用索赔。

问题

1. 计算排架施工的流水工期（列出计算过程），并绘制流水横道图。

2. 事件 1 中，承包人的要求是否合理？请说明理由。

3. 事件 2 中，隐蔽工程的检查验收项目是否完善？请说明理由，并指出检查方式的错误之处。

4. 针对事件 3，承包人是否可以提出工期和费用索赔？请说明理由。

5. 指出背景资料中施工单位存在的违法行为，以及违反了哪部法律或法规？按有关规定应作何处理？

2007 年试题答案

一、单项选择题答案

1. A	2. B	3. D	4. D	5. B	6. D	7. C	8. A	9. A	10. C
11. C	12. C	13. A	14. D	15. C	16. C	17. B	18. A	19. C	20. C

二、多项选择题答案

21. AD	22. BCD	23. BDE	24. AC	25. DE
26. ADE	27. CE	28. ABC	29. ACE	30. BDE

三、案例题答案

案例一答案

1.《公路工程设计变更管理办法》将设计变更分为:重大设计变更、较大设计变更和一般设计变更。事件 1 中的设计变更属于较大设计变更。其理由:因为单项变更金额 2 400 000×3 =720 万>500 万且没有超过概算。

2. 事件 2 中存在的问题有:

(1)局部地段因地形复杂而采用竖向填筑法施工不妥;

(2)用平地机整平不妥。

正确的施工方法为:土石路堤应水平分层填筑。整平应采用大型推土机进行。

3. 事件 3 中实测项目中弯沉值不正确。还需补充平整度项目。

4. 石块的最大粒径不应超过 15cm。

案例二答案

1. 2 号桥墩施工属于特级。凡患有高血压、心脏病、精神病、恐高症、癫痫病、严重贫血病、严重关节炎等疾病及其他不适合高处作业的人员,不适合在本桥墩作业。作业人员应配备安全帽、安全带、防滑鞋个人安全防护设施。

2. 3 号墩作业人员的错误做法有:(1)安全防护设施不得擅自拆除。如因施工需要暂时拆除的,要报项目负责人审批后方可拆除,工作完成后要即行复原。(2)作业人员乘坐电梯时不能人货混装。

3. 混凝土搅拌站用于拌制施工所用混凝土;反循环钻机、钢护筒用于桩基础施工;刚模板用于承台施工;混凝土高压泵、塔吊、载人电梯、爬模设备用于桥墩施工;预应力张拉成套设备、挂篮设备用于桥梁上部结构施工。悬臂式掘进机和架桥机不适用于本桥施工。

4.本桥变截面箱梁宜采用挂篮悬臂浇筑施工方法。本桥承台属于低桩承台。

案例三答案

1.施工企业应具备收费系统工程分项企业等级资质。

2.还有如下功能:接收收费站下传的收费运行参数、保存一定时间段的收费原始数据,为车辆提供控制及收费信息,将各种违章报警信号实时上传给收费站,通信中断时,具有后备独立工作能力。

3.设计文件与招标文件矛盾,根据合同解释顺序,招标文件优先于设计文件。变更确认过程为:提出工程变更→分析提出的工程变更对项目目标的影响→分析有关的合同条款和会议、通信记录→初步确认处理变更所需的费用、时间范围和质量要求→确认工程变更。

4.应增加:低速/静态轴重检测系统。它包括称重仪、轮胎识别器、红外线车辆分离器、称重数据采集处理器等。

案例四答案

1.项目部需采购砂、碎石、石灰、粉煤灰、水泥、添加剂、钢材和木材等地材。采购程序存在的问题:材料管理人员进料考虑太简单不能保证材料质量。项目部在采购地材前,应对材料供应商进行多方面的评价,包括对供应商提供的文件资料进行评价,对碎石等大宗材料,必须经过实地调查并取样试验,对试验结果进行评价。

2.石灰类应检验石灰的有效钙和氧化镁含量。

3.影响:使得场内运输费最小化。其理由:因为两个稳定土站分设距合同段起点和终点四分之一处,使得每个区段运距均等。

4.压实度≥98;抗压强度≥0.8。

5.需要搅拌铺筑的沥青混凝土数量为:

$[(36.8\times1\,000-1\,200-600)\times(7+6+5)/100+1\,200\times5/100]\times11.25\times2=143\,100\text{m}^3$

搅拌机每小时至少需要拌和沥青混凝土数量为 $143\,100\times2.4/(140\times8)=306.6\text{t}$

所以必须选择 360t/h 的拌和机。

6.不恰当。其理由是:因为索赔是对合同双方而言的。路面施工单位和路基施工单位没有合同关系。索赔对象不对,应为业主。

案例五答案

1.(1)同工序各节拍值的累加构成数列如下:

	1号排架	2号排架	3号排架
扩大基础施工(A)	10	22	37
墩身施工(B)	15	35	50
盖梁施工(C)	10	20	30

(2)流水步距

A与B之间　$K_1=\max\{10,7,2,-50\}=10\text{d}$

B与C之间　$K_2=\max\{15,25,30,-30\}=30\text{d}$

(3)流水工期:10+30+30=70d

(4)流水横道图如下：

工作内容	时间						
	10	20	30	40	50	60	70
A	1号(10d)	2号(12d)	3号	(15d)			
B		1号(15d)		2号(20d)		3号(15d)	
C					1号(10d)	2号(10d)	3号(10d)

2. 合理。其理由是：合同中已有适用与变更价格，应采用合同已有的价格计算。

3. 除了基坑尺寸和基底高程外，还需要检查验收基底强度。

还应邀请建设单位、监理单位代表参加，合格后才能进入下一道工序施工。

4. 可以提出工期和费用索赔。因为钢筋是业主提供，属于业主责任。

5. 在桥梁下游150m处取砂，危及桥梁安全作业，违反了《中华人民共和国公路法》。处理：应责令停止作业，并处以罚款。

2008年模拟试题

一、单项选择题（每题1分，共20分。每题的备选项中，只有一个最符合题意。）

1. 主、副食运费补贴属于工程预算中的（　　）。

A. 其他直接费　B. 现场经费　C. 间接费　D. 直接费

2. 招标公告的内容不包括（　　）。

A. 招标人的名称和地址　B. 招标项目的性质、数量
C. 招标项目的地点、时间　D. 标项目的预投资数额

3. 综合作业组织形式适合于（　　）的基层单位。

A. 工程简单而工程量不大　B. 工程简单而工程量较大
C. 工程复杂而工程量不大　D. 工程复杂而工程量较大

4. 按我国现行规范要求，高等级公路建设应使用（　　）设备。

A. 间歇强制性搅拌　B. 连续强制式搅拌
C. 间歇滚筒式搅拌　D. 连续滚筒式搅拌

5. 沥青路面压完成后，纵向接缝用（　　）检查，用钢轮压路机处理棱角。

A. 2m 直尺　B. 3m 直尺　C. 经纬仪　D. 水准仪

6. 以下不属于公路工程基本建设程序的是（　　）。

A. 项目建议书　B. 编制初步设计文件和概算
C. 编制施工图和施工图预算　D. 工程量计算

7. 公路路面工程专业承包企业承包二级企业可承担单项合同额不超过企业注册资本金（　　）的（　　）标准及以下公路路面工程的施工。

A. 2倍四级　B. 3倍三级　C. 4倍二级　D. 5倍一级

8. 如有分包计划，应提供分包人的企业法人营业执照、资质等级证书，人员、设备等资料表以及拟分包的工作量，分包工作量不能超过（　　）。

A. 20%　B. 30%　C. 40%　D. 50%

9. 当路堤原地基横坡陡于1∶5时，原地基应挖成台阶，台阶宽度不小于（　　），并予以夯实。

A. 0.8m　B. 1.0m　C. 1.5m　D. 2.0m

10. 下列有关综合排水设计的基本要求，说法错误的是（　　）。

A. 流向路基的地面水和地下水，需在路基范围以外的地点，设置边沟与排水沟或渗沟进行拦截，并引离至指定地点；路基范围内的水源，分别采用截水沟、边沟、渗沟、渗井与排水沟予以排除

B. 对于明显的天然沟槽，一般宜依沟设涵，不必勉强改沟与合并。对于沟槽不明显的漫流，应在上游设置束流设施，加以调节，尽量汇集成沟导流排除。对于较大水流，

注意因势利导，不可轻易改变流向，必要时配以防护加固工程，进行分流或束流

C. 各种排水设备必须地基稳固，不得渗漏或滞留，并具有适当纵坡，以控制与保持适当的流速。沟槽的基底与沟底沟壁，必要时予以加固，不得溢水渗水，防止损害路基和引起水土流失

D. 路基排水综合设计必须事先做好调查研究工作，测绘现场图纸，进行必要的水力水文计算，作出总体规划，提出总体布局方案，逐段进行细部设计计算，并进行效益分析与经济核算

11. 钢筋保护层必须保证(　　)，钢筋使用前应作除锈、清污处理。

A. 不小于 1cm　　B. 不小于 2cm　　C. 不小于 3cm　　D. 不小于 4cm

12. 填隙碎石用作基层填料时，最大粒径不应超过(　　)。

A. 50mm　　B. 60mm　　C. 70mm　　D. 80mm

13. 下列有关弯沉值说法不正确的是(　　)。

A. 现有的路面回弹弯沉值是用杠杆式弯沉仪由标准汽车按前进卸荷法测定的

B. 弯沉值的大小反映了路面的强弱

C. 回弹弯沉大小同该路面的使用寿命即轮载累计重复作用次数成正比关系

D. 路面设计弯沉值是表征路面整体刚度大小的指标，是路面厚度计算的主要依据

14. 以下有关隧道的说法，错误的是(　　)。

A. 修建在岩层中的隧道，称为岩石隧道

B. 修建在土层中的隧道，称为软土隧道

C. 软土隧道常常修建在水底和城市立交，故称为水底隧道和城市道路隧道

D. 埋置较浅的隧道一般采用暗挖法施工

15. 视线诱导设施不包括(　　)。

A. 分合流标志　　B. 指示标志　　C. 线形诱导标　　D. 轮廓标

16. 反映所采用施工方案合理性的技术经济指标不包括(　　)。

A. 分项工程生产率和施工周期表　　B. 单位工程生产率和施工周期表

C. 工程管理曲线　　D. 分项工程进度计划

17. 下列有关施工组织设计的评价指标错误的是(　　)。

A. 同样的生产要素投入而工期最短

B. 同样的质量标准而生产要素投入最少

C. 同样的生产要素投入、同样的质量标准，操作安全性最好

D. 同样的质量标准而生产要素投入最多

18. 下列选项中不属于水泥混凝土路面施工中常见质量控制关键点的是(　　)。

A. 混凝土材料的检查与试验　　B. 混凝土配合比设计和试件的试验

C. 锯缝时间和养生的掌握　　D. 施工缝留设和接缝时间的掌握

19. 交通安全设施中标志标线分部工程的划分应为(　　)km 路段。

A. 1～2　　B. 1～3　　C. 1～4　　D. 1～5

20. 土石路堤施工松铺厚度控制在(　　)以内，接近路堤设计高程时，需改用土方填筑。

A. 20cm　　B. 30cm　　C. 40cm　　D. 50cm

二、多项选择题（每题 2 分，共 20 分。每题的备选项中，有 2 个或 2 个以上符合题意，至少有 1 个错项。错选，本题不得分；少选，所选每个选项得 0.5 分。）

21. 工程施工项目成本管理的原则包括(　　)。

A. 成本最低化原则　　B. 全面成本管理原则
C. 成本管理有效化原则　　D. 成本管理最优化原则
E. 成本管理科学化原则

22. 下列有关水泥混凝土路面的叙述，错误的是(　　)。

A. 水泥混凝土是一种柔性材料，在断裂时的相对拉伸变形很大
B. 在荷载作用下土基和基层的变形情况对混凝土板的影响很大
C. 不均匀的基础变形会使混凝土板与基层脱空
D. 混凝土的抗弯拉强度比抗压强度高得多
E. 混凝土板必须具有足够的抗弯拉强度和厚度才能经受车轮荷载的多次重复作用

23. 公路工程竣工验收应具备的条件包括(　　)。

A. 经过交工验收各标段均达到合格以上的工程
B. 按国家《基本建设项目档案资料管理暂行规定》和相关要求已编制完成竣工文件
C. 按规定开始编制工程竣工决算
D. 施工、监理、设计、建设、监督等单位已编写完成汇报材料
E. 对未完工程或交工验收时提出的修复、补救工程已处理完毕，并经监理工程师和质量监督部门检验合格

24. 以下属于路基干湿类型的是(　　)。

A. 干燥　　B. 中湿
C. 潮湿　　D. 过湿
E. 湿润

25. 路面基层的主要检验内容包括(　　)。

A. 基层的高程、厚度　　B. 基层的宽度、横坡度和平整度
C. 基层的压实度和强度　　D. 基层压实方法
E. 基层抗滑构造深度

26. 下列哪种材料适用于各级公路的基层和底基层(　　)。

A. 水泥稳定类　　B. 石灰稳定类
C. 石灰粉煤灰稳定类　　D. 水泥粉煤灰类
E. 粉煤灰稳定类

27. 下列雨期可进行施工的地段有(　　)。

A. 丘陵和山岭地区的砂类土　　B. 碎砾石和岩石地段
C. 路堑的弃方地段　　D. 盐渍土地段
E. 平原地区

28. 公路工程施工平面布置图的设计原则包括(　　)。

A. 充分利用原有地形、地物、少占农田、因地制宜，以降低工程成本

B. 充分考虑水文、地质、气象等自然条件的影响

C. 充分考虑自身施工能力的影响

D. 场内规划必须科学合理

E. 必须符合安全生产、保安防火和文明施工的规定和要求

29. 关于膨胀土的有关叙述,正确的有(　　)。

A. 强膨胀土稳定性差,不应作为路填料

B. 弱膨胀土可以不经过加工、改良处理就作为填料

C. 弱膨胀土可根据当地气候、水文情况及道路等级加以利用

D. 对于直接使用中、弱膨胀土填筑路堤时,应及时对边坡及顶部进行防护

E. 可用接近最佳含水量的中等膨胀土填筑路堤,但两边边坡部分要用非膨胀土作为封层

30. 公路工程施工组织的基本方法包括(　　)。

A. 混合工作队法、部门控制式、矩阵制施工

B. 顺序作业法、平行作业法、平行顺序作业法

C. 流水作业法、网络计划法、平行流水作业法

D. 人工作业法、机械化施工方法、半机械化施工方法

E. 事业部制、直线职能制、混合工作队式

三、案例题

案　例　一

某村地处山区,村委会决定开山修路,通过公路将本村与外界连接起来,使村民们更多地了解外面的世界,同时借交通运输带动本村经济发展。施工队进驻施工地点后发现要修筑道路的路基存在大量岩石,技术人员遂决定用药壶炮法对路基石方进行爆破。

问题

1. 路基石方工程常用爆破方法有哪些?

2. 分别简述它们的优点。

3. 最后技术人员选定用药壶炮法爆破,此法的特点是什么?

案　例　二

一路桥公司在某河滩处进行桥梁基础的施工。该河滩表层为大量砂卵石,河滩一定深度以下为砂土层。该公司准备在河滩处用钻孔灌注桩法施工,在进行钻孔灌注桩试灌时发生了断桩。

问题

1. 简述钻孔灌注桩适用范围。

2. 为确保钻孔灌注桩施工顺利进行,对于断桩应如何防治?

案　例　三

某公路工程建设项目,其初步设计已经完成,建设规划和筹资也已落实,某 300 人的路桥建设公司,凭借公路工程施工总承包一级资质的雄厚实力,以及近 5 年来的优秀业绩,通过竞

标取得了该项目的总承包任务，并签订了工程承包合同，开工前，承包单位做了详细的项目总体施工组织设计的编制，内容包括：

①工程概况(包括明确工期、质量、安全目标及技术规范和检验标准等)。

②人员、物资、机械物资动员周期及进场方式。

③拟定有效的施工方案，选择适当的施工机具和施工方法。尤其对施工任务中长度为3 500m的隧道工程制订了详细的施工方案。

④质量安全保障体系。

⑤冬、雨期及农忙时节的施工安排。

⑥施工现场的平面布置。

⑦反应所采用的施工方案合理性的技术(如分项工程生产率和施工周期表，工程管理曲线，分项工程进度计划等)。

问题

1. 此工程由该企业承包是否可行，为什么？

2. 施工企业的项目总体施工组织设计的编制的内容有无不妥，为什么？

3. 如果指定某项目经理部负责该工程项目的建设，请说明项目总体施工组织设计编制的方法与步骤？

案 例 四

某城市的公路改建项目，业主为了控制工程造价，与设计方详细研究了各种成本控制措施，要求通过成本管理的各种手段，不断促进降低施工项目成本，尽可能地以最低的成本达到设计要求。施工方在面对业主提出的要求后也采取了一系列措施，选择适宜的施工方案，降低材料成本，提高机械利用率，以降低施工成本获得最大的收益。

问题

1. 简述公路工程造价由哪些部分构成？

2. 工程施工项目成本管理的原则有哪些？

3. 为什么降低材料成本是施工项目成本控制的主要途径之一？其具体采取的措施包括哪些？

案 例 五

某大型公路改建项目，竣工完成后，竣工验收由批准工程设计文件的地方交通主管部门主持，主要是全面考核建设成果，对建设项目进行综合评价，确定工程质量等级。竣工验收主持单位在收到建设单位申请验收报告后，详细核查了交工验收的工程及竣工文件，发现质量有缺陷，未能完全符合设计要求。

问题

1. 公路工程验收分为哪两个阶段？

2. 公路工程竣工验收应具备哪些条件？

3. 在交工验收过程中出现的质量缺陷，应该怎样处理？

4. 竣工验收委员会为全面掌握工程建设情况，应听取和审议哪些报告？

2008年模拟试题答案

一、单项选择题答案

1.B　2.D　3.C　4.A　5.B　6.D　7.D　8.B　9.B　10.A
11.C　12.B　13.C　14.D　15.B　16.B　17.D　18.D　19.B　20.C

二、多项选择题答案

21.ABCE　22.AD　23.ABDE　24.ABCD　25.ABC
26.AC　27.ABC　28.ABDE　29.ACDE　30.BC

三、案例题答案

案例一答案

1.常用爆破方法有:钎炮、深孔爆破、药壶炮、猫洞炮、爆破(洞室)施工方法、综合爆破法。

2.各爆破方法优点如下:

(1)钎炮,通常指炮眼直径和深度分别小于7cm和5m的爆破方法。优点:比较灵活,在地形艰险及爆破量较小地段,在综合爆破中是一种改造地形,为其他炮型服务的辅助炮型。

(2)深孔爆破,孔径大于75mm、深度在5m以上、采用延长药包的一种爆破方法。优点:劳动生产率高,爆破时比较安全。

(3)药壶炮,在深2.5～3.0m以上的炮眼底部用小量炸药经一次或多次烘膛,使眼底成葫芦形,将炸药集中装入药壶中进行爆破。优点:装药量可根据药壶体积而定,一般介于10～60kg之间,是小炮中最省工、省药的一种方法。

(4)猫洞炮,炮洞直径为0.2～0.5m,洞穴成水平或略有倾斜,深度小于5m,用集中药包于炮洞中进行爆炸的一种方法。优点:在有裂缝的软石、坚石中,可以获得好的爆破效果。

(5)爆破(洞室)施工方法:大爆破是采用导洞和药室装药,用药量在1 000kg以上的爆破方法。优点:一次爆破方量大,能有效地提高路堑的开挖速度。

(6)综合爆破,根据石方的集中程度,地质、地形条件,公路路基断面形状,结合使用以上爆破方法的最佳使用特性,因地制宜,综合配套使用以上爆破方法来进行爆破的施工方法。

3.药壶炮特点:主要用于露天爆破,其使用条件是:岩石应在XI级以下,不含水分,阶梯高度(H)小于10～20m,自然地面坡度在70°左右。如果自然地面坡度较缓,一般先用钢钎炮切脚,炸出台阶后再使用。经验证明,药壶炮最好用于VII～IX级岩石,中心挖深4～6m,阶梯高度在7m以下。

案例二答案

1.钻孔灌注桩适用于黏性土、砂土、砾卵石、碎石等各类土层。

2. 钻孔灌注桩断桩的防治：

(1)导管使用前，要对导管进行检漏和抗拉力试验，以防导管渗漏。每节导管组装编号，导管安装完毕后要建立复核和检验制度。导管的直径应根据桩径和石料的最大粒径确定，尽量采用大直径导管。

(2)下导管时，其底口距孔底的距离不大于40～50cm(注意导管口不能埋入沉淀的淤泥渣中)，同时要能保证首批混凝土灌注后能埋住导管至少1.0m。在随后的灌筑过程中，导管的埋置深度一般控制在2.0～4.0m的范围内。

(3)混凝土的坍落度要控制在18～22cm，要求和易性好。若灌注时间较长时，可以在混凝土中加入缓凝剂(须征得监理工程师的许可)，以防止先期灌筑的混凝土初凝，堵塞导管。

(4)在钢筋笼制作时，一般要采用对焊，以保证焊口平顺。当采用搭接焊时，要保证焊缝不要在钢筋笼内形成错台，以防钢筋笼卡住导管。

(5)在提拔导管时要通过测量混凝土的灌筑深度及已拆下导管的长度，认真计算提拔导管的长度，严禁不经测量和计算而盲目提拔导管，一般情况下一次只能拆卸一节导管。

(6)关键设备(混凝土搅拌设备、发电机、运输车辆)要有备用，材料(砂、石、水泥等)要准备充足，以保证混凝土能连续灌注。

(7)当混凝土堵塞导管时，可采用拔插、抖动导管(注意不可将导管口拔出混凝土面)处理；当所堵塞的导管长度较短时，也可以用型钢插入导管内来疏通导管，也可以在导管上固定附着式振动器进行振动来疏通导管内的混凝土。

(8)当钢筋笼卡住导管后，可设法转动导管，使之脱离钢筋笼。

案例三答案

1. 由该企业承包不可行，因为该企业资质不符合规定。一级企业的承包工程范围是：可承担单项合同额不超过企业注册资本金5倍的各等级公路及其桥梁、长度3 000m及以下的隧道工程的施工。在其项目总体施工组织设计中可以看出，该工程中包括有长度为3 500m的隧道，这与其承包工程范围相违背，所以该项目的工程由该企业承包不可行。

2. 施工企业的项目实施规划内容不完整。缺少以下内容：

(1)编制依据；

(2)确定合理的施工顺序和施工进度；

(3)确定开工前必须完成的准备工作；

(4)确定人工、材料、机械物资的需要量及组织和供应途径；

(5)质量、工期、安全、环保及文明施工的保证措施。

3. 项目总体施工组织设计编制的方法与步骤：

(1)分析设计资料，选择施工方案和施工方法；

(2)编制工程施工总体进度计划；

(3)计算人工、材料、机械需要量，制订供应计划；

(4)设计临时工程，编制供水、供电(供热)计划；

(5)编制工地运输计划；

(6)绘制施工平面布置图；

(7)计算技术经济指标；

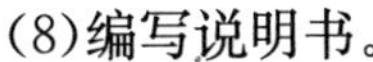

(8)编写说明书。

案例四答案

1.公路工程造价的构成:它是由建筑安装工程费、设备、工具、器具及家具购置费、工程建设其他费用、预留费用组成。

2.工程施工项目成本管理的原则包括:成本最低化原则;全面成本管理原则;成本责任制原则;成本管理有效化原则;成本管理科学化原则。

3.材料成本在整个项目成本中的比重最大,一般可达70%左右,而且有较大的节约潜力,往往在其他成本项目(如人工费、机械费等)出现亏损时,要靠材料成本的节约来弥补。因此,应做好材料的采购计划,采取招标采购的形式,降低材料的采购单价。同时,做好混合料配合比的优化设计,加强施工过程控制,降低各类材料的生产消耗量和不必要的损耗。

案例五答案

1.公路工程验收分为交工验收和竣工验收两个阶段。

2.公路工程竣工验收应具备以下条件:

(1)经过交工验收各标段均达合格以上的工程;

(2)对未完工程或交工验收时提出的修复、补救工程已处理完毕,并经监理工程师和质量监督部门检验合格;

(3)按国家《基本建设项目档案资料管理暂行规定》和相关要求已编制完成竣工文件;

(4)按规定已编制好工程竣工决算;

(5)施工、监理、设计、建设、监督等单位已编写完成汇报材料。

3.对于交工验收不合格或有缺陷的工程及未完工程,应由原承包单位限期修复、补救、完成,其费用自理。

4.竣工验收委员会为全面掌握工程建设情况,应认真听取和审议如下报告:

(1)建设单位关于工程项目执行情况的报告;

(2)设计单位关于工程设计情况的报告;

(3)施工单位关于工程施工情况的报告;

(4)监理单位关于工程监理情况(含变更设计)工作的报告;

(5)质量监督部门关于工程质量监督工作的报告;

(6)交工验收组(代表)关于工程交工验收情况的报告。

参考文献

［1］ 建设部,人事部.一级建造师执业资格考试大纲.北京:中国建筑工业出版社,2008.

［2］ 全国一级建造师执业资格考试用书编写委员会.公路工程管理与实务.北京:中国建筑工业出版社,2008.

［3］ 陈传德.公路建造师工作手册.北京:人民交通出版社,2003.

［4］ 陈传德.公路施工项目管理手册.北京:人民交通出版社,2000.

［5］ 陈传德.施工企业经营管理.北京:人民交通出版社,2007.

［6］ 陈传德.全国二级建造师执业资格考试应试辅导.北京:人民交通出版社,2005.

［7］ 袁剑波,周直,陈传德.全国一级建造师执业资格考试应试辅导.北京:人民交通出版社,2004.

［8］ 邵旭东.桥梁工程.武汉:武汉理工大学出版社,2000.

［9］ 魏道升,刘浪,何寿奎.路桥施工组织设计范例.北京:人民交通出版社,2007.

［10］ 吴焕通,崔永军,李书源.隧道施工及组织管理指南.北京:人民交通出版社,2004.

［11］ 关宝树.隧道工程施工要点集.北京:人民交通出版社,2003.

［12］ 邓学钧,张登良.路基路面工程.北京:人民交通出版社,1999.